EHS란 Environment, health and safety로 환경보건안전 직무입니다.

로고의 그림은 출판업을 의미함과 동시에 책을 통해 저자의 획기적인 공부법을 구매자와

공유하고자 하는 의미입니다.

CONTENTS

목차

00. (필독!) 작가 자기소개 및 8일 공부법 및 이 책의 특징
및 산업안전기사 기본정보 ········ 5p

01. 2011~2024년 필답 계산형
기출 중복문제 소거 정리 ········ 13p

02. 2011~2024년 필답 서술형
기출 중복문제 소거 정리 ········ 29p

03. 2022년
필답형 기출문제 ········ 165p

04. 2023년
필답형 기출문제 ········ 179p

05. 2024년
필답형 기출문제 ········ 193p

06. 2012~2024년 작업 서술형
기출 중복문제 소거 정리 ········ 209p

07. 2022년
작업형 기출문제 ········ 313p

08. 2023년
작업형 기출문제 ········ 347p

09. 2024년
작업형 기출문제 ········ 381p

10. 미출시 필답형·작업형 기출문제
신출 대비 ········ 415p

INFORMATION

정보

(필독!) 작가 자기소개 및 8일 공부법 및 이 책의 특징 및 산업안전기사 기본정보

잠깐! 더 효율적인 공부를 위한 링크들을 적극 이용하세요~!

직8딴 홈페이지

- 출시한 책 확인 및 구매

직8딴 카카오오픈톡방

- 실시간 저자의 질문 답변
(주7일 아침 11시~새벽 2시까지, 전화로도 함)
- 직8딴 구매자전용 복지와 혜택 획득
(최소 달에 40만원씩 기프티콘 지급)
- 구매자들과의 소통 및 EHS 관련 정보 습득

직8딴 네이버카페

- 실시간으로 최신화되는 정오표 확인
(정오표: 책 출시 이후 발견된 오타/오류를 모아놓은 표, 매우 중요)
- 공부에 도움되는 컬러버전 그림 및 사진 습득
- 직8딴 구매자전용 복지와 혜택 획득

직8딴 유튜브

- 저자 직접 강의 시청 가능
- 공부 팁 및 암기법 획득
- 국가기술자격증 관련 정보 획득

1 작가 자기소개

대기업에서 EHS(Environment, health and safety, 환경보건안전)관리를 해 오신 아버지 밑에 자라 자연스레 EHS에 대해 관심을 가지게 되었습니다.
그로 인해 수도권 4년제 환경에너지공학과를 나왔고, 최근 대기업에서 EHS관리를 직무로 근무했습니다.
저에겐 버킷리스트가 있습니다.
바로 EHS 관련 자격증을 전부 취득하는 것입니다.
2025년 1월 기준 29살에 12개의 EHS 자격증이 있으며 앞으로도 계속 취득할 것입니다.
여담으로 군대에서 기사 4개를 획득해 신문에도 나왔습니다.
기사 공부를 하다 문득 이런 생각이 들었습니다.
'내가 자격증을 적은 공부 시간으로 획득하는데 미래 EHS 관리인들에게 도움을 주는 방법이 있을까?'라는 생각이죠.
그로 인해 이렇게 저의 공부법과 요약법이 담긴 책을 만들기로 하였습니다.
보통 기사 하나를 취득하기 위해선 1~3달 걸린다고 하지만, 저는 필기 7일/실기 8일이면 충분합니다.
허나, 사람들에게 기사 공부하는데 8일 정도밖에 안 걸린다하니 아무도 믿지를 않습니다.
미래 EHS 관리인분들이 제 책으로 8일 만에 취득할 수 있다는 것을 보여주세요.

작가 SPEC

수도권 4년제 환경에너지공학과 졸업 (2014-2020)
군 복무 (2016~2018)
수질환경기사 취득 (2017.08)
산업안전기사 취득 (2017.11)
대기환경기사 취득 (2018.05)
신재생에너지발전설비기사(태양광) 취득 (2018.08)
소방설비기사(기계분야) 취득 (2021.08)
산업위생관리기사 취득 (2021.11)
폐기물처리기사 취득 (2021.12)
위험물산업기사 취득 (2021.12)
건설안전기사 취득 (2022.06)
대기업 근무(EHS 직무) (2021-2022)
환경보건안전 자격증 서적 전문 출판사(EHS MASTER) 창립 (2022.09)
환경기능사 취득 (2022.09)
소방안전관리사 1급 취득 (2023.03)
인간공학기사 취득 (2023.06)
토양환경기사 취득 (2023.09)
기사 취득 현재 진행 중 (2023.09~)

2 8일(실공부 60시간) 공부법

필기

1. 직8딴 필기 책을 산다.
2. 목차 8번의 3회차를 풀어본다. (약 1시간)
3. 자신의 밑바닥 점수를 알았으니 기출 중복문제 소거 정리 파트를 2회 푼다.
   오픈 카카오톡을 적극 활용하여 저자에게 질문을 많이 한다. 저자를 괴롭히자!
   취약한 문제나 계산 공식은 따로 적어서 암기한다. (약 57시간)
4. 시험 당일 일찍 기상하여 예상점수 파악 목적으로 목차 8번의 1회차를 풀어본다.
   불합격 점수가 나와도 좌절하지 않는다. (약 1시간)
5. 자신감 상승 목적으로 가장 점수가 잘 나온 회차를 푼다.
   시험은 자신감이 중요하다. (약 1시간)
6. 시험 현장에서는 자신이 따로 적은 취약한 문제나 계산공식을 훑어본다.

실기

1. 직8딴 실기 책을 산다.
2. 2024 실기 기출문제를 풀어본다.(단, 2024년 3회차는 풀지 않는다.) (약 2시간)
3. 자신의 밑바닥 점수를 알았으니 기출 중복문제 소거 정리 파트를 2회 푼다.
   오픈 카카오톡을 적극 활용하여 저자에게 질문을 많이 한다. 저자를 괴롭히자!
   모든 문제와 계산공식은 암기한다. (약 57시간)
4. 시험 당일 일찍 기상하여 예상점수 파악 목적으로 2024년 3회차를 풀어본다.
   불합격 점수가 나와도 좌절하지 않는다. (약 0.5시간)
5. 자신감 상승 목적으로 가장 점수가 잘 나온 회차를 푼다.
   시험은 자신감이 중요하다. (약 0.5시간)
6. 시험 현장에서는 자신이 따로 적은 취약한 문제나 계산공식을 훑어본다.

※ 시험장 관련 팁!

1. 09시 입실이라면 20분 정도 신원확인 및 주의사항 전파를 한다.
   즉, 진짜 시험 시작시간은 09시 20분이다. 그 사이 화장실 다녀오라고 한다.
2. 차를 타고 오는 응시자라면 최소 70분 일찍 도착한다.
   응시 경험상 60분 전부터 차들이 우루루 오거나 꽉 찬다.
3. 시험장 건물 오픈은 보통 1시간 전부터이며 PBT 경우는 바로 시험교실로 간다.
   CBT 경우는 대기실로 안내를 하고, 추후 시험교실로 안내를 한다.

※ 시험 응시 때 관련 팁!

0. 신분증/샤프/지우개/검은 펜/수험표(들고가는게 편함)을 준비하고 시험장으로 간다.
1. 일단 암기한 것들이 사라지면 안되니까 샤프로 휘갈기며 최대한 빨리 푼다.
2. 답을 못 적는 문제는 넘어간다.
3. 시험 문제를 다 풀었으면 다시 처음부터 재검토해본다. 계산이 맞는지, 답이 맞는지…
4. 이때 다 풀었다는 안도감에 못 적은 답들이 생각이 날 것이다.
5. 편안한 마음으로 샤프 자국을 매우 깨끗이 지우고 그 위에 검은 펜을 이용하여 정답을 작성한다.
6. 지워지는 펜, 기화펜 절대 금지하며 오타작성시 단순하게 두 줄 그으면 된다.

3 이 책의 특징

1. 기출문제 중복문제 소거

기출문제는 이미 다른 자격증 책에서도 볼 수 있습니다. 하지만 기출 중복문제를 소거해 요약한 책은 정말 없습니다. 국가기술자격증은 문제은행 방식이라 80%가 이미 나왔던 문제로 구성되어 있습니다.
산업안전기사 실기 경우 필답형은 약 600문제를 280문제로, 작업형은 약 1,000문제를 230문제로 정리했습니다.
제 책은 그런 기출문제들을 요약하여 괜한 시간 낭비를 하지 않게 만들었습니다.

2. 답안 글자 수 최소화

아마 많은 이들이 법령 토씨 하나 틀리지 않고 적어야 정답처리 된다고 합니다. 그런 분들 볼 때마다 참으로 안타깝습니다... 그건 자격증을 잘 모르는 사람들이죠… 만약 문제가 '진돌이는 오늘 저녁 식사로 소고기 5인분을 진순이네 집에서 구워먹었다. 오늘 진돌이는 무엇을 했는지 쓰시오'라는 문제라면 '진돌이는 오늘 저녁 식사로 소고기 5인분을 진순이네 집에서 구워먹었다.'라고 쓰면 매우 완벽합니다. 허나 우리는 문제가 원하는 것만 써주면 됩니다. 즉, '소고기를 먹었다.'라고 써도 된다는 거죠. 다들 이걸 몰라요… 결론적으로 키워드와 의미전달에만 신경쓰면 됩니다. 8일 공부 후, 이렇게 답안 작성해서 딴 자격증이 12개인데 어떤 증빙을 더 해야 될까요?
제가 경험자이자 제가 증인입니다. 제 답안에 의심되시거나 불안함을 느끼시면 다른 출판사 책을 사십시오. 부탁입니다. 책과 구매자간의 신뢰가 가장 중요하다 생각되네요....이미 합격자도 많고요…

3. 관련 키워드 문제들끼리 정리

예를 들면 1번 문제가 A의 장점이면 2번 문제도 B의 장점에 관한 것으로 만들었습니다. 그렇기에 실제 암기하실 때 혼동이 안 올 것입니다. 보통 다른 책들은 설비별로 또는 공법별로 정리하는데 외울 때 혼동만 오게 됩니다.
다른 책 풀어보시면 알 것입니다.

ex)

1. A 장점	2. A 주의사항	3. B 장점	4. B 주의사항 (X)
1. A 장점	2. B 장점	3. A 주의사항	4. B 주의사항 (O)

또한, 답변이 비슷한 것도 순서에 맞게 정리하였습니다.

4. 출제 빈도수 기재

문제 초반에 몇 번 출제되었는지 기재했습니다. ☆이 1개면 1번 출제이며 ★이 1개면 10번 출제되었다는 뜻입니다. 이를 통해서 암기 우선순위를 알 수 있게 하여 효과적으로 암기할 수 있게 했습니다.

5. 얇고 가벼운 책

이 책은 다른 출판사 책들처럼 두껍지도, 무겁지도 않습니다. 정말 좋죠. 하지만, 무시하면 큰 코 다칩니다. 이 책은 아주 밀도가 큰 알찬 책입니다. 실제 작년 구매자분들도 가볍게 생각하다 큰 코 다쳤습니다.

6. 저자의 실시간 질문 답변

저자는 현재 오픈 카카오톡을 통해 새벽 2시까지 질문에 대한 답변을 하고 있습니다.
이는 어떤 책 저자도 하지 않고 못하는 행동입니다. 많은 구매자들이 좋아합니다. 여담으로 저자분이 자기 옆자리에 있는 것 같다고 말하네요… 책 구매자분들은 책에 QR코드가 있으니 꼭 입장 부탁드립니다.

7. 이론이 없고 오로지 기출문제만 있다.

이론을 안 보고 실기를 합격할 수 있을지 의문이신가요? 전 실제로 필기든 실기든 이론은 보지 않고 기출문제부터 풉니다. 그 이유는 바로 시간 낭비이기 때문이죠. 알 사람은 압니다. 어차피 문제은행식이라 기출문제들만 풀고 외우면 그만입니다. 만약 그래도 이론 한 번은 봐야겠다 싶고, 시험목적이 아닌 직무에 초전문적인 지식을 습득하고 싶으시다면 다른 출판사 책을 사십시오. 부탁입니다. 하지만 문제 밑에 있는 해설만 보아도 충분할 겁니다. 즉, 기출문제만 봐도 합격하실 수 있습니다. 저를 믿고 따라오십시오.
어차피 제가 오픈카카오톡방에서 상세히 설명해드립니다.

8. 온라인으로 문제풀기 (feat. 모두CBT/유튜브 안전모/유튜브 도비전문가)

직장이나 학교, 버스나 지하철 또는 화장실에서 직8딴 문제를 풀어보고 싶나요? 모두CBT/유튜브 안전모, 도비전문가를 통해 온라인으로도 문제를 풀어볼 수가 있습니다! 모두CBT: 시간/장소 구애받지 않고 직8딴 문제를 직접 풀기 가능 유튜브 안전모: 시간/장소 구애받지 않고 직8딴 문제들을 암기법을 통해 재밌게 보기 가능
유튜브 도비전문가: 시간/장소 구애받지 않고 저자의 직8딴 강의 보기 가능

9. 실제 합격자의 책

이 책은 제가 직접 취득하여 낸 책으로 누구보다 응시자들의 맘을 잘 알고 있습니다. 어느 점이 공부할 때 어려운지, 어떻게 외워야 쉽게 외울 수 있는지 잘 알고 있지요. 그렇기에 믿고 보는 책이라 장담할 수 있습니다.
기사 자격증이 많은 만큼 세세한 것들도 잘 알죠… 저의 공부법과 요약방법들이 담긴 책으로 적은 시간을 소비하고 합격하시길 바랍니다.

4 산업안전기사 기본정보

1. 시행처

한국산업인력공단

2. 개요

생산관리에서 안전을 제외하고는 생산성 향상이 불가능하다는 인식속에서 산업현장의 근로자를 보호하고 근로자들이 안심하고 생산성 향상에 주력할 수 있는 작업환경을 만들기 위하여 전문적인 지식을 가진 기술인력을 양성하고자 자격제도제정

3. 수행직무

제조 및 서비스업 등 각 산업현장에 배속되어 산업재해 예방계획의 수립에 관한 사항을 수행 하며, 작업환경의 점검 및 개선에 관한 사항, 유해 및 위험방지에 관한 사항, 사고사례 분석 및 개선에 관한 사항, 근로자의 안전교육 및 훈련에 관한 업무 수행

4. 관련학과

대학 및 전문대학의 안전공학, 산업안전공학, 보건안전학 관련학과

5. 시험과목

-필기: 1. 산업재해 예방 및 안전보건교육　2. 인간공학 및 위험성평가관리
3. 기계기구 및 설비 안전관리　4. 전기설비 안전관리
5. 화학설비 안전관리　6. 건설공사 안전관리
-실기: 산업안전관리 실무

6. 검정방법

-필기: 객관식 4지 택일형 과목당 20문항(과목당 20분)
-실기: 복합형[필답형(1시간 30분, 55점) + 작업형(1시간 정도, 45점)]

7. 합격기준

-필기: 100점을 만점으로 하여 과목당 40점 이상, 전과목 평균 60점 이상
-실기: 100점을 만점으로 하여 60점 이상

8. 연도별 합격률

연도	필기			실기		
	응시	합격	합격률	응시	합격	합격률
2023	80,253	41,014	51.1%	52,776	28,636	54.3%
2022	54,500	26,032	47.8%	32,473	15,681	48.3%
2021	41,704	20,205	48.40%	29,571	15,310	51.80%
2020	33,732	19,655	58.30%	26,012	14,824	57%
2019	33,287	15,076	45.30%	20,704	9,765	47.20%
2018	27,018	11,641	43.10%	15,755	7,600	48.20%
2017	25,088	11,138	44.40%	16,019	7,886	49.20%
2016	23,322	9,780	41.90%	12,135	6,882	56.70%
2015	20,981	7,508	35.80%	9,692	5,377	55.50%
2014	15,885	5,502	34.60%	7,793	3,993	51.20%
2013	13,023	3,838	29.50%	6,567	2,184	33.30%
2012	12,551	3,083	24.60%	5,251	2,091	39.80%
2011	12,015	3,656	30.40%	6,786	2,038	30%
2010	14,390	5,099	35.40%	7,605	2,605	34.30%
2009	15,355	4,747	30.90%	7,131	2,679	37.60%
2008	11,192	3,670	32.80%	7,702	1,927	25%
2007	9,973	4,378	43.90%	6,322	1,645	26%
2006	8,911	3,271	36.70%	4,402	1,612	36.60%
2005	6,162	1,881	30.50%	2,639	1,168	44.30%
2004	4,821	1,095	22.70%	2,011	718	35.70%
2003	3,682	1,046	28.40%	1,854	343	18.50%
2002	3,064	588	19.20%	1,307	236	18.10%
2001	3,186	333	10.50%	1,031	114	11.10%
1977 ~2000	137,998	39,510	28.60%	56,770	16,096	28.40%
소 계	477,340	176,700	37%	255,059	107,093	42%

출처: 한국산업인력공단

산업안전기사 2011~24년

01

필답 계산형
(기출중복문제 소거 정리)

잠깐! 더 효율적인 공부를 위한 링크들을 적극 이용하세요~!

직8딴 홈페이지
- 출시한 책 확인 및 구매

직8딴 카카오오픈톡방
- 실시간 저자의 질문 답변
(주7일 아침 11시~새벽 2시까지, 전화로도 함)
- 직8딴 구매자전용 복지와 혜택 획득
(최소 달에 40만원씩 기프티콘 지급)
- 구매자들과의 소통 및 EHS 관련 정보 습득

직8딴 네이버카페
- 실시간으로 최신화되는 정오표 확인
(정오표: 책 출시 이후 발견된 오타/오류를 모아놓은 표, 매우 중요)
- 공부에 도움되는 컬러버전 그림 및 사진 습득
- 직8딴 구매자전용 복지와 혜택 획득

직8딴 유튜브
- 저자 직접 강의 시청 가능
- 공부 팁 및 암기법 획득
- 국가기술자격증 관련 정보 획득

1 2011~2024년 필답 계산형

기출 중복문제 소거 정리

001 ☆☆

다음 조건으로 강도율을 구하시오.

- **연평균 근로자수**: 200명
- 1일 8시간씩 연 300일 근무
- 재해 5건 발생
- 사망자: 2명
- **장해등급** 4급: 1명
- 장해등급 10급: 1명
- 휴업일수: 280일

해 근로손실일수

구분	사망	신체장해자등급										
	1~3	4	5	6	7	8	9	10	11	12	13	14
근로손실 일수(일)	7,500	5,500	4,000	3,000	2,200	1,500	1,000	600	400	200	100	50

$$\text{강도율} = \frac{\text{총요양근로손실일수}}{\text{연근로시간수}} \cdot 10^3 = \frac{7{,}500 \cdot 2 + 5{,}500 + 600 + 280 \cdot \frac{300}{365}}{200 \cdot 8 \cdot 300} \cdot 10^3 = 44.44$$

$$\text{총요양근로손실일수} = \text{장해등급에 따른 근로손실일수} + \text{휴업일수} \cdot \frac{\text{연근로일}}{365}$$

답 강도율: 44.44

002 ☆

다음 조건으로 강도율을 구하시오.

- **근로자 수**: 2,000명
- **주당 30시간씩 연간 50주 근무**
- **1년 재해 건수**: 30건
- **근로손실일수**: 1,100일
- **사망자**: 1명
- **결근율**: 6%
- **조기출근 및 잔업시간의 합계**: 100,000시간
- **조퇴**: 5,000시간

해 사망 : 7,500일

$$강도율 = \frac{총요양근로손실일수}{연근로시간수} \cdot 10^3$$

$$= \frac{7,500 + 1,100}{2,000 \cdot 30 \cdot 50 \cdot (1-0.06) + 100,000 - 5,000} \cdot 10^3 = 2.95$$

$$총요양근로손실일수 = 장해등급에\ 따른\ 근로손실일수 + 휴업일수 \cdot \frac{연근로일}{365}$$

답 강도율: 2.95

003 ☆

다음 조건으로 강도율을 구하시오.

- **근로자수**: 1~3월말 300명, 4~6월말 300명, 7~9월말 270명, 10~12월말 260명
- **연재해건수**: 15건
- **휴업일수**: 300일
- **근무시간**: 1일 8시간
- **근무일수**: 연간 280일

해 $평균근로자수 = \frac{300 + 300 + 270 + 260}{4} = 282.5 ≒ 283명$

$$강도율 = \frac{총요양근로손실일수}{연근로시간수} \cdot 10^3 = \frac{300 \cdot \frac{280}{365}}{283 \cdot 8 \cdot 280} \cdot 10^3 = 0.36$$

$$총요양근로손실일수 = 장해등급에\ 따른\ 근로손실일수 + 휴업일수 \cdot \frac{연근로일}{365}$$

답 강도율: 0.36

004

☆☆☆

다음 조건으로 강도율을 구하시오.

• **도수율**:12	• **연재해건수**:11건	• **재해자수**:15명
• **총 휴업일수**:150일	• 1일 9시간씩, 연간 250일 근무	

해 $\text{도수율} = \dfrac{\text{재해건수}}{\text{연근로시간수}} \cdot 10^6 = \dfrac{11}{\text{평균근로자수} \cdot 9 \cdot 250} \cdot 10^6 = 12$

$\rightarrow \text{평균근로자수} = \dfrac{11 \cdot 10^6}{12 \cdot 9 \cdot 250} = 407.41 \fallingdotseq 408\text{명}$

$\text{강도율} = \dfrac{\text{총요양근로손실일수}}{\text{연근로시간수}} \cdot 10^3 = \dfrac{150 \cdot \dfrac{250}{365}}{408 \cdot 9 \cdot 250} \cdot 10^3 = 0.11$

$\text{총요양근로손실일수} = \text{장해등급에 따른 근로손실일수} + \text{휴업일수} \cdot \dfrac{\text{연근로일}}{365}$

답 강도율: 0.11

005

☆

다음 조건으로 도수율을 구하시오.

• **근로자수**:500명	• 연재해발생건수:4건	• 1인당 연근로시간:3,000시간

해 $\text{도수율} = \dfrac{\text{재해건수}}{\text{연근로시간수}} \cdot 10^6 = \dfrac{4}{500 \cdot 3{,}000} \cdot 10^6 = 2.67$

답 도수율: 2.67

006 ☆

다음 조건으로 근로자 1명에게 평생동안 몇 건의 재해가 발생하는지 구하시오.

- **도수율**: 18
- **1일 8시간, 월 25일, 12개월 근무**
- **평생근로연수**: 35년
- **연평균잔업시간**: 240시간

해 $도수율 = \frac{재해건수}{연근로시간수} \cdot 10^6 = \frac{재해건수}{8 \cdot 25 \cdot 12 + 240} \cdot 10^6 = 18$

$\rightarrow 재해건수 = \frac{18 \cdot (8 \cdot 25 \cdot 12 + 240)}{10^6} = 0.048$

평생근로연수가 35년이니 $0.048 \cdot 35 = 1.68 \fallingdotseq 2$

답 평생 재해발생건수: 2건

007 ☆

다음 조건으로 사망만인율(‱)을 구하시오.

- **사망자수**: 4명
- **재해자수**: 90명
- **재해건수**: 11건
- **근로시간**: 2,400시간
- **산재보험적용 근로자수**: 2,000명

해 $사망만인율 = \frac{사망자수}{산재보험적용근로자수} \cdot 10^4 = \frac{4}{2,000} \cdot 10^4 = 20‱$

답 사망만인율: 20

008 ☆

다음 조건으로 사망만인율(‱)을 구하시오.

- **사망자수**: 10명
- **임금 근로자수**: 21,000명
- **산재보험적용 근로자수**: 19,000명

해 $사망만인율 = \frac{사망자수}{산재보험적용근로자수} \cdot 10^4 = \frac{10}{19,000} \cdot 10^4 = 5.26‱$

답 사망만인율: 5.26

009

☆☆☆

종합재해지수(FSI)를 구하시오.

- **작업자수**: 500명
- **연근무시간**: 2,500시간
- **연재해발생건수**: 20건
- **근로손실일수**: 900일
- **재해자수**: 100명

해 종합재해지수 $= \sqrt{\text{도수율} \cdot \text{강도율}} = \sqrt{16 \cdot 0.72} = 3.39$

도수율 $= \dfrac{\text{재해건수}}{\text{연근로시간수}} \cdot 10^6 = \dfrac{20}{500 \cdot 2{,}500} \cdot 10^6 = 16$

강도율 $= \dfrac{\text{총요양근로손실일수}}{\text{연근로시간수}} \cdot 10^3 = \dfrac{900}{500 \cdot 2{,}500} \cdot 10^3 = 0.72$

총요양근로손실일수 $=$ 장해등급에 따른 근로손실일수 $+$ 휴업일수 $\cdot \dfrac{\text{연근로일}}{365}$

답 종합재해지수: 3.39

010

☆☆☆☆

해당 사업장의 종합재해지수를 구하시오.

- **평균근로자수**: 300명
- **월평균재해건수**: 3건
- **휴업일수**: 210일
- **근로시간**: 1일 8시간, 연간 280일 근무

해 종합재해지수 $= \sqrt{\text{도수율} \cdot \text{강도율}} = \sqrt{53.571 \cdot 0.24} = 3.59$

도수율 $= \dfrac{\text{재해건수}}{\text{연근로시간수}} \cdot 10^6 = \dfrac{3 \cdot 12}{300 \cdot 8 \cdot 280} \cdot 10^6 = 53.571$

강도율 $= \dfrac{\text{총요양근로손실일수}}{\text{연근로시간수}} \cdot 10^3 = \dfrac{210 \cdot \dfrac{280}{365}}{300 \cdot 8 \cdot 280} \cdot 10^3 = 0.24$

총요양근로손실일수 $=$ 장해등급에 따른 근로손실일수 $+$ 휴업일수 $\cdot \dfrac{\text{연근로일}}{365}$

답 종합재해지수: 3.59

011 ☆☆

다음 조건으로 종합재해지수, 도수율과 강도율을 구하시오.

- **평균근로자수**: 500명
- **재해건수**: 연간 10건
- **재해자수**: 15명
- **근로손실일수**: 6,500일
- **근무시간**: 1일 9시간
- **근무일수**: 연간 280일

해 종합재해지수 $= \sqrt{\text{도수율} \cdot \text{강도율}} = \sqrt{7.94 \cdot 5.16} = 6.4$

$$\text{도수율} = \frac{\text{재해건수}}{\text{연근로시간수}} \cdot 10^6 = \frac{10}{500 \cdot 9 \cdot 280} \cdot 10^6 = 7.94$$

$$\text{강도율} = \frac{\text{총요양근로손실일수}}{\text{연근로시간수}} \cdot 10^3 = \frac{6{,}500}{500 \cdot 9 \cdot 280} \cdot 10^3 = 5.16$$

$$\text{총요양근로손실일수} = \text{장해등급에 따른 근로손실일수} + \text{휴업일수} \cdot \frac{\text{연근로일}}{365}$$

답 종합재해지수: 6.4 **도수율**: 7.94 **강도율**: 5.16

012 ☆

다음과 같은 신체장해등급 판정자가 나왔을 때 총요양근로손실일수를 구하시오.

- **사망**: 2명
- **1급**: 1명
- **2급**: 1명
- **3급**: 2명
- **9급**: 1명
- **10급**: 4명

해 근로손실일수

구분	사망	신체장해자등급										
	1~3	4	5	6	7	8	9	10	11	12	13	14
근로손실일수(일)	7,500	5,500	4,000	3,000	2,200	1,500	1,000	600	400	200	100	50

→ $7{,}500 \cdot (2 + 1 + 1 + 2) + 1{,}000 \cdot 1 + 600 \cdot 4 = 48{,}400$일

답 총요양근로손실일수: 48,400일

013 ☆

실내 작업장의 8시간 소음측정 결과 90dBA 4시간, 95dBA 4시간일 때 소음노출수준(%)을 구하고, 소음노출기준 초과 여부를 쓰시오.

해 소음노출수준(충격소음 제외)

소음(dB)	90	95	100	105	110	115
시간	8	4	2	1	1/2	1/4

주의: 115dB(A)를 초과하는 소음 수준에 노출되어서는 안된다.

$$총\ 소음량 = \sum \frac{작업시간}{허용시간} \cdot 100 = (\frac{4}{8} + \frac{4}{4}) \cdot 100 = 150\%,\ 초과$$

$$총\ 소음량 \leq 100\%이면\ 적합$$

답 소음노출수준: 150%, 소음노출수준 초과

014 ☆

C.F.Dalziel식 이용한 심실세동 일으키는 에너지(J)를 구하시오.(단, 통전시간 1초, 인체 전기저항 500Ω이다.)

해 $W = I^2 Rt = (\frac{165 \cdot 10^{-3}}{\sqrt{1}})^2 \cdot 500 \cdot 1 = 13.61J$

I: 심실세동전류$(A)(= \frac{165 \cdot 10^{-3}(A)}{\sqrt{통전시간(s)}})$ R: 저항(Ω)

답 에너지: 13.61J

015

☆☆☆

용접작업을 하는 작업자가 전압이 200V인 충전부분에 물에 젖은 손이 접촉, 감전되어 사망했다. 이때 인체에 통전된 심실세동전류(mA)와 통전시간(ms)을 계산하시오.(단, 인체저항은 1,000Ω 이다.)

해 물에 젖으면 저항 $\frac{1}{25}$ 감소

$V(\text{전압}) = 200V,\ R(\text{저항}) = 1{,}000 \cdot \frac{1}{25} = 40\Omega$

$\rightarrow I(\text{심실세동전류}, A) = \frac{V}{R} = \frac{200}{40} = 5A = 5{,}000mA$

$I(\text{심실세동전류}, A) = \frac{165 \cdot 10^{-3}(A)}{\sqrt{\text{통전시간}(s)}}$

$\rightarrow \text{통전시간}(s) = (\frac{165 \cdot 10^{-3}}{I})^2 = (\frac{165 \cdot 10^{-3}}{5})^2 = 0.00109s = 1.09ms$

$1s = 1{,}000ms$

답 심실세동전류: 5,000mA 통전시간: 1.09ms

016

☆

시험가스 농도 1.6%에서 표준 유효시간이 80분인 정화통을 유해가스 농도가 0.8%인 작업장에서 사용할 경우 파과시간(분)을 구하시오.

해 $\text{파과시간} = \frac{\text{표준유효시간}(\min) \times \text{시험가스농도}(\%)}{\text{작업장 유해가스 농도}(\%)} = \frac{80 \cdot 1.6}{0.8} = 160\text{분}$

답 파과시간: 160분

017

☆

다음 보기에서 설명하는 건설공사의 건설업 산업안전보건관리비를 계상하시오.

보기

- **건축공사**
- **재료비**: 25억원
- **관급재료비**: 5억원
- **직접노무비**: 8억원
- **관리비(간접비 포함)**: 10억원

해 발주자가 도급계약 체결을 위한 원가계산에 의한 예정가격을 작성하거나, 자기공사자가 건설공사 사업 계획을 수립할 때에는 다음 각 호에 따라 산정한 금액 이상의 산업안전보건관리비를 계상하여야 한다. 다만, 발주자가 재료를 제공하거나 일부 물품이 완제품의 형태로 제작 · 납품되는 경우에는 해당 재료비 또는 완제품 가액을 대상액에 포함하여 산출한 산업안전보건관리비와 해당 재료비 또는 완제품 가액을 대상액에서 제외하고 산출한 산업안전보건관리비의 1.2배에 해당하는 값을 비교하여 그 중 작은 값 이상의 금액으로 계상한다.
대상액 = 직접재료비 + 간접재료비 + 직접노무비 = 재료비 + 관급재료비 + 직접노무비 = 25 + 5 + 8 = 38억

구분 공사 종류	대상액 5억원 미만인 경우 적용 비율(%)	대상액 5억원 이상 50억원 미만인 경우 적용비율(%)	대상액 5억원 이상 50억원 미만인 경우 기초액	대상액 50억원 이상인 경우 적용 비율(%)	보건관리자 선임 대상 건설공사의 적용비율(%)
건축공사	3.11%	2.28%	4,325,000원	2.37%	2.64%
토목공사	3.15%	2.53%	3,300,000원	2.60%	2.73%
중건설	3.64%	3.05%	2,975,000원	3.11%	3.39%
특수건설공사	2.07%	1.59%	2,450,000원	1.64%	1.78%

해당 재료비 또는 완제품 가액을 대상액에 포함하여 산출한 안전보건관리비
→ (재료비 + 직접노무비 + 관급재료비) • 요율 + 기초액
= (25억 + 8억 + 5억) • 0.0228 + 4,325,000 = 90,965,000원
해당 재료비 또는 완제품 가액을 대상액에서 제외하고 산출한 산업안전보건관리비의 1.2배에 해당하는 값
→ {(재료비 + 직접노무비) • 요율 + 기초액} • 1.2
= {(25억 + 8억) • 0.0228 + 4,325,000} × 1.2 = 95,478,000원
비교하여 그 중 작은 값 이상의 금액으로 계상한다.
→ 90,965,000원 〈 95,478,000원

답 산업안전보건관리비: 90,965,000원

018 ☆☆

기체의 조성비가 아세틸렌 60%, 클로로벤젠 40%일 때 아세틸렌의 위험도와 혼합기체의 폭발하한계(%)를 구하시오.(단, 아세틸렌 폭발범위 : 2.5 ~ 100vol%, 클로로벤젠 폭발범위 : 1.3 ~ 11vol%이다.)

해 아세틸렌 위험도 = $\frac{U-L}{L} = \frac{100-2.5}{2.5} = 39$ 혼합기체 폭발하한계 = $\frac{100}{\frac{60}{2.5}+\frac{40}{1.3}} = 1.83\%$

답 아세틸렌 위험도 : 39 혼합기체 폭발하한계 : 1.83%

019 ☆☆

부탄(C_4H_{10})이 완전연소하기 위한 화학반응식을 쓰고, 완전연소에 필요한 최소산소농도(%)를 구하시오. 부탄의 폭발하한계 : 1.8vol%이다.

해 화학반응식: $2C_4H_{10} + 13O_2 \rightarrow 8CO_2 + 10H_2O$

첫 번째 해설!

최소산소농도 = 폭발하한계(%) × $\frac{산소mol수}{연소가스mol수} = 1.8 \cdot \frac{13}{2} = 11.7\%$

두 번째 해설!

$C4H10 \rightarrow a{:}4 \quad b{:}10$

최소산소농도 = 폭발하한계(%) • 산소양론계수 = 1.8 • 6.5 = 11.7%

산소양론계수 = $a + \frac{b-c-2d}{4} = 4 + \frac{10-0-2 \cdot 0}{4} = 6.5$

a: 탄소 b: 수소 C: 할로겐 d: 산소

답 화학반응식 : $2C_4H_{10}+13O_2 \rightarrow 8CO_2+10H_2O$ **최소산소농도** : 11.7%

020 ☆

1,000rpm으로 회전하는 롤러의 앞면 롤러의 지름이 50cm인 경우 앞면 롤러의 표면속도(m/min)와 관련 규정에 따른 급정지거리(cm)를 구하시오.

해 앞면 롤러의 표면속도에 따른 급정지거리

앞면 롤러의 표면속도(m/min)	급정지거리
30 미만	앞면 롤러 원주의 1/3 이내
30 이상	앞면 롤러 원주의 1/2.5 이내

표면(원주)속도 $= \pi \cdot$ 롤러지름 $\cdot\, rpm = \pi \cdot 0.5m \cdot 1{,}000/\text{min} = 1{,}570.8m/\text{min}$

급정지거리 $= \dfrac{\pi \cdot \text{롤러지름}}{2.5} = \dfrac{\pi \cdot 50cm}{2.5} = 62.83cm$

rpm: 분당회전수(회/min), 허나 여기서는 1/min로 아는 게 편해요!

답 표면속도 : 1,570.8m/min   급정지거리 : 62.83cm

021 ☆☆

광전자식 방호장치가 설치된 마찰클러치식 기계 프레스에서 급정지 시간이 400ms인 경우 안전거리(mm)를 구하시오.

해 광전자식/양수조작식 안전거리

$D = 1.6 \cdot (T_L + T_S) = 1.6 \cdot 400 = 640mm$

D: 안전거리(mm) T_L: 급정지기구 작동까지 시간(ms) T_S: 슬라이드 정지까지 시간(ms)

$1s$(초) $= 1{,}000ms$

답 안전거리 : 640mm

022

☆☆☆

클러치 맞물림개수 5개, SPM 400인 동력프레스의 양수기동식 안전거리(mm)를 구하시오.

해 양수기동식 안전거리

$D = 1.6 \cdot T_m = 1.6 \cdot 105 = 168mm$

$T_m = (\frac{1}{\text{클러치 수}} + \frac{1}{2}) \cdot \frac{60{,}000}{\text{분당행정수}} = (\frac{1}{5} + \frac{1}{2}) \cdot \frac{60{,}000}{400} = 105ms$

D = 안전거리(mm) T_m: 슬라이드가 하사점 도달하는 시간(ms) 1s(초) = 1,000ms

답 안전거리 : 168mm

023

☆

1,000kg의 화물을 와이어로프 이용해 두줄걸이방법으로 상부 각도 90도로 들어 올릴 때, 각각의 와이어로프에 걸리는 하중(kg)을 구하시오.

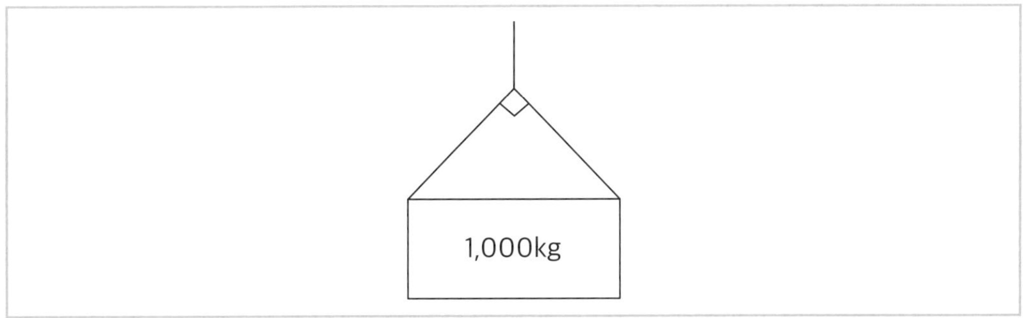

해 한 와이어로프 하중(T) $= \frac{\text{화물무게}}{2 \cdot COS(\frac{\text{상부각도}}{2})} = \frac{1{,}000}{2 \cdot COS(\frac{90}{2})} = 707.11kg$

답 하중 : 707.11kg

024

☆☆

절단하중이 43kN인 와이어로프로 1,200kg의 화물을 두줄걸이로 상부 각도 108도로 인양 시 안전률과 그 안전률이 적합한지 판단하시오.

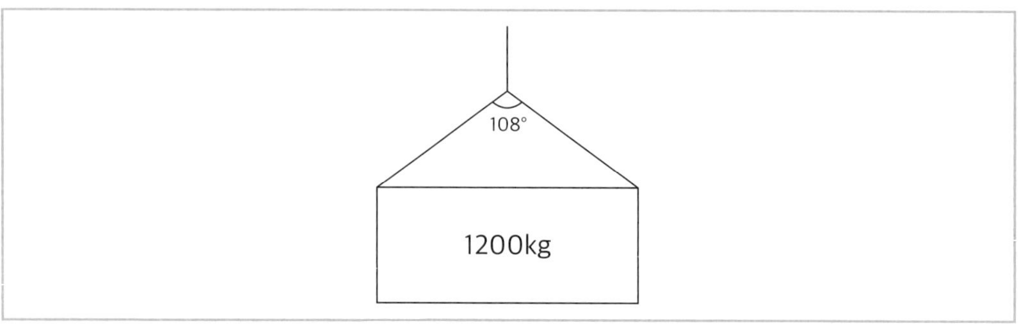

해 $1kg = 9.8N$

무게 $= 1,200 \cdot 9.8 = 11,760N$

$$안전률 = \frac{절단하중}{한\ 와이어로프\ 하중} = \frac{43,000}{10,003.653} = 4.3$$

$$한\ 와이어로프\ 하중 = \frac{화물무게}{2 \cdot COS(\frac{상부각도}{2})} = \frac{11,760}{2 \cdot COS(\frac{108}{2})} = 10,003.653N$$

화물 하중 직접 지지하는 달기와이어로프 경우 안전률: 5 이상

→ 4.3 < 5, 부적합

답 안전율: 4.3, 부적합

025

☆☆

화물의 하중을 직접 지지하는 달기 와이어로프의 절단하중이 4,000kg일 때 최대허용하중(kg)을 구하시오.

해 $최대허용하중 = \frac{절단하중}{안전률} = \frac{4,000}{5} = 800kg$

화물 하중을 직접 지지하는 달기와이어로프 경우 안전율: 5 이상

답 최대허용하중: 800kg

026 ☆

화물의 최대중량(kg)을 구하시오.(단, 지게차 중량(G) : 1,000kg, a : 1m, b : 1.5m)

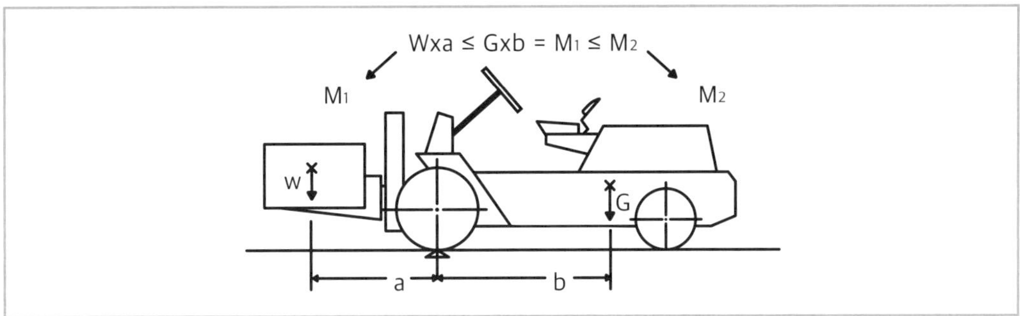

해 $W \cdot a \le G \cdot b \rightarrow W \cdot 1 \le 1{,}000 \cdot 1.5 \rightarrow W \le 1{,}500$

W: 화물 중량 G: 지게차 중량

a: 앞바퀴에서 화물 중심까지의 최단거리 b: 앞바퀴에서 지게차 중심까지의 최단거리

M_1: 화물 모멘트($= W \cdot a$) M_2: 지게차 모멘트($= G \cdot b$)

※단순히 앞쪽의 무게가 뒤쪽보다 작거나 같아야 된다!

답 화물의 최대중량 : 1,500kg

027 ☆

지게차가 5km/h 속도로 주행 시 좌우 안정도를 구하시오.

해 주행시 좌우 안정도(%) = 15 + 1.1 • 속도 = 15 + 1.1 • 5 = 20.5%

답 좌우 안정도 : 20.5%

MEMO

산업안전기사 2011~24년

02

필답 서술형
(기출중복문제 소거 정리)

잠깐! 더 효율적인 공부를 위한 링크들을 적극 이용하세요~!

직8딴 홈페이지

- 출시한 책 확인 및 구매

직8딴 카카오오픈톡방

- 실시간 저자의 질문 답변
(주7일 아침 11시~새벽 2시까지, 전화로도 함)
- 직8딴 구매자전용 복지와 혜택 획득
(최소 달에 40만원씩 기프티콘 지급)
- 구매자들과의 소통 및 EHS 관련 정보 습득

직8딴 네이버카페

- 실시간으로 최신화되는 정오표 확인
(정오표: 책 출시 이후 발견된 오타/오류를 모아놓은 표, 매우 중요)
- 공부에 도움되는 컬러버전 그림 및 사진 습득
- 직8딴 구매자전용 복지와 혜택 획득

직8딴 유튜브

- 저자 직접 강의 시청 가능
- 공부 팁 및 암기법 획득
- 국가기술자격증 관련 정보 획득

2 2011~2024년 필답 서술형

기출 중복문제 소거 정리

001

☆

미끄러운 기름이 기계 주위의 바닥에 퍼져 있어 작업자가 작업 중에 넘어져 기계에 부딪혀 다쳤다. 재해발생형태, 기인물, 가해물, 불안전한 상태를 쓰시오.

해 왜 재해형태 부딪힘은 안되나요?
부딪힘(물체에 부딪힘)·접촉이라 함은 재해자 자신의 움직임, 동작으로 인하여 기인물에 접촉 또는 부딪히거나, 물체가 고정부에서 이탈하지 않은 상태로 움직임(규칙, 불규칙)등에 의하여 부딪히거나, 접촉한 경우
→ 기인물이 기름이다! 그러니 안 됨! 문제 속 상황은 기계(가해물)에 부딪혔다!

답 재해발생형태 : 넘어짐
기인물 : 기름
가해물 : 기계
불안전한 상태 : 작업장 바닥에 퍼져 있는 기름의 방치

002

☆☆☆

다음 설명에 해당하는 재해발생 형태를 쓰시오.

1. 폭발과 화재의 2가지 현상이 복합적으로 발생한 경우
2. 재해 당시 바닥면과 신체가 떨어진 상태로 더 낮은 위치로 떨어진 경우
3. 재해 당시 바닥면과 신체가 접해있는 상태에서 더 낮은 위치로 떨어진 경우
4. 재해자가 전도로 인해 기계의 동력 전달부위 등에 끼어 신체부위가 절단된 경우

해 1. 폭발과 화재, 두 현상이 복합적으로 발생된 경우에는 발생형태를 「폭발」로 분류한다.
2. 사고 당시 바닥면과 신체가 떨어진 상태로 더 낮은 위치로 떨어진 경우에는 「떨어짐」으로, 바닥면과 신체가 접해있는 상태에서 더 낮은 위치로 떨어진 경우에는 「넘어짐」으로 분류한다.
3. 재해자가 「넘어짐」으로 인하여 기계의 동력전달부위 등에 끼이는 사고가 발생하여 신체 부위가 「절단」된 경우에는 「끼임」으로 분류한다.

답 1. 폭발 2. 떨어짐 3. 넘어짐 4. 끼임

003 ☆

산업안전보건법에 따라 산업재해조사표를 작성하려 한다. 재해발생 개요를 작성하시오.

2025년 2월 8일 20시경, 플라스틱 용기 생산 2팀 사출공정에서 재해자 A와 동료 작업자 3명이 같이 작업 중이었으며 재해자 A가 사출성형기 4호기에서 플라스틱 용기를 꺼낸 후 금형을 점검하던 중 재해자가 점검 중임을 모르던 동료 근로자 B가 사출성형기 조작 스위치를 가동하여 금형 사이에 재해자가 끼어 다쳤다.

1. 발생일시　2. 발생장소　3. 재해관련 작업유형　4. 재해발생 당시 상황

답 1. 2025년 2월 8일 20시경
2. 플라스틱 용기 생산 2팀 사출공정 사출 성형기 4호기
3. 사출 성형기 4호기에서 플라스틱 용기를 꺼낸 후 금형을 점검
4. 재해자가 점검 중임을 모르던 동료 근로자 B가 사출성형기 조작스위치를 가동하여 금형 사이에 재해자가 끼어 다침

004 ☆

가스폭발 위험장소 또는 분진폭발 위험장소에 설치되는 건축물 등에 대해서 해당하는 부분을 내화 구조로 해야 하며 그 성능이 유지될 수 있도록 점검, 보수 등 적절한 조치를 하여야 한다. 이 경우에 해당하는 부분 2가지 쓰시오.

해 1. 건축물의 기둥 및 보: 지상 1층(지상 1층 높이가 6미터를 초과하는 경우에는 6미터)까지
2. 위험물 저장·취급용기의 지지대(높이가 30센티미터 이하인 것은 제외): 지상으로부터 지지대의 끝부분까지
3. 배관·전선관 등의 지지대: 지상으로부터 1단(1단의 높이가 6미터를 초과하는 경우에는 6미터)까지

답 1. 기둥 : 지상 1층(높이 6m 초과 시엔 6m)까지
2. 배관 등의 지지대 : 지상으로부터 1단(높이 6m 초과 시엔 6m)까지

005 ☆☆

다음 안전보건교육 대상자의 교육종류별 교육시간을 쓰시오.

1. 안전보건관리책임자 신규교육
2. 안전보건관리책임자 보수교육
3. 안전관리자 신규교육시간
4. 건설재해예방전문지도기관 종사자의 보수교육시간
5. 일용직근로자 채용 시 교육시간
6. 사무직 종사 근로자의 정기교육시간
7. 일용근로자 및 근로계약기간이 1주일 이하인 기간제근로자 작업내용 변경시 교육시간
8. 관리감독자 채용 시 교육시간

解 안전보건교육 교육과정별 교육시간

1. 근로자 안전보건교육

교육과정	교육대상		교육시간
정기교육	사무직 종사 근로자		매반기 6시간 이상
	그 밖의 근로자	판매업무에 직접 종사하는 근로자	매반기 6시간 이상
		판매업무에 직접 종사하는 근로자 외 근로자	매반기 12시간 이상
채용 시 교육	일용근로자 및 근로계약기간이 1주일 이하인 기간제근로자		1시간 이상
	근로계약기간이 1주일 초과 1개월 이하인 기간제근로자		4시간 이상
	그 밖의 근로자		8시간 이상
작업내용 변경시 교육	일용근로자 및 근로계약기간이 1주일 이하인 기간제근로자		1시간 이상
	그 밖의 근로자		2시간 이상
특별교육	일용근로자 및 근로계약기간이 1주일 이하인 기간제근로자: 별표 5 제1호라목(타워크레인을 사용하는 작업시 신호업무를 하는 작업자는 제외)에 해당하는 작업에 종사하는 근로자에 한정한다.		2시간 이상
	일용근로자 및 근로계약기간이 1주일 이하인 기간제근로자: 타워크레인을 사용하는 작업시 신호업무를 하는 작업에 종사하는 근로자에 한정한다.		8시간 이상
	일용근로자 및 근로계약기간이 1주일 이하인 기간제근로자를 제외한 근로자: 별표 5 제1호라목에 해당하는 작업에 종사하는 근로자에 한정한다.		-16시간 이상(최초 작업에 종사하기 전 4시간 이상 실시하고 12시간은 3개월 이내에서 분할해 실시 가능) -단기간 작업 또는 간헐적 작업인 경우는 2시간 이상
건설업 기초안전 보건교육	건설 일용근로자		4시간 이상

1의2. 관리감독자 안전보건교육

교육과정	교육시간
정기교육	연간 16시간 이상
채용 시 교육	8시간 이상
작업내용 변경 시 교육	2시간 이상
특별교육	- 16시간 이상(최초 작업에 종사하기 전 4시간 이상 실시하고, 12시간은 3개월 이내에서 분할하여 실시 가능) - 단기간 작업 또는 간헐적 작업인 경우에는 2시간 이상

2. 안전보건관리책임자 등에 대한 교육

교육대상	교육시간	
	신규교육	보수교육
안전보건관리책임자	6시간 이상	6시간 이상
안전관리자, 안전관리전문기관의 종사자	34시간 이상	24시간 이상
보건관리자, 보건관리전문기관의 종사자v	34시간 이상	24시간 이상
건설재해 예방전문 지도기관의 종사자	34시간 이상	24시간 이상
석면조사기관의 종사자	34시간 이상	24시간 이상
안전보건관리담당자	-	8시간 이상
안전검사기관, 자율안전검사기관의 종사자	34시간 이상	24시간 이상

3. 특수형태 근로종사자에 대한 안전보건교육

교육과정	교육시간
최초 노무 제공 시 교육	2시간 이상(단기간 작업 또는 간헐적 작업에 노무를 제공하는 경우에는 1시간 이상 실시하고, 특별교육을 실시한 경우는 면제)
특별교육	16시간 이상(최초 작업에 종사하기 전 4시간 이상 실시하고 12시간은 3개월 이내에서 분할하여 실시가능) 단기간 작업 또는 간헐적 작업인 경우에는 2시간 이상

4. 검사원 성능검사 교육

교육과정	교육대상	교육시간
성능검사 교육	-	28시간 이상

답 1. 6시간 이상 2. 6시간 이상 3. 34시간 이상 4. 24시간 이상 5. 1시간 이상 6. 매반기 6시간 이상
7. 1시간 이상 8. 8시간 이상

006 ☆

빈칸을 채우시오.

1. 안전관리자 신규 교육시간 : (A)시간 이상
2. 안전보건관리책임자 보수 교육시간 : (B)시간 이상
3. 사무직 종사 근로자의 정기 교육시간 : 매반기 (C)시간 이상
4. 일용근로자의 채용 시의 교육시간 : (D)시간 이상
5. 일용근로자의 작업내용 변경 시의 교육시간 : (E)시간 이상

해 윗 해설 참조

답 A : 34 B : 6 C : 6 D : 1 E : 1

007 ☆

빈칸을 채우시오.

교육대상	교육시간	
	신규교육	보수교육
안전관리자, 안전관리 전문기관의 종사자	34시간 이상	(A)시간 이상
보건관리자, 보건관리 전문기관의 종사자	(B)시간 이상	24시간 이상
안전보건관리책임자	6시간 이상	(C)시간 이상
건설재해 예방 전문지도 기관의 종사자	34시간 이상	(D)시간 이상

해 윗 해설 참조

답 A : 24 B : 34 C : 6 D : 24

008 ☆☆

타워크레인 설치, 해체 시 근로자 특별 안전보건 교육내용 3개 쓰시오.

해 특별교육 대상 작업별 교육

30. 타워크레인 설치(상승작업 포함), 해체하는 작업	1. 붕괴·추락 및 재해방지에 관한 사항 2. 설치·해체 순서 및 안전작업방법에 관한 사항 3. 부재의 구조·재질 및 특성에 관한 사항 4. 신호방법 및 요령에 관한 사항 5. 이상 발생 시 응급조치에 관한 사항 6. 그 밖에 안전·보건관리에 필요한 사항

답 신호방법/재해방지/부재구조

009 ☆☆☆

로봇작업에 대한 특별 안전보건 교육을 실시할 때 교육내용 4개 쓰시오.

해 특별교육 대상 작업별 교육

36. 로봇작업	1. 로봇의 기본원리·구조 및 작업방법에 관한 사항 2. 이상 발생 시 응급조치에 관한 사항 3. 안전시설 및 안전기준에 관한 사항 4. 조작방법 및 작업순서에 관한 사항

답 로봇 구조/안전기준/조작방법/이상 발생 시 응급조치

010

☆☆

건설용 리프트, 곤돌라를 이용하는 작업에서 사업자가 근로자에게 하는 특별안전보건 교육 내용 4개 쓰시오.

해 특별교육 대상 작업별 교육

15. 건설용 리프트, 곤돌라를 이용한 작업	1. 방호장치 기능 및 사용에 관한 사항 2. 기계, 기구, 달기체인 및 와이어 등의 점검에 관한 사항 3. 화물의 권상·권하 작업방법 및 안전작업 지도에 관한 사항 4. 기계·기구의 특성 및 동작원리에 관한 사항 5. 신호방법 및 공동작업에 관한 사항 6. 그 밖에 안전·보건관리에 필요한 사항

답 신호방법/기계점검/기계 동작원리/방호장치 기능

011

☆

산업안전보건법상 방사선 업무에 관계되는 작업(의료 및 실험용은 제외)에 종사하는 근로자에게 실시하여야 하는 특별안전보건 교육내용 4개 쓰시오.

해 특별교육 대상 작업별 교육

33. 방사선 업무에 관계되는 작업 (의료 및 실험용은 제외)	1. 방사선의 유해·위험 및 인체에 미치는 영향 2. 방사선의 측정기기 기능의 점검에 관한 사항 3. 방호거리·방호벽 및 방사선물질의 취급요령에 관한 사항 4. 응급처치 및 보호구 착용에 관한 사항 5. 그 밖에 안전·보건관리에 필요한 사항

답 응급처치/방사선 유해위험/방사선물질 취급요령/방사선 측정기기 기능 점검

012 ☆

밀폐장소에서 하는 용접작업 또는 습한 장소에서 하는 전기용접 작업 시 특별안전보건교육을 실시할 때 교육내용 4개 쓰시오.

해 특별교육 대상 작업별 교육

작업	교육내용
3. 밀폐된 장소(탱크 내 또는 환기가 극히 불량한 좁은 장소를 말한다)에서 하는 용접작업 또는 습한 장소에서 하는 전기용접 작업	1. 작업순서, 안전작업방법 및 수칙에 관한 사항 2. 환기설비에 관한 사항 3. 전격 방지 및 보호구 착용에 관한 사항 4. 질식 시 응급조치에 관한 사항 5. 작업환경 점검에 관한 사항 6. 그 밖에 안전·보건관리에 필요한 사항

답 환기설비/작업순서/작업환경 점검/질식 시 응급조치

013 ★☆

산업안전보건법령상 사업 내 근로자 안전보건교육에 있어 채용 시의 교육 및 작업내용 변경 시의 교육내용 5개 쓰시오.(= 특수형태 근로자의 최초 노무 제공 시 교육내용/관리감독자 정기안전보건 교육내용/근로자 정기안전보건 교육내용)

해

근로자 채용 시 교육 및 작업내용 변경 시 교육내용	특수형태근로종사자에 대한 최초 노무 제공 시 교육내용	관리감독자 정기교육내용	근로자 정기교육내용
- 산업안전 및 사고 예방에 관한 사항 - 산업보건 및 직업병 예방에 관한 사항 - 위험성 평가에 관한 사항 - 산업안전보건법령 및 산업재해보상보험 제도에 관한 사항 - 직무스트레스 예방 및 관리에 관한 사항 - 직장 내 괴롭힘, 고객의 폭언 등으로 인한 건강장해 예방 및 관리에 관한 사항 - 기계·기구의 위험성과 작업의 순서 및 동선에 관한 사항 - 작업 개시 전 점검에 관한 사항 - 정리정돈 및 청소에 관한 사항 - 사고 발생 시 긴급조치에 관한 사항 - 물질안전보건자료에 관한 사항	- 산업안전 및 사고 예방에 관한 사항 - 산업보건 및 직업병 예방에 관한 사항 - 건강증진 및 질병 예방에 관한 사항 - 유해·위험 작업환경 관리에 관한 사항 - 산업안전보건법령 및 산업재해보상보험 제도에 관한 사항 - 직무스트레스 예방 및 관리에 관한 사항 - 직장 내 괴롭힘, 고객의 폭언 등으로 인한 건강장해 예방 및 관리에 관한 사항 - 기계·기구의 위험성과 작업의 순서 및 동선에 관한 사항 - 작업 개시 전 점검에 관한 사항 - 정리정돈 및 청소에 관한 사항 - 사고 발생 시 긴급조치에 관한 사항 - 물질안전보건자료에 관한 사항 - 교통안전 및 운전안전에 관한 사항 - 보호구 착용에 관한 사항	- 산업안전 및 사고 예방에 관한 사항 - 산업보건 및 직업병 예방에 관한 사항 - 위험성 평가에 관한 사항 - 유해·위험 작업환경 관리에 관한 사항 - 산업안전보건법령 및 산업재해보상보험 제도에 관한 사항 - 직무스트레스 예방 및 관리에 관한 사항 - 직장 내 괴롭힘, 고객의 폭언 등으로 인한 건강장해 예방 및 관리에 관한 사항 - 작업공정의 유해·위험과 재해 예방대책에 관한 사항 - 사업장 내 안전보건관리체제 및 안전보건조치 현황에 관한 사항 - 표준안전 작업방법 및 지도 요령에 관한 사항 - 현장근로자와의 의사소통능력 및 강의능력 등 안전보건교육 능력 배양에 관한 사항 - 비상시 또는 재해 발생 시 긴급조치에 관한 사항 - 그 밖의 관리감독자의 직무에 관한 사항	- 산업안전 및 사고 예방에 관한 사항 - 산업보건 및 직업병 예방에 관한 사항 - 위험성 평가에 관한 사항 - 건강증진 및 질병 예방에 관한 사항 - 유해·위험 작업환경 관리에 관한 사항 - 산업안전보건법령 및 산업재해보상보험 제도에 관한 사항 - 직무스트레스 예방 및 관리에 관한 사항 - 직장 내 괴롭힘, 고객의 폭언 등으로 인한 건강장해 예방 및 관리에 관한 사항

답 1. 산업안전보건법령 2. 직무스트레스 예방 3. 산업안전 및 사고 예방 4. 산업보건 및 직업병 예방
5. 고객 폭언 등으로 인한 건강장해 예방

014 ☆

산업안전보건법령에 따른 건설업 기초안전보건교육내용 2개 쓰시오.

해 건설업 기초안전보건교육에 대한 내용 및 시간

교육 내용	시간
건설공사의 종류(건축 · 토목 등) 및 시공 절차	1시간
산업재해 유형별 위험요인 및 안전보건조치	2시간
안전보건관리체제 현황 및 산업안전보건 관련 근로자 권리 · 의무	1시간

답 건설공사 종류 및 시공 절차/산업재해 유형별 안전보건조치

015 ☆

안전보건관리담당자의 직무를 4가지 쓰시오.

해 안전보건관리담당자의 업무는 다음 각 호와 같다.

1. 안전보건교육 실시에 관한 보좌 및 지도·조언
2. 위험성평가에 관한 보좌 및 지도·조언
3. 작업환경측정 및 개선에 관한 보좌 및 지도·조언
4. 각종 건강진단에 관한 보좌 및 지도·조언
5. 산업재해 발생의 원인 조사, 산업재해 통계의 기록 및 유지를 위한 보좌 및 지도·조언
6. 산업 안전보건과 관련된 안전장치 및 보호구 구입 시 적격품 선정에 관한 보좌 및 지도·조언

답 건강진단 지도/위험성평가 지도/작업환경측정 지도/안전보건교육 실시 지도

016 ☆☆☆

산업안전보건법상 안전보건총괄책임자의 직무 4개 쓰시오.

해 안전보건총괄책임자의 직무는 다음 각 호와 같다.

1. 위험성평가의 실시에 관한 사항
2. 작업의 중지
3. 도급 시 산업재해 예방조치
4. 산업안전보건관리비의 관계수급인 간의 사용에 관한 협의·조정 및 그 집행의 감독
5. 안전인증대상기계등과 자율 안전 확인 대상 기계 등의 사용 여부 확인

답 작업중지/위험성평가 실시/도급 시 산업재해 예방조치/안전인증대상기계 사용 여부 확인

017 ☆

산업안전보건법상 관리감독자의 직무 5개 쓰시오.

해 관리감독자의 직무

1. 사업장 내 관리감독자가 지휘·감독하는 작업과 관련된 기계·기구 또는 설비의 안전·보건 점검 및 이상 유무의 확인
2. 관리감독자에게 소속된 근로자의 작업복·보호구 및 방호장치의 점검과 그 착용·사용에 관한교육·지도
3. 해당 작업에서 발생한 산업재해에 관한 보고 및 이에 대한 응급조치
4. 해당 작업의 작업장 정리정돈 및 통로 확보에 대한 확인·감독
5. 사업장의 안전관리자, 보건관리자, 안전보건관리담당자의 지도·조언에 대한 협조
6. 법에 따라 실시되는 위험성평가에 관한 다음 각 목의 업무
   가. 유해·위험요인의 파악에 대한 참여
   나. 개선조치의 시행에 대한 참여
7. 그 밖에 해당 작업의 안전 및 보건에 관한 사항으로서 고용노동부령으로 정하는 사항

답 1. 정리정돈 감독
2. 안전관리자 지도 협조
3. 근로자 보호구 착용 지도
4. 산업재해에 관한 보고 및 응급조치
5. 위험성 평가에 관한 개선조치 시행 참여

018 ☆☆

산업안전보건법상의 사업주의 의무와 근로자의 의무 각 2개씩 쓰시오.

해 사업주 등의 의무

1. 이 법과 이 법에 따른 명령으로 정하는 산업재해 예방을 위한 기준
2. 근로자의 신체적 피로와 정신적 스트레스 등을 줄일 수 있는 쾌적한 작업환경의 조성 및 근로조건 개선
3. 해당 사업장의 안전 및 보건에 관한 정보를 근로자에게 제공

근로자 등의 의무

근로자는 이 법과 이 법에 따른 명령으로 정하는 산업재해 예방을 위한 기준을 지켜야 하며, 사업주 또는 「근로기준법」에 따른 근로감독관, 공단 등 관계인이 실시하는 산업재해 예방에 관한 조치에 따라야 한다.

답 사업주의 의무 : 쾌적한 작업환경 조성/근로자에게 안전보건 정보 제공
근로자의 의무 : 산업재해 예방기준 준수/관계인이 실시하는 산업재해 예방조치 수행

019 ☆☆☆

안전관리자 수를 정수 이상으로 증원하게 하거나 교체하여 임명할 수 있는 경우에 해당하는 내용 3개 쓰시오.

해 지방고용노동관서의 장은 다음 각 호의 어느 하나에 해당하는 사유가 발생한 경우에는 사업주에게 안전관리자·보건관리자 또는 안전보건관리담당자를 정수 이상으로 증원하게 하거나 교체하여 임명할 것을 명할 수 있다.

1. 해당 사업장의 연간 재해율이 같은 업종의 평균재해율의 2배 이상인 경우
2. 중대재해가 연간 2건 이상 발생한 경우. 다만, 해당 사업장의 전년도 사망 만인율이 같은 업종의 평균 사망 만인율 이하인 경우는 제외한다.
3. 관리자가 질병이나 그 밖의 사유로 3개월 이상 직무를 수행할 수 없게 된 경우
4. 화학적 인자로 인한 직업성 질병자가 연간 3명 이상 발생한 경우. 이 경우 직업성 질병자의 발생일은 법에 따른 요양급여의 결정일로 한다.

답 1. 중대재해 연간 2건 이상 발생
2. 관리자가 질병으로 3개월 이상 직무수행 불가능할 때
3. 연간 재해율이 같은 업종 평균 재해율 2배 이상 발생

020 ☆

재해조사 시 안전관리자로서의 유의사항 5개 쓰시오.

해 재해조사 시 안전관리자로서의 유의사항

1. 사실을 수집한다.(이유와 원인은 그 후에 확인)
2. 목격자 등이 증언하는 사실 이외의 추측이나 본인의 의견 등은 분리하고 참고로만 한다.
3. 조사는 신속히 실시하고, 2차 재해 방지를 위한 안전조치를 한다.
4. 인적, 물적 요인에 대한 조사를 병행한다.
5. 객관적인 입장에서 공정하게 2인 이상 실시한다.
6. 책임추궁보다 재발방지에 역점을 둔다.
7. 피해자에 대한 구급조치를 우선한다.

답 1. 사실 수집
2. 신속하게 조사
3. 구급조치 우선시
4. 객관적 입장에서 조사
5. 사실 이외 추측의 말은 참고로만 활용

021 ☆☆☆

고용노동부장관이 자율검사프로그램의 인정을 취소하거나 인정받은 자율검사프로그램의 내용에 따라 검사를 하도록 하는 등 시정을 명할 수 있는 경우 3가지 쓰시오.

해 자율검사프로그램 인정의 취소의 경우

1. 거짓이나 그 밖의 부정한 방법으로 자율검사프로그램을 인정받은 경우
2. 자율검사프로그램을 인정받고도 검사를 하지 아니한 경우
3. 인정받은 자율검사프로그램의 내용에 따라 검사를 하지 아니한 경우
4. 법에 해당하는 사람 또는 자율안전검사기관이 검사를 하지 아니한 경우

답 1. 거짓으로 자율검사프로그램 인정받은 경우
2. 자율검사프로그램 인정받고도 검사 하지 않은 경우
3. 인정받은 자율검사프로그램 내용에 따라 검사를 하지 않은 경우

022 ☆☆☆☆☆

산업안전보건법상 사업장에 안전보건관리규정을 작성할 때 포함되어야 할 사항 4개 쓰시오.

해 사업주는 사업장의 안전 및 보건을 유지하기 위하여 다음 각 호의 사항이 포함된 안전보건관리규정을 작성하여야 한다.

1. 안전 및 보건에 관한 관리조직과 그 직무에 관한 사항
2. 안전보건교육에 관한 사항
3. 작업장의 안전 및 보건 관리에 관한 사항
4. 사고조사 및 대책 수립에 관한 사항
5. 그 밖에 안전 및 보건에 관한 사항

답 사고조사/안전보건교육/작업장 안전보건관리/안전보건 관리조직 직무

023 ☆☆

다음 보기에 답하시오.

> 1. 안전보건관리규정 작성 시 포함사항 4가지
> 2. 소프트웨어 개발 및 공급업에서 안전보건관리규정을 작성해야 하는 상시근로자 수
> 3. 자동차 제조업에서 안전보건관리규정을 작성해야 하는 상시근로자 수

해 윗 해설 참조

안전보건관리규정을 작성해야 할 사업 종류 및 상시근로자 수

사업의 종류	상시근로자 수
1. 농업 2. 어업 3. 소프트웨어 개발 및 공급업 4. 컴퓨터 프로그래밍, 시스템 통합 및 관리업 4의2. 영상·오디오물 제공 서비스업 5. 정보서비스업 6. 금융 및 보험업 7. 임대업; 부동산 제외 8. 전문, 과학 및 기술 서비스업(연구개발업은 제외한다) 9. 사업지원 서비스업 10. 사회복지 서비스업	300명 이상
11. 제1호부터 제4호까지, 제4호의2 및 제5호부터 제10호까지의 사업을 제외한 사업(=자동차 제조업)	100명 이상

답 1. 사고조사/안전보건교육/작업장 안전보건관리/안전보건 관리조직 직무
2. 300명 이상
3. 100명 이상

024 ☆

다음 내용에 빈칸을 쓰시오.

> 주식회사 중 대통령령으로 정하는 회사의 대표이사는 대통령령으로 정하는 바에 따라 매년 회사의 안전 및 보건에 관한 계획을 수립하여 이사회에 보고하고 승인을 받아야 한다.
> "대통령령으로 정하는 회사"란 다음 각 호의 어느 하나에 해당하는 회사를 말한다.
> 1. 상시근로자 (A) 이상을 사용하는 회사
> 2. 「건설산업기본법」에 따라 평가하여 공시된 시공능력의 순위 상위 (B) 이내의 건설회사

해 주식회사 중 대통령령으로 정하는 회사의 대표이사는 대통령령으로 정하는 바에 따라 매년 회사의 안전 및 보건에 관한 계획을 수립하여 이사회에 보고하고 승인을 받아야 한다.
"대통령령으로 정하는 회사"란 다음 각 호의 어느 하나에 해당하는 회사를 말한다.
1. 상시근로자 500명 이상을 사용하는 회사
2. 「건설산업기본법」에 따라 평가하여 공시된 시공능력(같은 법 시행령 별표의 종합공사를 시공하는 업종의 건설업종란 제3호에 따른 토목건축공사업에 대한 평가 및 공시로 한정)의 순위 상위 1천(= 1,000)위 이내의 건설회사

답 A : 500명 B : 1천(=1,000)위

025 ☆

차량계 하역운반기계의 작업계획서 내용 2개 쓰시오.

해 작업계획서 내용

2. 차량계하역운반기계 등을 사용하는 작업	1. 해당 작업에 따른 추락·낙하·전도·협착 및 붕괴 등의 위험 예방대책 2. 차량계 하역운반기계 등의 운행경로 및 작업방법

답 운행경로/추락, 낙하 등의 위험 예방대책

026

☆☆

중량물 취급에 따른 작업계획서 작성 시 포함사항 5가지 쓰시오.

해 작업계획서 내용

11. 중량물의 취급 작업	1. 추락위험을 예방할 수 있는 안전대책 2. 낙하위험을 예방할 수 있는 안전대책 3. 전도위험을 예방할 수 있는 안전대책 4. 협착위험을 예방할 수 있는 안전대책 5. 붕괴위험을 예방할 수 있는 안전대책

답 1. 추락위험 예방 안전대책 2. 낙하위험 예방 안전대책 3. 전도위험 예방 안전대책
4. 협착위험 예방 안전대책 5. 붕괴위험 예방 안전대책

027

☆☆

건물 해체 작업 시 작업계획서 포함사항 4개 쓰시오.

해 작업계획서 내용

10. 건물 등의 해체작업	1. 해체의 방법 및 해체 순서도면 2. 가설설비·방호설비·환기설비 및 살수·방화설비 등의 방법 3. 사업장 내 연락방법 4. 해체물의 처분계획 5. 해체작업용 기계·기구 등의 작업계획서 6. 해체작업용 화약류 등의 사용계획서 7. 그 밖에 안전·보건에 관련된 사항

답 해체방법/방호설비 방법/해체물 처분계획/사업장 내 연락방법

028

☆☆☆☆

산업안전보건법에 따라 굴착면 높이가 2m 이상이 되는 지반의 굴착작업을 하는 경우 작업장의 지형, 지반 및 지층 상태 등에 대한 사전조사 후 작성하여야 하는 작업계획서에 들어갈 포함사항 4개 쓰시오.

해 작업계획서 내용

6. 굴착작업	1. 굴착방법 및 순서, 토사 반출 방법 2. 필요한 인원 및 장비 사용계획 3. 매설물 등에 대한 이설·보호대책 4. 사업장 내 연락방법 및 신호방법 5. 흙막이 지보공 설치방법 및 계측계획 6. 작업지휘자의 배치계획 7. 그 밖에 안전·보건에 관련된 사항

답 굴착방법/장비 사용계획/매설물 보호대책/사업장 내 연락방법

029

☆☆☆

타워크레인 설치, 조립, 해체 작업 시 작업계획서 포함사항 4개 쓰시오.

해 작업계획서 내용

1. 타워크레인을 설치·조립·해체하는 작업	1. 타워크레인의 종류 및 형식 2. 설치·조립 및 해체순서 3. 작업도구·장비·가설설비(假設設備) 및 방호설비 4. 작업인원의 구성 및 작업근로자의 역할 범위 5. 법에 따른 지지 방법

답 해체순서/방호설비/작업인원 구성/타워크레인 종류

030 ☆

중대재해 발생 시 사업장 소재지를 관할하는 지방고용노동관서의 장에게 전화나 팩스로 보고해야 하는 사항 3개와 보고 시점을 쓰시오.

해 사업주는 중대재해가 발생한 사실을 알게 된 경우에는 법에 따라 지체없이 다음 각 호의 사항을 사업장 소재지를 관할하는 지방고용노동관서의 장에게 전화·팩스 또는 그 밖의 적절한 방법으로 보고해야 한다.
1. 발생 개요 및 피해 상황　2. 조치 및 전망　3. 그 밖의 중요한 사항

답 보고사항 : 조치/발생개요/피해상황　보고 시점 : 지체없이

031 ☆☆☆

산업안전보건법에서 산업안전보건위원회의 회의록 내용(작성사항) 3개 쓰시오.

해 산업안전보건위원회는 다음 각 호의 사항을 기록한 회의록을 작성하여 갖추어 두어야 한다.
1. 개최 일시 및 장소
2. 출석위원
3. 심의 내용 및 의결·결정 사항
4. 그 밖의 토의사항

답 출석위원/심의내용/개최 일시 및 장소

032 ☆☆

산업안전보건법에 따른 산업안전보건위원회의 심의, 의결사항 4개 쓰시오.

해 사업주는 다음 각 호의 사항에 대해서는 제1항에 따른 산업안전보건위원회(이하 “산업안전보건위원회”라 한다)의 심의·의결을 거쳐야 한다.
1. 사업장의 산업재해 예방계획의 수립에 관한 사항
2. 안전보건관리규정의 작성 및 변경에 관한 사항
3. 안전보건교육에 관한 사항
4. 작업환경측정 등 작업환경의 점검 및 개선에 관한 사항
5. 근로자의 건강진단 등 건강관리에 관한 사항
6. 산업재해의 원인 조사 및 재발 방지대책 수립에 관한 사항 중 중대재해에 관한 사항
7. 유해하거나 위험한 기계·기구·설비를 도입한 경우 안전보건 관련 조치에 관한 사항
8. 그 밖에 해당 사업장 근로자의 안전 및 보건을 유지·증진시키기 위하여 필요한 사항

답 안전보건교육/근로자 건강진단/안전보건관리규정 작성/산업재해 예방계획 수립

033 ☆

보일러의 압력용기에 표시해야 되는 표시사항 3개 쓰시오.

해 사업주는 압력용기등을 식별할 수 있도록 하기 위하여 그 압력용기 등의 최고사용압력, 제조연월일, 제조회사명 등이 지워지지 않도록 각인(刻印) 표시된 것을 사용하여야 한다.

답 제조사명/제조연월일/최고사용압력

034 ☆

소형 전기기기 및 방폭 부품은 공간이 제한되어 있으므로 표시 크기를 줄일 수 있다. 그럼에도 불구하고 기재하는 최소 표시사항 3개 쓰시오.

해 소형 전기기기와 방폭부품 경우, 표시 크기를 줄일 수 있으며, 다음 각 세목의 사항을 표시해야 한다.

1. 제조자의 이름 또는 등록상표
2. 형식
3. 기호 Ex 및 방폭구조의 기호
4. 인증서 발급기관의 이름 또는 마크, 합격번호
5. X 또는 U 기호 (다만, 기호 X와 U를 함께 사용하지 않음)

답 형식/합격번호/제조자명

035 ☆

산업안전보건법상 보호구 안전인증 제품의 표시사항 4개 쓰시오.

해 안전인증제품에는 법에 따른 표시 외에 다음 각 호의 사항을 표시한다.

1. 형식 또는 모델명 2. 규격 또는 등급 등 3. 제조자명 4. 제조번호 및 제조연월 5. 안전인증 번호

답 형식/규격/제조자명/제조연월

036 ☆

보호구안전인증고시에서 정한 고농도등급의 방독마스크 사용에 대한 다음 물음에 답하시오.

1. 산소농도가 몇% 미만 되는 장소에서 방독마스크를 사용해선 안 되는지 쓰시오.
2. 유해물질인 유기화합물의 가스 또는 증기의 농도가 몇%를 초과하는 장소에서 방독마스크를 사용하여서는 안 되는지 쓰시오.
3. 암모니아에 있어서는 그 농도가 몇%를 초과하는 장소에서 방독마스크를 사용해서는 안 되는지 쓰시오.

해 방독마스크의 등급

등급	사용장소
고농도	가스 또는 증기의 농도가 100분의 2(암모니아에 있어서는 100분의 3) 이하의 대기 중에서 사용하는 것
중농도	가스 또는 증기의 농도가 100분의 1(암모니아에 있어서는 100분의 1.5) 이하의 대기 중에서 사용하는 것
저농도 및 최저농도	가스 또는 증기의 농도가 100분의 0.1 이하의 대기 중에서 사용하는 것으로서 긴급용이 아닌 것
비고: 방독마스크는 산소농도가 18% 이상인 장소에서 사용하여야 하고, 고농도와 중농도에서 사용하는 방독마스크는 전면형(격리식, 직결식)을 사용해야 한다.	

답 1. 18%　2. 2%　3. 3%

037 ☆☆

관리대상 유해물질을 취급하는 작업장의 보기 쉬운 장소에 게시해야 할 사항 5개 쓰시오.

해 사업주는 관리대상 유해물질을 취급하는 작업장의 보기 쉬운 장소에 다음 각 호의 사항을 게시하여야 한다.

1. 관리대상 유해물질의 명칭
2. 인체에 미치는 영향
3. 취급상 주의사항
4. 착용하여야 할 보호구
5. 응급조치와 긴급 방재 요령

답 인체 영향/착용 보호구/응급조치 요령/취급상 주의사항/관리대상 유해물질명

038 ☆

작업장에서 취급하는 대상 화학물질의 물질안전보건자료에 해당되는 내용을 근로자에게 교육해야 한다. 근로자에게 실시하는 교육사항 4개 쓰시오.

해 물질안전보건자료에 관한 교육내용

1. 대상화학물질의 명칭(또는 제품명)
2. 물리적 위험성 및 건강 유해성
3. 취급상 주의사항
4. 적절한 보호구
5. 응급조치 요령 및 사고시 대처방법
6. 물질안전보건자료 및 경고표지를 이해하는 방법

답 적절 보호구/응급조치 요령/취급상 주의사항/대상화학물질명

039 

작업장에서 취급하는 물질안전보건자료 대상물질의 물질안전보건자료 내용을 근로자에게 교육해야 하는 경우 3가지 쓰시오.

해 법에 따라 사업주는 다음 각 호의 어느 하나에 해당하는 경우에는 작업장에서 취급하는 물질안전보건자료대상물질의 물질안전보건자료에서 별표에 해당되는 내용을 근로자에게 교육해야 한다. 이 경우 교육받은 근로자에 대해서는 해당 교육 시간만큼 법에 따른 안전·보건교육을 실시한 것으로 본다.

1. 물질안전보건자료대상물질을 제조·사용·운반 또는 저장하는 작업에 근로자를 배치하게 된 경우
2. 새로운 물질안전보건자료대상물질이 도입된 경우
3. 유해성·위험성 정보가 변경된 경우

답 1. 유해위험성 정보 변경 시
2. 새로운 물질안전보건자료 대상물질 도입 시
3. 물질안전보건자료 대상물질을 저장하는 작업에 근로자 배치 시

040 ☆☆

물질안전보건자료(MSDS) 작성 시 포함사항 6개 쓰시오. (단, 화학제품과 회사에 관한 정보/구성성분의 명칭 및 함유량/취급 및 저장방법/폐기 시 주의사항은 제외)

해 물질안전보건자료 작성 시 포함되어야 할 항목 및 그 순서는 다음 각 호에 따른다.

1. 화학제품과 회사에 관한 정보
2. 유해성·위험성
3. 구성성분 명칭, 함유량
4. 응급조치 요령
5. 폭발·화재시 대처방법
6. 누출사고시 대처방법
7. 취급 및 저장방법
8. 노출방지 및 개인보호구
9. 물리화학적 특성
10. 안정성 및 반응성
11. 독성에 관한 정보
12. 환경에 미치는 영향
13. 폐기 시 주의사항
14. 운송에 필요한 정보
15. 법적규제 현황
16. 그 밖의 참고사항

답 독성 정보/환경 영향/유해성·위험성/응급조치 요령/물리화학적 특성/안정성 및 반응성

041 ☆

공정안전보고서 내용 중 안전작업허가지침에 포함해야 하는 위험작업 종류 5개 쓰시오.

해 안전작업허가 종류

1. 화기작업
2. 밀폐공간 출입작업
3. 정전작업
4. 굴착작업
5. 방사선사용작업
6. 고소작업
7. 중장비사용작업

답 화기작업/정전작업/굴착작업/고소작업/중장비사용작업

042 ☆☆☆☆☆☆

공정안전보고서 포함사항 4개 쓰시오.

해 법에 따른 공정안전보고서에는 다음 각 호의 사항이 포함되어야 한다.

1. 공정안전자료
2. 공정위험성 평가서
3. 안전운전계획
4. 비상조치계획
5. 그 밖에 공정상의 안전과 관련해 고용노동부장관이 필요하다고 인정하여 고시하는 사항

답 공정안전자료/안전운전계획/비상조치계획/공정위험성 평가서

043

☆☆☆☆☆

산업용 로봇의 작동범위 내에서 해당 로봇에 대해 교시 등의 작업을 할 경우에는 해당 로봇의 예기치 못한 작동 또는 오조작에 의한 위험을 방지하기 위하여 관련지침을 정하여 그 지침에 따라 작업을 하도록 하여야 하는데, 관련 지침에 포함되어야 할 사항 4개 쓰시오.

해 사업주는 산업용 로봇(이하 "로봇"이라 한다)의 작동범위에서 해당 로봇에 대하여 교시(敎示) 등[매니퓰레이터(manipulator)의 작동순서, 위치·속도의 설정·변경 또는 그 결과를 확인하는 것을 말한다. 이하 같다]의 작업을 하는 경우에는 해당 로봇의 예기치 못한 작동 또는 오(誤)조작에 의한 위험을 방지하기 위하여 다음 각 호의 조치를 하여야 한다. 다만, 로봇의 구동원을 차단하고 작업을 하는 경우에는 법의 조치를 하지 아니할 수 있다.

1. 다음 각 목의 사항에 관한 지침을 정하고 그 지침에 따라 작업을 시킬 것
   가. 로봇의 조작방법 및 순서
   나. 작업 중의 매니퓰레이터의 속도
   다. 2명 이상의 근로자에게 작업을 시킬 경우의 신호방법
   라. 이상을 발견한 경우의 조치
   마. 이상을 발견하여 로봇의 운전을 정지시킨 후 이를 재가동시킬 경우의 조치
   바. 그 밖에 로봇의 예기치 못한 작동 또는 오조작에 의한 위험을 방지하기 위하여 필요한 조치

답 로봇 조작방법/이상 발견 시 조치/작업 중 매니퓰레이터 속도/2명 이상 작업 시 신호방법

044

☆☆

사업주가 해당 화학설비 또는 부속설비의 용도를 변경하는 경우(사용하는 원재료의 종류를 변경하는 경우를 포함) 해당 설비의 점검사항 3개 쓰시오.

해 사업주는 해당 화학설비 또는 그 부속설비의 용도를 변경하는 경우(사용하는 원재료의 종류를 변경하는 경우를 포함한다)에도 해당 설비의 다음 각 호의 사항을 점검한 후 사용하여야 한다.

1. 그 설비 내부에 폭발이나 화재의 우려가 있는 물질이 있는지 여부
2. 안전밸브·긴급차단장치 및 그 밖의 방호장치 기능의 이상 유무
3. 냉각장치·가열장치·교반장치·압축장치·계측장치 및 제어장치 기능의 이상 유무

답 안전밸브 기능 이상 유무/냉각장치 기능 이상 유무/설비 내부에 폭발우려 물질 있는지 여부

045 ☆☆

지게차, 구내운반차 사용 작업 시 작업시작 전 점검사항 4개 쓰시오.

해

9. 지게차를 사용하여 작업을 하는 때	1. 제동장치 및 조종장치 기능의 이상 유무 2. 하역장치 및 유압장치 기능의 이상 유무 3. 바퀴의 이상 유무 4. 전조등·후미등·방향지시기 및 경보장치 기능의 이상 유무
10. 구내운반차를 사용하여 작업을 할 때	1. 제동장치 및 조종장치 기능의 이상 유무 2. 하역장치 및 유압장치 기능의 이상 유무 3. 바퀴의 이상 유무 4. 전조등·후미등·방향지시기 및 경음기 기능의 이상 유무 5. 충전장치를 포함한 홀더 등의 결합상태의 이상 유무

답 바퀴 이상 유무/전조등 기능 이상 유무/제동장치 기능 이상 유무/하역장치 기능 이상 유무

046 ☆☆

컨베이어 등을 사용하여 작업할 때 작업시작 전 점검사항 4개 쓰시오.

해

13. 컨베이어 등을 사용하여 작업을 할 때	1. 원동기 및 풀리(pulley) 기능의 이상 유무 2. 이탈 등의 방지장치 기능의 이상 유무 3. 비상정지장치 기능의 이상 유무 4. 원동기·회전축·기어 및 풀리 등의 덮개 또는 울 등의 이상 유무

답 1. 덮개 이상 유무
2. 풀리 기능 이상 유무
3. 이탈방지장치 기능 이상 유무
4. 비상정지장치 기능 이상 유무

047

☆☆☆

크레인 사용하는 작업할 때 작업시작 전 점검사항 3개 쓰시오.

해

4. 크레인을 사용하여 작업을 하는 때	1. 권과방지장치 · 브레이크 · 클러치 및 운전장치의 기능 2. 주행로의 상측 및 트롤리(trolley)가 횡행하는 레일의 상태 3. 와이어로프가 통하고 있는 곳의 상태

답 권과방지장치 기능/트롤리가 횡행하는 상태/와이어로프 통하는 곳 상태

048

☆

이동식 크레인 사용하는 작업할 때 작업시작 전 점검사항 4개 쓰시오.

해

5. 이동식 크레인을 사용하여 작업을 하는 때	1. 권과방지장치나 그 밖의 경보장치의 기능 2. 브레이크 · 클러치 및 조정장치의 기능 3. 와이어로프가 통하고 있는 곳 및 작업장소의 지반상태

답 권과방지장치 기능/와이어로프 통하는 곳 상태/클러치 기능/브레이크 기능

049

☆☆☆

근로자가 반복하여 계속적으로 중량물을 취급하는 작업을 할 때 작업시작 전 점검사항 3개 쓰시오.

해

16. 근로자가 반복하여 계속적으로 중량물을 취급하는 작업을 할 때	1. 중량물 취급의 올바른 자세 및 복장 2. 위험물이 날아 흩어짐에 따른 보호구의 착용 3. 카바이드 · 생석회(산화칼슘) 등과 같이 온도 상승이나 습기에 의하여 위험성이 존재하는 중량물의 취급방법 4. 그 밖에 하역운반기계등의 적절한 사용방법

답 1. 중량물 취급의 올바른 자세
2. 위험물 날아 흩어짐에 따른 보호구 착용
3. 습기에 의한 위험성 존재하는 중량물 취급방법

050 ☆

프레스 등을 사용하여 작업할 때 작업시작 전 점검사항 3개 쓰시오.

해

1. 프레스 등을 사용하여 작업을 할 때	1. 클러치 및 브레이크의 기능 2. 크랭크축·플라이휠·슬라이드·연결봉 및 연결 나사의 풀림 여부 3. 1행정 1정지기구·급정지장치 및 비상정지장치의 기능 4. 슬라이드 또는 칼날에 의한 위험방지 기구의 기능 5. 프레스의 금형 및 고정볼트 상태 6. 방호장치의 기능 7. 전단기(剪斷機)의 칼날 및 테이블의 상태

답 클러치 기능/방호장치 기능/비상정지장치 기능

051 ☆☆

공기압축기 가동 시 작업시작 전 점검사항 5개 쓰시오.

해

3. 공기압축기를 가동할 때	1. 공기저장 압력용기의 외관 상태 2. 드레인 밸브(drain valve)의 조작 및 배수 3. 압력방출장치의 기능 4. 언로드 밸브(unloading valve)의 기능 5. 윤활유의 상태 6. 회전부의 덮개 또는 울 7. 그 밖의 연결 부위의 이상 유무

답 윤활유 상태/회전부 덮개/언로드 밸브 기능/드레인 밸브 조작/압력방출장치 기능

052

☆☆☆☆☆☆☆☆☆☆

비, 눈으로 작업을 중지시킨 후 또는 비계를 조립, 해체하거나 변경한 후 그 비계에서 작업을 하는 경우 작업시작 전 점검사항 4개 쓰시오.

해 사업주는 비, 눈, 그 밖의 기상상태의 악화로 작업을 중지시킨 후 또는 비계를 조립·해체하거나 변경한 후에 그 비계에서 작업을 하는 경우에는 해당 작업을 시작하기 전에 다음 각 호의 사항을 점검하고, 이상을 발견하면 즉시 보수하여야 한다.

1. 발판 재료의 손상 여부 및 부착 또는 걸림 상태
2. 해당 비계의 연결부 또는 접속부의 풀림 상태
3. 연결 재료 및 연결 철물의 손상 또는 부식 상태
4. 손잡이의 탈락 여부
5. 기둥의 침하, 변형, 변위(變位) 또는 흔들림 상태
6. 로프의 부착 상태 및 매단 장치의 흔들림 상태

답 기둥 침하 상태/로프 부착 상태/발판재료 부착 상태/손잡이 탈락 여부

053

☆

흙막이 지보공 설치 시 정기적으로 보수하고 점검해야 할 사항 3개 쓰시오.

해 사업주는 흙막이 지보공을 설치하였을 때에는 정기적으로 다음 각 호의 사항을 점검하고 이상을 발견하면 즉시 보수하여야 한다.

1. 부재의 손상·변형·부식·변위 및 탈락의 유무와 상태
2. 버팀대의 긴압(緊壓)의 정도
3. 부재의 접속부·부착부 및 교차부의 상태
4. 침하의 정도

답 부재 손상 유무/부재 접속부 상태/버팀대 긴압 정도

054 ☆

강아치 지보공 조립 시 사업주의 조치사항 4가지 쓰시오.

해 강(鋼)아치 지보공의 조립은 다음 각 목의 사항을 따를 것
가. 조립간격은 조립도에 따를 것
나. 주재가 아치작용을 충분히 할 수 있도록 쐐기를 박는 등 필요한 조치를 할 것
다. 연결볼트 및 띠장 등을 사용하여 주재 상호간을 튼튼하게 연결할 것
라. 터널 등의 출입구 부분에는 받침대를 설치할 것
마. 낙하물이 근로자에게 위험을 미칠 우려가 있는 경우에는 널판 등을 설치할 것

답 1. 조립 간격은 조립도에 따를 것
2. 터널 출입구 부분에 받침대 설치할 것
3. 띠장 사용해 주재 상호간 튼튼히 연결할 것
4. 낙하물이 근로자에게 위험을 미칠 우려 있을 시 널판 설치할 것

055 ☆☆☆

화물의 낙하에 의해 지게차의 운전자에게 위험을 미칠 우려가 있는 작업장에서 사용되는 지게차 헤드가드가 갖추어야 할 사항 2개 쓰시오.

해 사업주는 다음 각 호에 따른 적합한 헤드가드(head guard)를 갖추지 아니한 지게차를 사용해서는 안 된다. 다만, 화물의 낙하에 의하여 지게차의 운전자에게 위험을 미칠 우려가 없는 경우에는 그렇지 않다.
1. 강도는 지게차의 최대하중의 2배 값(4톤을 넘는 값에 대해서는 4톤으로 한다)의 등분포정하중(等分布 靜荷重)에 견딜 수 있을 것
2. 상부 틀의 각 개구의 폭 또는 길이가 16센티미터 미만일 것
3. 운전자가 앉아서 조작하거나 서서 조작하는 지게차의 헤드가드는 한국산업표준(좌승식: 좌석 기준점으로부터 0.903m 이상, 입승식: 조종사가 서 있는 플랫폼으로부터 1.905m 이상)에서 정하는 높이 기준 이상일 것

답 1. 상부 틀의 각 개구 폭 16cm 미만일 것
2. 강도는 지게차 최대하중 2배 값(4톤 넘는 값은 4톤으로)의 등분포정하중에 견딜 것

056 ☆☆

화물의 낙하로 인해 지게차 운전자에게 위험을 미칠 우려가 있는 작업장에서 사용되는 지게차의 헤드 가드가 갖춰야 할 사항이다. 빈칸을 채우시오.

1. 강도는 지게차의 최대하중의 (A)배 값(4톤 넘는 값에 대해서는 4톤으로 함)의 등분포정하중에 견딜 수 있을 것.
2. 상부 틀의 각 개구의 폭 또는 길이가 (B)cm 미만일 것.

해 윗 해설 참조

답 A : 2 B : 16

057 ☆

화학설비 또는 그 배관의 밸브나 콕에 내구성이 있는 재료를 선정 시 고려사항 4개 쓰시오.

해 사업주는 화학설비 또는 그 배관의 밸브나 콕에는 개폐의 빈도, 위험물질 등의 종류·온도·농도 등에 따라 내구성이 있는 재료를 사용하여야 한다.

답 개폐 빈도/위험물질 종류/위험물질 온도/위험물질 농도

058 ☆☆

사업주가 전기기계, 기구를 설치하려는 경우의 고려사항 3개 쓰시오.

해 사업주는 전기기계·기구를 설치하려는 경우에는 다음 각 호의 사항을 고려하여 적절하게 설치해야 한다.

1. 전기기계·기구의 충분한 전기적 용량 및 기계적 강도
2. 습기·분진 등 사용장소의 주위 환경
3. 전기적·기계적 방호수단의 적정성

답 사용장소 주위 환경/충분한 전기적 용량/전기적 방호수단 적정성

059 ☆☆

사업주가 공장을 지을 때 가스 장치실을 설치하려 한다. 가스 장치실 설계 시 고려해야 하는 구조 (= 준수사항) 3개 쓰시오.

해 사업주는 가스 장치실을 설치하는 경우에 다음 각 호의 구조로 설치하여야 한다.

1. 가스가 누출된 경우에는 그 가스가 정체되지 않도록 할 것
2. 지붕과 천장에는 가벼운 불연성 재료를 사용할 것
3. 벽에는 불연성 재료를 사용할 것

답 1. 벽에는 불연성 재료 사용할 것
2. 천장에는 가벼운 불연성 재료 사용할 것
3. 가스 누출 시 가스가 정체되지 않도록 할 것

060 ☆

위험물질 제조, 취급하는 작업장과 그 작업장이 있는 건축물에 출입구 외에 안전한 장소로 대피할 수 있는 비상구를 설치할 때 갖추어야 할 구조 3개 쓰시오.

해 사업주는 별표에 규정된 위험물질을 제조·취급하는 작업장(이하 이 항에서 "작업장"이라 한다)과 그 작업장이 있는 건축물에 법에 따른 출입구 외에 안전한 장소로 대피할 수 있는 비상구 1개 이상을 다음 각 호의 기준을 모두 충족하는 구조로 설치해야 한다. 다만, 작업장 바닥면의 가로 및 세로가 각 3미터 미만인 경우에는 그렇지 않다.

1. 출입구와 같은 방향에 있지 아니하고, 출입구로부터 3미터 이상 떨어져 있을 것
2. 작업장의 각 부분으로부터 하나의 비상구 또는 출입구까지의 수평거리가 50미터 이하가 되도록 할 것. 다만, 작업장이 있는 층에 「건축법 시행령」에 따라 피난층(직접 지상으로 통하는 출입구가 있는 층과 「건축법 시행령」에 따른 피난안전구역을 말한다) 또는 지상으로 통하는 직통계단(경사로를 포함한다)을 설치한 경우에는 그 부분에 한정하여 본문에 따른 기준을 충족한 것으로 본다.
3. 비상구의 너비는 0.75미터 이상으로 하고, 높이는 1.5미터 이상으로 할 것
4. 비상구의 문은 피난 방향으로 열리도록 하고, 실내에서 항상 열 수 있는 구조로 할 것

답 1. 너비 0.75m 이상으로 할 것
2. 문은 피난 방향으로 열리도록 할 것
3. 출입구로부터 3m 이상 떨어져 있을 것

061

☆☆

위험물질을 제조, 취급하는 작업장과 그 작업장이 있는 건축물에 출입구 외에 안전한 장소로 대피할 수 있는 비상구 1개 이상을 아래와 같은 구조로 설치해야 한다. 빈칸을 채우시오.

1. 출입구와 같은 방향에 있지 아니하고, 출입구로부터 (A)m 이상 떨어져 있을 것
2. 작업장의 각 부분으로부터 하나의 비상구 또는 출입구까지의 수평거리가 (B)m 이하가 되도록 할 것
3. 비상구의 너비는 (C)m 이상으로 하고, 높이는 (D)m 이상으로 할 것

해 윗 해설 참조

답 A : 3 B : 50 C : 0.75 D : 1.5

062

☆

U자 걸이를 사용할 수 있는 안전대의 구조 3개 쓰시오.

해 U자걸이를 사용할 수 있는 안전대의 구조는 다음 세목과 같이 한다.

1) 지탱벨트, 각링, 신축조절기가 있을 것(안전그네를 착용할 경우 지탱벨트를 사용하지 않아도 된다)
2) U자걸이 사용 시 D링, 각 링은 안전대 착용자의 몸통 양 측면에 해당하는 곳에 고정되도록 지탱벨트 또는 안전그네에 부착할 것
3) 신축조절기는 죔줄로부터 이탈하지 않도록 할 것
4) U자걸이 사용상태에서 신체의 추락을 방지하기 위하여 보조죔줄을 사용할 것
5) 보조훅 부착 안전대는 신축조절기의 역방향으로 낙하저지 기능을 갖출 것(다만 죔줄에 스토퍼가 부착될 경우에는 이에 해당하지 않는다.)
6) 보조훅이 없는 U자걸이 안전대는 1개걸이로 사용할 수 없도록 훅이 열리는 너비가 죔줄의 직경보다 작고 8자형링 및 이음형 고리를 갖추지 않을 것

답 1. 각링, 지탱벨트, 신축 조절기 있을 것
2. 신축 조절기는 죔줄로부터 이탈하지 말 것
3. U자 걸이 사용상태에서 추락 방지위해 보조죔줄 사용할 것

063 ☆

작업자가 고소작업을 하다 추락하였다. 사진 속 추락 방지를 위한 보호구의 이름과 정의 및 구조 2가지를 쓰시오.

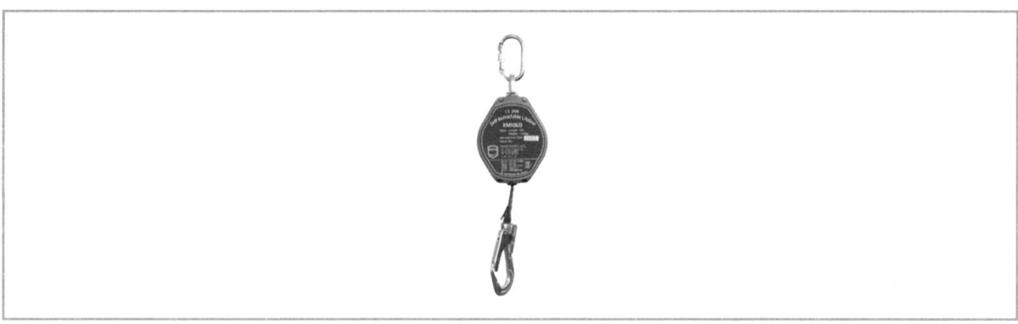

해 "안전블록"이란 안전그네와 연결하여 추락 발생 시 추락을 억제할 수 있는 자동잠김장치가 갖추어져 있고 죔줄이 자동적으로 수축되는 장치를 말한다.

부품 구조 및 치수

안전블록	가. 자동 잠김장치를 갖출 것 나. 안전블록의 부품은 부식 방지 처리를 할 것

답 이름: 안전블록
정의: 추락 발생 시 자동잠김장치 있고, 죔줄이 자동 수축되는 장치
구조조건: 자동 잠김장치 갖출 것/부식 방지 처리할 것

064 ☆

가연성물질이 있는 장소에서 화재위험작업을 하는 경우에는 화재예방을 위한 사업주의 준수사항 3가지 쓰시오.

해 사업주는 가연성물질이 있는 장소에서 화재위험작업을 하는 경우에는 화재예방에 필요한 다음 각 호의 사항을 준수하여야 한다.

1. 작업 준비 및 작업절차 수립
2. 작업장 내 위험물의 사용·보관 현황 파악
3. 화기작업에 따른 인근 가연성물질에 대한 방호조치 및 소화기구 비치
4. 용접불티 비산방지덮개, 용접방화포 등 불꽃, 불티 등 비산방지조치
5. 인화성 액체의 증기 및 인화성 가스가 남아 있지 않도록 환기 등의 조치
6. 작업근로자에 대한 화재예방 및 피난교육 등 비상조치

답 작업절차 수립/불티 비산방지조치/위험물 사용 현황 파악

065 ☆

이동식 비계 조립작업 경우의 준수사항 4개 쓰시오.

해 사업주는 이동식비계를 조립하여 작업을 하는 경우에는 다음 각 호의 사항을 준수해야 한다.

1. 이동식 비계의 바퀴에는 뜻밖의 갑작스러운 이동 또는 전도를 방지하기 위하여 브레이크·쐐기 등으로 바퀴를 고정시킨 다음 비계의 일부를 견고한 시설물에 고정하거나 아웃트리거를 설치하는 등 필요한 조치를 할 것
2. 승강용 사다리는 견고하게 설치할 것
3. 비계의 최상부에서 작업을 하는 경우에는 안전난간을 설치할 것
4. 작업발판은 항상 수평을 유지하고 작업발판 위에서 안전난간을 딛고 작업을 하거나 받침대 또는 사다리를 사용하여 작업하지 않도록 할 것
5. 작업발판의 최대적재하중은 250킬로그램을 초과하지 않도록 할 것

답 1. 작업발판 항상 수평 유지
2. 승강용 사다리 견고하게 설치할 것
3. 비계 최상부 작업 시 안전난간 설치할 것
4. 작업발판 최대적재하중 250kg 초과하지 말 것

066 ☆

말비계 조립 시 사업주의 준수사항이다. 빈칸을 채우시오.

1. 지주부재(支柱部材)의 하단에는 (A)를 하고, 근로자가 양측 끝부분에 올라서서 작업하지 않도록 할 것
2. 지주부재와 수평면의 기울기를 (B)도 이하로 하고, 지주부재와 지주부재 사이를 고정시키는 보조부재를 설치할 것
3. 말비계의 높이가 (C)미터를 초과하는 경우에는 작업발판의 폭을 (D)센티미터 이상으로 할 것

해 사업주는 말비계를 조립하여 사용하는 경우에 다음 각 호의 사항을 준수하여야 한다.

1. 지주부재(支柱部材)의 하단에는 미끄럼 방지장치를 하고, 근로자가 양측 끝부분에 올라서서 작업하지 않도록 할 것
2. 지주부재와 수평면의 기울기를 75도 이하로 하고, 지주부재와 지주부재 사이를 고정시키는 보조부재를 설치할 것
3. 말비계 높이가 2미터를 초과하는 경우에는 작업발판의 폭을 40센티미터 이상으로 할 것

답 A: 미끄럼 방지장치 B: 75 C: 2 D: 40

067 ☆

말비계 조립 시 사업주의 준수사항 3개 쓰시오.

해 윗 해설 참조

답 1. 지주부재 하단에 미끄럼 방지장치 할 것
2. 지주부재와 수평면 기울기를 75도 이하로 할 것
3. 말비계 높이 2m 초과 시 작업발판 폭 40cm 이상으로 할 것

068 ☆

비계높이 2m 이상인 경우 설치하는 작업발판에 대한 내용이다. 빈칸을 채우시오.

1. 추락의 위험이 있는 장소에는 (A)을 설치할 것. 다만 작업의 성질상 설치하는 것이 곤란한 경우에는 그러하지 아니하다
2. 작업발판의 폭은 (B)cm 이상으로 하고, 발판재료간 틈은 (C)cm 이하로 할 것

해 사업주는 비계(달비계, 달대비계 및 말비계는 제외한다)의 높이가 2미터 이상인 작업장소에 다음 각 호의 기준에 맞는 작업발판을 설치하여야 한다.
1. 발판재료는 작업할 때의 하중을 견딜 수 있도록 견고한 것으로 할 것
2. 작업발판의 폭은 40센티미터 이상으로 하고, 발판재료 간의 틈은 3센티미터 이하로 할 것. 다만, 외줄비계의 경우에는 고용노동부장관이 별도로 정하는 기준에 따른다.
3. 제2호에도 불구하고 선박 및 보트 건조작업의 경우 선박블록 또는 엔진실 등의 좁은 작업공간에 작업발판을 설치하기 위하여 필요하면 작업발판의 폭을 30센티미터 이상으로 할 수 있고, 걸침비계의 경우 강관기둥 때문에 발판재료 간의 틈을 3센티미터 이하로 유지하기 곤란하면 5센티미터 이하로 할 수 있다. 이 경우 그 틈 사이로 물체 등이 떨어질 우려가 있는 곳에는 출입금지 등의 조치를 하여야 한다.
4. 추락의 위험이 있는 장소에는 안전난간을 설치할 것. 다만, 작업의 성질상 안전난간을 설치하는 것이 곤란한 경우, 작업의 필요상 임시로 안전난간을 해체할 때에 추락방호망을 설치하거나 근로자로 하여금 안전대를 사용하도록 하는 등 추락위험 방지 조치를 한 경우에는 그러하지 아니하다.
5. 작업발판의 지지물은 하중에 의하여 파괴될 우려가 없는 것을 사용할 것
6. 작업발판 재료는 뒤집히거나 떨어지지 않도록 둘 이상의 지지물에 연결하거나 고정시킬 것
7. 작업발판을 작업에 따라 이동시킬 경우에는 위험방지에 필요한 조치를 할 것

답 A: 안전난간 B: 40 C: 3

069 ☆

차량계 하역운반기계 운전자가 운전위치를 이탈하고자 할 때 운전자 준수사항 2개 쓰시오.

해 사업주는 차량계 하역운반기계등, 차량계 건설기계의 운전자가 운전위치를 이탈하는 경우 해당 운전자에게 다음 각 호의 사항을 준수하도록 하여야 한다.

1. 포크, 버킷, 디퍼 등의 장치를 가장 낮은 위치 또는 지면에 내려둘 것
2. 원동기를 정지시키고 브레이크를 확실히 거는 등 차량계 하역운반기계등, 차량계 건설기계의 갑작스러운 이동을 방지하기 위한 조치를 할 것
3. 운전석을 이탈하는 경우에는 시동키를 운전대에서 분리시킬 것. 다만, 운전석에 잠금장치를 하는 등 운전자가 아닌 사람이 운전하지 못하도록 조치한 경우는 그러하지 아니하다.

답 포크 등을 지면에 내려둘 것/갑작스러운 이동 방지하기 위한 조치할 것

070 ☆

차량계 하역운반기계 등을 이송하기 위해 자주 또는 견인에 의해 화물자동차에 싣거나 내리는 작업을 할 때 발판, 성토 등을 사용하는 경우 기계 전도 또는 굴러떨어짐에 의한 위험을 방지하기 위한 준수사항 4가지 쓰시오.

해 사업주는 차량계 하역운반기계등을 이송하기 위하여 자주(自走) 또는 견인에 의하여 화물자동차에 싣거나 내리는 작업을 할 때에 발판·성토 등을 사용하는 경우에는 해당 차량계 하역운반기계등의 전도 또는 굴러 떨어짐에 의한 위험을 방지하기 위하여 다음 각 호의 사항을 준수하여야 한다.

1. 싣거나 내리는 작업은 평탄하고 견고한 장소에서 할 것
2. 발판을 사용하는 경우에는 충분한 길이·폭 및 강도를 가진 것을 사용하고 적당한 경사를 유지하기 위하여 견고하게 설치할 것
3. 가설대 등을 사용하는 경우에는 충분한 폭 및 강도와 적당한 경사를 확보할 것
4. 지정운전자 성명·연락처 등을 보기 쉬운 곳에 표시하고 지정운전자 외에는 운전하지 않도록 할 것

답 1. 가설대 사용 시 충분한 강도 확보할 것
2. 지정운전자 외에는 운전하지 않도록 할 것
3. 발판 사용 시 충분한 강도 가진 것 사용할 것
4. 싣거나 내리는 작업은 평탄하고 견고한 장소에서 할 것

071 ☆

가설통로 설치 시 준수사항 4개 쓰시오.

해 사업주는 가설통로를 설치하는 경우 다음 각 호의 사항을 준수하여야 한다.

1. 견고한 구조로 할 것
2. 경사는 30도 이하로 할 것. 다만, 계단을 설치하거나 높이 2미터 미만의 가설통로로서 튼튼한 손잡이를 설치한 경우에는 그러하지 아니하다.
3. 경사가 15도를 초과하는 경우에는 미끄러지지 아니하는 구조로 할 것
4. 추락할 위험이 있는 장소에는 안전난간을 설치할 것. 다만, 작업상 부득이한 경우에는 필요한 부분만 임시로 해체할 수 있다.
5. 수직갱에 가설된 통로의 길이가 15미터 이상인 경우에는 10미터 이내마다 계단참을 설치할 것
6. 건설공사에 사용하는 높이 8미터 이상 비계다리에는 7미터 이내마다 계단참 설치할 것

답 1. 견고한 구조로 할 것
2. 경사 30도 이하로 할 것
3. 추락 위험있는 장소에 안전난간 설치할 것
4. 경사 15도 초과 시 미끄러지지 않는 구조로 할 것

072 ☆☆☆☆

가설통로 설치 시 준수사항이다. 빈칸을 채우시오.

1. 경사가 (A)도를 초과하는 경우에는 미끄러지지 않는 구조로 할 것
2. 수직갱에 가설된 통로의 길이가 15m 이상인 경우에는 (B)m 이내마다 계단참을 설치할 것
3. 건설공사에 사용하는 높이 8m 이상인 비계다리에는 (C)m 이내마다 계단참 설치할 것
4. 경사는 (D)도 이하일 것
5. 추락할 위험이 있는 장소에는 (E)을 설치할 것

해 윗 해설 참조

답 A: 15 B: 10 C: 7 D: 30 E: 안전난간

073 ☆☆

산업안전보건법상의 계단에 관한 내용이다. 빈칸을 채우시오.

1. 사업주는 계단 및 계단참을 설치하는 경우 매 제곱미터당 (A)kg 이상의 하중에 견딜 수 있는 강도를 가진 구조로 설치하여야 하며 안전율은 (B)이상으로 하여야 한다.
2. 계단 설치 시 그 폭을 (C)m 이상으로 해야 한다.
3. 사업주는 높이가 (D)m를 초과하는 계단에 높이 3미터 이내마다 진행방향으로 길이 1.2미터 이상의 계단참을 설치해야 한다.
4. 높이 (E)m 이상인 계단의 개방된 측면에 안전난간을 설치한다.

해 – 사업주는 계단 및 계단참을 설치하는 경우 매 제곱미터당 500킬로그램 이상의 하중에 견딜 수 있는 강도를 가진 구조로 설치하여야 하며, 안전율[안전의 정도를 표시하는 것으로서 재료의 파괴응력도(破壞應力度)와 허용응력도(許容應力度)의 비율을 말한다)]은 4 이상으로 하여야 한다.
– 사업주는 계단을 설치하는 경우 그 폭을 1미터 이상으로 하여야 한다. 다만, 급유용·보수용·비상용 계단 및 나선형 계단이거나 높이 1미터 미만의 이동식 계단인 경우에는 그러하지 아니하다.
– 사업주는 높이가 3미터를 초과하는 계단에 높이 3미터 이내마다 진행방향으로 길이 1.2미터 이상의 계단참을 설치해야 한다.
– 사업주는 높이 1미터 이상인 계단의 개방된 측면에 안전난간을 설치하여야 한다.

답 A : 500 B : 4 C : 1 D : 3 E : 1

074 ☆☆

사다리식 통로 설치 시 준수사항 5개 쓰시오.

해 사업주는 사다리식 통로 등을 설치하는 경우 다음 각 호의 사항을 준수하여야 한다.

1. 견고한 구조로 할 것
2. 심한 손상·부식 등이 없는 재료를 사용할 것
3. 발판의 간격은 일정하게 할 것
4. 발판과 벽과의 사이는 15센티미터 이상의 간격을 유지할 것
5. 폭은 30센티미터 이상으로 할 것
6. 사다리가 넘어지거나 미끄러지는 것을 방지하기 위한 조치를 할 것
7. 사다리의 상단은 걸쳐놓은 지점으로부터 60센티미터 이상 올라가도록 할 것
8. 사다리식 통로의 길이가 10미터 이상인 경우에는 5미터 이내마다 계단참을 설치할 것
9. 사다리식 통로의 기울기는 75도 이하로 할 것. 다만, 고정식 사다리식 통로의 기울기는 90도 이하로 하고, 그 높이가 7미터 이상인 경우에는 다음 각 목의 구분에 따른 조치를 할 것
   가. 등받이울이 있어도 근로자 이동에 지장이 없는 경우: 바닥으로부터 높이가 2.5미터 되는 지점부터 등받이울을 설치할 것
   나. 등받이울이 있으면 근로자가 이동이 곤란한 경우: 한국산업표준에서 정하는 기준에 적합한 개인용 추락 방지 시스템을 설치하고 근로자로 하여금 한국산업표준에서 정하는 기준에 적합한 전신안전대를 사용하도록 할 것
10. 접이식 사다리 기둥 사용 시 접혀지거나 펼쳐지지 않도록 철물 등을 사용해 견고하게 조치할 것

답 1. 견고한 구조로 할 것
2. 발판 간격 일정할 것
3. 폭 30cm 이상으로 할 것
4. 심한 손상없는 재료 사용할 것
5. 발판과 벽 사이는 15cm 이상 간격 유지할 것

075 ☆

사다리식 통로 설치 시 준수사항이다. 빈칸을 채우시오.

1. 사다리식 통로 길이가 10미터 이상인 경우에는 (A)이내마다 계단참을 설치할 것
2. 사다리식 통로의 기울기는 75도 이하로 할 것. 다만, 고정식 사다리식 통로의 기울기는 (B)이하로 하고, 그 높이가 7미터 이상이고, 등받이울이 있어도 근로자 이동에 지장이 없는 경우에는 바닥으로부터 높이가 (C)되는 지점부터 등받이 울 설치할 것

해 윗 해설 참조

답 A : 5m B : 90도 C : 2.5m

076 ☆

산업안전보건법에서 정하는 국소배기장치(이동식 제외) 덕트의 설치기준(준수사항) 3개 쓰시오.

해 사업주는 분진 등을 배출하기 위하여 설치하는 국소배기장치(이동식은 제외한다)의 덕트(duct)가 다음 각 호의 기준에 맞도록 하여야 한다.

1. 가능하면 길이는 짧게 하고 굴곡부의 수는 적게 할 것
2. 접속부의 안쪽은 돌출된 부분이 없도록 할 것
3. 청소 구를 설치하는 등 청소하기 쉬운 구조로 할 것
4. 덕트 내부에 오염물질이 쌓이지 않도록 이송속도를 유지할 것
5. 연결 부위 등은 외부 공기가 들어오지 않도록 할 것

답 가능하면 길이 짧게 할 것/청소하기 쉬운 구조일 것/접속부 안쪽은 돌출 부분 없도록 할 것

077 ☆☆☆

인체에 해로운 분진, 흄, 미스트, 증기 또는 가스 상태의 물질을 배출하기 위해 설치하는 국소배기장치의 후드 설치 시 준수사항 4개 쓰시오.

해 사업주는 인체에 해로운 분진, 흄(fume, 열이나 화학반응에 의하여 형성된 고체증기가 응축되어 생긴 미세입자), 미스트(mist, 공기 중에 떠다니는 작은 액체방울), 증기 또는 가스 상태의 물질(이하 "분진등"이라 한다)을 배출하기 위하여 설치하는 국소배기장치의 후드가 다음 각 호의 기준에 맞도록 하여야 한다.

1. 유해물질이 발생하는 곳마다 설치할 것
2. 유해인자 발생형태와 비중, 작업방법 등을 고려하여 해당 분진 등의 발산원(發散源)을 제어할 수 있는 구조로 설치할 것
3. 후드(hood) 형식은 가능하면 포위식 또는 부스식 후드를 설치할 것
4. 외부식 또는 리시버식 후드는 해당 분진 등의 발산원에 가장 가까운 위치에 설치할 것

답 1. 가능하면 부스식 후드 설치할 것
2. 유해물질 발생하는 곳마다 설치할 것
3. 리시버식 후드는 분진 발산원에 가장 가까운 위치에 설치할 것
4. 유해인자 비중 고려해 분진 발산원 제어할 수 있는 구조로 설치할 것

078

☆☆

콘크리트 타설작업 시 사업주의 준수사항 3가지를 쓰시오.

해 사업주는 콘크리트 타설작업을 하는 경우에는 다음 각 호의 사항을 준수해야 한다.

1. 당일의 작업을 시작하기 전에 해당 작업에 관한 거푸집 및 동바리의 변형·변위 및 지반의 침하 유무 등을 점검하고 이상이 있으면 보수할 것
2. 작업 중에는 감시자를 배치하는 등의 방법으로 거푸집 및 동바리의 변형·변위 및 침하 유무 등을 확인해야 하며, 이상이 있으면 작업을 중지하고 근로자를 대피시킬 것
3. 콘크리트 타설작업 시 거푸집 붕괴의 위험이 발생할 우려가 있으면 충분한 보강조치를 할 것
4. 설계도서상의 콘크리트 양생기간을 준수하여 거푸집 및 동바리를 해체할 것
5. 콘크리트를 타설하는 경우에는 편심이 발생하지 않도록 골고루 분산하여 타설할 것

답 1. 편심 발생하지 않도록 골고루 분산해 타설할 것
2. 거푸집 붕괴 위험 발생 우려 시 충분한 보강조치할 것
3. 콘크리트 양생기간 준수해 거푸집 및 동바리 해체할 것

079

☆

콘크리트 옹벽 구조물을 시공할 때 검토해야 할 안정조건 3개 쓰시오.

해 옹벽의 안정조건

1. 활동에 대한 안전율은 1.5(지진시 토압에 대해서는 1.2) 이상으로 한다. 다만, 옹벽 전면 흙에 의한 수동토압을 활동저항력에 포함할 경우의 안전율은 2.0 이상으로 한다. 옹벽 저판의 깊이는 동결심도 보다 깊어야 하며 최소한 1m 이상으로 한다.
2. 전도 및 지지력에 대한 안정조건을 만족하지만 활동에 대하여 불안정할 경우 활동방지벽 등을 설치할 수 있다.
3. 전도에 대한 저항모멘트는 토압에 의한 전도모멘트의 2.0배 이상으로 한다. 작용하중의 합력이 저판폭의 중앙 1/3(암반인 경우 1/2, 지진시 토압에 대해서는 2/3) 이내에 있다면 전도에 대한 안정성 검토는 생략할 수 있다.
4. 기초지반에 작용하는 최대압축응력은 기초지반의 허용지지력 이하가 되도록 한다.

답 활동/전도/지지력

080 ☆☆

공사용 가설도로 설치 시 준수사항 3개 쓰시오.

해 사업주는 공사용 가설도로를 설치하는 경우에 다음 각 호의 사항을 준수하여야 한다.
1. 도로는 장비와 차량이 안전하게 운행할 수 있도록 견고하게 설치할 것
2. 도로와 작업장이 접하여 있을 경우에는 울타리 등을 설치할 것
3. 도로는 배수를 위하여 경사지게 설치하거나 배수시설을 설치할 것
4. 차량의 속도제한 표지를 부착할 것

답 배수시설 설치할 것/도로는 견고하게 설치할 것/차량 속도제한 표지 부착할 것

081 ☆

벌목 작업 시 사업주가 해야 할 준수사항 2개 쓰시오.

해 사업주는 벌목작업 등을 하는 경우에 다음 각 호의 사항을 준수하도록 해야 한다. 다만, 유압식 벌목기를 사용하는 경우에는 그렇지 않다.
1. 벌목하려는 경우에는 미리 대피로 및 대피장소를 정해 둘 것
2. 벌목하려는 나무의 가슴높이지름이 20센티미터 이상인 경우에는 수구(베어지는 쪽의 밑동 부근에 만드는 쐐기 모양의 절단면)의 상면·하면의 각도를 30도 이상으로 하며, 수구 깊이는 뿌리부분 지름의 4분의 1 이상 3분의 1 이하로 만들 것
3. 벌목작업 중에는 벌목하려는 나무로부터 해당 나무 높이의 2배에 해당하는 직선거리 안에서 다른 작업을 하지 않을 것
4. 나무가 다른 나무에 걸려있는 경우에는 다음 각 목의 사항을 준수할 것
   가. 걸려있는 나무 밑에서 작업을 하지 않을 것
   나. 받치고 있는 나무를 벌목하지 않을 것

답 1. 미리 대피로 정해 둘 것
2. 벌목하려는 나무 높이 2배에 해당하는 직선거리 안에서 다른 작업 하지 말 것

082 ☆

유해물질 취급 등으로 근로자에게 유해한 작업에 있어서 그 원인을 제거하기 위해 조치할 때 적용해야 할 사항 3개와 예시 1개씩 쓰시오.

해 작업환경 개선의 일반적인 원칙
대치(Substitution), 격리(Isolation), 환기(Ventilation)이다.
환기는 작업장 유해물질이나 고열을 자연적인 혹은 기계적인 방식에 의해 작업장 밖으로 제거하는 공학적인 기법으로 대치나 격리로서는 도저히 불가능한 고농도의 유해물질을 기준치 이하의 낮은 농도로 유지시킬 수 있다.

답 환기(예 전체 환기)/대치(예 생산시설 대치)/격리(예 생산시설 격리)

083 ☆☆☆

정전기로 인한 폭발과 화재방지를 위한 설비에 대한 조치사항 4가지 쓰시오.

해 사업주는 설비를 사용할 때에 정전기에 의한 화재 또는 폭발 등의 위험이 발생할 우려가 있는 경우에는 해당 설비에 대하여 확실한 방법으로 접지를 하거나, 도전성 재료를 사용하거나 가습 및 점화원이 될 우려가 없는 제전(除電)장치를 사용하는 등 정전기의 발생을 억제하거나 제거하기 위하여 필요한 조치를 하여야 한다.

답 접지 실시/가습 실시/제전장치 사용/도전성 재료 사용

084 ☆☆☆

다음 빈칸에 알맞은 말을 쓰시오.

> 사업주는 정전기 방지를 위해 화재 또는 폭발 등의 위험이 발생할 우려가 있을 시에는 확실한 방법으로 (A)를 하거나, (B)재료를 사용하거나 가습, 점화원이 될 우려가 없는 (C)장치를 사용하는 등 정전기 발생을 억제하거나 제거하기 위해 필요조치를 해야 한다.

해 윗 해설 참조

답 A: 접지 B: 도전성 C: 제전

085

☆☆☆

인체에 대전된 정전기에 의한 화재 또는 폭발 위험이 있는 경우에 사업주 조치사항 4가지 쓰시오.

해 사업주는 인체에 대전된 정전기에 의한 화재 또는 폭발 위험이 있는 경우에는 정전기 대전 방지용 안전화 착용, 제전복(除電服) 착용, 정전기 제전용구 사용 등의 조치를 하거나 작업장 바닥 등에 도전성을 갖추도록 하는 등 필요한 조치를 하여야 한다.

답 제전복 착용/정전기 제전용구 사용/정전기 대전방지용 안전화 착용/작업장 바닥 등에 도전성 갖추도록 함

086

☆☆

산업안전보건기준에 관한 규칙상 근로자가 작업이나 통행 등으로 인해 전기기계, 기구 등 또는 전로 등의 충전부분에 접촉하거나 접근함으로써 감전위험이 있는 충전부분에 대한 감전방지대책 4개 쓰시오.

해 사업주는 근로자가 작업이나 통행 등으로 인하여 전기기계, 기구 [전동기·변압기·접속기·개폐기·분전반(分電盤)·배전반(配電盤) 등 전기를 통하는 기계·기구, 그 밖의 설비 중 배선 및 이동전선 외의 것을 말한다. 이하 같다)] 또는 전로 등의 충전부분(전열기의 발열체 부분, 저항접속기의 전극 부분 등 전기기계·기구의 사용 목적에 따라 노출이 불가피한 충전부분은 제외한다. 이하 같다)에 접촉(충전부분과 연결된 도전체와의 접촉을 포함한다. 이하 이 장에서 같다)하거나 접근함으로써 감전 위험이 있는 충전부분에 대하여 감전을 방지하기 위하여 다음 각 호의 방법 중 하나 이상의 방법으로 방호하여야 한다.

1. 충전부가 노출되지 않도록 폐쇄형 외함(外函)이 있는 구조로 할 것
2. 충전부에 충분한 절연효과가 있는 방호망이나 절연덮개를 설치할 것
3. 충전부는 내구성이 있는 절연물로 완전히 덮어 감쌀 것
4. 발전소·변전소 및 개폐소 등 구획되어 있는 장소로서 관계 근로자가 아닌 사람의 출입이 금지되는 장소에 충전부 설치하고, 위험표시 등의 방법으로 방호 강화할 것
5. 전주 위 및 철탑 위 등 격리되어 있는 장소로서 관계 근로자가 아닌 사람이 접근할 우려가 없는 장소에 충전부를 설치할 것

답
1. 폐쇄형 외함구조로 할 것
2. 충분한 절연효과 있는 절연덮개 설치
3. 내구성 있는 절연물로 완전히 덮어 감쌀 것
4. 철탑 위 등 관계 근로자가 아닌 사람이 접근할 우려가 없는 장소에 설치할 것

087 ☆☆

다음은 낙하물방지망 또는 방호선반을 설치하는 경우이다. 빈칸을 채우시오.

1. 높이 (A)m 이내마다 설치하고 내민 길이는 벽면으로부터 (B)m 이상으로 할 것
2. 수평면과의 각도는 (C)도 이상 (D)도 이하를 유지할 것

해 낙하물 방지망 또는 방호선반을 설치하는 경우에는 다음 각 호의 사항을 준수하여야 한다.

1. 높이 10미터 이내마다 설치하고, 내민 길이는 벽면으로부터 2미터 이상으로 할 것
2. 수평면과의 각도는 20도 이상 30도 이하를 유지할 것

답 A: 10 B: 2 C: 20 D: 30

088 ☆

추락방호망에 대한 다음 물음에 답하시오.

1. 추락방호망의 설치위치는 가능하면 작업면으로부터 가까운 지점에 설치하여야 하며, 작업면으로부터 망의 설치지점까지의 수직거리는 (A)미터를 초과하지 아니할 것
2. 건축물 등의 바깥쪽으로 설치하는 경우 추락방호망의 내민 길이는 벽면으로부터 (B)미터 이상 되도록 할 것

해 사업주는 제1항에 따른 작업발판을 설치하기 곤란한 경우 다음 각 호의 기준에 맞는 추락방호망을 설치해야 한다. 다만, 추락방호망을 설치하기 곤란한 경우에는 근로자에게 안전대를 착용하도록 하는 등 추락위험을 방지하기 위해 필요한 조치를 해야 한다.

1. 추락방호망의 설치위치는 가능하면 작업면으로부터 가까운 지점에 설치하여야 하며, 작업면으로부터 망의 설치지점까지의 수직거리는 10미터를 초과하지 아니할 것
2. 추락방호망은 수평으로 설치하고, 망의 처짐은 짧은 변 길이의 12퍼센트 이상이 되도록 할 것
3. 건축물 등의 바깥쪽으로 설치하는 경우 추락방호망의 내민 길이는 벽면으로부터 3미터 이상 되도록 할 것. 다만, 그물코가 20밀리미터 이하인 추락방호망을 사용한 경우에는 법에 따른 낙하물방지망을 설치한 것으로 본다.

답 A: 10 B: 3

089

☆☆☆

달기 체인의 사용금지 규정 3개 쓰시오.

해 다음 각 목의 어느 하나에 해당하는 달기 체인을 달비계에 사용해서는 아니 된다.
1. 달기 체인의 길이가 달기 체인이 제조된 때의 길이의 5퍼센트 초과한 것
2. 링의 단면지름이 달기 체인이 제조된 때의 해당 링의 지름의 10퍼센트를 초과하여 감소한 것
3. 균열이 있거나 심하게 변형된 것

답 1. 심하게 변형된 것
2. 달기 체인 길이가 제조된 때 길이의 5% 초과한 것
3. 링 단면 지름이 제조된 때의 10% 초과해 감소한 것

090

☆☆☆☆

와이어로프 사용금지 규정 4개 쓰시오.

해 다음 각 목의 어느 하나에 해당하는 와이어로프를 달비계에 사용해서는 아니 된다.
1. 이음매가 있는 것
2. 와이어로프의 한 꼬임[(스트랜드(strand)를 말한다. 이하 같다)]에서 끊어진 소선(素線)[필러(pillar)선은 제외한다)]의 수가 10퍼센트 이상(비자전로프의 경우에는 끊어진 소선의 수가 와이어로프 호칭지름의 6배 길이 이내에서 4개 이상이거나 호칭지름 30배 길이 이내에서 8개 이상)인 것
3. 지름의 감소가 공칭지름의 7퍼센트를 초과하는 것
4. 꼬인 것
5. 심하게 변형되거나 부식된 것
6. 열과 전기충격에 의해 손상된 것

답 꼬인 것/이음매 있는 것/심하게 변형된 것/열에 의해 손상된 것

091

☆☆

화물운반용이나 고정용에 이용되는 섬유로프의 사용금지 규정 2가지 쓰시오.

해 사업주는 다음 각 호의 어느 하나에 해당하는 섬유로프 등을 화물운반용 또는 고정용으로 사용해서는 아니 된다.
1. 꼬임이 끊어진 것
2. 심하게 손상되거나 부식된 것

답 꼬임 끊어진 것/심하게 부식된 것

092 ☆

사업주가 과압에 따른 폭발을 방지하기 위하여 폭발 방지 성능과 규격을 갖춘 안전밸브 또는 파열판을 설치해야 하는 경우 3가지 쓰시오.

해 사업주는 다음 각 호의 어느 하나에 해당하는 설비에 대해서는 과압에 따른 폭발을 방지하기 위하여 폭발 방지 성능과 규격을 갖춘 안전밸브 또는 파열판(이하 "안전밸브등"이라 한다)을 설치하여야 한다. 다만, 안전밸브 등에 상응하는 방호장치를 설치한 경우에는 그러하지 아니하다.

1. 압력용기(안지름이 150밀리미터 이하인 압력용기는 제외하며, 압력 용기 중 관형 열교환기의 경우에는 관의 파열로 인하여 상승한 압력이 압력용기의 최고사용압력을 초과할 우려가 있는 경우만 해당한다)
2. 정변위 압축기
3. 정변위 펌프(토출측에 차단밸브가 설치된 것만 해당한다)
4. 배관(2개 이상의 밸브에 의하여 차단되어 대기온도에서 액체의 열팽창에 의하여 파열될 우려가 있는 것으로 한정한다)
5. 그 밖의 화학설비 및 그 부속설비로서 해당 설비의 최고사용압력을 초과할 우려가 있는 것

답 1. 정변위 압축기
2. 정변위 펌프(토출측에 차단밸브 설치된 것만 해당)
3. 배관(2개 이상 밸브에 의해 차단되어 대기온도에서 액체 열팽창에 의해 파열될 우려가 있는 것으로 한정)

093 ☆☆☆☆

사업주가 과압에 따른 폭발을 방지하기 위하여 폭발 방지 성능과 규격을 갖춘 안전밸브 또는 파열판을 설치해야 한다. 이 중 반드시 파열판을 설치해야 하는 경우 3개 쓰시오.

해 사업주는 각 호의 설비가 다음 각 호의 어느 하나에 해당하는 경우에는 파열판을 설치하여야 한다.

1. 반응 폭주 등 급격한 압력 상승 우려가 있는 경우
2. 급성 독성물질의 누출로 인하여 주위의 작업환경을 오염시킬 우려가 있는 경우
3. 운전 중 안전밸브에 이상 물질이 누적되어 안전밸브가 작동되지 않을 우려가 있는 경우

답 1. 급격한 압력상승 우려 있는 경우
2. 급성 독성물질 누출로 작업환경 오염될 우려 있는 경우
3. 운전 중 안전밸브에 이상 물질 누적되어 안전밸브가 작동되지 않을 우려 있는 경우

094 ☆☆

화학설비 및 부속설비 관련 내용이다. 빈칸을 쓰시오.

- 사업주는 급성 독성물질이 지속적으로 외부에 유출될 수 있는 화학설비 및 그 부속설비에 파열판과 안전밸브를 (A)로 설치하고 그 사이에는 (B) 또는 (C)를 설치하여야 한다.
- 사업주는 설치한 안전밸브등이 안전밸브등을 통하여 보호하려는 설비의 최고사용압력 이하에서 작동되도록 하여야 한다. 다만, 안전밸브등이 2개 이상 설치된 경우에 1개는 최고사용압력의 (D)배(외부화재를 대비한 경우에는 (E)배) 이하에서 작동되도록 설치할 수 있다.

해 – 사업주는 급성 독성물질이 지속적으로 외부에 유출될 수 있는 화학설비 및 그 부속설비에 파열판과 안전밸브를 직렬로 설치하고 그 사이에는 압력지시계 또는 자동경보장치를 설치하여야 한다.
– 사업주는 법에 따라 설치한 안전밸브등이 안전밸브등을 통하여 보호하려는 설비의 최고사용압력 이하에서 작동되도록 하여야 한다. 다만, 안전밸브등이 2개 이상 설치된 경우에 1개는 최고사용압력의 1.05배(외부화재를 대비한 경우에는 1.1배) 이하에서 작동되도록 설치할 수 있다.

답 A: 직렬 B: 압력지시계 C: 자동경보장치 D: 1.05 E: 1.1

095 ☆☆

산업안전보건 법령상 연삭기 덮개의 시험방법 중 연삭기 작동시험 확인사항으로 빈칸에 알맞은 말을 쓰시오.

1. 연삭 (A)과 덮개의 접촉 여부
2. 탁상용 연삭기는 덮개, (B), (C) 부착상태 적합성 여부

해 연삭기 덮개 시험방법

작동시험	연삭기 작동시험은 시험용 연삭기에 직접 부착 후 다음 각 목의 사항을 확인하여 이상이 없어야 한다. 1. 연삭숫돌과 덮개의 접촉 여부 2. 덮개의 고정상태, 작업의 원활성, 안전성, 덮개노출의 적합성 여부 3. 탁상용 연삭기는 덮개, 워크레스트 및 조정편 부착상태의 적합성 여부

답 A: 숫돌 B: 워크레스트 C: 조정편

096 ☆☆☆

연삭숫돌의 파괴원인 4개 쓰시오.

해 연삭숫돌 파괴원인
1. 숫돌의 회전속도가 너무 빠른 경우
2. 숫돌 자체에 균열이 생겨 있는 경우
3. 숫돌의 측면을 사용할 경우
4. 숫돌의 내경 크기가 적당하지 못할 경우
5. 작업에 적절치 못한 숫돌을 사용하여 작업 시에 숫돌에 큰 힘이 가해지는 경우
6. 플랜지의 직경이 숫돌에 비해 현저히 작은 경우

답 측면 사용 시/자체 균열 있을 시/회전속도 너무 빠를 시/내경 크기 적당치 못할 시

097 ☆☆☆

연삭숫돌에 대한 내용이다. 빈칸을 채우시오.

1. 사업주는 연삭숫돌을 사용하는 작업의 경우 작업을 시작하기 전에는 (A) 이상, 연삭숫돌을 교체한 후에는 (B) 이상 시험운전을 하고 해당 기계에 이상이 있는지를 확인하여야 한다.
2. 산업안전보건법상 사업주는 회전 중인 연삭숫돌(지름 5cm 이상)이 근로자에게 위험을 미칠 우려가 있는 경우에 그 부위에 (C) 를 설치해야 한다.

해 – 사업주는 연삭숫돌을 사용하는 작업의 경우 작업을 시작하기 전에는 1분 이상, 연삭숫돌을 교체한 후에는 3분 이상 시험 운전을 하고 해당 기계에 이상이 있는지를 확인하여야 한다.
– 사업주는 회전 중인 연삭숫돌(지름이 5센티미터 이상인 것으로 한정한다)이 근로자에게 위험을 미칠 우려가 있는 경우에 그 부위에 덮개를 설치하여야 한다.

답 A: 1분 B: 3분 C: 덮개

098 ☆

다음 설명에 해당되는 보일러에서 발생하는 현상을 각각 쓰시오.

1. 보일러수 속의 용해 고형물이나 현탁 고형물이 증기에 섞여 보일러 밖으로 튀어나가는 현상
2. 유지분이나 부유물 등에 의해 보일러수의 비등과 함께 수면부위에 거품 발생시키는 현상

답 1. 캐리오버 2. 포밍

099 ☆

보일러 운전 중 캐리오버의 발생원인 4개 쓰시오.

해 캐리오버: 보일러수 속의 용해 고형물이나 현탁 고형물이 증기에 섞여 보일러 밖으로 튀어나가는 현상

답 보일러수 과잉 농축/관수 수위 높게 운전/기수분리기 이상 발생/보일러 부하 급변화 운전

100 ☆

보일러 운전 중 프라이밍의 발생원인 4개 쓰시오.

해 프라이밍: 보일러 부하 급속한 변화로 수위가 급상승해 수면 높이를 판단하기 어려운 현상

발생원인

1. 보일러수 농축
2. 청관제 사용 부적당
3. 주 증기밸브 급개방
4. 관수 수위 높게 운전
5. 보일러 부하 급변화 운전

답 보일러수 농축/청관제 사용 부적당/관수 수위 높게 운전/보일러 부하 급변화 운전

101 ☆☆☆

보일링 현상 방지책 3개 쓰시오.

해 보일링 현상 방지책

1. 흙막이벽 근입깊이 증가
2. 차수성 높은 흙막이 설치
3. 흙막이벽 배면 지반 그라우팅 실시
4. 흙막이벽 배면 지반 지하수위 저하

답 1. 흙막이벽 근입깊이 증가
2. 흙막이벽 배면 지반 지하수위 저하
3. 흙막이벽 배면 지반 그라우팅 실시

102 ☆

기계설비 방호장치의 기본원리 3가지 쓰시오.

해 방호장치 기본원리

1. 위험 제거: 방호장치 및 대책을 통해 위험한 잠재 요인이 발생될 수 없게끔 하는 것
2. 차단: 기계의 다양한 위험성으로부터 작업자를 격리시키는 것
3. 덮어씌움: 재해 발생이 가능한 영역의 한 쪽을 안전하게 덮어씌운 것
4. 위험에 대한 적응: 위험 정보를 제공하거나 작업자의 안전한 행위를 위한 동기부여

답 차단/덮어씌움/위험 제거

103 ☆☆☆

하인리히의 재해예방 4원칙을 쓰고 설명하시오.

답 1. 원인계기의 원칙 : 재해 발생에는 무조건 원인이 있다.
2. 대책선정의 원칙 : 재해예방을 위한 안전대책은 무조건 있다.
3. 예방가능의 원칙 : 재해는 원칙적으로 원인만 제거하면 예방가능하다.
4. 손실우연의 원칙 : 한 사고 결과로 생긴 재해손실은 우연성에 의해 결정된다.

104 ☆

하인리히의 1 : 29 : 300 법칙에 대해 설명하시오.

답 총 사고 발생건수 330건 중 중상과 사망 1회, 경상 29회, 무상해사고 300회 비율로 있다.

105 ☆

하인리히의 재해 예방대책 5단계를 순서대로 쓰시오.

해 하인리히 사고예방대책의 기본원리

1단계	조직 (안전관리조직)	• 지도경영층 안전목표 설정 • 안전관리조직 구성 • 안전 활동 및 계획 수립
2단계	사실 발견 (현상파악)	• 작업분석 • 사고조사 • 안전점검 • 안전회의 • 사고 및 안전활동 기록
3단계	분석평가 (원인규명)	• 사고조사 결과 분석 • 불안전 행동 및 상태 분석 • 작업공정 분석 • 교육분석
4단계	시정책 선정	• 기술 개선 • 교육 개선 • 안전수칙 개선 • 인사조정 • 이행 감독과 제재 강화
5단계	시정책 적용	• 목표설정 • 3E(기술/교육/관리) 적용

답 조직→사실 발견→분석평가→시정책 선정→시정책 적용

106 ☆☆

하인리히의 도미노 이론 5단계, 아담스의 연쇄이론 5단계를 적으시오.

답 도미노이론

사회적 환경 및 유전적 요소(기초원인)→개인적 결함(간접원인)→불안전한 행동과 상태(직접원인)→사고→재해

연쇄이론

관리구조→작전적 에러(관리자에 의해 생성된 에러)→전술적 에러(불안전한 행동, 불안전한 상태)→사고(앗차사고, 상해 발생)→상해/손해(대인, 대물)

107 ☆

보기를 참고하여 다음 이론에 해당하는 번호를 순서에 맞게 고르시오. (단, 중복 가능하다.)

보기

1. 사회적 환경 및 유전적 요소	2. 기본적 원인
3. 불안전한 행동 및 불안전한 상태(직접원인)	4. 작전적 에러
5. 사고	6. 재해(상해/손실/손해)
7. 관리의 부족	8. 개인적 결함
9. 관리구조	10. 전술적 에러

1. 하인리히의 도미노 이론
2. 버드의 최신 도미노 이론
3. 아담스의 사고연쇄 이론
4. 웨버의 사고연쇄반응 이론

해 윗 해설 참조

버드의 신 도미노 이론

관리/제어 부족(근원요인/관리) → 기본원인(기원) → 직접원인(징후) → 사고(접촉) → 상해(손해)

웨버의 사고연쇄반응 이론

사회적 환경 및 유전적 요소 → 개인적 결함 → 불안전한 행동 및 불안전한 상태(직접원인) → 사고 → 재해

답 1. 1 → 8 → 3 → 5 → 6　2. 7 → 2 → 3 → 5 → 6　3. 9 → 4 → 10 → 5 → 6　4. 1 → 8 → 3 → 5 → 6

108 ☆☆

위험성평가를 실시하려 한다. 실시순서를 보기에서 찾아 번호로 쓰시오.

보기

1. 사전준비
2. 위험성 감소대책 수립 및 실행
3. 위험성 결정
4. 유해·위험요인 파악
5. 위험성평가 실시내용 및 결과에 관한 기록 및 보존

해 사업주는 위험성평가를 다음의 절차에 따라 실시하여야 한다. 다만, 상시근로자 5인 미만 사업장(건설공사의 경우 1억원 미만)의 경우 제1호의 절차를 생략할 수 있다.

1. 사전준비
2. 유해·위험요인 파악
3. 위험성 결정
4. 위험성 감소대책 수립 및 실행
5. 위험성평가 실시내용 및 결과에 관한 기록 및 보존

답 1→4→3→2→5

109 ☆

다음은 동기부여의 이론 중 매슬로우의 욕구위계이론, 알더퍼의 ERG 이론, 허즈버그의 2요인 이론을 비교한 것이다. 빈칸을 채우시오.

<table>
<tr><th>구분</th><th>욕구위계이론</th><th>2요인 이론</th><th>ERG이론</th></tr>
<tr><td>제 1단계</td><td>생리적 욕구</td><td rowspan="3">(C)</td><td rowspan="2">존재의 욕구</td></tr>
<tr><td>제 2단계</td><td>(A)</td></tr>
<tr><td>제 3단계</td><td>(B)</td><td>(E)</td></tr>
<tr><td>제 4단계</td><td>존경의 욕구</td><td rowspan="2">(D)</td><td rowspan="2">(F)</td></tr>
<tr><td>제 5단계</td><td>자아실현의 욕구</td></tr>
</table>

답 A: 안전의 욕구 B: 사회적 욕구 C: 위생요인 D: 동기요인 E: 관계 욕구 F: 성장 욕구

110 ☆

데이비스의 동기부여에 대한 이론공식 중 능력과 동기유발의 식을 쓰시오.

해 데이비스의 동기부여이론
능력 = 지식 • 기능 동기유발 = 상황 • 태도 인간 성과 = 능력 • 동기유발
경영 성과 = 인간 성과 • 물질 성과

답 능력=지식 • 기능 동기유발=상황 • 태도

111 ☆☆☆☆☆

잠함 또는 우물통의 내부에서 굴착작업을 하는 경우에 잠함 또는 우물통의 급격한 침하로 인한 위험을 방지하기 위한 준수사항 2개 쓰시오.

해 사업주는 잠함 또는 우물통의 내부에서 근로자가 굴착작업하는 경우에 잠함 또는 우물통의 급격한 침하에 의한 위험을 방지하기 위하여 다음 각 호의 사항을 준수하여야 한다.
1. 침하 관계도에 따라 굴착방법 및 재하량(載荷量) 등을 정할 것
2. 바닥으로부터 천장 또는 보까지의 높이는 1.8미터 이상으로 할 것

답 침하 관계도에 따라 굴착방법 정할 것/바닥에서 천장까지 높이 1.8m 이상으로 힐 것

112 ☆

잠함, 피트, 우물통의 내부에서 굴착작업을 하는 경우, 사업주의 준수사항 3개 쓰시오.

해 사업주는 잠함, 우물통, 수직갱, 그 밖에 이와 유사한 건설물 또는 설비(이하 "잠함 등"이라 한다)의 내부에서 굴착작업을 하는 경우에 다음 각 호의 사항을 준수하여야 한다.
1. 산소 결핍 우려가 있는 경우에는 산소의 농도를 측정하는 사람을 지명하여 측정하도록 할 것
2. 근로자가 안전하게 오르내리기 위한 설비를 설치할 것
3. 굴착 깊이가 20미터를 초과하는 경우에는 해당 작업장소와 외부와의 연락을 위한 통신설비 등을 설치할 것

답 1. 안전하게 오르내리기 위한 설비 설치할 것
2. 산소 결핍 우려 시 산소농도 측정자 지명해 측정할 것
3. 굴착 깊이 20m 초과 시 외부와의 연락을 위한 통신설비 설치할 것

113 ☆

사업주가 용융고열물을 취급하는 설비를 내부에 설치한 건축물에 대해 수증기 폭발을 방지하기 위한 조치사항 2개 쓰시오.

해 사업주는 용융고열물을 취급하는 설비를 내부에 설치한 건축물에 대하여 수증기 폭발을 방지하기 위하여 다음 각 호의 조치를 하여야 한다.
1. 바닥은 물이 고이지 아니하는 구조로 할 것
2. 지붕·벽·창 등은 빗물이 새어들지 아니하는 구조로 할 것

답 바닥은 물 고이지 않는 구조로 할 것/창 등은 빗물 새어들지 않는 구조로 할 것

114 ☆☆

부두, 안벽 등 하역작업을 하는 장소에서 사업주가 할 조치사항 3개 쓰시오.

해 사업주는 부두·안벽 등 하역작업을 하는 장소에 다음 각 호의 조치를 하여야 한다.
1. 작업장 및 통로의 위험한 부분에는 안전하게 작업할 수 있는 조명을 유지할 것
2. 부두 또는 안벽 선을 따라 통로를 설치하는 경우에는 폭 90센티미터 이상으로 할 것
3. 육상에서의 통로 및 작업장소로서 다리 또는 선거(船渠) 갑문(閘門)을 넘는 보도(步道) 등의 위험한 부분에는 안전난간 또는 울타리 등을 설치할 것

답 1. 통로 설치 시 폭 90cm 이상으로 할 것
2. 통로 등의 위험한 부분에는 안전난간 설치할 것
3. 통로 등의 위험한 부분에는 안전하게 작업할 수 있는 조명 유지할 것

115 ☆

빈칸을 채우시오.

1. 화물을 취급하는 작업 등에 사업주는 바닥으로부터의 높이가 2m 이상 되는 하적단과 인접 하적단 사이의 간격을 하적단의 밑부분을 기준하여 (A)cm 이상으로 해야 한다.
2. 부두 또는 안벽의 선을 따라 통로를 설치하는 경우에는 폭을 (B)cm 이상으로 할 것
3. 육상에서의 통로 및 작업장소로서 다리 또는 선거 갑문을 넘는 보도 등의 위험한 부분에는 (C) 또는 울타리 등을 설치할 것

해 사업주는 바닥으로부터의 높이가 2미터 이상 되는 하적단(포대·가마니 등으로 포장된 화물이 쌓여 있는 것만 해당한다)과 인접 하적단 사이의 간격을 하적단의 밑부분을 기준하여 10센티미터 이상으로 하여야 한다.
윗 해설 참조

답 A : 10 B : 90 C : 안전난간

116 ☆

위생시설의 종류 5개 쓰시오.

해 법에서 "위생시설 등 고용노동부령으로 정하는 시설"이란 다음 각 호의 시설을 말한다.
1. 휴게시설 2. 세면·목욕시설 3. 세탁시설 4. 탈의시설 5. 수면시설

답 수면시설/세면시설/세탁시설/탈의시설/휴게시설

117 ☆☆

산업안전보건법령상 공정안전보고서의 제출대상이 되는 유해하거나 위험한 설비로 보지 않는 시설이나 설비 종류 4가지 쓰시오.

해 다음 각 호의 설비는 유해하거나 위험한 설비로 보지 않는다.

1. 원자력 설비
2. 군사시설
3. 사업주가 해당 사업장 내에서 직접 사용하기 위한 난방용 연료 저장설비 및 사용설비
4. 도매·소매시설
5. 차량 등의 운송설비
6. 「액화석유가스의 안전관리 및 사업법」에 따른 액화석유가스의 충전·저장시설
7. 「도시가스사업법」에 따른 가스공급시설
8. 그 밖에 고용노동부장관이 누출·화재·폭발 등의 사고가 있더라도 그에 따른 피해의 정도가 크지 않다고 인정하여 고시하는 설비

답 군사시설/소매시설/원자력 설비/차량 운송설비

118 ☆☆

안전보건총괄책임자 지정대상 사업장 2곳 쓰시오.

해 법에 따른 안전보건총괄책임자를 지정해야 하는 사업의 종류 및 사업장의 상시근로자 수는 관계수급인에게 고용된 근로자를 포함한 상시근로자가 100명(선박 및 보트 건조업, 1차 금속 제조업 및 토사석 광업의 경우에는 50명) 이상인 사업이나 관계수급인의 공사금액을 포함한 해당 공사의 총 공사금액이 20억원 이상인 건설업으로 한다.

답 1. 총 공사금액 20억원 이상인 건설업
2. 상시근로자 100명(선박 및 보트 건조업, 1차 금속 제조업 및 토사석 광업 경우 50명) 이상인 사업

119 ☆

산업안전보건법상 고용노동부장관이 산업재해를 예방하기 위해 산업재해 발생 건수, 재해율 또는 그 순위 등을 공표하여야 하는 사업장 3곳 쓰시오.

해 법에서 "대통령령으로 정하는 사업장"이란 다음 각 호의 어느 하나에 해당하는 사업장을 말한다.

1. 산업재해로 인한 사망자(이하 "사망재해자"라 한다)가 연간 2명 이상 발생한 사업장
2. 사망만인율(死亡萬人率: 연간 상시근로자 1만명당 발생하는 사망재해자 수의 비율을 말한다)이 규모별 같은 업종의 평균 사망만인율 이상인 사업장
3. 법 전단에 따른 중대산업사고가 발생한 사업장
4. 법을 위반하여 산업재해 발생 사실을 은폐한 사업장
5. 법에 따른 산업재해 발생에 관한 보고를 최근 3년 이내 2회 이상 하지 않은 사업장

답 1. 중대산업사고 발생 사업장
2. 산업재해 발생 사실 은폐 사업장
3. 사망재해자 연간 2명 이상 발생 사업장

120 ☆

산업안전보건법령상 중대산업사고 정의와 중대산업사고 예방하기 위해 고용노동부장관에게 제출하는 보고서 명칭을 쓰시오.

해 사업주는 사업장에 대통령령으로 정하는 유해하거나 위험한 설비가 있는 경우 그 설비로부터의 위험물질 누출, 화재 및 폭발 등으로 인하여 사업장 내의 근로자에게 즉시 피해를 주거나 사업장 인근 지역에 피해를 줄 수 있는 사고로서 대통령령으로 정하는 사고(이하 "중대산업사고"라 한다)를 예방하기 위하여 대통령령으로 정하는 바에 따라 공정안전보고서를 작성하고 고용노동부장관에게 제출하여 심사를 받아야 한다. 이 경우 공정안전보고서의 내용이 중대산업사고를 예방하기 위하여 적합하다고 통보받기 전에는 관련된 유해하거나 위험한 설비를 가동해서는 아니 된다.

답 중대산업사고: 설비로부터의 위험물질 누출 등으로 인해 사업장 내 근로자에게 즉시 피해를 주거나 인근 지역에 피해 줄 수 있는 사고
보고서 명칭: 공정안전보고서

121 ☆

다음 빈칸을 채우시오.

- 사업주는 사업장에 대통령령으로 정하는 유해하거나 위험한 설비가 있는 경우 중대산업 사고를 예방하기 위하여 대통령령으로 정하는 바에 따라 (A)를 작성하고 고용노동부장관에게 제출하여 심사를 받아야 한다.
- 사업주는 (A)를 작성할 때 (B)의 심의를 거쳐야 한다. 다만, (B)가 설치되어 있지 아니한 사업장의 경우에는 근로자대표의 의견을 들어야 한다.

해 – 사업주는 사업장에 대통령령으로 정하는 유해하거나 위험한 설비가 있는 경우 그 설비로부터의 위험물질 누출, 화재 및 폭발 등으로 인하여 사업장 내의 근로자에게 즉시 피해를 주거나 사업장 인근 지역에 피해를 줄 수 있는 사고로서 대통령령으로 정하는 사고(이하 "중대산업사고"라 한다)를 예방하기 위하여 대통령령으로 정하는 바에 따라 공정안전보고서를 작성하고 고용노동부장관에게 제출하여 심사를 받아야 한다. 이 경우 공정안전보고서의 내용이 중대산업사고를 예방하기 위하여 적합하다고 통보받기 전에는 관련된 유해하거나 위험한 설비를 가동해서는 아니 된다.
– 사업주는 제1항에 따라 공정안전보고서를 작성할 때 산업안전보건위원회의 심의를 거쳐야 한다. 다만, 산업안전보건위원회가 설치되어 있지 아니한 사업장의 경우에는 근로자대표의 의견을 들어야 한다.

답 A: 공정안전보고서 B: 산업안전보건위원회

122 ☆☆

특급 방진마스크 사용장소 2곳 쓰시오.

해

등급	특급	1급	2급
사용장소	1. 베릴륨등과 같이 독성이 강한 물질들을 함유한 분진 등 발생장소 2. 석면 취급장소	1. 특급마스크 착용장소를 제외한 분진 등 발생장소 2. 금속흄 등과 같이 열적으로 생기는 분진 등 발생장소 3. 기계적으로 생기는 분진 등 발생 장소(규소등과 같이 2급 방진마스크를 착용하여도 무방한 경우는 제외한다)	1. 특급 및 1급 마스크 착용장소를 제외한 분진 등 발생장소
	배기밸브가 없는 안면부 여과식 마스크는 특급 및 1급 장소에 사용해서는 안 된다.		

답 석면 취급장소/독성 강한 물질 함유 분진 발생장소

123 ☆☆

1급 방진마스크 사용장소 3곳 쓰시오.

해 윗 해설 참조

답 1. 금속흄 발생장소
2. 특급마스크 착용장소 제외한 분진 발생장소
3. 기계적으로 생기는 분진 발생장소(규소 제외)

124 ☆

분리식 방진마스크의 포집효율을 쓰시오.

형태 및 등급		염화나트륨 및 파라핀 오일 시험(%)
분리식	특급	(A)
	1급	(B)
	2급	(C)

해

	형태 및 등급		염화나트륨(NaCl) 및 파라핀 오일(Paraffin oil) 시험(%)
여과재 분진 등 포집효율	분리식	특급	99.95 이상
		1급	94.0 이상
		2급	80.0 이상
	안면부 여과식	특급	99.0 이상
		1급	94.0 이상
		2급	80.0 이상

답 A : 99.95 이상 B : 94 이상 C : 80 이상

125 ☆

방독마스크의 종류별 시험가스 및 표시색을 구분하여 쓰시오.

해 방독마스크 종류

종류	시험가스
유기화합물용	시클로헥산(C_6H_{12})
	디메틸에테르(CH_3OCH_3)
	이소부탄(C_4H_{10})
할로겐용	염소가스 또는 증기(Cl_2)
황화수소용	황화수소 가스(H_2S)
시안화수소용	시안화수소 가스(HCN)
아황산용	아황산 가스(SO_2)
암모니아용	암모니아 가스(NH_3)

정화통 외부 측면의 표시 색

종류	표시색
유기화합물용 정화통	갈색
할로겐용 정화통	회색
황화수소용 정화통	
시안화수소용 정화통	
아황산용 정화통	노랑색
암모니아용 정화통	녹색
복합용 및 겸용의 정화통	복합용의 경우: 해당가스 모두 표시(2층 분리) 겸용의 경우: 백색과 해당가스 모두 표시(2층 분리)

답

종류	시험가스	표시색
유기화합물용	이소부탄/시클로헥산/디메틸에테르	갈색
할로겐용	염소가스 또는 증기	회색
황화수소용	황화수소 가스	
시안화수소용	시안화수소 가스	
아황산용	아황산 가스	노란색
암모니아용	암모니아 가스	녹색

126

☆☆☆

내전압용 절연장갑의 성능기준에 있어 각 등급에 대한 최대사용전압을 쓰시오.

등급	최대사용전압		색상
	교류(V, 실효값)	직류(V)	
00	500	(A)	갈색
0	(B)	1,500	(E)
1	7,500	11,250	흰색
2	17,000	25,500	노란색
3	26,500	39,750	(F)
4	(C)	(D)	등색

해 절연장갑 등급

등급	최대사용전압	
	교류(V, 실효값)	직류(V)
00	500	750
0	1,000	1,500
1	7,500	11,250
2	17,000	25,500
3	26,500	39,750
4	36,000	54,000

등급별 색상

00등급	0등급	1등급	2등급	3등급	4등급
갈색	빨간색	흰색	노란색	녹색	등색

답 A: 750　B: 1,000　C: 36,000　D: 54,000　E: 빨간색　F: 녹색

127

☆

보호구 안전인증 고시상, 방진마스크 성능시험 항목 5가지 쓰시오.

해 방진마스크 성능시험 항목
안면부 흡기저항/여과재 분진 등 포집효율/안면부 배기저항/안면부 누설률/배기밸브 작동/시야/강도, 신장율 및 영구 변형률/불연성/음성전달판/투시부의 내충격성/여과재 질량/여과재 호흡저항/안면부 내부 이산화탄소 농도

답 강도/시야/불연성/여과재 질량/여과재 호흡저항

128 ☆☆

보호구 안전인증 고시상 안전모의 성능시험 항목 5개 쓰시오.

해

항목	시험성능기준
내관통성	AE, ABE종 안전모는 관통거리가 9.5㎜ 이하이고, AB종 안전모는 관통거리가 11.1㎜ 이하이어야 한다.
충격 흡수성	최고전달충격력이 4,450N을 초과해서는 안 되며, 모체와 착장체의 기능이 상실 되지 않아야 한다.
내전압성	AE, ABE종 안전모는 교류 20㎸ 에서 1분간 절연파괴 없이 견뎌야 하고, 이때 누설되는 충전전류는 10㎃ 이하이어야 한다.
내수성	AE, ABE종 안전모는 질량 증가율이 1% 미만이어야 한다.
난연성	모체가 불꽃을 내며 5초 이상 연소되지 않아야 한다.
턱끈풀림	150N 이상 250N 이하에서 턱끈이 풀려야 한다.

답 난연성/내수성/내관통성/내전압성/턱끈풀림

129 ☆

아세틸렌 또는 가스집합 용접장치에 설치하는 역화방지기성능시험 종류 4가지 쓰시오.

해 역화방지기 성능기준
내압시험/기밀시험/역류방지시험/역화방지시험/가스압력손실시험/방출장치동작시험

답 내압시험/기밀시험/역류방지시험/역화방지시험

130 ☆

시몬즈 방식의 보험코스트와 비보험코스트 중 비보험코스트(비용) 항목 4가지 쓰시오.

해 시몬즈방식에 의한 재해코스트 산정법

총 재해비용 = 보험비용 + 비보험비용

비보험비용 = 휴업상해건수 • A + 통원상해건수 • B + 응급조치건수 • C + 무상해사고건수 • D

(A/B/C/D: 장해정도별에 의한 비보험비용의 평균치)

휴업상해: 영구 부분노동 불능 및 일시 전노동 불능

통원상해: 일시 부분노동 불능 및 의사 통원조치를 필요로 한 상해

응급조치상해: 응급조치상해 또는 8시간 미만 휴업 의료조치상해

무상해사고: 의료조치를 필요로 하지 않은 상해사고

답 휴업상해수/통원상해수/응급조치건수/무상해 사고수

131 ☆☆☆☆

산업재해조사표의 주요항목에 해당하지 않는 것 7가지를 찾으시오.

1. 재해자의 국적	2. 보호자 성명	3. 재해발생일시
4. 고용 형태	5. 휴업예상일수	6. 급여수준
7. 응급조치 내역	8. 재해자 직업	9. 재해자 복직예정일
10. 목격자 인적사항	11. 재해발생 당시 상황	12. 상해종류
13. 요양기관	14. 가해물	15. 재발방지계획

해

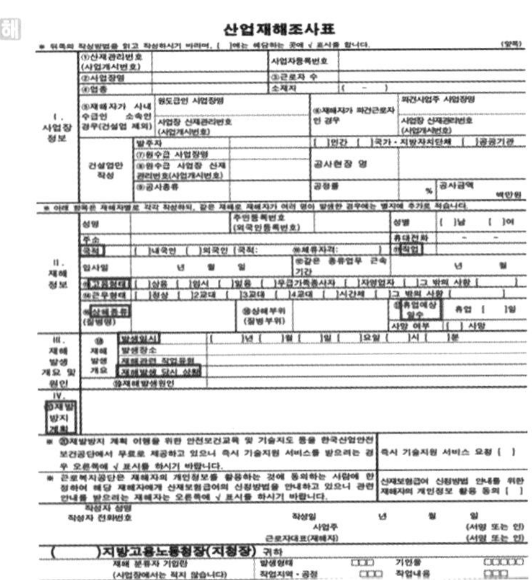

산업재해조사표

I. 사업장 정보: ①산재관리번호(사업개시번호), 사업자등록번호, ②사업장명, ③근로자 수, ④업종, 소재지, ⑤재해자가 사내 수급인 소속인 경우(건설업 제외), ⑥재해자가 파견근로자인 경우, 건설업만 작성(발주자, ⑦원수급 사업장명, ⑧원수급 사업장 산재관리번호(사업개시번호), ⑨공사종류, 공사현장 명, 공정률, 공사금액)

II. 재해정보: 성명, 주민등록번호(외국인등록번호), 성별, 주소, 휴대전화, 국적, 직업, 입사일, 같은 종류업무 근속기간, 고용형태, 근무형태, 상해종류(질병명), 상해부위(질병부위), 휴업예상일수, 사망 여부

III. 재해발생 개요 및 원인: 재해발생 개요(발생일시, 발생장소, 재해관련 작업유형, 재해발생 당시 상황), 재해발생원인

IV. 재발방지계획

(　　)지방고용노동청장(지청장) 귀하

답 2/6/7/9/10/13/14

132 ☆☆

비등액 팽창 증기 폭발(BLEVE)에 영향을 주는 인자 3개 쓰시오.

해 비등액 팽창 증기 폭발 영향인자
주위 온도, 압력 상태/저장용기 재질/저장물질 종류와 형태/내용물의 인화성 및 물리적 역학 상태

답 주위 온도/저장용기 재질/저장물질 종류

133 ☆

연소의 3요소와 각 소화방법을 쓰시오.

답 점화원(냉각소화)/가연성물질(제거소화)/산소공급원(질식소화)

134 ☆☆

할로겐 소화기 소화약제 중 할로겐 구성원소 4개 쓰시오.(= 할로겐원소 부촉매제 종류)

해 "할로겐화합물소화약제"란 불소, 염소, 브롬 또는 요오드(= 아이오딘) 중 하나 이상의 원소를 포함하고 있는 유기화합물을 기본성분으로 하는 소화약제를 말한다.

답 F(불소)/Cl(염소)/Br(브롬)/I(아이오딘)

135

☆☆

근로자의 추락 등의 위험을 방지하기 위해 설치하는 안전난간의 주요 구성요소 4개 쓰시오.

해 사업주는 근로자의 추락 등의 위험을 방지하기 위하여 안전난간을 설치하는 경우 다음 각 호의 기준에 맞는 구조로 설치해야 한다.

1. 상부 난간대, 중간 난간대, 발끝막이판 및 난간기둥으로 구성할 것. 다만, 중간 난간대, 발끝막이판 및 난간기둥은 이와 비슷한 구조와 성능을 가진 것으로 대체할 수 있다.
2. 상부 난간대는 바닥면·발판 또는 경사로의 표면(이하 "바닥면등"이라 한다)으로부터 90센티미터 이상 지점에 설치하고, 상부 난간대를 120센티미터 이하에 설치하는 경우에는 중간 난간대는 상부 난간대와 바닥면등의 중간에 설치해야 하며, 120센티미터 이상 지점에 설치하는 경우에는 중간 난간대를 2단 이상으로 균등하게 설치하고 난간의 상하 간격은 60센티미터 이하가 되도록 할 것. 다만, 난간기둥 간의 간격이 25센티미터 이하인 경우에는 중간 난간대를 설치하지 않을 수 있다.
3. 발끝막이판은 바닥면 등으로부터 10센티미터 이상의 높이를 유지할 것. 다만, 물체가 떨어지거나 날아올 위험이 없거나 그 위험을 방지할 수 있는 망을 설치하는 등 필요한 예방 조치를 한 장소는 제외한다.
4. 난간기둥은 상부 난간대와 중간 난간대를 견고하게 떠받칠 수 있도록 적정한 간격을 유지할 것
5. 상부 난간대와 중간 난간대는 난간 길이 전체에 걸쳐 바닥면등과 평행을 유지할 것
6. 난간대는 지름 2.7센티미터 이상의 금속제 파이프나 그 이상의 강도가 있는 재료일 것
7. 안전난간은 구조적으로 가장 취약한 지점에서 가장 취약한 방향으로 작용하는 100킬로그램 이상의 하중에 견딜 수 있는 튼튼한 구조일 것

답 난간기둥/상부난간대/중간난간대/발끝막이판

136

☆☆☆☆

안전난간과 관련된 내용이다. 빈칸을 채우시오.

상부난간대 : 바닥면, 발판 또는 경사로의 표면으로부터 (A)cm 이상 지점에 설치
난간대 : 지름 (B)cm 이상의 금속제 파이프나 그 이상의 강도가 있는 재료
하중 : (C)kg 이상의 하중에 견딜 수 있는 튼튼한 구조
발끝막이판 : 바닥면 등으로부터 (D)cm 이상의 높이 유지

해 윗 해설 참조

답 A : 90 B : 2.7 C : 100 D : 10

137 ☆

기계설비의 근원적 안전을 확보하기 위한 안전화 방법 4개 쓰시오.

해

외형 안전화	• 회전축·기어·풀리 및 플라이휠 등에 부속되는 키·핀 등의 기계요소는 묻힘형으로 하거나 해당 부위에 덮개를 설치 • 기계의 원동기·회전축·기어·풀리·플라이휠·벨트 및 체인 등 근로자가 위험에 처할 우려가 있는 부위에 덮개·울·슬리브 및 건널다리 등을 설치 • 벨트의 이음 부분에 돌출된 고정구 미사용
작업 안전화	• 고장 발생을 최소화하기 위해 정기점검을 실시하였다. • 작업위험분석 해 작업 표준화한다.
기능 안전화	• 페일 세이프 및 풀 푸르프의 기능을 가지는 장치를 적용하였다. • 검토사항 : 사용압력 변동 시의 오동작/전압강하 및 정전에 따른 오동작/단락 또는 스위치 고장 시의 오동작
구조 안전화	• 강도의 열화를 고려하여 안전율을 최대로 고려하여 설계하였다. • 검토사항 : 부품변형에 의한 오동작

답 외형 안전화/작업 안전화/기능 안전화/구조 안전화

138 ☆☆☆☆☆

아세틸렌 용접장치 검사 시 안전기의 설치위치를 확인하려고 한다. 안전기의 설치 위치에 대한 괄호 안의 내용을 채우시오.

1. 사업주는 아세틸렌 용접장치의 (A)마다 안전기를 설치해야 한다. 다만 (B) 및 (A)에 가장 가까운 분기관마다 안전기를 부착한 경우에는 그러하지 아니하다.
2. 사업주는 가스용기가 발생기와 분리되어 있는 아세틸렌 용접장치에 대해 (C) 사이에 안전기를 설치해야 한다.

해 – 사업주는 아세틸렌 용접장치의 취관마다 안전기를 설치하여야 한다. 다만, 주관 및 취관에 가장 가까운 분기관(分岐管)마다 안전기를 부착한 경우에는 그러하지 아니하다.
– 사업주는 가스용기가 발생기와 분리되어 있는 아세틸렌 용접장치에 대하여 발생기와 가스용기 사이에 안전기를 설치하여야 한다.

답 A : 취관 B : 주관 C : 발생기와 가스용기

139 ☆

다음 빈칸을 채우시오.

1. 사업주는 아세틸렌 용접장치의 아세틸렌 발생기를 설치하는 경우에는 전용 발생기실에 설치하여야 한다.
2. 발생기실은 건물의 (A)에 위치해야 하며, 화기를 사용하는 설비로부터 (B)m를 초과하는 장소에 설치 하여야 한다.
3. 발생기실을 옥외에 설치한 경우에는 그 개구부를 다른 건축물로부터 (C)m 이상 떨어지도록 해야 한다.

해 1. 사업주는 아세틸렌 용접장치의 아세틸렌 발생기(이하 "발생기"라 한다)를 설치하는 경우에는 전용의 발생기실에 설치하여야 한다.
2. 제1항의 발생기실은 건물의 최상층에 위치하여야 하며, 화기를 사용하는 설비로부터 3미터를 초과하는 장소에 설치하여야 한다.
3. 제1항의 발생기실을 옥외에 설치한 경우에는 그 개구부를 다른 건축물로부터 1.5미터 이상 떨어지도록 하여야 한다.

답 A: 최상층 B: 3 C: 1.5

140 ☆

사업주는 아세틸렌 용접장치를 사용해 금속의 용접, 용단 또는 가열작업을 하는 경우에 다음 각 호의 사항을 준수하여야 한다. 빈칸을 채우시오.

1. 발생기(이동식 아세틸렌 용접장치의 발생기는 제외)의 (A), (B), (C), 매 시 평균 가스발생량 및 1회 카바이드 공급량을 발생기실 내의 보기 쉬운 장소에 게시할 것.
2. 발생기에서 (D)m 이내 또는 발생기실에서 (E)m 이내 장소에서는 흡연, 화기사용 또는 불꽃이 발생할 위험한 행위를 금지시킬 것.

해 사업주는 아세틸렌 용접장치를 사용하여 금속의 용접·용단(溶斷) 또는 가열작업을 하는 경우에 다음 각 호의 사항을 준수하여야 한다.

1. 발생기(이동식 아세틸렌 용접장치의 발생기는 제외한다)의 종류, 형식, 제작업체명, 매 시 평균 가스발생량 및 1회 카바이드 공급량을 발생기실 내의 보기 쉬운 장소에 게시할 것
2. 발생기실에는 관계 근로자가 아닌 사람이 출입하는 것을 금지할 것
3. 발생기에서 5미터 이내 또는 발생기실에서 3미터 이내의 장소에서는 흡연, 화기의 사용 또는 불꽃이 발생할 위험한 행위를 금지시킬 것
4. 도관에는 산소용과 아세틸렌용의 혼동을 방지하기 위한 조치를 할 것
5. 아세틸렌 용접장치의 설치장소에는 소화기 한 대 이상을 갖출 것
6. 이동식 아세틸렌용접장치의 발생기는 고온의 장소, 통풍이나 환기가 불충분한 장소 또는 진동이 많은 장소 등에 설치하지 않도록 할 것

답 A: 종류　B: 형식　C: 제작업체명　D: 5　E: 3

141 ☆

사업장 안전보건 중요사항을 심의의결하기 위해 사업장에 근로자위원과 사용자위원 같은 수로 구성되는 회의체의 이름과 회의주기를 쓰고, 근로자위원과 사용자위원 자격 3가지씩 쓰시오.

해 산업안전보건위원회

- 사업주는 사업장의 안전 및 보건에 관한 중요 사항을 심의·의결하기 위하여 사업장에 근로자위원과 사용자위원이 같은 수로 구성되는 산업안전보건위원회를 구성·운영해야 한다.
- 산업안전보건위원회의 회의는 정기회의와 임시회의로 구분하되, 정기회의는 분기마다 산업안전보건위원회 위원장이 소집하며, 임시회의는 위원장이 필요하다고 인정할 때 소집한다.
- 산업안전보건위원회의 근로자위원은 다음 각 호의 사람으로 구성한다.
  1. 근로자대표
  2. 명예산업안전감독관이 위촉되어 있는 사업장의 경우 근로자대표가 지명하는 1명 이상의 명예산업안전감독관
  3. 근로자대표가 지명하는 9명(근로자인 제2호의 위원이 있는 경우에는 9명에서 그 위원의 수를 제외한 수를 말한다) 이내의 해당 사업장의 근로자
- 산업안전보건위원회의 사용자위원은 다음 각 호의 사람으로 구성한다. 다만, 상시근로자 50명 이상 100명 미만을 사용하는 사업장에서는 제5호에 해당하는 사람을 제외하고 구성할 수 있다.
  1. 해당 사업의 대표자(같은 사업으로서 다른 지역에 사업장이 있는 경우에는 그 사업장의 안전보건관리책임자를 말한다. 이하 같다)
  2. 안전관리자(제16조제1항에 따라 안전관리자를 두어야 하는 사업장으로 한정하되, 안전관리자의 업무를 안전관리전문기관에 위탁한 사업장의 경우에는 그 안전관리전문기관의 해당 사업장 담당자를 말한다) 1명
  3. 보건관리자(제20조제1항에 따라 보건관리자를 두어야 하는 사업장으로 한정하되, 보건관리자의 업무를 보건관리전문기관에 위탁한 사업장의 경우에는 그 보건관리전문기관의 해당 사업장 담당자를 말한다) 1명
  4. 산업보건의(해당 사업장에 선임되어 있는 경우로 한정한다)
  5. 해당 사업의 대표자가 지명하는 9명 이내의 해당 사업장 부서의 장

답 이름: 산업안전보건위원회
회의주기: 분기마다
근로자위원 자격: 근로자 대표/근로자 9명 이내/명예산업안전감독관 1명 이상
사용자위원 자격: 사업 대표/안전관리자 1명/보건관리자 1명

142 ☆

다음 빈칸을 채우시오.

1. 고용노동부장관은 사업주가 필요한 안전조치 또는 보건조치를 이행하지 아니하여 중대재해가 발생한 사업장에 안전보건진단을 받아 (A)을 수립해 시행할 것을 명할 수 있다.
2. (A)를 제출해야 하는 사업주는 (A) 수립·시행 명령을 받은 날부터 (B) 이내에 관할 지방고용노동관서의 장에게 해당 계획서를 제출(전자문서로 제출하는 것을 포함한다)해야 한다.

해 – 고용노동부장관은 다음 각 호의 어느 하나에 해당하는 사업장으로서 산업재해 예방을 위하여 종합적인 개선조치를 할 필요가 있다고 인정되는 사업장의 사업주에게 고용노동부령으로 정하는 바에 따라 그 사업장, 시설, 그 밖의 사항에 관한 안전 및 보건에 관한 개선계획(이하 "안전보건개선계획"이라 한다)을 수립하여 시행할 것을 명할 수 있다. 이 경우 대통령령으로 정하는 사업장의 사업주에게는 안전보건진단을 받아 안전보건개선계획을 수립하여 시행할 것을 명할 수 있다.

1. 산업재해율이 같은 업종의 규모별 평균 산업재해율보다 높은 사업장
2. 사업주가 필요한 안전조치 또는 보건조치를 이행하지 아니하여 중대재해 발생한 사업장
3. 대통령령으로 정하는 수 이상의 직업성 질병자가 발생한 사업장
4. 유해인자의 노출기준을 초과한 사업장

– 안전보건개선계획서를 제출해야 하는 사업주는 법 제49조제1항에 따른 안전보건개선계획서 수립·시행 명령을 받은 날부터 60일 이내에 관할 지방고용노동관서의 장에게 해당 계획서를 제출(전자문서로 제출하는 것을 포함한다)해야 한다.

– 안전보건개선계획서에는 시설, 안전보건관리체제, 안전보건교육, 산업재해 예방 및 작업환경의 개선을 위하여 필요한 사항이 포함되어야 한다.

답 A : 안전보건개선계획 B : 60일

143 ☆

다음 빈칸을 채우시오.

1. 사업주가 작업중지명령 해제신청서를 제출하는 경우에는 미리 유해·위험요인 개선내용에 대하여 중대재해가 발생한 해당작업 (A)의 의견을 들어야 한다.
2. 지방고용노동관서의 장은 제1항에 따라 작업중지명령 해제를 요청받은 경우에는 (B)으로 하여금 안전·보건을 위하여 필요한 조치를 확인하도록 하고, 천재지변 등 불가피한 경우를 제외하고는 해제요청일 다음 날부터 (C) 이내(토요일과 공휴일을 포함하되, 토요일과 공휴일이 연속하는 경우에는 3일까지만 포함한다)에 법에 따른 작업중지해제 심의위원회(이하 "심의위원회"라 한다)를 개최하여 심의한 후 해당조치가 완료되었다고 판단될 경우에는 즉시 작업중지명령을 해제해야 한다.

해 – 사업주가 작업중지의 해제를 요청할 경우에는 작업중지명령 해제신청서를 작성해 사업장의 소재지를 관할하는 지방고용노동관서의 장에게 제출해야 한다.
– 사업주가 작업중지명령 해제신청서를 제출하는 경우에는 미리 유해·위험요인 개선내용에 대하여 중대재해가 발생한 해당작업 근로자의 의견을 들어야 한다.
– 지방고용노동관서의 장은 작업중지명령 해제를 요청받은 경우에는 근로감독관으로 하여금 안전·보건을 위하여 필요한 조치를 확인하도록 하고, 천재지변 등 불가피한 경우를 제외하고는 해제요청일 다음 날부터 4일 이내(토요일과 공휴일을 포함하되, 토요일과 공휴일이 연속하는 경우에는 3일까지만 포함한다)에 법에 따른 작업중지해제 심의위원회(이하 "심의위원회"라 한다)를 개최하여 심의한 후 해당조치가 완료되었다고 판단될 경우에는 즉시 작업중지명령을 해제해야 한다.

답 A : 근로자 B : 근로감독관 C : 4일

144 ☆

도급 사업 합동안전보건 점검을 할 때 점검반으로 구성해야 하는 사람 4명 쓰시오.

해 법에 따라 도급인이 작업장의 안전 및 보건에 관한 점검을 할 때에는 다음 각 호의 사람으로 점검반을 구성해야 한다.

1. 도급인(같은 사업 내에 지역을 달리하는 사업장이 있는 경우에는 그 사업장의 안전보건관리책임자)
2. 관계수급인(같은 사업 내에 지역을 달리하는 사업장이 있는 경우 그 사업장의 안전보건관리책임자)
3. 도급인 및 관계수급인의 근로자 각 1명(관계수급인의 근로자의 경우에는 해당 공정만 해당한다)

답 도급인/관계수급인/도급인 및 관계 수급인 근로자 각 1명

145

☆☆☆☆☆

다음 장치의 방호장치 1가지씩 쓰시오.

1. 원심기	2. 공기압축기	3. 금속절단기	4. 산업용 로봇	5. 연삭기
6. 예초기	7. 포장기계	8. 교류아크용접기	9. 롤러기	

답 1. 회전체 접촉 예방장치 2. 압력방출장치 3. 날접촉예방장치 4. 안전매트 5. 덮개
6. 날접촉예방장치 7. 구동부 방호 연동장치 8. 자동전격방지기 9. 급정지장치

146

☆☆

산업안전보건법상 이동식 크레인, 곤돌라에 설치할 방호장치 종류 3개 쓰시오.

해 사업주는 다음 각 호의 양중기에 과부하방지장치, 권과방지장치(捲過防止裝置), 비상정지장치 및 제동장치, 그 밖의 방호장치[(승강기의 파이널 리미트 스위치(final limit switch), 속도조절기, 출입문 인터록(inter lock) 등을 말한다]가 정상적으로 작동될 수 있도록 미리 조정해 두어야 한다.

답 제동장치/비상정지장치/권과방지장치

147

☆

다음 설명에 해당하는 양중기 방호장치를 쓰시오.

1. 양중기에 정격하중 이상 하중이 부과되었을 경우 자동적으로 감아올리는 동작을 정지하는 장치
2. 양중기에 훅 등의 물건을 매달아 올릴 때 일정 높이 이상으로 감아올리는 것을 방지하는 장치

답 1. 과부하 방지장치 2. 권과방지장치

148 ☆

동력식 수동대패기의 방호장치를 쓰고 방호장치 종류 2개 쓰시오.

해 동력식 수동대패기는 대패날에 손이 닿지 않도록 날접촉예방장치를 설치하여야 하며, 날접촉예방장치는 휨, 비틀림 등 변형이 발생하지 않을 만큼 충분한 강도 갖는 것이어야 한다.

대패기계 덮개 종류

종류	용도
가동식 덮개	대패날 부위를 가공재료의 크기에 따라 움직이며, 인체가 날에 접촉하는 것을 방지해 주는 형식
고정식 덮개	대패날 부위를 필요에 따라 수동 조정하도록 하는 형식

답 날접촉예방장치(고정식, 가동식)

149 ☆

다음 설명에 맞는 프레스 및 전단기의 방호장치를 각각 쓰시오.

1. 슬라이드 하강 중 정전 또는 방호장치의 이상 시에 정지할 수 있는 구조이어야 한다.
2. 슬라이드 하강 중 정전 또는 방호장치의 이상 시에 정지하고, 1행정 1정지 기구에 사용할 수 있어야 한다.
3. 슬라이드 하행정거리의 3/4 위치에서 손을 완전히 밀어내야 한다.
4. 손목밴드는 착용감이 좋으며 쉽게 착용할 수 있는 구조이고, 수인끈은 작업자와 작업 공정에 따라 그 길이를 조정할 수 있어야 한다.

해

광전자식 방호장치의 일반사항	광전자식 방호장치의 일반구조는 다음 각 목과 같이 한다. 가. 정상동작표시램프는 녹색, 위험표시램프는 붉은색으로 하며, 쉽게 근로자가 볼 수 있는 곳에 설치해야 한다. 나. 슬라이드 하강 중 정전 또는 방호장치의 이상 시 정지할 수 있는 구조이어야 한다. 다. 방호장치는 릴레이, 리미트 스위치 등의 전기부품의 고장, 전원전압의 변동 및 정전에 의해 슬라이드가 불시에 동작하지 않아야 하며, 사용전원전압의 ±(100분의 20)의 변동에 대하여 정상으로 작동되어야 한다. 라. 방호장치의 정상작동 중에 감지가 이루어지거나 공급전원이 중단되는 경우 적어도 두 개 이상의 독립된 출력신호 개폐장치가 꺼진 상태로 돼야 한다. 마. 방호장치의 감지기능은 규정한 검출영역 전체에 걸쳐 유효하여야 한다.(다만, 블랭킹 기능이 있는 경우 그렇지 않다) 바. 방호장치에 제어기(Controller)가 포함되는 경우 이를 연결한 상태에서 모든 시험을 한다. 사. 방호장치를 무효화하는 기능이 있어서는 안 된다.

구분	내용
손쳐내기식 방호장치의 일반구조	손쳐내기식 방호장치의 일반구조는 다음 각 목과 같이 한다. 가. 슬라이드 하행정거리의 3/4 위치에서 손을 완전히 밀어내야 한다. 나. 손쳐내기봉의 행정(Stroke) 길이를 금형의 높이에 따라 조정할 수 있고 진동폭은 금형폭 이상이어야 한다. 다. 방호판과 손쳐내기봉은 경량이면서 충분한 강도를 가져야 한다. 라. 방호판의 폭은 금형폭의 1/2 이상이어야 하고, 행정길이가 300㎜ 이상의 프레스 기계에는 방호판 폭을 300㎜로 해야 한다. 마. 손쳐내기봉은 손 접촉 시 충격을 완화할 수 있는 완충재를 부착해야 한다. 바. 부착볼트 등의 고정금속부분은 예리하게 돌출되지 않아야 한다.
수인식 방호장치의 일반구조	수인식 방호장치의 일반구조는 다음 각 목과 같이 한다. 가. 손목밴드 재료는 유연한 내유성 피혁 또는 이와 동등한 재료를 사용해야 한다. 나. 손목밴드는 착용감이 좋으며 쉽게 착용할 수 있는 구조이어야 한다. 다. 수인끈의 재료는 합성섬유로 직경이 4㎜ 이상이어야 한다. 라. 수인끈은 작업자와 작업공정에 따라 그 길이를 조정할 수 있어야 한다. 마. 수인끈의 안내통은 끈의 마모와 손상을 방지할 수 있는 조치를 해야 한다. 바. 각종 레버는 경량이면서 충분한 강도를 가져야 한다. 사. 수인량의시험은 수인량이 링크에 의해서 조정될 수 있도록 되어야 하며 금형으로부터 위험한계 밖으로 당길 수 있는 구조이어야 한다.
양수조작식 방호장치의 일반구조	양수조작식 방호장치의 일반구조는 다음 각 목과 같이 한다. 가. 정상동작표시등은 녹색, 위험표시등은 붉은색으로 하며, 쉽게 근로자가 볼 수 있는 곳에 설치해야 한다. 나. 슬라이드 하강 중 정전 또는 방호장치 이상 시에 정지할 수 있는 구조이어야 한다. 다. 방호장치는 릴레이, 리미트스위치 등의 전기부품의 고장, 전원전압의 변동 및 정전에 의해 슬라이드가 불시에 동작하지 않아야 하며, 사용전원전압의 ±(100분의 20)의 변동에 대하여 정상으로 작동되어야 한다. 라. 1행정1정지 기구에 사용할 수 있어야 한다. 마. 누름버튼을 양손으로 동시에 조작하지 않으면 작동시킬 수 없는 구조이어야 하며, 양쪽버튼 작동시간 차이는 최대 0.5초 이내일 때 프레스가 동작되도록 해야 한다. 바. 1행정마다 누름버튼에서 양손을 떼지 않으면 다음 작업의 동작을 할 수 없는 구조이어야 한다. 사. 램의 하행정중 버튼(레버)에서 손을 뗄 시 정지하는 구조이어야 한다. 아. 누름버튼의 상호간 내측거리는 300㎜ 이상이어야 한다. 자. 누름버튼(레버 포함)은 매립형의 구조로서 다음 각 세목에 적합해야 한다. 다만, 그림 1과 같이 시험콘으로 개구부에서 조작되지 않는 구조의 개방형 누름버튼(레버 포함)은 매립형으로 본다. 1) 누름버튼(레버 포함)의 전 구간(360°)에서 매립된 구조 2) 누름버튼(레버 포함)은 방호장치 상부표면 또는 버튼을 둘러싼 개방된 외함의 수평면으로 부터 하단(2㎜ 이상)에 위치 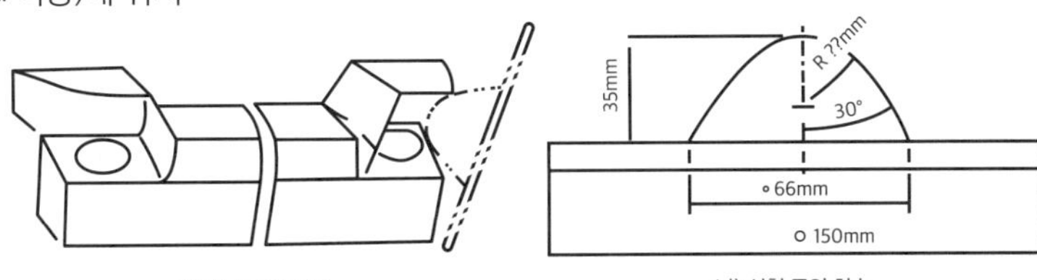 가) 시험 콘의 적용 나) 시험 콘의 치수 [그림 1] 비 매립형의 구조 차. 버튼 및 레버는 작업점에서 위험한계를 벗어나게 설치해야 한다. 카. 양수조작식 방호장치는 푸트스위치를 병행하여 사용할 수 없는 구조이어야 한다.

답 1. 광전자식 방호장치 2. 양수조작식 방호장치 3. 손쳐내기식 방호장치 4. 수인식 방호장치

150

☆☆☆

프레스 방호장치에 관한 설명 중 빈칸을 채우시오.

1. 프레스 또는 전단기에서 일반적으로 많이 활용하고 있는 형태로서 투광부, 수광부, 컨트롤 부분으로 구성된 것으로서 신체 일부가 광선을 차단하면 기계를 급정지시키는 방호장치로 (A)분류에 해당한다.
2. 정상동작 표시램프는 (B)색, 위험 표시램프는 (C)색으로 하며 쉽게 근로자가 볼 수 있는 곳에 설치해야 한다.
3. 방호장치는 릴레이, 리미트 스위치 등의 전기부품 고장, 전원전압의 변동 및 정전에 의해 슬라이드가 불시에 동작하지 않아야 하며, 사용전원전압의 ±(D)의 변동에 대해 정상적으로 작동되어야 한다.
4. 양수조작식 방호장치의 일반구조에 있어 누름버튼의 상호간 내측거리는 (E)mm 이상이어야 한다.
5. 손쳐내기식 방호장치의 일반구조에 있어 슬라이드 하행정거리의 (F)위치에서 손을 완전히 밀어내야 한다.
6. 수인식 방호장치 일반구조에 있어 수인끈의 재료는 합성섬유로 직경이 (G)mm 이상이어야 한다.

해 프레스 또는 전단기 방호장치 종류 및 분류

광전자식	A - 1	프레스 또는 전단기에서 일반적으로 많이 활용하고 있는 형태로서 투광부, 수광부, 컨트롤 부분으로 구성된 것으로서 신체의 일부가 광선을 차단하면 기계를 급정지시키는 방호장치
광전자식	A - 2	급정지기능이 없는 프레스의 클러치 개조를 통해 광선 차단 시 급정지시킬 수 있도록 한 방호장치
양수조작식	B - 1 (유·공압밸브식)	1행정 1정지식 프레스에 사용되는 것으로서 양손으로 동시에 조작하지 않으면 기계가 동작하지 않으며, 한손이라도 떼어내면 기계를 정지시키는 방호장치
양수조작식	B - 2 (전기버튼식)	
가드식	C	가드가 열려 있는 상태에서는 기계의 위험부분이 동작되지 않고 기계가 위험한 상태일 때에는 가드를 열 수 없도록 한 방호장치
손쳐내기식	D	슬라이드의 작동에 연동시켜 위험상태로 되기 전에 손을 위험 영역에서 밀어내거나 쳐내는 방호장치로서 프레스용으로 확동식 클러치형프레스에 한해서 사용됨 (다만, 광전자식 또는 양수조작식과 이중으로 설치 시에는 급정지 가능프레스에 사용 가능)
수인식	E	슬라이드와 작업자 손을 끈으로 연결하여 슬라이드 하강 시 작업자 손을 당겨 위험영역에서 빼낼 수 있도록 한 방호장치로서 프레스용으로 확동식 클러치형 프레스에 한해서 사용됨 (다만, 광전자식 또는 양수조작식과 이중으로 설치 시에는 급정지가능 프레스에 사용 가능)

또한, 윗 해설 참조

답 A : A-1 B : 녹 C : 붉은 D : 100분의 20 E : 300 F : 3/4 G : 4

151 ☆

손쳐내기식 방호장치를 사용하는 기계, 기구 명칭과 분류 기호를 쓰시오.

해 윗 해설 참조

답 명칭: 프레스　분류 기호: D

152 ☆

광전자식 방호장치의 광축 수에 따른 형식 구분을 하시오.

해 광전자식 방호장치 형식구분

형식구분	광축범위
Ⓐ	12광축 이하
Ⓑ	13~56광축 미만
Ⓒ	56광축 이상

답

형식구분	광축범위
Ⓐ	12광축 이하
Ⓑ	13~56광축 미만
Ⓒ	56광축 이상

153 ☆☆☆

산업안전보건법상 안전인증 대상 기계 등이 안전기준에 적합한지를 확인하기 위해 안전인증 기관이 심사하는 심사의 종류 4개 쓰시오.

해 심사의 종류
예비심사: 기계 및 방호장치·보호구가 유해·위험기계등 인지를 확인하는 심사
서면심사: 유해위험기계등의 종류별 또는 형식별로 설계도면 등 유해·위험기계등의 제품기술과 관련된 문서가 안전인증기준에 적합한지에 대한 심사
기술능력 및 생산체계 심사: 유해·위험기계등의 안전성능을 지속적으로 유지·보증하기 위하여 사업장에서 갖추어야 할 기술능력과 생산체계가 안전인증 기준에 적합한지에 대한 심사
제품심사(개별 제품심사, 형식별 제품심사): 유해·위험기계등이 서면심사 내용과 일치하는지와 유해·위험기계등의 안전에 관한 성능이 안전인증기준에 적합한지에 대한 심사

답 예비심사/서면심사/제품심사/기술능력심사

154 ☆

산업안전보건법상 위험물질 종류 5개 쓰시오.

해 위험물질 종류
1. 폭발성 물질 및 유기과산화물　2. 물반응성 물질 및 인화성 고체　3. 산화성 액체 및 산화성 고체
4. 인화성 액체　5. 인화성 가스　6. 부식성 물질　7. 급성 독성 물질

답 인화성 고체/인화성 액체/인화성 가스/부식성 물질/급성 독성 물질

155 ☆☆☆

사업주는 보일러 폭발사고를 예방하기 위해 기능이 정상적으로 작동될 수 있도록 유지관리해야 한다. 이때 유지관리해야 하는 부속 종류 4개 쓰시오.

해 사업주는 보일러의 폭발 사고를 예방하기 위하여 압력방출장치, 압력제한스위치, 고저수위 조절장치, 화염 검출기 등의 기능이 정상적으로 작동될 수 있도록 유지·관리하여야 한다.

답 화염검출기/압력방출장치/압력제한스위치/고저수위조절장치

156 ☆

용접 용단 시 화재감시자가 필요한 장소 3곳 쓰시오.

해 사업주는 근로자에게 다음 각 호의 어느 하나에 해당하는 장소에서 용접·용단 작업을 하도록 하는 경우에는 화재감시자를 지정하여 용접·용단 작업 장소에 배치해야 한다. 다만, 같은 장소에서 상시·반복적으로 용접·용단작업을 할 때 경보용 설비·기구, 소화설비 또는 소화기가 갖추어진 경우에는 화재감시자를 지정·배치하지 않을 수 있다.
1. 작업반경 11미터 이내에 건물구조 자체나 내부(개구부 등으로 개방된 부분을 포함한다)에 가연성물질이 있는 장소
2. 작업반경 11미터 이내의 바닥 하부에 가연성물질이 11미터 이상 떨어져 있지만 불꽃에 의해 쉽게 발화될 우려가 있는 장소
3. 가연성물질이 금속으로 된 칸막이·벽·천장 또는 지붕의 반대쪽 면에 인접해 있어 열전도나 열복사에 의해 발화될 우려가 있는 장소

※ 이 해설 많이들 이해 못 하시던데 제 오픈카톡 와주세요 ~ 알려드릴게요 ~ !

답 1. 작업반경 11m 이내 건물구조 내부에 가연성물질 있는 장소
2. 가연성물질이 금속으로 된 지붕 반대쪽 면에 인접해 있어 열복사에 의해 발화될 우려가 있는 장소
3. 작업반경 11m 이내 바닥 하부에 가연성물질이 11m 이상 떨어져 있지만 불꽃에 의해 쉽게 발화될 우려가 있는 장소

157 ☆

교류아크용접기(자동으로 작동되는 것은 제외한다)를 사용 시 교류아크용접기에 자동전격방지기를 설치하여야 하는 장소 3가지 구하시오.

해 사업주는 다음 각 호의 어느 하나에 해당하는 장소에서 교류아크용접기(자동으로 작동되는 것은 제외한다)를 사용하는 경우에는 교류아크용접기에 자동전격방지기를 설치하여야 한다.

1. 선박의 이중 선체 내부, 밸러스트 탱크(ballast tank, 평형수 탱크), 보일러 내부 등 도전체에 둘러싸인 장소
2. 추락할 위험이 있는 높이 2미터 이상의 장소로 철골 등 도전성이 높은 물체에 근로자가 접촉할 우려가 있는 장소
3. 근로자가 물·땀 등으로 인하여 도전성이 높은 습윤 상태에서 작업하는 장소

답 1. 보일러 내부 등 도전체에 둘러싸인 장소
2. 철골 등 도전성 높은 물체에 근로자가 접촉할 우려가 있는 장소
3. 근로자가 땀으로 인해 도전성 높은 습윤 상태에서 작업하는 장소

158 ☆☆

감전방지용 누전차단기를 설치해야 하는 전기기계, 기구 종류 4가지 쓰시오.

해 사업주는 다음 각 호의 전기 기계·기구에 대하여 누전에 의한 감전위험을 방지하기 위하여 해당 전로의 정격에 적합하고 감도(전류 등에 반응하는 정도)가 양호하며 확실하게 작동하는 감전방지용 누전차단기를 설치해야 한다.

1. 대지전압이 150볼트를 초과하는 이동형 또는 휴대형 전기기계·기구
2. 물 등 도전성이 높은 액체가 있는 습윤장소에서 사용하는 저압(1.5천볼트 이하 직류전압이나 1천볼트 이하의 교류전압을 말한다)용 전기기계·기구
3. 철판·철골 위 등 도전성이 높은 장소에서 사용하는 이동형 또는 휴대형 전기기계·기구
4. 임시배선의 전로가 설치되는 장소에서 사용하는 이동형 또는 휴대형 전기기계·기구

답 1. 대지전압 150V 초과하는 휴대형 전기기계
2. 철골 위 등 도전성 높은 장소에서 사용하는 휴대형 전기기계
3. 임시배선 전로가 설치되는 장소에서 사용하는 휴대형 전기기계
4. 물 등 도전성 높은 액체가 있는 습윤장소에서 사용하는 저압용 전기기계

159 ☆☆☆

산업안전보건기준에 관한 규칙에서 누전에 의한 감전의 위험을 방지하기 위해 접지를 실시하는 코드와 플러그를 접속해 사용하는 전기기계, 기구 종류 5개 쓰시오.

해 코드와 플러그를 접속하여 사용하는 전기 기계·기구 중 다음 각 목의 어느 하나에 해당하는 노출된 비충전 금속체

1. 사용전압이 대지전압 150볼트를 넘는 것
2. 냉장고·세탁기·컴퓨터 및 주변기기 등과 같은 고정형 전기기계·기구
3. 고정형·이동형 또는 휴대형 전동기계·기구
4. 물 또는 도전성(導電性)이 높은 곳에서 사용하는 전기기계·기구, 비접지형 콘센트
5. 휴대형 손전등

답
1. 휴대형 손전등
2. 휴대형 전동기계
3. 냉장고 같은 고정형 전기기계
4. 사용전압이 대지전압 150V 넘는 것
5. 도전성 높은 장소에서 사용하는 전기기계

160 ☆

다음 보기 중 산업안전보건기준에 관한 규칙에서 누전에 의한 감전의 위험을 방지하기 위해 접지를 실시하는 코드와 플러그를 접속해 사용하는 전기기계, 기구 종류 2가지 고르시오.

• 사용전압이 대지전압 60볼트를 넘는 것	• 고정형 손전등
• 도전성이 높은 곳에서 사용하는 비접지형 콘센트	• 냉장고

해 윗 해설 참조

답 도전성이 높은 곳에서 사용하는 비접지형 콘센트/냉장고

161 ☆

누전에 의한 감전의 위험을 방지하기 위해 전기를 사용하지 아니하는 설비 중 접지를 해야 하는 금속체 부분 3개 쓰시오.

해 전기를 사용하지 아니하는 설비 중 다음 각 목의 어느 하나에 해당하는 금속체
가. 전동식 양중기의 프레임과 궤도
나. 전선이 붙어 있는 비전동식 양중기의 프레임
다. 고압(1.5천볼트 초과 7천볼트 이하의 직류전압 또는 1천볼트 초과 7천볼트 이하의 교류전압을 말한다. 이하 같다) 이상의 전기를 사용하는 전기기계·기구 주변의 금속제 칸막이·망 및 이와 유사한 장치

답 1. 전동식 양중기 프레임
2. 전선 붙어 있는 비전동식 양중기 프레임
3. 고압 이상의 전기 사용하는 전기기계 주변 금속제 망

162 ☆☆

산업안전보건기준에 관한 규칙에서 규정하는 원동기, 회전축, 기어, 플라이 휠 등의 위험방지를 위한 기계적인 안전조치(= 방호장치) 3가지 쓰시오.

해 사업주는 기계의 원동기·회전축·기어·풀리·플라이휠·벨트 및 체인 등 근로자가 위험에 처할 우려가 있는 부위에 덮개·울·슬리브 및 건널다리 등을 설치하여야 한다.

답 울/덮개/슬리브

163 ☆☆☆☆☆☆

유해위험 방지를 위해 방호조치가 필요한 기계, 기구 종류 5개 쓰시오. (= 방호조치를 아니 하고는 양도, 대여, 설치, 진열해서는 안 되는 기계, 기구)

해 유해위험 방지를 위해 방호조치가 필요한 기계, 기구
1. 예초기 2. 원심기 3. 공기압축기 4. 금속절단기 5. 지게차
6. 포장기계(진공포장기, 래핑기로 한정한다)

답 예초기/원심기/지게차/래핑기/공기압축기

164 ☆

산업안전보건법상 자율안전확인대상 기계 또는 설비 종류 4개 쓰시오.

해 자율안전확인대상

1. 다음 각 목의 어느 하나에 해당하는 기계 또는 설비
   가. 연삭기(硏削機) 또는 연마기. 이 경우 휴대형은 제외한다.
   나. 산업용 로봇
   다. 혼합기
   라. 파쇄기 또는 분쇄기
   마. 식품가공용 기계(파쇄·절단·혼합·제면기만 해당한다)
   바. 컨베이어
   사. 자동차정비용 리프트
   아. 공작기계(선반, 드릴기, 평삭·형삭기, 밀링만 해당한다)
   자. 고정형 목재가공용 기계(둥근톱, 대패, 루타기, 띠톱, 모떼기 기계만 해당한다)
   차. 인쇄기
2. 다음 각 목의 어느 하나에 해당하는 방호장치
   가. 아세틸렌 용접장치용 또는 가스집합 용접장치용 안전기
   나. 교류 아크용접기용 자동전격방지기
   다. 롤러기 급정지장치
   라. 연삭기 덮개
   마. 목재 가공용 둥근톱 반발 예방장치와 날 접촉 예방장치
   바. 동력식 수동대패용 칼날 접촉 방지장치
   사. 추락·낙하 및 붕괴 등의 위험 방지 및 보호에 필요한 가설기자재로서 고용노부장관이 정하여 고시하는 것

답 혼합기/파쇄기/인쇄기/컨베이어

165 ☆

산업안전보건법상 안전인증대상 기계 또는 설비 4가지 쓰시오.

해 안전인증대상

1. 다음 각 목의 어느 하나에 해당하는 기계 또는 설비
   가. 프레스
   나. 전단기 및 절곡기(折曲機)
   다. 크레인
   라. 리프트
   마. 압력용기
   바. 롤러기
   사. 사출성형기(射出成形機)
   아. 고소(高所) 작업대
   자. 곤돌라
2. 다음 각 목의 어느 하나에 해당하는 방호장치
   가. 프레스 및 전단기 방호장치
   나. 양중기용(揚重機用) 과부하 방지장치
   다. 보일러 압력방출용 안전밸브
   라. 압력용기 압력방출용 안전밸브
   마. 압력용기 압력방출용 파열판
   바. 절연용 방호구 및 활선작업용(活線作業用) 기구
   사. 방폭구조(防爆構造) 전기기계·기구 및 부품
   아. 추락·낙하 및 붕괴 등의 위험 방지 및 보호에 필요한 가설기자재로서 고용노동부장관이 정하여 고시하는 것
   자. 충돌·협착 등의 위험 방지에 필요한 산업용 로봇 방호장치로서 고용노동부장관이 정하여 고시하는 것
3. 다음 각 목의 어느 하나에 해당하는 보호구
   가. 추락 및 감전 위험방지용 안전모
   나. 안전화
   다. 안전장갑
   라. 방진마스크
   마. 방독마스크
   바. 송기(送氣)마스크
   사. 전동식 호흡보호구
   아. 보호복
   자. 안전대
   차. 차광(遮光) 및 비산물(飛散物) 위험방지용 보안경
   카. 용접용 보안면
   타. 방음용 귀마개 또는 귀덮개

답 프레스/리프트/크레인/롤러기

166

☆☆☆☆

산업안전보건법상 안전인증대상 보호구 종류 8개 쓰시오.

해 윗 해설 참조

답 안전대/안전화/보호복/안전장갑/방진마스크/방독마스크/송기마스크/용접용 보안면

167

☆

산업안전보건법상 안전인증 심사 중 형식별 제품심사기간을 60일로 하는 안전인증대상 보호구 5가지 쓰시오.

해 윗 해설 참조

제품심사

가. 개별 제품심사: 15일

나. 형식별 제품심사: 30일(영 제74조제1항제2호사목의 방호장치와 같은 항 제3호가목부터 아목까지의 보호구는 60일)

답 안전화/보호복/안전장갑/방진마스크/방독마스크

168

☆☆☆

안전인증대상 기계, 기구, 설비 방호장치 또는 보호구에 해당하는 것 5가지 고르시오.

1. 안전대	2. 파쇄기	3. 압력용기	4. 용접용 보안면
5. 산업용 로봇	6. 크레인	7. 프레스	8. 컨베이어

해 윗 해설 참조

답 1/3/4/6/7

169 ☆

산업안전보건법상 설치 · 이전하는 경우 안전인증을 받아야 하는 기계 종류 3가지 쓰시오.

해 1. 설치·이전하는 경우 안전인증을 받아야 하는 기계
가. 크레인 나. 리프트 다. 곤돌라
2. 주요 구조 부분을 변경하는 경우 안전인증을 받아야 하는 기계 및 설비
가. 프레스 나. 전단기 및 절곡기(折曲機) 다. 크레인 라. 리프트 마. 압력용기 바. 롤러기
사. 사출성형기(射出成形機) 아. 고소(高所)작업대 자. 곤돌라

답 크레인/리프트/곤돌라

170 ☆☆

안전인증대상 기계 등에 안전인증을 전부 또는 일부를 면제할 수 있는 경우 3가지 쓰시오.

해 고용노동부장관은 다음 각 호의 어느 하나에 해당하는 경우에는 고용노동부령으로 정하는 바에 따라 제1항에 따른 안전인증의 전부 또는 일부를 면제할 수 있다.
1. 연구·개발을 목적으로 제조·수입하거나 수출을 목적으로 제조하는 경우
2. 고용노동부장관이 정하여 고시하는 외국의 안전인증기관에서 인증을 받은 경우
3. 다른 법령에 따라 안전성에 관한 검사나 인증을 받은 경우로서 고용노동부령으로 정하는 경우

답 1. 수출 목적으로 제조하는 경우
2. 다른 법령으로 안전성 인증받은 경우
3. 외국 안전인증기관에서 인증받은 경우

171 ☆☆☆

산업안전보건법상 물질안전보건자료 작성, 제출 제외대상 화학물질 종류 4가지 쓰시오.

해 물질안전보건자료의 작성·제출 제외 대상 화학물질

1. 「건강기능식품에 관한 법률」 제3조제1호에 따른 건강기능식품
2. 「농약관리법」 제2조제1호에 따른 농약
3. 「마약류 관리에 관한 법률」 제2조제2호 및 제3호에 따른 마약 및 향정신성의약품
4. 「비료관리법」 제2조제1호에 따른 비료
5. 「사료관리법」 제2조제1호에 따른 사료
6. 「생활주변방사선 안전관리법」 제2조제2호에 따른 원료물질
7. 「생활화학제품 및 살생물제의 안전관리에 관한 법률」 제3조제4호 및 제8호에 따른 안전확인대상 생활화학제품 및 살생물제품 중 일반소비자의 생활용으로 제공되는 제품
8. 「식품위생법」 제2조제1호 및 제2호에 따른 식품 및 식품첨가물
9. 「약사법」 제2조제4호 및 제7호에 따른 의약품 및 의약외품
10. 「원자력안전법」 제2조제5호에 따른 방사성물질
11. 「위생용품 관리법」 제2조제1호에 따른 위생용품
12. 「의료기기법」 제2조제1항에 따른 의료기기

12의2. 「첨단재생의료 및 첨단바이오의약품 안전 및 지원에 관한 법률」 제2조제5호에 따른 첨단바이오 의약품

13. 「총포·도검·화약류 등의 안전관리에 관한 법률」 제2조제3항에 따른 화약류
14. 「폐기물관리법」 제2조제1호에 따른 폐기물
15. 「화장품법」 제2조제1호에 따른 화장품
16. 제1호부터 제15호까지의 규정 외의 화학물질 또는 혼합물로서 일반소비자의 생활용으로 제공되는 것(일반소비자의 생활용으로 제공되는 화학물질 또는 혼합물이 사업장 내에서 취급되는 경우를 포함한다)
17. 고용노동부장관이 정하여 고시하는 연구·개발용 화학물질 또는 화학제품. 이 경우 법 제110조 제1항부터 제3항까지의 규정에 따른 자료의 제출만 제외된다.
18. 그 밖에 고용노동부장관이 독성·폭발성 등으로 인한 위해의 정도가 적다고 인정하여 고시하는 화학물질

답 농약/비료/사료/마약

172 ☆

자율안전확인대상인 보안경을 사용구분에 따라 구분하시오.

해

종류	사용 구분
유리보안경	비산물로부터 눈을 보호하기 위한 것으로 렌즈의 재질이 유리인 것
플라스틱보안경	비산물로부터 눈을 보호하기 위한 것으로 렌즈의 재질이 플라스틱인 것
도수렌즈보안경	비산물로부터 눈을 보호하기 위한 것으로 도수가 있는 것

답 유리보안경/플라스틱보안경/도수렌즈보안경

173 ☆☆☆

보호구 안전인증대상인 차광보안경 종류 4개 쓰시오.

해 사용구분에 따른 차광보안경 종류

종류	사용 구분
자외선용	자외선이 발생하는 장소
적외선용	적외선이 발생하는 장소
복합용	자외선 및 적외선이 발생하는 장소
용접용	산소용접작업등과 같이 자외선, 적외선 및 강렬한 가시광선이 발생하는 장소

답 용접용/복합용/자외선용/적외선용

174 ☆

차광보안경의 주목적 3개 쓰시오.

답 자외선으로부터 눈 보호/적외선으로부터 눈 보호/가시광선으로부터 눈 보호

175 ☆

보호구에 대한 정의이다. 빈칸을 쓰시오.

1. 물체가 떨어지거나 날아올 위험 또는 근로자가 추락할 위험이 있는 작업 : (A)
2. 높이 또는 깊이 2미터 이상의 추락할 위험이 있는 장소에서 하는 작업 : (B)
3. 물체가 흩날릴 위험이 있는 작업 : (C)
4. 고열에 의한 화상 등의 위험이 있는 작업 : (D)

해 1. 물체가 떨어지거나 날아올 위험 또는 근로자가 추락할 위험이 있는 작업: 안전모
2. 높이 또는 깊이 2미터 이상의 추락할 위험이 있는 장소에서 하는 작업: 안전대(安全帶)
3. 물체의 낙하·충격, 물체에의 끼임, 감전 또는 정전기의 대전(帶電)에 의한 위험이 있는 작업: 안전화
4. 물체가 흩날릴 위험이 있는 작업: 보안경
5. 용접 시 불꽃이나 물체가 흩날릴 위험이 있는 작업: 보안면
6. 감전의 위험이 있는 작업: 절연용 보호구
7. 고열에 의한 화상 등의 위험이 있는 작업: 방열복
8. 선창 등에서 분진(粉塵)이 심하게 발생하는 하역작업: 방진마스크
9. 섭씨 영하 18도 이하 급냉동어창에서 하는 하역작업: 방한모·방한복·방한화·방한장갑
10. 물건을 운반하거나 수거·배달하기 위하여 「도로교통법」 제2조제18호가목5)에 따른 이륜자동차 또는 같은 법 제2조제19호에 따른 원동기장치자전거를 운행하는 작업: 「도로교통법 시행규칙」 제32조제1항 각 호의 기준에 적합한 승차용 안전모
11. 물건을 운반하거나 수거·배달하기 위해 「도로교통법」 제2조제21호의2에 따른 자전거 등을 운행하는 작업: 「도로교통법 시행규칙」 제32조제2항의 기준에 적합한 안전모

답 A : 안전모 B : 안전대 C : 보안경 D : 방열복

176 ☆

착용부위에 따른 방열복의 종류 4개 쓰시오.

해

종류	착용부위
방열상의	상체
방열하의	하체
방열일체복	몸체(상·하체)
방열장갑	손
방열두건	머리

답 방열장갑(손)/빙열상의(상제)/방열하의(하체)/방열두건(머리)

177 ☆

안전인증대상 보호구 중 안전화의 성능 구분에 따른 종류 5개 쓰시오.

해

종류	성능구분
가죽제 안전화	물체 낙하, 충격 또는 날카로운 물체에 의한 찔림 위험으로부터 발을 보호하기 위한 것
고무제 안전화	물체 낙하, 충격 또는 날카로운 물체에 의한 찔림 위험으로부터 발을 보호하고 내수성을 겸한 것
정전기 안전화	물체 낙하, 충격 또는 날카로운 물체에 의한 찔림 위험으로부터 발을 보호하고 정전기의 인체대전을 방지하기 위한 것
발등 안전화	물체 낙하, 충격 또는 날카로운 물체에 의한 찔림 위험으로부터 발 및 발등을 보호하기 위한 것
절연화	물체 낙하, 충격 또는 날카로운 물체에 의한 찔림 위험으로부터 발을 보호하고 저압의 전기에 의한 감전을 방지하기 위한 것
절연장화	고압에 의한 감전을 방지 및 방수를 겸한 것
화학 물질용 안전화	물체 낙하, 충격 또는 날카로운 물체에 의한 찔림 위험으로부터 발을 보호하고 화학물질로부터 유해위험을 방지하기 위한 것

답 절연화/절연장화/발등안전화/정전기안전화/고무제안전화

178 ☆☆

관계자 외 출입금지 표지의 종류 3개 쓰시오.

해 안전보건표지 종류와 형태

5.	501 허가대상물질 작업장	502 석면취급/해체 작업장	503 금지대상물질의 취급 실험실 등
관계자 외 출입금지	관계자 외 출입금지 (허가물질 명칭) 제조/사용/보관 중 보호구/보호복 착용 흡연 및 음식물 섭취 금지	관계자 외 출입금지 석면 취급/해체 중 보호구/보호복 착용 흡연 및 음식물 섭취 금지	관계자 외 출입금지 발암물질 취급 중 보호구/보호복 착용 흡연 및 음식물 섭취 금지

답 허가대상물질 작업장/석면취급·해체 작업장/금지대상물질의 취급 실험실

179 ☆

관계자 외 출입금지표지 중 허가대상물질 작업장 표지 하단에 작성하는 내용 2가지 쓰시오.

해 윗 해설 참조

답 보호구, 보호복 착용/흡연 및 음식물 섭취 금지

180 ☆☆

공정안전보고서의 내용 중 공정위험성 평가서에서 적용하는 위험성 평가기법에 있어 제조공정 중 반응, 분리 (증류, 추출 등), 이송시스템 및 전기, 계장시스템 등 간단한 단위공정에 대한 위험성 평가기법 4개 쓰시오.

해 위험성평가기법은 규칙에 규정된 기법 중에서 해당 공정의 특성에 맞게 사업장 스스로 선정하되, 다음 각 호의 기준에 따라 선정하여야 한다.

1. 제조공정 중 반응, 분리(증류,추출등), 이송시스템 및 전기·계장시스템 등의 단위공정
   가. 위험과 운전분석기법　나. 공정위험분석기법　다. 이상위험도분석기법
   라. 원인결과분석기법　마. 결함수분석기법　바. 사건수분석기법
   사. 공정안전성분석기법　아. 방호계층분석기법
2. 저장탱크설비, 유틸리티설비 및 제조공정 중 고체 건조·분쇄설비 등 간단한 단위공정
   가. 체크리스트기법　나. 작업자실수분석기법　다. 사고예상질문분석기법
   라. 위험과 운전분석기법　마. 상대 위험순위결정기법　바. 공정위험분석기법
   사. 공정안정성분석기법

답 사건수분석기법/결함수분석기법/공정위험분석기법/공정안전성분석기법

181 ☆

공정안전보고서의 내용 중 공정위험성 평가서에서 적용하는 위험성 평가기법에 있어 저장탱크설비, 유틸리티설비 및 제조공정 중 고체 건조·분쇄설비 등 간단한 단위공정에 대한 위험성 평가기법 3개 쓰시오.

해 윗 해설 참조

답 체크리스트기법/작업자실수분석기법/상대 위험순위결정기법

182 ☆☆

건설업 중 건설공사 유해위험방지계획서의 제출기한과 첨부서류를 3가지 쓰시오.

해 사업주가 유해위험방지계획서를 제출할 때에는 별지의 건설공사 유해위험방지계획서에 서류를 첨부하여 해당 공사의 착공(유해위험방지계획서 작성 대상 시설물 또는 구조물의 공사를 시작하는 것을 말하며, 대지 정리 및 가설사무소 설치 등의 공사 준비기간은 착공으로 보지 않는다) 전날까지 공단에 2부를 제출해야 한다.

1. 공사 개요 및 안전보건관리계획
   가. 공사 개요서
   나. 공사현장의 주변 현황 및 주변과의 관계를 나타내는 도면(매설물 현황을 포함한다)
   다. 건설물, 사용 기계설비 등의 배치를 나타내는 도면
   라. 전체 공정표
   마. 산업안전보건관리비 사용계획서
   바. 안전관리 조직표
   사. 재해 발생 위험 시 연락 및 대피방법
2. 작업 공사 종류별 유해위험방지계획

답 제출기한 : 착공 전날까지 첨부서류 : 공사 개요/안전보건관리계획/유해위험방지계획

183 ☆

사업주가 제품의 생산 공정과 직접적으로 관련된 건설물·기계·기구 및 설비 등 전부를 설치·이전하거나 그 주요 구조부분을 변경하려는 경우 유해위험방지계획서 제출 시 첨부 서류 3가지 쓰시오.

해 사업주가 유해위험방지계획서를 제출할 때에는 사업장별로 별지의 제조업 등 유해위험방지계획서에 다음 각 호의 서류를 첨부하여 해당 작업 시작 15일 전까지 공단에 2부를 제출해야 한다. 이 경우 유해위험방지계획서의 작성기준, 작성자, 심사기준, 그 밖에 심사에 필요한 사항은 고용노동부장관이 정하여 고시한다.

1. 건축물 각 층의 평면도
2. 기계·설비의 개요를 나타내는 서류
3. 기계·설비의 배치도면
4. 원재료 및 제품의 취급, 제조 등의 작업방법의 개요
5. 그 밖에 고용노동부장관이 정하는 도면 및 서류

답 건축물 각 층 평면도/기계·설비 배치도면/기계·설비 개요 나타내는 서류

184

☆

유해위험방지계획서 제출대상 사업 종류 4개 쓰시오.

해 "대통령령으로 정하는 사업의 종류 및 규모에 해당하는 사업"이란 다음 각 호의 어느 하나에 해당하는 사업으로서 전기 계약용량이 300킬로와트 이상인 경우를 말한다.

1. 금속가공제품 제조업; 기계 및 가구 제외
2. 비금속 광물제품 제조업
3. 기타 기계 및 장비 제조업
4. 자동차 및 트레일러 제조업
5. 식료품 제조업
6. 고무제품 및 플라스틱제품 제조업
7. 목재 및 나무제품 제조업
8. 기타 제품 제조업
9. 1차 금속 제조업
10. 가구 제조업
11. 화학물질 및 화학제품 제조업
12. 반도체 제조업
13. 전자부품 제조업

답 가구 제조업/목재 제조업/반도체 제조업/자동차 제조업

185

☆

설치, 이전하거나 그 주요 구조부분을 변경하려는 경우, 유해위험방지계획서를 작성해 고용노동부장관에게 제출하고 심사를 받아야하는 대통령령으로 정하는 기계, 기구 및 설비에 해당하는 것을 3가지 쓰시오.

해 "대통령령으로 정하는 기계·기구 및 설비"란 다음 각 호의 어느 하나에 해당하는 기계·기구 및 설비를 말한다.

1. 금속이나 그 밖의 광물의 용해로 2. 화학설비 3. 건조설비 4. 가스집합 용접장치
5. 근로자의 건강에 상당한 장해를 일으킬 우려가 있는 물질로서 고용노동부령으로 정하는 물질의 밀폐·환기·배기를 위한 설비

답 화학설비/건조설비/금속 용해로

186

☆☆

유해위험방지계획서 작성 대상인 대통령령으로 정하는 크기, 높이 등에 해당하는 건설공사 종류 4개 쓰시오.

해 "대통령령으로 정하는 크기 높이 등에 해당하는 건설공사"란 다음 각 호의 어느 하나에 해당하는 공사를 말한다.

1. 다음 각 목의 어느 하나에 해당하는 건축물 또는 시설 등의 건설·개조 또는 해체(이하 "건설 등"이라 한다) 공사
   가. 지상높이가 31미터 이상인 건축물 또는 인공구조물
   나. 연면적 3만제곱미터 이상인 건축물
   다. 연면적 5천제곱미터 이상인 시설로서 다음의 어느 하나에 해당하는 시설
      1) 문화 및 집회시설(전시장 및 동물원·식물원은 제외한다)
      2) 판매시설, 운수시설(고속철도의 역사 및 집배송 시설은 제외한다)
      3) 종교시설
      4) 의료시설 중 종합병원
      5) 숙박시설 중 관광숙박시설
      6) 지하도상가
      7) 냉동·냉장 창고시설
2. 연면적 5천제곱미터 이상인 냉동·냉장 창고시설의 설비공사 및 단열공사
3. 최대 지간(支間)길이(다리의 기둥과 기둥의 중심사이의 거리)가 50미터 이상인 다리의 건설등 공사
4. 터널의 건설 등 공사
5. 다목적댐, 발전용댐, 저수용량 2천만톤 이상의 용수 전용 댐 및 지방상수도 전용 댐의 건설등 공사
6. 깊이 10미터 이상인 굴착공사

답 1. 터널 건설공사
2. 다목적댐 건설공사
3. 깊이 10m 이상 굴착공사
4. 지상높이 31m 이상 건축물 건설공사

187 ☆☆

지상높이 31m 이상의 건축공사에서 유해위험방지계획서 제출대상 작업공종(건축물, 인공구조물 등의 건설공사)의 종류 5개 쓰시오.

해

대상 공사	작업 공사 종류		
법에 따른 건축물 또는 시설 등의 건설·개조 또는 해체공사	1. 가설공사 4. 기계 설비공사	2. 구조물공사 5. 해체공사	3. 마감공사

답 가설공사/해체공사/마감공사/구조물공사/기계 설비공사

188 ☆☆☆

건설현장에서 사용하는 작업발판 일체형 거푸집 종류 4개 쓰시오.

해 "작업발판 일체형 거푸집"이란 거푸집의 설치·해체, 철근 조립, 콘크리트 타설, 콘크리트 면처리 작업 등을 위하여 거푸집을 작업발판과 일체로 제작하여 사용하는 거푸집으로서 다음 각 호의 거푸집을 말한다.

1. 갱 폼(gang form) 2. 슬립 폼(slip form) 3. 클라이밍 폼(climbing form)
4. 터널 라이닝 폼(tunnel lining form) 5. 그 밖에 거푸집과 작업발판이 일체로 제작된 거푸집 등

답 갱 폼/슬립 폼/클라이밍 폼/터널 라이닝 폼

189 ☆☆

산업안전보건법상 양중기 종류 5가지 쓰시오.

해 양중기란 다음 각 호의 기계를 말한다.

1. 크레인[호이스트(hoist)를 포함한다]
2. 이동식 크레인
3. 리프트(이삿짐운반용 리프트의 경우에는 적재하중이 0.1톤 이상인 것으로 한정한다)
4. 곤돌라
5. 승강기

답 승강기/곤돌라/이동식 크레인/크레인(호이스트 포함)/리프트(이삿짐운반용 리프트 경우 적재하중 0.1톤 이상인 것으로 한정)

190 ☆

산업안전보건법상 다음을 설명하는 양중기 종류를 쓰시오.

1. 동력을 사용하여 중량물을 매달아 상하 및 좌우(수평 또는 선회를 말한다)로 운반하는 것을 목적으로 하는 기계 또는 기계장치
2. 훅이나 그 밖의 달기구 등을 사용하여 화물을 권상 및 횡행 또는 권상동작만을 하여 양중하는 것
3. 원동기를 내장하고 있는 것으로서 불특정 장소에 스스로 이동할 수 있는 크레인으로 동력을 사용하여 중량물을 매달아 상하 및 좌우(수평 또는 선회를 말한다)로 운반하는 설비로서 「건설기계관리법」을 적용 받는 기중기 또는 「자동차관리법」제3조에 따른 화물·특수자동차의 작업부에 탑재하여 화물운반 등에 사용하는 기계 또는 기계장치

해 1. "크레인"이란 동력을 사용하여 중량물을 매달아 상하 및 좌우(수평 또는 선회를 말한다)로 운반하는 것을 목적으로 하는 기계 또는 기계장치를 말하며, "호이스트"란 훅이나 그 밖의 달기구 등을 사용하여 화물을 권상 및 횡행 또는 권상동작만을 하여 양중하는 것을 말한다.
2. "이동식 크레인"이란 원동기를 내장하고 있는 것으로서 불특정 장소에 스스로 이동할 수 있는 크레인으로 동력을 사용하여 중량물을 매달아 상하 및 좌우(수평 또는 선회를 말한다)로 운반하는 설비로서 「건설기계관리법」을 적용 받는 기중기 또는 「자동차관리법」제3조에 따른 화물·특수자동차의 작업부에 탑재하여 화물운반 등에 사용하는 기계 또는 기계장치를 말한다.

답 1. 크레인 2. 호이스트 3. 이동식 크레인

191 ☆☆

산업안전보건법상의 중대재해 종류 3개 쓰시오.

해 "중대재해"란 다음 각 호의 어느 하나에 해당하는 재해를 말한다.
1. 사망자가 1명 이상 발생한 재해
2. 3개월 이상의 요양이 필요한 부상자가 동시에 2명 이상 발생한 재해
3. 부상자 또는 직업성 질병자가 동시에 10명 이상 발생한 재해

답 1. 사망자 1명 이상 발생한 재해
2. 직업성 질병자가 동시에 10명 이상 발생한 재해
3. 3개월 이상 요양이 필요한 부상자가 동시에 2명 이상 발생한 재해

192

☆☆

사업 내 안전보건교육의 종류 4개 쓰시오.

해

근로자 안전보건교육	정기교육/채용 시 교육/작업내용 변경 시 교육/특별교육/건설업 기초안전보건교육
관리감독자 안전보건교육	정기교육/채용 시 교육/작업내용 변경 시 교육/특별교육
특수형태근로종사자에 대한 안전보건교육	최초 노무제공 시 교육/특별교육

답 정기교육/특별교육/채용 시 교육/작업내용 변경 시 교육

193

☆

산업안전보건법 시행규칙에서 산업재해조사표에 작성해야 할 상해 종류 4개를 쓰고 설명하시오.

해 상해종류(질병명): 재해로 발생된 신체적 특성 또는 상해 형태를 적습니다.

예 골절, 절단, 타박상, 찰과상, 중독·질식, 화상, 감전, 뇌진탕, 고혈압, 뇌졸중, 피부염, 진폐, 수근관증후군 등

답 1. 골절 : 뼈 부러진 상해

2. 화상 : 화재로 인한 상해

3. 타박상 : 근육부를 다친 상해

4. 절단 : 신체 부위가 절단된 상해

194

☆☆☆

다음 장소에 설치해야 하는 경고표지 종류를 쓰시오.

1. 돌 및 블록 등 떨어질 우려가 있는 물체가 있는 장소
2. 미끄러운 장소 등 넘어지기 쉬운 장소, 경사진 통로 입구
3. 휘발유 등 화기 취급을 극히 주의해야 하는 물질이 있는 장소
4. 폭발성 물질이 있는 장소

해

분류	종류	용도 및 설치·부착 장소
경고표지	인화성물질 경고	휘발유 등 화기의 취급을 극히 주의해야 하는 물질 있는 장소
	산화성물질 경고	가열·압축하거나 강산·알칼리 등을 첨가하면 강한 산화성을 띠는 물질이 있는 장소
	폭발성물질 경고	폭발성 물질이 있는 장소
	급성독성물질 경고	급성독성 물질이 있는 장소
	부식성물질 경고	신체나 물체를 부식시키는 물질이 있는 장소
	방사성물질 경고	방사능물질이 있는 장소
	고압전기 경고	발전소나 고전압이 흐르는 장소
	매달린물체 경고	머리 위에 크레인 등과 같이 매달린 물체가 있는 장소
	낙하물체 경고	돌 및 블록 등 떨어질 우려가 있는 물체가 있는 장소
	고온 경고	고도의 열을 발하는 물체 또는 온도가 아주 높은 장소
	저온 경고	아주 차가운 물체 또는 온도가 아주 낮은 장소
	몸균형 상실 경고	미끄러운 장소 등 넘어지기 쉬운 장소
	레이저광선 경고	레이저광선에 노출될 우려가 있는 장소
	발암성·변이원성·생식독성·전신독성·호흡기과민성 물질 경고	발암성·변이원성·생식독성·전신독성·호흡기과민성 물질이 있는 장소
	위험장소 경고	그 밖에 위험한 물체 또는 그 물체가 있는 장소

답 1. 낙하물체 경고　2. 몸균형 상실 경고　3. 인화성물질 경고　4. 폭발성물질 경고

195 ☆☆

산업안전보건법상 안전보건표지에 있어 경고표지의 종류 4개 쓰시오. (위험장소 경고 제외)

해 경고표지 종류
1. 인화성물질 경고 2. 산화성물질 경고 3. 폭발성물질 경고 4. 급성독성물질 경고 5. 부식성물질 경고
6. 방사성물질 경고 7. 고압전기 경고 8. 매달린 물체 경고 9. 낙하물 경고 10. 고온 경고
11. 저온 경고 12. 몸균형 상실 경고 13. 레이저광선 경고
14. 발암성·변이원성·생식독성·전신독성·호흡기과민성물질 경고

답 저온 경고/고온 경고/낙하물 경고/고압전기 경고

196 ☆

안내표지 종류 3개 쓰시오.

해 안내표지 종류
1. 녹십자표지 2. 응급구호표지 3. 들것 4. 세안장치
5. 비상용기구 6. 비상구 7. 좌측비상구 8. 우측비상구

답 들것/비상구/세안장치

197 ☆

다음 근로불능 상해 종류를 설명하시오.

1. 영구 전노동 불능 상해　　2. 영구 일부노동 불능 상해
3. 일시 전노동 불능 상해　　4. 일시 일부노동 불능 상해

해 상해 정도별 분류

사망	안전사고로 죽거나 사고 시 입은 부상 결과로 일정 기간 이내에 생명을 잃는 것
영구 전노동 불능상해	부상 결과로 근로 기능을 완전히 잃는 상해 정도 (신체장해등급 1~3급)
영구 일부노동 불능상해	부상 결과로 신체 일부가 영구적으로 근로 기능을 상실한 상해 정도 (신체장해등급 4~14급)
일시 전노동 불능상해	의사 진단으로 일정 기간 정규노동에 종사할 수 없는 상해 정도
일시 일부노동 불능상해	의사 진단으로 일정 기간 정규노동에 종사할 수 없으나 휴무 상해가 아닌 상해 정도
응급조치 상해	응급 처치 또는 자가 치료(1일 미만)를 받고 정상 작업에 임할 수 있는 상해 정도

답 1. 부상 결과로 근로 기능을 완전히 잃는 상해 정도
2. 부상 결과로 신체 일부가 영구적으로 근로 기능을 상실한 상해 정도
3. 의사 진단으로 일정 기간 정규노동에 종사할 수 없는 상해 정도
4. 의사 진단으로 일정 기간 정규노동에 종사할 수 없으나 휴무 상해가 아닌 상해 정도

198 ☆

폭발 정의에서 UVCE와 BLEVE를 설명하시오.

해 증기운 폭발(UVCE, Unconfined Vapor Cloud Explosion)
대기 중에 대량의 가연성 가스나 휘발성이 강한 가연성의 액체가 유출하여 발생한 증기가 공기와 혼합하여 가연성 혼합기인 물적조건을 형성하고 에너지 조건인 점화원이 있으면 폭발하는 현상

비등액 팽창 증기폭발(BLEVE, Boiling Liquid Expanding Vapor Explosion)
비점이 낮은 액체 저장탱크 주위에 화재가 발생했을 때 저장탱크 내부의 비등 현상으로 인한 압력 상승으로 탱크가 파열되어 그 내용물이 증발, 팽창하면서 발생되는 폭발현상

답 UVCE : 증기운 폭발로 가연성 가스가 유출돼 발생한 증기가 공기와 혼합해 점화원 있으면 폭발하는 현상
BLEVE : 비등액 팽창 증기폭발로 비점 낮은 액체 저장탱크 주위에 화재 발생 시 저장탱크 내부 비등 현상으로 내용물이 팽창하면서 발생되는 폭발현상

199

☆☆☆

타워크레인 작업 중지에 대한 내용이다. 빈칸을 채우시오.

1. 운전 작업을 중지해야 하는 순간풍속 : (A)m/s 초과
2. 설치, 수리, 점검 또는 해체 작업을 중지해야 하는 순간풍속 : (B)m/s 초과

해 사업주는 순간풍속이 초당 10미터를 초과하는 경우 타워크레인의 설치·수리·점검 또는 해체 작업을 중지하여야 하며, 순간풍속이 초당 15미터를 초과하는 경우에는 타워크레인의 운전작업을 중지하여야 한다.

답 A : 15 B : 10

200

☆☆

철골작업 중지해야 하는 기상조건이다. 빈칸을 채우시오.

1. 풍속 (A)m/s 이상 2. 강우량 (B)mm/h 이상 3. 강설량 (C)cm/h 이상

해 사업주는 다음 각 호의 어느 하나에 해당하는 경우에 철골작업을 중지하여야 한다.

1. 풍속이 초당 10미터 이상인 경우
2. 강우량이 시간당 1밀리미터 이상인 경우
3. 강설량이 시간당 1센티미터 이상인 경우

답 A : 10 B : 1 C : 1

201

☆

철골작업 중지해야 하는 기상조건 3가지 쓰시오.

해 윗 해설 참조

답 풍속 10m/s 이상 / 강우량 1mm/h 이상 / 강설량 1cm/h 이상

202 ☆

빈칸을 채우시오.

1. 사업주는 순간풍속이 초당 (A)m를 초과하는 바람이 불어올 우려가 있는 경우 옥외에 설치되어 있는 주행크레인에 대해 이탈방지장치를 작동시키는 등 이탈방지를 위한 조치를 해야 한다.
2. 사업주는 갠트리 크레인 등과 같이 작업장 바닥에 고정된 레일을 따라 주행하는 크레인의 새들 돌출부와 주변 구조물 사이의 안전공간이 (B)cm 이상 되도록 바닥에 표시를 하는 등 안전공간을 확보해야 한다.
3. 양중기에 대한 권과방지장치는 훅, 버킷 등 달기구의 윗면이 드럼, 상부도르래, 트롤리프레임 등 권상장치의 아랫면과 접촉할 우려가 있는 경우에 그 간격이 (C)m 이상이 되도록 조정해야 한다.

해 1. 사업주는 순간풍속이 초당 30미터를 초과하는 바람이 불어올 우려가 있는 경우 옥외에 설치되어 있는 주행 크레인에 대하여 이탈방지장치를 작동시키는 등 이탈 방지를 위한 조치를 하여야 한다.
2. 사업주는 갠트리 크레인 등과 같이 작업장 바닥에 고정된 레일을 따라 주행하는 크레인의 새들(saddle) 돌출부와 주변 구조물 사이의 안전공간이 40센티미터 이상 되도록 바닥에 표시를 하는 등 안전공간을 확보하여야 한다.
3. 양중기에 대한 권과방지장치는 훅·버킷 등 달기구의 윗면(그 달기구에 권상용 도르래가 설치된 경우에는 권상용 도르래의 윗면)이 드럼, 상부 도르래, 트롤리프레임 등 권상장치의 아랫면과 접촉할 우려가 있는 경우에 그 간격이 0.25미터 이상[(직동식(直動式) 권과 방지장치는 0.05미터 이상으로 한다)]이 되도록 조정하여야 한다.

답 A: 30 B: 40 C: 0.25

203 ☆☆

산업안전보건법령상 노사협의체의 설치대상 사업 1가지와 노사협의체 운영에 있어서 정기회의의 개최주기를 쓰시오.

해 – "대통령령으로 정하는 규모의 건설공사"란 공사금액이 120억원(「건설산업기본법 시행령」에 따른 토목공사업은 150억원) 이상인 건설공사를 말한다.
– 노사협의체의 회의는 정기회의와 임시회의로 구분하여 개최하되, 정기회의는 2개월마다 노사협의체의 위원장이 소집하며, 임시회의는 위원장이 필요하다고 인정할 때에 소집한다.

답 대상: 공사금액 120억원 이상 건설공사(토목공사업 150억원 이상) 개최주기: 2개월마다

204

☆☆☆☆☆

다음에 해당하는 충전전로에 대한 접근 한계거리를 쓰시오.

1. 380V　2. 1.5kV　3. 6.6kV　4. 22.9kV　5. 2kV 초과 15kV 이하
6. 37kV 초과 88kV 이하　7. 145kV 초과 169kV 이하

해

충전전로의 선간전압(단위 : kV)	충전전로에 대한 접근 한계거리 (단위 : cm)
0.3 이하	접촉금지
0.3 초과 0.75 이하	30
0.75 초과 2 이하	45
2 초과 15 이하	60
15 초과 37 이하	90
37 초과 88 이하	110
88 초과 121 이하	130
121 초과 145 이하	150
145 초과 169 이하	170
169 초과 242 이하	230
242 초과 362 이하	380
362 초과 550 이하	550
550 초과 800 이하	790

답 1. 30cm　2. 45cm　3. 60cm　4. 90cm　5. 60cm　6. 110cm　7. 170cm

205

☆☆☆☆

조명은 근로자들의 작업환경의 측면에서 중요한 안전요소이다. 산업안전보건기준에 관한 규칙에서 규정하는 다음의 작업장소의 조도기준을 쓰시오.

1. 초정밀 작업 : (　A　)lux 이상　2. 정밀 작업 : (　B　)lux 이상
3. 보통 작업 : (　C　)lux 이상　4. 그 밖의 작업 : (　D　)lux 이상

해 사업주는 근로자가 상시 작업하는 장소의 작업면 조도(照度)를 다음 각 호의 기준에 맞도록 하여야 한다. 다만, 갱내(坑內) 작업장과 감광재료(感光材料)를 취급하는 작업장은 그러하지 아니하다.

1. 초정밀작업: 750럭스(lux) 이상　2. 정밀작업: 300럭스 이상
3. 보통작업: 150럭스 이상　4. 그 밖의 작업: 75럭스 이상

답 A : 750　B : 300　C : 150　D : 75

206 ☆

산업안전보건법령상의 기준에 맞는 정밀작업의 조도기준을 쓰시오.

해 윗 해설 참조

답 300lux 이상

207 ☆

감전 방지용 누전차단기의 정격감도전류와 동작시간을 쓰시오.

해 사업주는 제1항에 따라 설치한 누전차단기를 접속하는 경우에 다음 각 호의 사항을 준수하여야 한다.

1. 전기기계·기구에 설치되어 있는 누전차단기는 정격감도전류가 30밀리암페어 이하이고 작동시간은 0.03초 이내일 것. 다만, 정격전부하전류가 50암페어 이상인 전기기계·기구에 접속되는 누전차단기는 오작동을 방지하기 위하여 정격감도전류 200밀리암페어 이하로, 작동시간 0.1초 이내로 할 수 있다.

답 정격감도전류 : 30mA 이하　동작시간 : 0.03초 이내

208 ☆

누전차단기 접속시 준수사항이다. 빈칸을 채우시오.

> 전기기계·기구에 설치되어 있는 누전차단기는 정격감도전류가 (A)밀리암페어 이하이고 작동시간은 (B)초 이내일 것. 다만, 정격전부하전류가 50암페어 이상인 전기기계·기구에 접속되는 누전차단기는 오작동을 방지하기 위하여 정격감도전류 (C)밀리암페어 이하로, 작동시간 (D)초 이내로 할 수 있다.

해 윗 해설 참조

답 A : 30　B : 0.03　C : 200　D : 0.1

209

☆☆☆

다음 방폭구조의 표시기호를 쓰시오.

1. 내압방폭구조	2. 충전방폭구조	3. 몰드방폭구조	4. 특수방폭구조
5. 본질안전방폭구조	6. 안전증방폭구조	7. 유입방폭구조	8. 비점화방폭구조

해 다음에 따른 해당 방폭구조 기호. 다만, 위험지역에 설치되는 관련기기의 경우, "Ex d[ia] IIC T4" 등과 같이 방폭구조의 기호를 대괄호 [ ]로 표시하여야 하며, 위험지역에 설치할 수 없는 관련기기의 경우, "[Ex ia] IIC" 와 같이 Ex 기호와 방폭구조의 기호 모두를 대괄호 [ ]로 표시하고, 온도등급을 표시하지 않는다.

1) "d": 내압 방폭구조
2) "e": 안전증 방폭구조
3) "ia": 본질안전 방폭구조, 보호방식 "ia"
4) "ib": 본질안전 방폭구조, 보호방식 "ib"
5) "ma": 몰드 방폭구조, 보호방식 "ma"
6) "mb": 몰드 방폭구조, 보호방식 "mb"
7) "nA": n형식 방폭구조, 보호방식 "nA"
8) "nC": n형식 방폭구조, 보호방식 "nC"
9) "nL": n형식 방폭구조, 보호방식 "nL"
10) "nR": n형식 방폭구조, 보호방식 "nR"
11) "o" : 유입 방폭구조
12) "px" : 압력 방폭구조, 보호형식 "px"
13) "py" : 압력 방폭구조, 보호형식 "py"
14) "pz" : 압력 방폭구조, 보호형식 "pz"
15) "q" : 충전 방폭구조
16) "s" : 특수 방폭구조

답 1. Ex d　2. Ex q　3. Ex ma/mb　4. Ex s
5. Ex ia/ib　6. Ex e　7. Ex o　8. Ex nA/nC/nL/nR

210

☆

IEC에 따른 폭발등급에 따른 안전간격을 쓰고 해당 등급에 속하는 가스를 2개씩 쓰시오.

답 폭발등급

IEC	폭발등급	II A	II B	II C
	틈의 폭[mm] (W)	W ≥ 0.9	0.9 > W > 0.5	W ≤ 0.5
	물질	메탄/프로판	에틸렌/황화수소	수소/아세틸렌

211 ☆

방폭 전기기기 안전인증의 표시에 기재된 'Ex d II A T4'에서 밑줄 친 부분의 표기내용에 대해 설명하시오.

해 d: 윗 해설 참조
I: 탄광용 II: 공장 및 사업장용
폭발등급: 윗 해설 참조
온도등급

온도등급	T1	T2	T3	T4	T5	T6
최고표면온도(℃)	300~450	200~300	135~200	100~135	85~100	85 이하

답 d: 내압 방폭구조 II: 공장 및 사업장용 II A: 폭발등급 T4: 온도등급

212 ☆☆

다음 방폭구조의 표시를 쓰시오.

> 방폭구조: 외부의 가스가 용기 내로 침입하여 폭발하더라도 용기는 그 압력에 견디고 외부 폭발성 가스에 착화될 우려가 없도록 만들어진 구조
> 가스그룹: II B
> 최대 표면온도: 90℃

해 내압방폭구조: 방폭전기기기의 용기 내부에서 가연성가스의 폭발이 발생할 경우 그 용기가 폭발 압력에 견디고, 접합면, 개구부 등을 통해 외부의 가연성가스에 인화되지 않도록 한 구조
윗 해설 참조

답 Ex d II B T5

213 ☆

다음 방폭구조의 표시를 쓰시오.

방폭구조: 외부의 가스가 용기내로 침입하여 폭발하더라도 용기는 그 압력에 견디고 외부의 폭발성 가스에 착화될 우려가 없도록 만들어진 구조
그룹: 잠재적 폭발성 위험 분위기에서 사용되는 전기기기(폭발성 메탄가스 위험분위기에서 사용되는 광산용 전기기기 제외)
최대안전틈새: 0.8mm
최대표면온도: 180℃

해 방폭기기의 분류는 다음 각 세목과 같이 한다.
1) 그룹 I: 폭발성 메탄가스 위험분위기에서 사용되는 광산용 전기기기
2) 그룹 II: 1) 이외의 잠재적 폭발성 위험분위기에서 사용되는 전기기기
윗 해설 참조

답 Ex d II B T3

214 ☆☆

안전밸브 형식 표시사항이 'SF II 1 – B'이다. 이것을 설명하시오.

해 안전밸브 요구성능

요구성능의 기호	요구성능	용도
S	증기의 분출압력을 요구	증기(steam)
G	가스의 분출압력을 요구	가스

유량제한기구의 구분

형식기호	유량제한기구
L	양정식
F	전량식

호칭지름의 구분

호칭지름의 구분	I	II	III	IV	V
범위(㎜)	25 이하	25 초과 50 이하	50 초과 80 이하	80 초과 100 이하	100 초과

호칭압력의 구분

호칭압력의 구분	1	3	5	10	21	22
설정압력의 범위(MPa)	1 이하	1 초과 3 이하	3 초과 5 이하	5 초과 10 이하	10 초과 21 이하	21 초과

안전밸브 형식: 평형형(B), 비평형형(C)

답 S: 증기의 분출압력을 요구 F: 전량식 II: 호칭지름이 25mm 초과 50mm 이하
1: 호칭압력이 1MPa 이하 B: 평형형

215

☆☆

다음 각 업종에 해당하는 안전관리자 최소인원을 쓰시오.

1. 펄프 제조업: 상시근로자 600명
2. 고무제품 제조업: 상시근로자 300명
3. 통신업: 상시근로자 500명
4. 건설업: 공사금액 150억원
5. 식료품 제조업: 상시근로자 600명
6. 1차금속 제조업: 상시근로자 200명
7. 플라스틱제품 제조업: 상시근로자 300명
8. 건설업: 공사금액 1,000억원

해

사업 종류	사업장 상시근로자 수	안전관리자 수
1. 토사석 광업 2. 식료품 제조업, 음료 제조업 3. 섬유제품 제조업; 의복 제외 4. 목재 및 나무제품 제조업; 가구 제외 5. 펄프, 종이 및 종이제품 제조업 6. 코크스, 연탄 및 석유정제품 제조업 7. 화학물질 및 화학제품 제조업: 의약품 제외 8. 의료용 물질 및 의약품 제조업 9. 고무 및 플라스틱제품 제조업 10. 비금속 광물제품 제조업 11. 1차 금속 제조업 12. 금속가공제품 제조업; 기계 및 가구 제외 13. 운수 및 창고업 14. 전자부품, 컴퓨터, 영상, 음향 및 통신장비 제조업 15. 의료, 정밀, 광학기기 및 시계 제조업 16. 전기장비 제조업 17. 기타 기계 및 장비 제조업 18. 자동차 및 트레일러 제조업 19. 기타 운송장비 제조업 20. 가구 제조업 21. 기타 제품 제조업 22. 산업용 기계 및 장비 수리업 23. 서적, 잡지 및 기타 인쇄물 출판업 24. 폐기물 수집, 운반, 처리 및 원료 재생업 25. 환경 정화 및 복원업 26. 자동차 종합 수리업, 자동차 전문 수리업 27. 발전업	상시근로자 50명 이상 500명 미만	1명 이상
	상시근로자 500명 이상	2명 이상

28. 농업, 임업 및 어업 29. 제2호~제21호까지의 사업을 제외한 제조업 30. 전기, 가스, 증기 및 공기조절 공급업(발전업은 제외한다)	상시근로자 50명 이상 1천명 미만	1명 이상
31. 수도/하수/폐기물 처리, 원료 재생업(제23, 24호 해당 사업 제외) 32. 도매 및 소매업 33. 숙박 및 음식점업 34. 영상·오디오 기록물 제작 및 배급업 35. 라디오 방송업 및 텔레비전 방송업 36. 우편 및 통신업 37. 부동산업 38. 임대업; 부동산 제외 39. 연구개발업 40. 사진처리업 41. 사업시설 관리 및 조경 서비스업 42. 청소년 수련시설 운영업 43. 보건업 44. 예술, 스포츠 및 여가 관련 서비스업 45. 개인 및 소비용품수리업(제25호에 해당하는 사업은 제외) 46. 기타 개인 서비스업 47. 공공행정(청소, 시설관리, 조리 등 현업업무에 종사하는 사람으로서 고용노동부장관이 정하여 고시하는 사람으로 한정한다) 48. 교육서비스업 중 초등·중등·고등 교육기관, 특수학교·외국인학교 및 대안학교(청소, 시설관리, 조리 등 현업업무에 종사하는 사람으로서 고용노동부장관이 정하여 고시하는 사람으로 한정한다)	상시근로자 1천명 이상	2명 이상
49. 건설업	공사금액 50억원 이상 800억원 미만	1명 이상
	공사금액 800억원 이상 1,500억원 미만	2명 이상
	공사금액 1,500억원 이상 2,200억원 미만	3명 이상
	공사금액 2,200억원 이상 3천억원 미만	4명 이상
	공사금액 3천억원 이상 3,900억원 미만	5명 이상
	공사금액 3,900억원 이상 4,900억원 미만	6명 이상
	공사금액 4,900억원 이상 6천억원 미만	7명 이상
	공사금액 6천억원 이상 7,200억원 미만	8명 이상
	공사금액 7,200억원 이상 8,500억원 미만	9명 이상
	공사금액 8,500억원 이상 1조원 미만	10명 이상
	1조원 이상	11명 이상

답 1. 2명 2. 1명 3. 1명 4. 1명 5. 2명 6. 1명 7. 1명 8. 2명

216

☆

사망만인율 공식과 사망자수에 미포함되는 경우 2가지 쓰시오.

해 사망만인율 = $\frac{\text{사망자수}}{\text{산재보험적용근로자수}} \cdot 10^4$

"사망자수"는 근로복지공단의 유족급여가 지급된 사망자(지방고용노동관서의 산재미보고 적발 사망자를 포함)수를 말한다. 다만, 사업장 밖의 교통사고(운수업, 음식숙박업은 사업장 밖의 교통사고도 포함)·체육행사·폭력행위·통상의 출퇴근에 의한 사망, 사고발생일로부터 1년을 경과하여 사망한 경우는 제외한다.

답 공식 : 사망만인율 = $\frac{\text{사망자수}}{\text{산재보험적용근로자수}} \cdot 10^4$

미포함 경우 : 체육행사에 의한 사망/사고발생일로 1년 경과해 사망

217

☆

다음 재해 통계지수에 관해 설명하시오.

1. 도수율	2. 강도율

답 연근로시간 100만 시간당 재해건수, 도수율 = $\frac{\text{재해건수}}{\text{연근로시간수}} \cdot 10^6$

연근로시간 1,000시간당 총요양근로손실일수, 강도율 = $\frac{\text{총요양근로손실일수}}{\text{연근로시간수}} \cdot 10^3$

218

☆

다음 빈칸을 채우시오.

강도율이라 함은 연 근로시간 (A)시간당 재해로 인해 잃어버린 (B)를 말한다.

답 A : 1,000 B : 총요양근로손실일수

219

☆

다음의 각 경우에 적응성 있는 소화기를 보기에서 고르시오.

보기

1. 이산화탄소소화기	2. 건조사	3. 봉상수소화기
4. 물통 또는 수조	5. 포소화기	6. 할로겐화합물 소화기

1. 전기설비　2. 인화성 액체　3. 자기반응성 액체

해 소화설비의 적응성(제4류 위험물: 인화성 액체, 제5류 위험물: 자기반응성 물질)

소화설비의 구분			대상물 구분											
			건축물·그 밖의 공작물	전기설비	제1류 위험물		제2류 위험물			제3류 위험물		제4류 위험물	제5류 위험물	제6류 위험물
					알칼리금속과산화물등	그 밖의 것	철분·금속분·마그네슘등	인화성고체	그 밖의 것	금수성물품	그 밖의 것			
옥내소화전 또는 옥외소화전설비			○			○		○	○		○		○	○
스프링클러설비			○			○		○	○		○	△	○	○
물분무등 소화설비	물분무소화설비		○	○		○		○	○		○	○	○	○
	포소화설비		○			○		○	○		○	○	○	○
	불활성가스소화설비			○				○				○		
	할로겐화합물소화설비			○				○				○		
	분말소화설비	인산염류등	○	○		○		○	○			○		○
		탄산수소염류등		○	○		○	○		○		○		
		그 밖의 것			○		○			○				
대형·소형 수동식 소화기	봉상수(棒狀水)소화기		○			○		○	○		○		○	○
	무상수(霧狀水)소화기		○	○		○		○	○		○		○	○
	봉상강화액소화기		○			○		○	○		○		○	○
	무상강화액소화기		○	○		○		○	○		○	○	○	○
	포소화기		○			○		○	○		○	○	○	○
	이산화탄소소화기			○				○				○		△
	할로겐화합물소화기			○				○				○		
	분말소화기	인산염류소화기	○	○		○		○	○			○		○
		탄산수소염류소화기		○	○		○	○		○		○		
		그 밖의 것			○		○			○				
기타	물통 또는 수조		○			○		○	○		○		○	○
	건조사				○	○	○	○	○	○	○	○	○	○
	팽창질석 또는 팽창진주암				○	○	○	○	○	○	○	○	○	○

비고

1. "○"표시는 당해 소방대상물 및 위험물에 대하여 소화설비가 적응성이 있음을 표시하고, "△"표시는 제4류 위험물을 저장 또는 취급하는 장소의 살수기준면적에 따라 스프링클러설비의 살수밀도가 다음 표에 정하는 기준 이상인 경우에는 당해 스프링클러설비가 제4류 위험물에 대하여 적응성이 있음을, 제6류 위험물을 저장 또는 취급하는 장소로서 폭발의 위험이 없는 장소에 한하여 이산화탄소소화기가 제6류 위험물에 대하여 적응성이 있음을 각각 표시한다.

답 1. 1/6 2. 1/2/5/6 3. 2/3/4/5

220

☆☆

산업안전보건법상 위험물질 종류에 있어 각 종류에 해당하는 것을 보기에서 찾으시오.

보기

1. 황 2. 아세톤 3. 하이드라진유도체 4. 리튬 5. 니트로화합물
6. 염소산칼륨 7. 질산나트륨 8. 질산에스테르류
9. 셀룰로이드류 10. 마그네슘 분말 11. 산화프로필렌
12. 아세틸렌 13. 수소 14. 등유 15. 과염소산

1. 폭발성물질/유기과산화물 2. 물반응성물질/인화성고체 3. 산화성액체/산화성고체
4. 인화성 가스 5. 인화성 액체

해 1. 폭발성 물질 및 유기과산화물

가. 질산에스테르류 나. 니트로화합물 다. 니트로소화합물 라. 아조화합물 마. 디아조화합물
바. 하이드라진 유도체 사. 유기과산화물
아. 그 밖에 가목부터 사목까지의 물질과 같은 정도의 폭발 위험이 있는 물질
자. 가목부터 아목까지의 물질을 함유한 물질

2. 물반응성 물질 및 인화성 고체

가. 리튬 나. 칼륨·나트륨 다. 황 라. 황린 마. 황화인·적린 바. 셀룰로이드류
사. 알킬알루미늄·알킬리튬 아. 마그네슘 분말 자. 금속 분말(마그네슘 분말은 제외한다)
차. 알칼리금속(리튬·칼륨 및 나트륨은 제외한다)
카. 유기 금속화합물(알킬알루미늄 및 알킬리튬은 제외한다) 타. 금속의 수소화물
파. 금속의 인화물 하. 칼슘 탄화물, 알루미늄 탄화물
거. 그 밖 가목부터 하목까지의 물질과 같은 정도의 발화성 또는 인화성이 있는 물질
너. 가목부터 거목까지의 물질을 함유한 물질

3. 산화성 액체 및 산화성 고체

가. 차아염소산 및 그 염류 나. 아염소산 및 그 염류 다. 염소산 및 그 염류(= 염소산칼륨)
라. 과염소산 및 그 염류 마. 브롬산 및 그 염류 바. 요오드산 및 그 염류
사. 과산화수소 및 무기 과산화물 아. 질산 및 그 염류(= 질산나트륨) 자. 과망간산 및 그 염류
차. 중크롬산 및 그 염류 카. 그 밖에 가목부터 차목까지의 물질과 같은 정도의 산화성 있는 물질
타. 가목부터 카목까지의 물질을 함유한 물질

4. 인화성 액체

가. 에틸에테르, 가솔린, 아세트알데히드, 산화프로필렌, 그 밖에 인화점이 섭씨 23도 미만이고 초기끓는점이 섭씨 35도 이하인 물질
나. 노르말헥산, 아세톤, 메틸에틸케톤, 메틸알코올, 에틸알코올, 이황화탄소, 그 밖에 인화점이 섭씨 23도 미만이고 초기 끓는점이 섭씨 35도를 초과하는 물질
다. 크실렌, 아세트산아밀, 등유, 경유, 테레핀유, 이소아밀알코올, 아세트산, 하이드라진, 그 밖에 인화점이 섭씨 23도 이상 섭씨 60도 이하인 물질

5. 인화성 가스

가. 수소 나. 아세틸렌 다. 에틸렌 라. 메탄 마. 에탄 바. 프로판 사. 부탄
아. 영 별표 13에 따른 인화성 가스

6. 부식성 물질

가. 부식성 산류
(1) 농도가 20퍼센트 이상인 염산, 황산, 질산, 그 밖에 이와 같은 정도 이상의 부식성 가지는 물질
(2) 농도가 60퍼센트 이상인 인산, 아세트산, 불산, 그 밖에 이와 같은 정도 이상의 부식성 가지는 물질
나. 부식성 염기류
농도가 40퍼센트 이상인 수산화나트륨, 수산화칼륨, 그 밖에 이와 같은 정도 이상의 부식성을 가지는 염기류

7. 급성 독성 물질

답 1. 3/5/8 2. 1/4/9/10 3. 6/7/15 4. 12/13 5. 2/11/14

221

☆

보기에 있는 각각의 물질에 대해 그 물질과 혼재가능한 물질을 보기에서 골라 쓰시오.

보기

1. 산화성 고체	2. 가연성 고체	3. 자연발화성 및 금수성 물질
4. 인화성 액체	5. 자기반응성 물질	6. 산화성 액체

해 1류: 산화성 고체　2류: 가연성 고체　3류: 자연발화성 물질 및 금수성 물질
4류: 인화성 액체　5류: 자기반응성 물질　6류: 산화성 액체

유별은 달리하는 위험물 혼재기준

위험물 구분	제1류	제2류	제3류	제4류	제5류	제6류
제1류		×	×	×	×	○
제2류	×		×	○	○	×
제3류	×	X		○	×	×
제4류	×	○	○		○	×
제5류	×	○	×	○		×
제6류	○	×	×	×	×	

비고
1. " × "표시는 혼재할 수 없음을 표시한다.
2. "○"표시는 혼재할 수 있음을 표시한다.
3. 이 표는 지정수량의 $\frac{1}{10}$ 이하의 위험물에 대해서는 적용하지 않는다.

답 1 - 6/2 - 4,5/3 - 4/4 - 2,3,5/5 - 2,4/6 - 1

222

☆☆

화재 등급에 따른 구분색 및 화재 종류를 나타낸 표이다. 빈칸을 채우시오.

등급	구분색	화재 종류
A급 화재	(A)	일반화재
B급 화재	(B)	유류화재
C급 화재	청색	(C)
D급 화재	무색	(D)

답 A : 백색　B : 황색　C : 전기화재　D : 금속화재

223 ☆☆

고압가스 용기의 색채를 쓰시오. (의료용 제외)

1. 산소 2. 아세틸렌 3. 액화암모니아 4. 질소

해 가연성가스 및 독성가스 용기

가스의 종류	도색의 구분	가스의 종류	도색의 구분
액화석유가스	밝은 회색	액화암모니아	백색
수소	주황색	액화염소	갈색
아세틸렌	황색	그 밖의 가스	회색

의료용 가스용기

가스의 종류	도색의 구분	가스의 종류	도색의 구분
산소	백색	질소	흑색
액화탄산가스	회색	아산화질소	청색
헬륨	갈색	싸이크로프로판	주황색
에틸렌	자색	그 밖의 가스	회색

그 밖의 가스용기

가스의 종류	도색의 구분	가스의 종류	도색의 구분
산소	녹색	액화탄산가스	청색
질소	회색	소방용용기	소방법에 따른 도색
그 밖의 가스	회색	-	-

답 1. 녹색 2. 황색 3. 백색 4. 회색

224 ☆

노출기준(TWA, ppm기준)이 가장 낮은 것과 가장 높은 것을 고르시오.

1. 암모니아 2. 불소 3. 과산화수소 4. 사염화탄소 5. 염화수소

해 노출기준(TWA, ppm기준)

불소: 0.1 **과산화수소, 염화수소**: 1 **사염화탄소**: 5 **암모니아**: 25

답 가장 낮은 것: 불소 가장 높은 것: 암모니아

225

☆

산업안전보건관리비의 계상 및 사용에 관한 내용이다. 빈칸을 채우시오.

1. 발주자가 재료를 제공하거나 일부 물품이 완제품의 형태로 제작·납품되는 경우에는 해당 재료비 또는 완제품 가액을 대상액에 포함하여 산출한 산업안전보건관리비와 해당 재료비 또는 완제품 가액을 대상액에서 제외하고 산출한 산업안전보건관리비의 (A)에 해당하는 값을 비교하여 그 중 작은 값 이상의 금액으로 계상한다.
2. 대상액이 구분되어 있지 않은 공사는 도급계약 또는 자체 사업계획상의 총 공사금액의 (B)를 대상액으로 하여 산업안전보건관리비를 계상하여야 한다.
3. 도급인은 산업안전보건관리비 사용내역에 대하여 공사 시작 후 (C)마다 1회 이상 발주자 또는 감리자의 확인을 받아야 한다.

해 – 발주자가 도급계약 체결을 위한 원가계산에 의한 예정가격을 작성하거나, 자기공사자가 건설공사 사업계획을 수립할 때에는 다음 각 호에 따라 산정한 금액 이상의 산업안전보건관리비를 계상하여야 한다. 다만, 발주자가 재료를 제공하거나 일부 물품이 완제품의 형태로 제작·납품되는 경우에는 해당 재료비 또는 완제품 가액을 대상액에 포함하여 산출한 산업안전보건관리비와 해당 재료비 또는 완제품 가액을 대상액에서 제외하고 산출한 산업안전보건관리비의 1.2배에 해당하는 값을 비교하여 그 중 작은 값 이상의 금액으로 계상한다.

1. 대상액이 5억 원 미만 또는 50억 원 이상인 경우: 대상액에 별표에서 정한 비율을 곱한 금액
2. 대상액이 5억 원 이상 50억 원 미만인 경우: 대상액에 별표에서 정한 비율을 곱한 금액에 기초액을 합한 금액
3. 대상액이 명확하지 않은 경우: 도급계약 또는 자체사업계획상 책정된 총 공사금액의 10분의 7에 해당하는 금액을 대상액으로 하고 제1호, 제2호에서 정한 기준에 따라 계상

– 도급인은 산업안전보건관리비 사용내역에 대하여 공사 시작 후 6개월마다 1회 이상 발주자 또는 감리자의 확인을 받아야 한다. 다만, 6개월 이내에 공사가 종료되는 경우에는 종료 시 확인을 받아야 한다.

답 A : 1.2배 B : 70% C : 6개월

226

☆

음파에 관한 문제이다. 다음 물음에 답하시오.

보기

1. 파장이 짧고 소리가 높다.(고주파음)
2. 파장이 길고 소리가 낮다.(저주파음)
3. 진폭이 크고 소리가 크다.
4. 진폭이 작고 소리가 작다.

1. 음높이가 가장 높은 음파의 종류와 이유
2. 음강도가 가장 센 음파의 종류와 이유

해

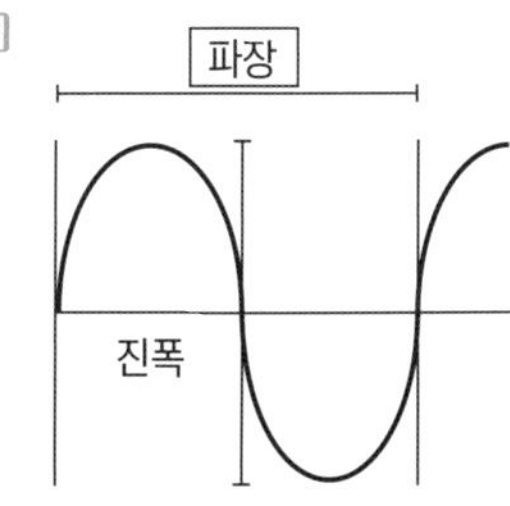

파장이 짧을수록 음높이가 높고, 길수록 음높이가 낮다.
진폭이 작을수록 음강도가 작고, 클수록 음강도가 크다.
※ 파장과 주파수는 반비례 관계

답 1. 1번, 파장이 가장 짧다. 2. 3번, 진폭이 가장 크다.

227 ☆☆

급성독성물질에 대한 설명에서 빈칸을 채우시오.

1. LD_{50}은 (　A　)mg/kg을 쥐에 대한 경구투입 실험에 의해 실험동물 50%를 사망케 한다.
2. LD_{50}은 (　B　)mg/kg을 쥐 또는 토끼에 대한 경피흡수 실험에 의해 실험동물 50%를 사망케 한다.
3. LC_{50}은 가스로 (　C　)ppm을 쥐에 대한 4시간 동안 흡입 실험에 의해 실험동물 50%를 사망케 한다.
4. LC_{50}은 증기로 (　D　)mg/L을 쥐에 대한 4시간 동안 흡입 실험에 의해 실험동물 50%를 사망케 한다.
5. LC_{50}은 분진, 미스트로 (　E　)mg/L을 쥐에 대한 4시간 동안 흡입 실험에 의해 실험동물 50%를 사망케 한다.

해 급성 독성 물질

가. 쥐에 대한 경구투입실험에 의하여 실험동물의 50퍼센트를 사망시킬 수 있는 물질의 양, 즉 LD_{50}(경구, 쥐)이 킬로그램당 300밀리그램 – (체중) 이하인 화학물질

나. 쥐 또는 토끼에 대한 경피흡수실험에 의하여 실험동물의 50퍼센트를 사망시킬 수 있는 물질의 양, 즉 LD_{50}(경피, 토끼 또는 쥐)이 킬로그램당 1000밀리그램 – (체중) 이하인 화학물질

다. 쥐에 대한 4시간 동안의 흡입실험에 의하여 실험동물의 50퍼센트를 사망시킬 수 있는 물질의 농도, 즉 LC_{50}가스 (쥐, 4시간 흡입)이 2500ppm 이하인 화학물질, 증기 (쥐, 4시간 흡입)이 10mg/L 이하인 화학물질, 분진 또는 미스트 1mg/L 이하인 화학물질

답 A : 300　B : 1,000　C : 2,500　D : 10　E : 1

228 ☆

LD_{50}이란 무엇인지 쓰시오.

답 피실험 동물의 50%가 죽게 되는 물질의 복용량

229 ☆

기존 설비의 제조·취급·저장 물질이 변경되거나 제조량·취급량·저장량이 증가하여 유해 위험물질 규정량에 해당하게 된 경우 고용노동부령으로 정하는 바에 따라 공정보고서를 작성하여 고용노동부장관에게 제출해야 한다. 다음 유해위험물질의 규정량을 쓰시오.

- 염산(중량 20% 이상) : 제조/취급/저장 : (　A　)
- 암모니아 : 제조/취급/저장 : (　B　)
- 황산(중량 20% 이상) : 제조/취급/저장 : (　C　)
- 인화성가스 : 제조/취급 : (　D　)

해

유해위험물질	규정량(kg)	유해위험물질	규정량(kg)
인화성 가스	제조·취급: 5,000 (저장: 200,000)	삼염화인	제조·취급·저장: 10,000
인화성 액체	제조·취급: 5,000 (저장: 200,000)	염화벤질	제조·취급·저장: 2,000
메틸이소시아네이트	제조·취급·저장: 1,000	이산화염소	제조·취급·저장: 500
포스겐	제조·취급·저장: 500	염화티오닐	제조·취급·저장: 10,000
아크릴로니트릴	제조·취급·저장: 10,000	브롬	제조·취급·저장: 1,000
암모니아	제조·취급·저장: 10,000	일산화질소	제조·취급·저장: 10,000
염소	제조·취급·저장: 1,500	붕소 트리염화물	제조·취급·저장: 10,000
이산화황	제조·취급·저장: 10,000	메틸에틸케톤 과산화물	제조·취급·저장: 10,000
삼산화황	제조·취급·저장: 10,000	삼불화 붕소	제조·취급·저장: 1,000
이황화탄소	제조·취급·저장: 10,000	니트로아닐린	제조·취급·저장: 2,500
시안화수소	제조·취급·저장: 500	염소 트리플루오르화	제조·취급·저장: 1,000
불화수소(무수불산)	제조·취급·저장: 1,000	불소	제조·취급·저장: 500
염화수소(무수염산)	제조·취급·저장: 10,000	시아누르 플루오르화물	제조·취급·저장: 2,000
황화수소	제조·취급·저장: 1,000	질소 트리플루오르화물	제조·취급·저장: 20,000
질산암모늄	제조·취급·저장: 500,000	니트로셀룰로오스 (질소 함유량 12.6% 이상)	제조·취급·저장: 100,000
니트로글리세린	제조·취급·저장: 10,000	과산화벤조일	제조·취급·저장: 3,500
트리니트로톨루엔	제조·취급·저장: 50,000	과염소산 암모늄	제조·취급·저장: 3,500
수소	제조·취급·저장: 5,000	디클로로실란	제조·취급·저장: 1,000
산화에틸렌	제조·취급·저장: 1,000	디에틸 알루미늄 염화물	제조·취급·저장: 10,000
포스핀	제조·취급·저장: 500	디이소프로필퍼옥시디카보네이트	제조·취급·저장: 3,500
실란	제조·취급·저장: 1,000	불산 (중량 10% 이상)	제조·취급·저장: 10,000
질산(중량 94.5% 이상)	제조·취급·저장: 50,000	염산 (중량 20% 이상)	제조·취급·저장: 20,000
발연황산(삼산화황 중량 65% 이상 80% 미만)	제조·취급·저장: 20,000	황산 (중량 20% 이상)	제조·취급·저장: 20,000
과산화수소 (중량 52% 이상)	제조·취급·저장: 10,000	암모니아수(중량 20% 이상)	제조·취급·저장: 50,000
톨루엔 디이소시아네이트	제조·취급·저장: 2,000	브롬화수소	제조·취급·저장: 10,000
클로로술폰산	제조·취급·저장: 10,000	-	-

답 A: 20,000kg B: 10,000kg C: 20,000kg D: 5,000kg

230

☆

소음관련 내용이다, 빈칸을 채우시오.

1. "소음작업"이란 1일 8시간 작업을 기준으로 (A) 이상 소음이 발생하는 작업을 말한다.
2. "강렬한 소음작업"이란 다음 각목의 어느 하나에 해당하는 작업을 말한다.
   가. 90데시벨 이상의 소음이 1일 (B)시간 이상 발생하는 작업
   다. 100데시벨 이상의 소음이 1일 (C)시간 이상 발생하는 작업
3. "충격소음작업"이란 소음이 1초 이상의 간격으로 발생하는 작업으로서 다음 각 목의 어느 하나에 해당하는 작업을 말한다.
   가. 120데시벨을 초과하는 소음이 1일 (D)회 이상 발생하는 작업

해 1. "소음작업"이란 1일 8시간 작업을 기준으로 85데시벨 이상의 소음이 발생하는 작업을 말한다.
2. "강렬한 소음작업"이란 다음 각목의 어느 하나에 해당하는 작업을 말한다.
   가. 90데시벨 이상의 소음이 1일 8시간 이상 발생하는 작업
   나. 95데시벨 이상의 소음이 1일 4시간 이상 발생하는 작업
   다. 100데시벨 이상의 소음이 1일 2시간 이상 발생하는 작업
   라. 105데시벨 이상의 소음이 1일 1시간 이상 발생하는 작업
   마. 110데시벨 이상의 소음이 1일 30분 이상 발생하는 작업
   바. 115데시벨 이상의 소음이 1일 15분 이상 발생하는 작업
3. "충격소음작업"이란 소음이 1초 이상의 간격으로 발생하는 작업으로서 다음 각 목의 어느 하나에 해당하는 작업을 말한다.
   가. 120데시벨을 초과하는 소음이 1일 1만회 이상 발생하는 작업
   나. 130데시벨을 초과하는 소음이 1일 1천회 이상 발생하는 작업
   다. 140데시벨을 초과하는 소음이 1일 1백회 이상 발생하는 작업

답 A : 85dB B : 8 C : 2 D : 10,000

231

☆☆

사업주는 다음 작업 또는 장소에 울타리를 설치하는 등 관계근로자가 아닌 사람의 출입을 금지해야 한다. 빈칸을 채우시오.

굴착기 붐·암·버킷 등의 (A)에 의하여 근로자에게 위험을 미칠 우려가 있는 장소

해 사업주는 다음 각 호의 작업 또는 장소에 울타리를 설치하는 등 관계 근로자가 아닌 사람의 출입을 금지하여야 한다.
18. 굴착기 붐·암·버킷 등의 선회(旋回)에 의해 근로자에게 위험을 미칠 우려가 있는 장소

답 선회

232

☆☆

산업안전보건법령상 다음 경우에 해당하는 항타기, 항발기, 양중기의 권상용 와이어로프(또는 달기체인)의 안전계수를 쓰시오.

> 1. 근로자가 탑승하는 운반구를 지지하는 달기와이어로프 또는 달기체인 경우 : (A) 이상
> 2. 화물의 하중을 직접 지지하는 달기와이어로프 또는 달기체인의 경우 : (B) 이상
> 3. 훅, 샤클, 클램프, 리프팅 빔의 경우 : (C) 이상

해 사업주는 양중기의 와이어로프 등 달기구의 안전계수(달기구 절단하중의 값을 그 달기구에 걸리는 하중의 최대값으로 나눈 값을 말한다)가 다음 각 호의 구분에 따른 기준에 맞지 아니한 경우에는 이를 사용해서는 아니 된다.

1. 근로자가 탑승하는 운반구를 지지하는 달기와이어로프 또는 달기체인 경우: 10 이상
2. 화물의 하중을 직접 지지하는 달기와이어로프 또는 달기체인의 경우: 5 이상
3. 훅, 샤클, 클램프, 리프팅 빔의 경우: 3 이상
4. 그 밖의 경우: 4 이상

답 A : 10 B : 5 C : 3

233

☆

산업안전보건법령상 비파괴검사 실시기준 내용이다, 빈칸을 쓰시오.

> 사업주는 고속회전체(회전축의 중량이 (A)을 초과하고 원주속도가 초당 (B) 이상인 것으로 한정한다)의 회전시험을 하는 경우 미리 회전축의 재질 및 형상 등에 상응하는 종류의 비파괴검사를 해서 결함 유무(有無)를 확인하여야 한다.

해 사업주는 고속회전체(회전축의 중량이 1톤을 초과하고 원주속도가 초당 120미터 이상인 것으로 한정한다)의 회전시험을 하는 경우 미리 회전축의 재질 및 형상 등에 상응하는 종류의 비파괴검사를 해서 결함 유무(有無)를 확인하여야 한다.

답 A : 1톤 B : 120m

234 ☆☆

롤러기의 원주속도에 따른 급정지 거리 기준을 쓰시오.

해 앞면 롤러의 표면속도에 따른 급정지거리

앞면 롤러의 표면속도(m/min)	급정지거리
30 미만	앞면 롤러 원주의 1/3 이내
30 이상	앞면 롤러 원주의 1/2.5 이내

답

앞면 롤러의 표면속도(m/min)	급정지거리
30 미만	앞면 롤러 원주의 1/3 이내
30 이상	앞면 롤러 원주의 1/2.5 이내

235 ☆

롤러기 급정지 장치의 원주속도에 따른 안전거리를 쓰시오.

- 30m/min 이상 : 앞면 롤러 원주의 (　A　)이내
- 30m/min 미만 : 앞면 롤러 원주의 (　B　)이내

해 윗 해설 참조

답 A : $\frac{1}{2.5}$　B : $\frac{1}{3}$

236

☆☆

방호장치 자율안전기준 고시상, 롤러기 급정지장치 조작부의 설치위치를 알맞게 쓰시오.
(단, 위치는 급정지장치 조작부의 중심점을 기준으로 한다.)

종류	설치 위치
손조작식	밑면에서 (A)
복부조작식	밑면에서 (B)
무릎조작식	밑면에서 (C)

해 조작부의 설치 위치에 따른 급정지장치의 종류

종류	설치 위치	비고
손조작식	밑면에서 1.8m 이내	위치는 급정지장치의 조작부의 중심점을 기준
복부조작식	밑면에서 0.8m 이상 1.1m 이내	
무릎조작식	밑면에서 0.6m 이내	

답 A : 1.8m 이내　B : 0.8m 이상 1.1m 이내　C : 0.6m 이내

237

☆☆

목재가공용 둥근톱에 대한 방호장치 중 분할날이 갖추어야 할 사항이다. 빈칸을 채우시오.

1. 분할날의 두께는 둥근톱 두께의 (A)배 이상으로 한다.
2. 견고히 고정할 수 있으며 분할 날과 톱날 원주면과의 거리는 (B)mm 이내로 조정, 유지할 수 있어야 한다.
3. 표준 테이블면 상의 톱 뒷날의 (C) 이상을 덮도록 한다.
4. 분할날 조임볼트는 (D) 이상일 것
5. 볼트는 (E)조치가 되어 있을 것

해 둥근톱에는 분할날을 설치하여야 하며 다음의 세목과 같이 한다.

1) 분할날의 두께는 둥근톱 두께의 1.1배 이상일 것
   $1.1t_1 \leq t_2 \leq b$ (t_1 : 톱두께, t_2 : 분할날두께, b : 치진폭)
2) 견고히 고정할 수 있으며 분할날과 톱날 원주면과의 거리는 12밀리미터 이내로 조정 유지할 수 있어야 하고 표준 테이블면(승강반에 있어서도 테이블을 최하로 내린 때의 면) 상의 톱 뒷날의 2/3 이상을 덮도록 할 것
3) 재료는 KS D 3751(탄소공구강재)에서 정한 STC 5(탄소공구강) 또는 이와 동등이상의 재료를 사용할 것
4) 분할날 조임볼트는 2개 이상일 것
5) 분할날 조임볼트는 둥근톱 직경에 따라 규격 이상의 볼트를 사용하여야 하며 볼트는 이완방지조치가 되어 있을 것

답 A : 1.1　B : 12　C : 2/3　D : 2개　E : 이완방지

238

☆☆

공정안전보고서의 이행 상태에 관한 평가에 관한 내용이다. 빈칸을 채우시오.

> 1. 고용노동부장관은 공정안전보고서의 확인 후 1년이 지난 날부터 (A)년 이내에 공정안전보고서 이행 상태의 평가를 해야 한다.
> 2. 이행상태 평가 후 사업주가 이행상태 평가를 요청하는 경우에는 (B)마다 이행상태평가를 할 수 있다.

해 1. 고용노동부장관은 공정안전보고서의 확인(신규로 설치되는 유해하거나 위험한 설비의 경우에는 설치 완료 후 시운전 단계에서의 확인을 말한다) 후 1년이 지난 날부터 2년 이내에 공정안전보고서 이행 상태의 평가(이하 "이행상태평가"라 한다)를 해야 한다.

2. 고용노동부장관은 제1항에 따른 이행상태평가 후 4년마다 이행상태평가를 해야 한다. 다만, 다음 각 호의 어느 하나에 해당하는 경우에는 1년 또는 2년마다 이행상태평가를 할 수 있다.
   1. 이행상태 평가 후 사업주가 이행상태 평가를 요청하는 경우
   2. 사업장에 출입하여 검사 및 안전·보건점검 등을 실시한 결과 변경요소 관리계획 미준수로 공정안전보고서 이행상태가 불량한 것으로 인정되는 경우 등 고용노동부장관이 정하여 고시하는 경우

답 A : 2 B : 1년 또는 2년

239

☆☆

다음은 크레인, 리프트, 곤돌라 안전검사 주기에 관한 사항이다. 빈칸을 채우시오.

> 사업장에 설치가 끝난 날부터 (A) 이내에 최초 안전검사를 실시하되, 그 이후부터 (B)마다 (건설현장에서 사용하는 것은 최초로 설치한 날로부터 (C)마다) 안전검사를 실시한다.

해 법에 따른 안전검사 대상기계 등의 안전검사 주기는 다음 각 호와 같다.

1. 크레인(이동식 크레인은 제외한다), 리프트(이삿짐운반용 리프트는 제외한다) 및 곤돌라: 사업장에 설치가 끝난 날부터 3년 이내에 최초 안전검사를 실시하되, 그 이후부터 2년 마다(건설현장에서 사용하는 것은 최초로 설치한 날부터 6개월마다)
2. 이동식 크레인, 이삿짐운반용 리프트 및 고소작업대: 「자동차관리법」 제8조에 따른 신규 등록 이후 3년 이내에 최초 안전검사를 실시하되, 그 이후부터 2년마다
3. 프레스, 전단기, 압력용기, 국소 배기장치, 원심기, 롤러기, 사출성형기, 컨베이어, 산업용 로봇, 혼합기, 파쇄기 또는 분쇄기: 사업장에 설치가 끝난 날부터 3년 이내에 최초 안전검사를 실시하되, 그 이후부터 2년마다(공정안전 보고서를 제출하여 확인을 받은 압력용기는 4년마다)

답 A : 3년 B : 2년 C : 6개월

240

☆☆

산업안전보건법상 신규 화학물질 제조 및 수입 등에 관한 설명이다. 빈칸을 채우시오.

> 신규화학물질을 제조하거나 수입하려는 자는 제조하거나 수입하려는 날 (A)일(연간 제조하거나 수입하려는 양이 100kg 이상 1톤 미만인 경우에는 (B)일) 전까지 별지의 신규 화학물질 유해성, 위험성 조사보고서에 서류를 첨부하여 (C)에게 제출하여야 한다.

해 법에 따라 신규화학물질을 제조하거나 수입하려는 자(이하 "신규화학물질제조자등"이라 한다)는 제조 하거나 수입하려는 날 30일(연간 제조하거나 수입하려는 양이 100킬로그램 이상 1톤 미만인 경우에는 14일) 전까지 별지 서식의 신규화학물질 유해성·위험성 조사보고서(이하 "유해성·위험성 조사보고서"라 한다)에 별표에 따른 서류를 첨부하여 고용노동부장관에게 제출해야 한다.

답 A : 30 B : 14 C : 고용노동부장관

241 ☆

보일러에 설치하는 압력방출장치에 대한 안전기준이다. 빈칸을 채우시오.

1. 사업주는 보일러의 안전한 가동을 위해 보일러 규격에 맞는 압력방출장치를 1개 또는 2개 이상 설치하고 (A) 이하에서 작동되도록 해야 한다. 다만, 압력방출장치가 2개 이상 설치된 경우에는 (A) 이하에서 1개가 작동되고 다른 압력방출장치는 최고 사용압력 (B)배 이하에서 작동되도록 부착해야 한다.
2. 압력방출장치는 매년 (C)회 이상 산업통상자원부장관의 지정을 받은 국가교정업무전담 기관으로부터 교정을 받은 압력계를 이용하여 설정압력에서 압력방출장치가 적정하게 작동하는지를 검사한 후 (D)으로 봉인하여 사용해야 한다.
3. 다만, 공정안전보고서 제출대상으로서 고용노동부장관이 실시하는 공정안전보고서 이행상태평가 결과가 우수한 사업장은 압력방출장치에 대해 (E)년 마다 1회 이상 설정압력에서 압력방출장치가 적정하게 작동하는지를 검사할 수 있다.

해 1. 사업주는 보일러의 안전한 가동을 위하여 보일러 규격에 맞는 압력방출장치를 1개 또는 2개 이상 설치하고 최고사용압력(설계압력 또는 최고허용압력을 말한다. 이하 같다) 이하에서 작동되도록 하여야 한다. 다만, 압력방출장치가 2개 이상 설치된 경우에는 최고사용압력 이하에서 1개가 작동되고, 다른 압력방출장치는 최고사용압력 1.05배 이하에서 작동되도록 부착하여야 한다.
2. 압력방출장치는 매년 1회 이상 「국가표준기본법」 제14조제3항에 따라 산업통상자원부장관의 지정을 받은 국가교정업무 전담기관(이하 "국가교정기관"이라 한다)에서 교정을 받은 압력계를 이용하여 설정압력에서 압력방출장치가 적정하게 작동하는지를 검사한 후 납으로 봉인하여 사용하여야 한다.
3. 다만, 공정안전보고서 제출 대상으로서 고용노동부장관이 실시하는 공정안전보고서 이행 상태 평가 결과가 우수한 사업장은 압력방출장치에 대하여 4년마다 1회 이상 설정압력에서 압력방출장치가 적정하게 작동하는지를 검사할 수 있다.

답 A: 최고사용압력 B: 1.05 C: 1 D: 납 E: 4

242 ☆

다음 빈칸을 채우시오.

총 공사금액이 (A) 이상인 건설공사발주자는 산업재해 예방을 위해 건설공사의 계획, 설계 및 시공단계에서 다음 각 호의 구분에 따른 조치를 해야 한다.
계획단계 : 해당 건설공사에서 중점적으로 관리하여야 할 유해위험요인과 이의 감소방안을 포함한 (B)를 작성할 것
설계단계 : (B)을 설계자에게 제공하고, 설계자로 하여금 유해위험요인의 감소방안을 포함한 (C)을 작성하게 하고 이를 확인할 것
시공단계 : 건설공사발주자로부터 건설공사를 최초로 도급받은 수급인에게 (C)을 제공하고, 그 수급인에게 이를 반영하여 안전한 작업을 위한 (D)을 작성하게 하고 그 이행 여부를 확인할 것

해 산업재해 예방 조치 대상 건설공사는 총 공사금액이 50억원 이상인 공사로 정하는 건설공사의 건설공사발주자는 산업재해 예방을 위하여 건설공사의 계획, 설계 및 시공 단계에서 다음 각 호의 구분에 따른 조치를 하여야 한다.

1. 건설공사 계획단계: 해당 건설공사에서 중점적으로 관리하여야 할 유해·위험요인과 이의 감소방안을 포함한 기본안전보건대장을 작성할 것
2. 건설공사 설계단계: 기본안전보건대장을 설계자에게 제공하고, 설계자로 하여금 유해·위험요인의 감소방안을 포함한 설계안전보건대장을 작성하게 하고 이를 확인할 것
3. 건설공사 시공단계: 건설공사발주자로부터 건설공사를 최초로 도급받은 수급인에게 설계안전보건대장을 제공하고, 그 수급인에게 이를 반영하여 안전한 작업을 위한 공사안전보건대장을 작성하게 하고 그 이행 여부를 확인할 것

답 A : 50억원 B : 기본안전보건대장 C : 설계안전보건대장 D : 공사안전보건대장

243 ☆

화학설비, 시설의 안전거리 기준이다. 빈칸을 채우시오.

1. 단위 공정시설, 설비로부터 다른 공정시설 및 설비 사이 : (A)m 이상 이격
2. 플레어스택으로부터 위험물 저장탱크, 위험물 하역설비 사이 : 반경 (B)m 이상 이격
3. 위험물 저장탱크로부터 단위 공정설비, 보일러, 가열로 사이 : 저장탱크 외면에서 (C)m 이상 이격
4. 사무실, 연구실, 식당 등으로부터 공정설비, 위험물 저장탱크, 보일러, 가열로 사이 : 사무실 등 외면으로부터 (D)m 이상 이격

해 안전거리

구분	안전거리
단위공정시설 및 설비로부터 다른 단위공정 시설 및 설비의 사이	설비의 바깥 면으로부터 10미터 이상
플레어스택으로부터 단위공정시설 및 설비, 위험 물질 저장탱크 또는 위험물질 하역설비의 사이	플레어스택으로부터 반경 20미터 이상. 다만, 단위공정시설 등이 불연재로 시공된 지붕 아래에 설치된 경우는 그러하지 아니하다.
위험물질 저장탱크로부터 단위공정시설 및 설비, 보일러 또는 가열로의 사이	저장탱크의 바깥 면으로부터 20미터 이상. 다만, 저장탱크의 방호벽, 원격조종 소화설비 또는 살수설비를 설치한 경우는 그러하지 아니하다
사무실·연구실·실험실·정비실 또는 식당으로 부터 단위공정시설 및 설비, 위험물질 저장탱크, 위험물질 하역설비, 보일러 또는 가열로의 사이	사무실 등의 바깥 면으로부터 20미터 이상. 다만, 난방용 보일러인 경우 또는 사무실 등의 벽을 방호구조로 설치한 경우에는 그러하지 아니하다.

답 A : 10 B : 20 C : 20 D : 20

244

☆☆☆

안전보건표지의 색도기준에 관한 다음 표의 빈칸을 채우시오.

색채	색도기준	용도	사용 예
(A)	7.5R 4/14	금지	정지신호, 소화설비 및 그 장소, 유해행위의 금지
		(B)	화학물질 취급장소에서의 유해위험 경고
노란색	(C)	경고	화학물질 취급장소에서의 유해·위험경고 이외의 위험경고, 주의표지 또는 기계방호물
파란색	(D)	지시	특정행위의 지시 및 사실 고지
흰색	N9.5	-	(E)
검은색	(F)	-	문자, 빨간색 또는 노란색에 대한 보조색

해 안전보건표지 색도기준 및 용도

색채	색도기준	용도	사용 예
빨간색	7.5R 4/14	금지	정지신호, 소화설비 및 그 장소, 유해행위의 금지
		경고	화학물질 취급장소에서의 유해위험 경고
노란색	5Y 8.5/12	경고	화학물질 취급장소에서의 유해·위험경고 이외의 위험경고, 주의표지 또는 기계방호물
파란색	2.5PB 4/10	지시	특정행위의 지시 및 사실 고지
녹색	2.5G 4/10	안내	비상구 및 피난소, 사람 또는 차량의 통행표지
흰색	N9.5	-	파란색 또는 녹색에 대한 보조색
검은색	N0.5	-	문자, 빨간색 또는 노란색에 대한 보조색

답 A : 빨간색　B : 경고　C : 5Y 8.5/12　D : 2.5PB 4/10
E : 파란색 또는 녹색에 대한 보조색　F : N0.5

245

☆☆

위험장소 경고표지에 대해 물음에 답하시오.

1. 위험장소 경고표지를 그리시오. 2. 색을 쓰시오.

해

분류	색채
금지	바탕은 흰색, 기본모형은 빨간색, 관련 부호 및 그림은 검은색
경고	바탕은 노란색, 기본모형, 관련 부호 및 그림은 검은색 다만, 인화성물질 경고, 산화성물질 경고, 폭발성물질 경고, 급성독성물질 경고, 부식성물질 경고 및 발암성·변이원성·생식독성·전신독성·호흡기과민성 물질 경고의 경우 바탕은 무색, 기본모형은 빨간색(검은색도 가능)
지시	바탕은 파란색, 관련 그림은 흰색
안내	바탕은 흰색, 기본모형 및 관련 부호는 녹색 바탕은 녹색, 관련 부호 및 그림은 흰색
출입금지 표지	글자는 흰색바탕에 흑색다음 글자는 적색 - ○○○제조/사용/보관 중 - 석면취급/해체 중 - 발암물질 취급 중

※ 안전보건표지는 네이버 카페 교육자료 코너에 있으니 꼭 다운로드 ~ !

답 1.

2. 바탕색 : 노란색 기본모형/관련부호/그림 : 검은색

246

☆☆

출입금지표지를 그리고, 색을 적으시오.

해 윗 해설 참조

답

바탕색 : 흰색 기본모형 : 빨간색 관련부호/그림 : 검은색

247

☆☆☆☆

응급구호표지를 그리고, 색을 적으시오.

해 윗 해설 참조

답

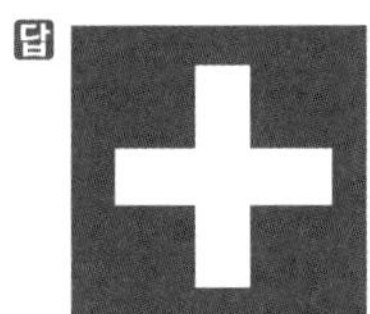

바탕색 : 녹색　관련부호 및 그림 : 흰색

248

☆

지시표지 종류 4가지 쓰시오.

해 지시표지 종류
보안경 착용/방독마스크 착용/방진마스크 착용/보안면 착용/안전모 착용/귀마개 착용/안전화 착용/안전장갑 착용/안전복 착용

답 보안경 착용/보안면 착용/안전모 착용/안전복 착용

249

☆☆☆☆

안전보건표지의 명칭을 쓰시오.

(A)	(B)	(C)	(D)

(E)	(F)	(G)	(H)

답 A : 화기금지　B : 폭발성물질경고　C : 부식성물질경고　D : 고압전기경고
E : 들것　F : 물체이동금지　G : 사용금지　H : 응급구호표지

250

☆☆

와이어로프 꼬임 형식 명칭을 쓰시오.

해 꼬임 모양에 따라 S꼬임/Z꼬임이 있다.
꼬임 방향에 따라 랭꼬임/보통꼬임이 있다.

보통Z꼬임	보통S꼬임	랭Z꼬임	랭S꼬임

※ 로프 자체의 사선방향과 사선들 사이의 방향으로 구별하면 됩니다 ~ !

답 A : 보통S꼬임 B : 랭Z꼬임

251

☆

다음 기계설비에 형성되는 위험점을 쓰시오.

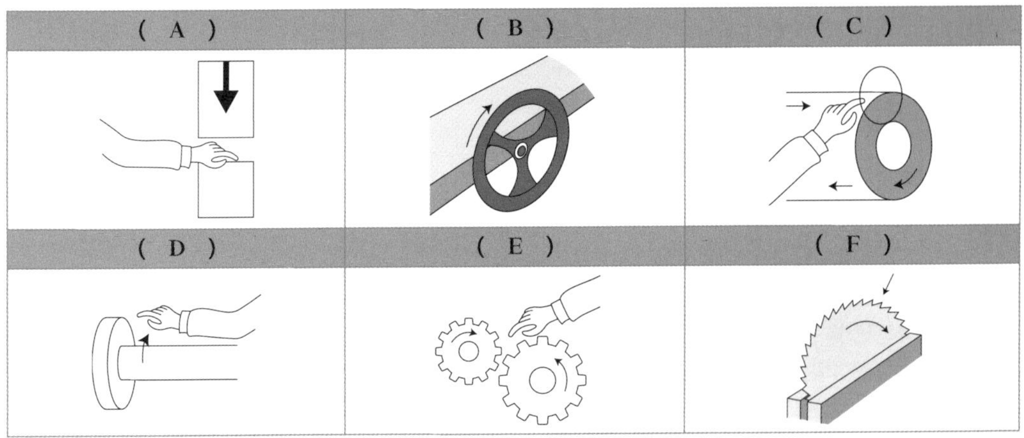

해

구분	그림	설명
협착점		왕복운동하는 동작부분과 고정부분 사이에 형성되는 위험점 예 프레스, 전단기, 굽힘기계
끼임점		고정부분과 회전 또는 직선운동 부분 사이에 형성되는 위험점 예 회전 풀리와 베드 사이, 연삭숫돌과 작업대, 핸들과 고정대 사이, 교반기의 날개와 하우스
절단점		회전하는 운동부 자체 위험이나 운동하는 기계 자체의 위험에서 형성되는 위험점 예 밀링커터, 둥근 톱날
물림점		서로 반대방향으로 회전하는 두 개의 회전체가 맞닿아서 생기는 위험점 예 기어, 롤러
접선물림점		회전하는 부분의 접선방향으로 물려들어갈 위험이 존재하는 위험점 예 풀리와 벨트, 체인과 스프라켓, 기어와 벨트
회전말림점		회전하는 물체의 길이 등이 불규칙한 부위와 돌기 회전부 위에 옷, 장갑 등이 말려드는 위험점 예 회전축, 드릴

답 A : 협착점 B : 끼임점 C : 접선물림점 D : 회전말림점 E : 물림점 F : 절단점

252

☆☆

다음 위험점의 정의를 쓰시오.

• 협착점	• 끼임점	• 물림점	• 접선물림점	• 회전말림점

해 윗 해설 참조

답 협착점 : 왕복운동하는 동작부분과 고정부분 사이에 형성되는 위험점
끼임점 : 고정부분과 회전 또는 직선운동 부분 사이에 형성되는 위험점
물림점 : 서로 반대방향으로 회전하는 두 개의 회전체가 맞닿아서 생기는 위험점
접선물림점 : 회전하는 부분의 접선방향으로 물려 들어갈 위험이 존재하는 위험점
회전말림점 : 회전하는 물체의 길이 등이 불규칙한 부위와 돌기 회전부 위에 옷, 장갑 등이 말려드는 위험점

253

☆☆

다음을 지칭하는 연삭기 각도를 쓰시오.

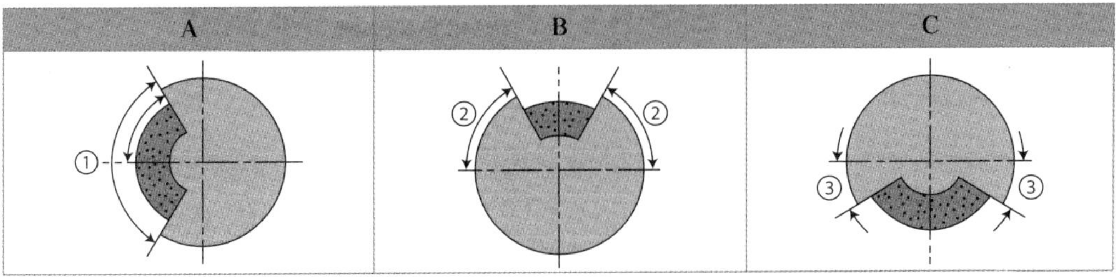

해 연삭기 덮개 각도 및 숫돌 노출각도

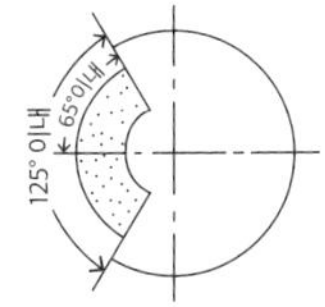	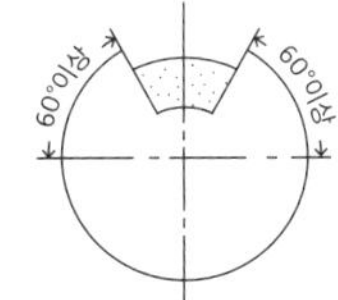	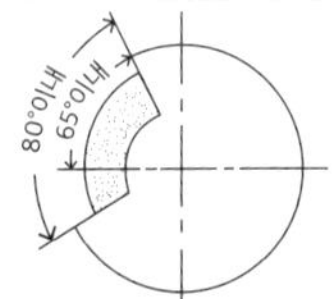
1. 일반연삭작업 등에 사용하는 것을 목적으로 하는 탁상용 연삭기 숫돌 노출 각도	2. 연삭숫돌의 상부를 사용하는 것을 목적으로 하는 탁상용 연삭기 덮개 각도	3. 1/2 이외의 탁상용 연삭기, 그 밖에 이와 유사한 연삭기 숫돌 노출 각도
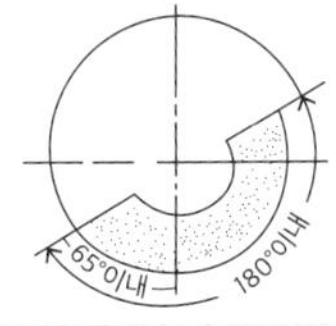	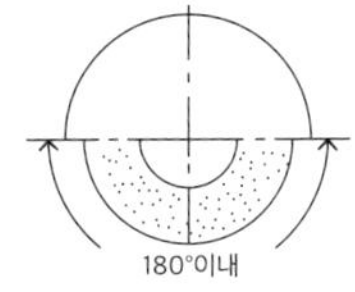	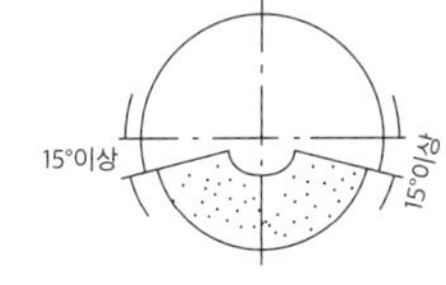
4. 원통연삭기, 센터리스연삭기, 공구연삭기, 만능연삭기, 그 밖에 이와 비슷한 연삭기 숫돌 노출 각도	5. 휴대용 연삭기, 스윙연삭기, 스라브연삭기, 그 밖에 이와 비슷한 연삭기 숫돌 노출 각도	6. 평면연삭기, 절단연삭기, 그 밖에 이와 비슷한 연삭기 덮개 각도

답 1. 125도 이내 2. 60도 이상 3. 15도 이상

MEMO

산업안전기사 2022년

03

필답형 기출문제
(기출중복문제 소거 정리)

잠깐! 더 효율적인 공부를 위한 링크들을 적극 이용하세요~!

직8딴 홈페이지
- 출시한 책 확인 및 구매

직8딴 카카오오픈톡방
- 실시간 저자의 질문 답변
(주7일 아침 11시~새벽 2시까지, 전화로도 함)
- 직8딴 구매자전용 복지와 혜택 획득
(최소 달에 40만원씩 기프티콘 지급)
- 구매자들과의 소통 및 EHS 관련 정보 습득

직8딴 네이버카페
- 실시간으로 최신화되는 정오표 확인
(정오표: 책 출시 이후 발견된 오타/오류를 모아놓은 표, 매우 중요)
- 공부에 도움되는 컬러버전 그림 및 사진 습득
- 직8딴 구매자전용 복지와 혜택 획득

직8딴 유튜브
- 저자 직접 강의 시청 가능
- 공부 팁 및 암기법 획득
- 국가기술자격증 관련 정보 획득

3 2022년 필답형 기출문제

기출 중복문제 소거 정리

1회 기출문제

001

화물의 하중을 직접 지지하는 달기 와이어로프의 절단하중이 4,000kg일 때 최대허용하중(kg)을 구하시오.

해 최대허용하중 $= \frac{\text{절단하중}}{\text{안전률}} = \frac{4,000}{5} = 800kg$

답 최대허용하중: 800kg

002

산업안전보건법상 안전인증대상 보호구 종류 6개 쓰시오.

답 안전대/안전화/보호복/안전장갑/방진마스크/방독마스크

003

유해위험 방지를 위해 방호조치가 필요한 기계, 기구 종류 5개 쓰시오.

답 예초기/원심기/지게차/래핑기/공기압축기

004

화학설비, 시설의 안전거리 기준이다. 빈칸을 채우시오.

1. 단위 공정시설, 설비로부터 다른 공정시설 및 설비 사이: (A)m 이상 이격
2. 플레어스택으로부터 위험물 저장탱크, 위험물 하역설비 사이: 반경 (B)m 이상 이격
3. 위험물 저장탱크로부터 단위 공정설비, 보일러, 가열로 사이: 저장탱크 외면에서 (C)m 이상 이격
4. 사무실, 연구실, 식당 등으로부터 공정설비, 위험물 저장탱크, 보일러, 가열로 사이: 사무실 등 외면으로부터 (D)m 이상 이격

답 A: 10 B: 20 C: 20 D: 20

005

아세틸렌 용접장치 검사 시 안전기의 설치위치를 확인하려고 한다. 안전기의 설치 위치에 대한 괄호 안의 내용을 채우시오.

1. 사업주는 아세틸렌 용접장치의 (A)마다 안전기를 설치해야 한다. 다만 (B) 및 (A)에 가장 가까운 분기관마다 안전기를 부착한 경우에는 그러하지 아니하다.
2. 사업주는 가스용기가 발생기와 분리되어 있는 아세틸렌 용접장치에 대해 (C) 사이에 안전기를 설치해야 한다.

답 A: 취관 B: 주관 C: 발생기와 가스용기

006

타워크레인 설치, 조립, 해체 작업 시 작업계획서 포함사항 4개 쓰시오.

답 해체순서/방호설비/작업인원 구성/타워크레인 종류

007

다음 조건으로 사망만인율(‱)을 구하시오.

• 사망자수: 4명	• 재해자수: 10명	• 재해건수: 11건
• 근로시간: 2,400시간	• 근로자수: 2,000명	

해 사망만인율 $= \dfrac{\text{사망자수}}{\text{산재보험적용근로자수}} \cdot 10^4 = \dfrac{4}{2{,}000} \cdot 10^4 = 20‱$

답 사망만인율: 20

008

사다리식 통로 설치 시 준수사항 5개 쓰시오.

답 1. 견고한 구조로 할 것
2. 발판 간격 일정할 것
3. 폭 30cm 이상으로 할 것
4. 심한 손상없는 재료 사용할 것
5. 발판과 벽 사이는 15cm 이상 간격 유지할 것

009

산업안전보건기준에 관한 규칙상 근로자가 작업이나 통행 등으로 인해 전기기계, 기구 등 또는 전로 등의 충전부분에 접촉하거나 접근함으로써 감전위험이 있는 충전부분에 대한 감전방지대책 4개 쓰시오.

답 1. 폐쇄형 외함구조로 할 것
2. 충분한 절연효과 있는 절연덮개 설치
3. 내구성 있는 절연물로 완전히 덮어 감쌀 것
4. 철탑 위 등 관계 근로자가 아닌 사람이 접근할 우려가 없는 장소에 설치할 것

010

차량계 하역운반기계 등을 이송하기 위해 자주 또는 견인에 의해 화물자동차에 싣거나 내리는 작업을 할 때 발판, 성토 등을 사용하는 경우 기계 전도 또는 굴러떨어짐에 의한 위험을 방지하기 위한 준수사항 4가지 쓰시오.

답 1. 가설대 사용 시 충분한 강도 확보할 것
2. 지정운전자 외에는 운전하지 않도록 할 것
3. 발판 사용 시 충분한 강도 가진 것 사용할 것
4. 싣거나 내리는 작업은 평탄하고 견고한 장소에서 할 것

011

다음 빈칸을 채우시오.

> 총 공사금액이 (　A　) 이상인 건설공사발주자는 산업재해 예방을 위해 건설공사의 계획, 설계 및 시공단계에서 다음 각 호의 구분에 따른 조치를 해야 한다.
> 계획단계: 해당 건설공사에서 중점적으로 관리하여야 할 유해위험요인과 이의 감소방안을 포함한 (　B　)를 작성할 것
> 설계단계: (　B　)을 설계자에게 제공하고, 설계자로 하여금 유해위험요인의 감소방안을 포함한 (　C　)을 작성하게 하고 이를 확인할 것
> 시공단계: 건설공사발주자로부터 건설공사를 최초로 도급받은 수급인에게 (　C　)을 제공하고, 그 수급인에게 이를 반영하여 안전한 작업을 위한 (　D　)을 작성하게 하고 그 이행 여부를 확인할 것

답 A: 50억원　B: 기본안전보건대장　C: 설계안전보건대장　D: 공사안전보건대장

※ 3문제는 출제기준 변경/법개정으로 삭제되었습니다.

2회 기출문제

001

화재 등급에 따른 구분색 및 화재 종류를 나타낸 표이다. 빈칸을 채우시오.

등급	구분색	화재 종류
A급 화재	(A)	일반화재
B급 화재	(B)	유류화재
C급 화재	청색	(C)
D급 화재	무색	(D)

답 A : 백색 B : 황색 C : 전기화재 D : 금속화재

002

사업주가 전기기계, 기구를 설치하려는 경우의 고려사항 3개 쓰시오.

답 사용장소 주위 환경/충분한 전기적 용량/전기적 방호수단 적정성

003

비, 눈으로 작업을 중지시킨 후 또는 비계를 조립, 해체하거나 변경한 후 그 비계에서 작업을 하는 경우 작업시작 전 점검사항 4개 쓰시오.

답 기둥 침하 상태/로프 부착 상태/발판재료 부착 상태/손잡이 탈락 여부

004

사다리식 통로 설치 시 준수사항이다. 빈칸을 채우시오.

1. 사다리식 통로 길이가 10미터 이상인 경우에는 (　A　) 이내마다 계단참을 설치할 것
2. 사다리식 통로의 기울기는 75도 이하로 할 것. 다만, 고정식 사다리식 통로의 기울기는 (　B　) 이하로 하고, 그 높이가 7미터 이상이고, 등받이울이 있어도 근로자 이동에 지장이 없는 경우에는 바닥으로부터 높이가 (　C　) 되는 지점부터 등받이 울 설치할 것

답 A : 5m　B : 90도　C : 2.5m

005

용접 용단 시 화재감시자가 필요한 장소 3곳 쓰시오.

답 1. 작업반경 11m 이내 건물구조 내부에 가연성물질 있는 장소
2. 가연성물질이 금속으로 된 지붕 반대쪽 면에 인접해 있어 열복사에 의해 발화될 우려가 있는 장소
3. 작업반경 11m 이내 바닥 하부에 가연성물질이 11m 이상 떨어져 있지만 불꽃에 의해 쉽게 발화될 우려가 있는 장소

006

부두, 안벽 등 하역작업을 하는 장소에서 사업주가 할 조치사항 3개 쓰시오.

답 1. 통로 설치 시 폭 90cm 이상으로 할 것
2. 통로 등의 위험한 부분에는 안전난간 설치할 것
3. 통로 위험한 부분에는 안전하게 작업할 수 있는 조명 유지할 것

007

산업안전보건법상 사업장에 안전보건관리규정을 작성할 때 포함되어야 할 사항 4개 쓰시오.

답 사고조사/안전보건교육/작업장 안전보건관리/안전보건 관리조직 직무

008

안전보건표지의 명칭을 쓰시오.

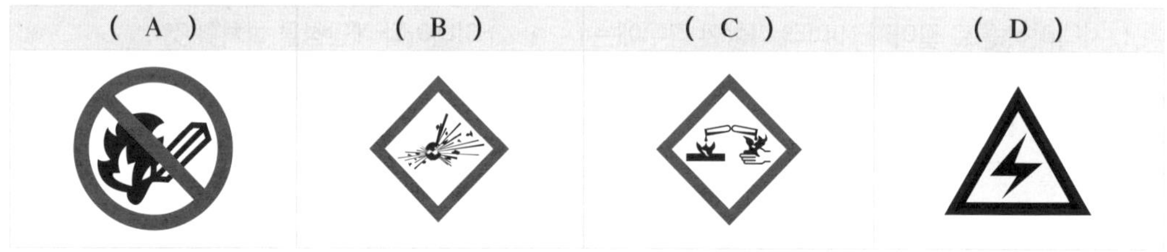

답 A: 화기금지　B: 폭발성물질경고　C: 부식성물질경고　D: 고압전기경고

009

산업안전보건법령상 사업 내 안전보건교육에 있어 특수형태 근로자의 최초 노무 제공 시 교육내용 6개 쓰시오.

답 1. 물질안전보건자료
2. 산업안전보건법령
3. 직무스트레스 예방
4. 산업안전 및 사고 예방
5. 산업보건 및 직업병 예방
6. 고객 폭언 등으로 인한 건강장해 예방

010

안전인증대상 기계, 기구, 설비 방호장치 또는 보호구에 해당하는 것 3가지 고르시오.

1. 파쇄기	2. 압력용기	3. 산업용 로봇	4. 크레인	5. 프레스	6. 컨베이어

답 2/4/5

011

공정안전보고서 포함사항 4개 쓰시오.

답 공정안전자료/안전운전계획/비상조치계획/공정위험성 평가서

※ 3문제는 출제기준 변경/법개정으로 삭제되었습니다.

3회 기출문제

001

산업용 로봇의 작동범위 내에서 해당 로봇에 대해 교시 등의 작업을 할 경우에는 해당 로봇의 예기치 못한 작동 또는 오조작에 의한 위험을 방지하기 위하여 관련지침을 정하여 그 지침에 따라 작업을 하도록 하여야 하는데, 관련 지침에 포함되어야 할 사항 4개 쓰시오.

답 로봇 조작방법/이상 발견 시 조치/작업 중 매니퓰레이터 속도/2명 이상 작업 시 신호방법

002

기계설비 방호장치의 기본원리 3가지 쓰시오.

답 차단/덮어씌움/위험 제거

003

다음 빈칸에 알맞은 말을 쓰시오.

> 사업주는 정전기 방지를 위해 화재 또는 폭발 등의 위험이 발생할 우려가 있을 시에는 확실한 방법으로 (　A　)를 하거나, (　B　)재료를 사용하거나 가습, 점화원이 될 우려가 없는 (　C　)장치를 사용하는 등 정전기 발생을 억제하거나 제거하기 위해 필요조치를 해야 한다.

답 A: 접지　B: 도전성　C: 제전

004

안전보건관리담당자의 직무를 4가지 쓰시오.

답 건강진단 지도/위험성평가 지도/작업환경측정 지도/안전보건교육 실시 지도

005

산업안전보건법령에 따른 근로자 정기안전보건교육내용 5가지 쓰시오.

답 1. 산업안전보건법령
2. 직무스트레스 예방
3. 산업안전 및 사고 예방
4. 산업보건 및 직업병 예방
5. 고객 폭언 등으로 인한 건강장해 예방

006

산업안전보건법상 안전인증대상 보호구 종류 8개 쓰시오.

답 안전대/안전화/보호복/안전장갑/방진마스크/방독마스크/송기마스크/용접용 보안면

007

추락방호망에 대한 다음 물음에 답하시오.

1. 추락방호망의 설치위치는 가능하면 작업면으로부터 가까운 지점에 설치하여야 하며, 작업면으로부터 망의 설치지점까지의 수직거리는 (A)미터를 초과하지 아니할 것
2. 건축물 등의 바깥쪽으로 설치하는 경우 추락방호망의 내민 길이는 벽면으로부터 (B)미터 이상 되도록 할 것

답 A : 10 B : 3

008 ☆

다음과 같은 신체장해등급 판정자가 나왔을 때 총요양근로손실일수를 구하시오.

• 사망 : 2명　• 1급 : 1명　• 2급 : 1명　• 3급 : 2명　• 9급 : 1명　• 10급 : 4명

답 근로손실일수

구분	사망 1~3	신체장해자등급										
		4	5	6	7	8	9	10	11	12	13	14
근로손실 일수(일)	7,500	5,500	4,000	3,000	2,200	1,500	1,000	600	400	200	100	50

→ 7,500 • (2+1+1+2)+1,000 • 1+600 • 4=48,400일

009

산업안전보건법상 사업장에 안전보건관리규정을 작성할 때 포함되어야 할 사항 4개 쓰시오.

답 사고조사/안전보건교육/작업장 안전보건관리/안전보건 관리조직 직무

010

말비계 조립 시 사업주의 준수사항이다. 빈칸을 채우시오.

1. 지주부재(支柱部材)의 하단에는 (　A　)를 하고, 근로자가 양측 끝부분에 올라서서 작업하지 않도록 할 것
2. 지주부재와 수평면의 기울기를 (　B　)도 이하로 하고, 지주부재와 지주부재 사이를 고정시키는 보조부재를 설치할 것
3. 말비계의 높이가 (　C　)미터를 초과하는 경우에는 작업발판의 폭을 (　D　)센티미터 이상으로 할 것

답 A : 미끄럼 방지장치　B : 75　C : 2　D : 40

011

화학설비 및 부속설비 관련 내용이다, 빈칸을 쓰시오.

사업주는 급성 독성물질이 지속적으로 외부에 유출될 수 있는 화학설비 및 그 부속설비에 파열판과 안전밸브를 (A   )로 설치하고 그 사이에는 (B   ) 또는 (C   )를 설치하여야 한다.

답 A: 직렬   B: 압력지시계   C: 자동경보장치

012

교류아크용접기(자동으로 작동되는 것은 제외한다)를 사용 시 교류아크용접기에 자동전격방지기를 설치하여야 하는 장소 3가지 구하시오.

답 1. 보일러 내부 등 도전체에 둘러싸인 장소
2. 철골 등 도전성 높은 물체에 근로자가 접촉할 우려가 있는 장소
3. 근로자가 땀으로 인해 도전성 높은 습윤 상태에서 작업하는 장소

※ 2문제는 출제기준 변경/법개정으로 삭제되었습니다.

MEMO

산업안전기사 2023년

04

필답형 기출문제
(기출중복문제 소거 정리)

잠깐! 더 효율적인 공부를 위한 링크들을 적극 이용하세요~!

직8딴 홈페이지

- 출시한 책 확인 및 구매

직8딴 카카오오픈톡방

- 실시간 저자의 질문 답변
(주7일 아침 11시~새벽 2시까지, 전화로도 함)
- 직8딴 구매자전용 복지와 혜택 획득
(최소 달에 40만원씩 기프티콘 지급)
- 구매자들과의 소통 및 EHS 관련 정보 습득

직8딴 네이버카페

- 실시간으로 최신화되는 정오표 확인
(정오표: 책 출시 이후 발견된 오타/오류를 모아놓은 표, 매우 중요)
- 공부에 도움되는 컬러버전 그림 및 사진 습득
- 직8딴 구매자전용 복지와 혜택 획득

직8딴 유튜브

- 저자 직접 강의 시청 가능
- 공부 팁 및 암기법 획득
- 국가기술자격증 관련 정보 획득

2023년 필답형 기출문제

기출 중복문제 소거 정리

1회 기출문제

001

소음관련 내용이다. 빈칸을 채우시오.

1. "소음작업"이란 1일 8시간 작업을 기준으로 (A) 이상 소음이 발생하는 작업을 말한다.
2. "강렬한 소음작업"이란 다음 각목의 어느 하나에 해당하는 작업을 말한다.
   가. 90데시벨 이상의 소음이 1일 (B)시간 이상 발생하는 작업
   다. 100데시벨 이상의 소음이 1일 (C)시간 이상 발생하는 작업
3. "충격소음작업"이란 소음이 1초 이상의 간격으로 발생하는 작업으로서 다음 각 목의 어느 하나에 해당하는 작업을 말한다.
   가. 120데시벨을 초과하는 소음이 1일 (D)회 이상 발생하는 작업

답 A: 85dB B: 8 C: 2 D: 10,000

002

가연성물질이 있는 장소에서 화재위험작업을 하는 경우에는 화재예방을 위한 사업주의 준수사항 3가지 쓰시오.

답 작업절차 수립/불티 비산방지조치/위험물 사용 현황 파악

003

다음에 해당하는 충전전로에 대한 접근 한계거리를 쓰시오.

1. 380V 2. 1.5kV 3. 6.6kV 4. 22.9kV

답 1. 30cm 2. 45cm 3. 60cm 4. 90cm

004

종합재해지수(FSI)를 구하시오.

- 작업자수: 500명
- 연근무시간: 2,500시간
- 연재해발생건수: 20건
- 근로손실일수: 900일
- 재해자수: 100명

해 $종합재해지수 = \sqrt{도수율 \cdot 강도율} = \sqrt{16 \cdot 0.72} = 3.39$

$도수율 = \frac{재해건수}{연근로시간수} \cdot 10^6 = \frac{20}{500 \cdot 2,500} \cdot 10^6 = 16$

$강도율 = \frac{총요양근로손실일수}{연근로시간수} \cdot 10^3 = \frac{900}{500 \cdot 2,500} \cdot 10^3 = 0.72$

$총요양근로손실일수 = 장해등급에\ 따른\ 근로손실일수 + 휴업일수 \cdot \frac{연근로일}{365}$

답 종합재해지수: 3.39

005

가설통로 설치 시 준수사항 4개 쓰시오.

답 1. 견고한 구조로 할 것
2. 경사 30도 이하로 할 것
3. 추락 위험있는 장소에 안전난간 설치할 것
4. 경사 15도 초과 시 미끄러지지 않는 구조로 할 것

006

보호구에 대한 정의이다, 빈칸을 쓰시오.

1. 물체가 떨어지거나 날아올 위험 또는 근로자가 추락할 위험이 있는 작업: (A)
2. 높이 또는 깊이 2미터 이상의 추락할 위험이 있는 장소에서 하는 작업: (B)
3. 물체가 흩날릴 위험이 있는 작업: (C)
4. 고열에 의한 화상 등의 위험이 있는 작업: (D)

답 (윗 해설 참조)
A: 안전모 B: 안전대 C: 보안경 D: 방열복

007

보호구 안전인증대상인 차광보안경 종류 4개 쓰시오.

답 용접용/복합용/자외선용/적외선용

008

비, 눈으로 작업을 중지시킨 후 또는 비계를 조립, 해체하거나 변경한 후 그 비계에서 작업을 하는 경우 작업시작 전 점검사항 4개 쓰시오.

답 기둥 침하 상태/로프 부착 상태/발판재료 부착 상태/손잡이 탈락 여부

009

사업주가 과압에 따른 폭발을 방지하기 위하여 폭발 방지 성능과 규격을 갖춘 안전밸브 또는 파열판을 설치해야 한다. 이 중 반드시 파열판을 설치해야 하는 경우 3개 쓰시오.

답 1. 급격한 압력상승 우려 있는 경우
2. 급성 독성물질 누출로 작업환경 오염될 우려 있는 경우
3. 운전 중 안전밸브에 이상 물질 누적되어 안전밸브가 작동되지 않을 우려 있는 경우

010

타워크레인 설치, 해체 시 근로자 특별 안전보건 교육내용 3개 쓰시오.

답 신호방법/재해방지/부재구조

011

기존 설비의 제조·취급·저장 물질이 변경되거나 제조량·취급량·저장량이 증가하여 유해위험물질 규정량에 해당하게 된 경우 고용노동부령으로 정하는 바에 따라 공정보고서를 작성해 고용노동부장관에게 제출해야 한다. 다음 유해위험물질 규정량을 쓰시오.

• 염산(중량 20% 이상) : 제조/취급/저장 : (　A　)　• 암모니아 : 제조/취급/저장 : (　B　)
• 황산(중량 20% 이상) : 제조/취급/저장 : (　C　)　• 인화성가스 : 제조/취급 : (　D　)

답 A : 20,000kg　B : 10,000kg　C : 20,000kg　D : 5,000kg

012

위험성평가를 실시하려 한다. 실시순서를 보기에서 찾아 번호로 쓰시오.

보기

1. 사전준비
2. 위험성 감소대책 수립 및 실행
3. 위험성 결정
4. 유해 · 위험요인 파악
5. 위험성평가 실시내용 및 결과에 관한 기록 및 보존

답 1→4→3→2→5

013

조명은 근로자들의 작업환경의 측면에서 중요한 안전요소이다. 산업안전보건기준에 관한 규칙에서 규정하는 다음의 작업장소의 조도기준을 쓰시오.

1. 초정밀 작업 : (　A　)lux 이상　2. 정밀 작업 : (　B　)lux 이상
3. 보통 작업 : (　C　)lux 이상　4. 그 밖의 작업 : (　D　)lux 이상

답 A : 750　B : 300　C : 150　D : 75

014

설치, 이전하거나 그 주요 구조부분을 변경하려는 경우, 유해위험방지계획서를 작성해 고용노동부장관에게 제출하고 심사를 받아야하는 대통령령으로 정하는 기계, 기구 및 설비에 해당하는 것을 3가지 쓰시오.

답 화학설비/건조설비/금속 용해로

2회 기출문제

001

감전방지용 누전차단기를 설치해야 하는 전기기계, 기구 종류 4가지 쓰시오.

답 1. 대지전압 150V 초과하는 휴대형 전기기계
2. 철골 위 등 도전성 높은 장소에서 사용하는 휴대형 전기기계
3. 임시배선 전로가 설치되는 장소에서 사용하는 휴대형 전기기계
4. 물 등 도전성 높은 액체가 있는 습윤장소에서 사용하는 저압용 전기기계

002

목재가공용 둥근톱에 대한 방호장치 중 분할날이 갖추어야 할 사항이다. 빈칸을 채우시오.

1. 분할 날의 두께는 둥근톱 두께의 (A)배 이상으로 한다.
2. 견고히 고정할 수 있으며 분할 날과 톱날 원주면과의 거리는 (B)mm 이내로 조정, 유지할 수 있어야 한다.
3. 표준 테이블면 상의 톱 뒷날의 (C) 이상을 덮도록 한다.
4. 분할날 조임볼트는 (D) 이상일 것
5. 볼트는 (E)조치가 되어 있을 것

답 A: 1.1 B: 12 C: 2/3 D: 2개 E: 이완방지

003

잠함 또는 우물통의 내부에서 굴착작업을 하는 경우에 잠함 또는 우물통의 급격한 침하로 인한 위험을 방지하기 위한 준수사항 2개 쓰시오.

답 침하 관계도에 따라 굴착방법 정할 것/바닥에서 천장까지 높이 1.8m 이상으로 할 것

004

다음에 해당하는 충전전로에 대한 접근 한계거리를 쓰시오.

1. 2kV 초과 15kV 이하	2. 37kV 초과 88kV 이하	3. 145kV 초과 169kV 이하

답 1. 60cm 2. 110cm 3. 170cm

005

다음 보기에 답하시오.

1. 안전보건관리규정 작성 시 포함사항 4가지
2. 소프트웨어 개발 및 공급업에서 안전보건관리규정을 작성해야 하는 상시근로자 수

답 1. 사고조사/안전보건교육/작업장 안전보건관리/안전보건 관리조직 직무 2. 300명 이상

006

로봇작업에 대한 특별 안전보건 교육을 실시할 때 교육내용 4개 쓰시오.

답 로봇 구조/안전기준/조작방법/이상 발생 시 응급조치

007

유해위험 방지를 위해 방호조치가 필요한 기계, 기구 종류 5개 쓰시오.

답 예초기/원심기/지게차/래핑기/공기압축기

008

강아치 지보공 조립 시 사업주의 조치사항 4가지 쓰시오.

답 1. 조립 간격은 조립도에 따를 것
2. 터널 출입구 부분에 받침대 설치할 것
3. 띠장 사용해 주재 상호간 튼튼히 연결할 것
4. 낙하물이 근로자에게 위험을 미칠 우려 있을 시 널판 설치할 것

009

건설업 중 건설공사 유해위험방지계획서의 제출기한과 첨부서류를 3가지 쓰시오.

답 제출기한: 착공 전날까지　첨부서류: 공사 개요/안전보건관리계획/유해위험방지계획

010

산업안전보건위원회의 구성에서 근로자위원의 자격 3개 쓰시오.

답 근로자 대표/근로자 9명 이내/명예산업안전감독관 1명 이상

011

다음 방폭구조의 표시기호를 쓰시오.

1. 충전방폭구조	2. 특수방폭구조	3. 안전증방폭구조	4. 유입방폭구조

답 1. Ex q　2. Ex s　3. Ex e　4. Ex o

012

절단하중이 43kN인 와이어로프로 1,200kg의 화물을 두줄 걸이로 상부 각도 108도로 인양 시 안전률과 그 안전률이 적합한지 판단하시오.

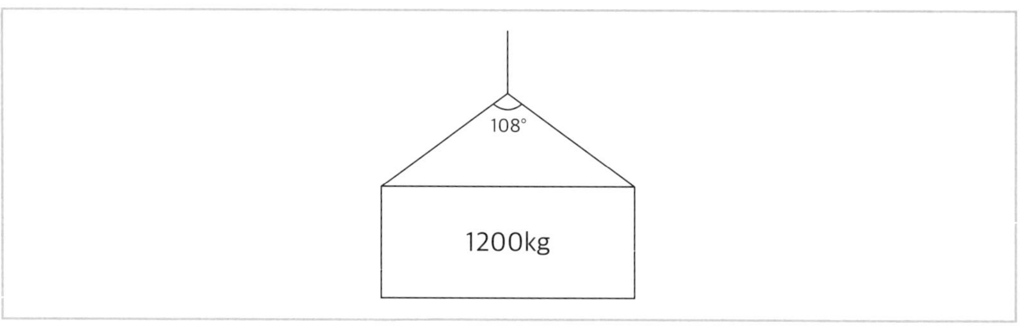

해 $1kg = 9.8N$

$무게 = 1{,}200 \cdot 9.8 = 11{,}760N$

$$안전률 = \frac{절단하중}{한\ 와이어로프\ 하중} = \frac{43{,}000}{10{,}003.653} = 4.3$$

$$한\ 와이어로프\ 하중 = \frac{화물무게}{2 \cdot COS(\frac{상부각도}{2})} = \frac{11{,}760}{2 \cdot COS(\frac{108}{2})} = 10{,}003.653N$$

화물 하중 직접 지지하는 달기와이어로프 경우 안전률 : 5 이상

$\rightarrow 4.3 < 5$, 부적합

답 안전율 : 4.3, 부적합

013

다음 장소에 설치해야 하는 경고표지 종류를 쓰시오.

1. 돌 및 블록 등 떨어질 우려가 있는 물체가 있는 장소
2. 미끄러운 장소 등 넘어지기 쉬운 장소, 경사진 통로 입구
3. 휘발유 등 화기 취급을 극히 주의해야 하는 물질이 있는 장소
4. 폭발성 물질이 있는 장소

답 1. 낙하물체 경고 2. 몸균형 상실 경고 3. 인화성물질 경고 4. 폭발성물질 경고

※ 1문제는 출제기준 변경/법개정으로 삭제되었습니다.

3회 기출문제

001

연삭숫돌의 파괴원인 4개 쓰시오.

답 측면 사용 시/자체 균열 있을 시/회전속도 너무 빠를 시/내경 크기 적당치 못할 시

002

용접작업을 하는 작업자가 전압이 200V인 충전부분에 물에 젖은 손이 접촉, 감전되어 사망했다. 이때 인체에 통전된 심실세동전류(mA)와 통전시간(ms)을 계산하시오.(단, 인체저항은 1,000Ω 이다.)

해 물에 젖으면 저항 $\frac{1}{25}$ 감소

$V(\text{전압}) = 200V,\ \ R(\text{저항}) = 1{,}000 \cdot \frac{1}{25} = 40\Omega$

$\rightarrow I(\text{심실세동전류}, A) = \frac{V}{R} = \frac{200}{40} = 5A = 5{,}000mA$

$I(\text{심실세동전류}, A) = \frac{165 \cdot 10^{-3}(A)}{\sqrt{\text{통전시간}(s)}}$

$\rightarrow \text{통전시간}(s) = (\frac{165 \cdot 10^{-3}}{I})^2 = (\frac{165 \cdot 10^{-3}}{5})^2 = 0.00109s = 1.09ms$

$1s = 1{,}000ms$

답 심실세동전류: 5,000mA 통전시간: 1.09ms

003

산업안전보건법령에 따른 건설업 기초안전보건교육내용 2개 쓰시오.

답 건설공사 종류 및 시공 절차/산업재해 안전보건조치

004

다음 각 업종에 해당하는 안전관리자 최소인원을 쓰시오.

1. 식료품 제조업: 상시근로자 600명
2. 1차 금속 제조업: 상시근로자 200명
3. 플라스틱제품 제조업: 상시근로자 300명
4. 건설업: 공사금액 1,000억원

답 1. 2명　2. 1명　3. 1명　4. 2명

005

화학설비 및 부속설비 관련 내용이다, 빈칸을 쓰시오.

- 사업주는 급성 독성물질이 지속적으로 외부에 유출될 수 있는 화학설비 및 그 부속설비에 파열판과 안전밸브를 (A)로 설치하고 그 사이에는 (B) 또는 (C)를 설치하여야 한다.
- 사업주는 설치한 안전밸브등이 안전밸브등을 통하여 보호하려는 설비의 최고사용압력 이하에서 작동되도록 하여야 한다. 다만, 안전밸브등이 2개 이상 설치된 경우에 1개는 최고사용압력의 (D) 배(외부화재를 대비한 경우에는 (E)배) 이하에서 작동되도록 설치할 수 있다.

답 A: 직렬　B: 압력지시계　C: 자동경보장치　D: 1.05　E: 1.1

006

사업장 안전보건 중요사항을 심의의결하기 위해 사업장에 근로자위원과 사용자위원 같은 수로 구성되는 회의체의 이름과 회의주기를 쓰고, 근로자위원과 사용자위원 자격 3가지씩 쓰시오.

답 이름: 산업안전보건위원회
회의주기: 분기마다
근로자위원 자격: 근로자 대표/1명 이상의 명예산업 안전감독관/9명 이내의 근로자
사용자위원: 사업 대표/안전관리자 1명/보건관리자 1명

007

다음 장치의 방호장치 1가지씩 쓰시오.

1. 원심기　2. 공기압축기　3. 금속절단기

답 1. 회전체 접촉 예방장치　2. 압력방출장치　3. 날접촉예방장치

008

특급 방진마스크 사용장소 2곳 쓰시오.

답 석면 취급장소/베릴륨 함유 분진 발생장소

009

안전관리자 수를 정수 이상으로 증원하게 하거나 교체하여 임명할 수 있는 경우에 해당하는 내용 3개 쓰시오.

답 1. 중대재해 연간 2건 이상 발생
2. 관리자가 질병으로 3개월 이상 직무수행 불가능할 때
3. 연간 재해율이 같은 업종 평균 재해율 2배 이상 발생

010

사망만인율 공식과 사망자수에 미포함되는 경우 2가지 쓰시오.

답 공식: 사망만인율 = $\frac{\text{사망자수}}{\text{산재보험적용근로자수}} \cdot 10^4$

미포함 경우: 체육행사에 의한 사망/사고발생일로 1년 경과해 사망

011

산업안전보건법령상 다음 경우에 해당하는 항타기, 항발기, 양중기의 권상용 와이어로프(또는 달기체인)의 안전계수를 쓰시오.

1. 근로자가 탑승하는 운반구를 지지하는 달기와이어로프 또는 달기체인 경우 : (A) 이상
2. 화물의 하중을 직접 지지하는 달기와이어로프 또는 달기체인의 경우 : (B) 이상
3. 훅, 샤클, 클램프, 리프팅 빔의 경우 : (C) 이상

답 A : 10 B : 5 C : 3

※ 3문제는 출제기준 변경/법개정으로 삭제되었습니다.

산업안전기사 2024년

05

필답형 기출문제
(기출중복문제 소거 정리)

잠깐! 더 효율적인 공부를 위한 링크들을 적극 이용하세요~!

직8딴 홈페이지

- 출시한 책 확인 및 구매

직8딴 카카오오픈톡방

- 실시간 저자의 질문 답변
(주7일 아침 11시~새벽 2시까지, 전화로도 함)
- 직8딴 구매자전용 복지와 혜택 획득
(최소 달에 40만원씩 기프티콘 지급)
- 구매자들과의 소통 및 EHS 관련 정보 습득

직8딴 네이버카페

- 실시간으로 최신화되는 정오표 확인
(정오표: 책 출시 이후 발견된 오타/오류를 모아놓은 표, 매우 중요)
- 공부에 도움되는 컬러버전 그림 및 사진 습득
- 직8딴 구매자전용 복지와 혜택 획득

직8딴 유튜브

- 저자 직접 강의 시청 가능
- 공부 팁 및 암기법 획득
- 국가기술자격증 관련 정보 획득

5 2024년 필답형 기출문제

기출 중복문제 소거 정리

1회 기출문제

001

다음 빈칸을 채우시오.

1. 고용노동부장관은 사업주가 필요한 안전조치 또는 보건조치를 이행하지 아니하여 중대재해가 발생한 사업장에 안전보건진단을 받아 (A)을 수립해 시행할 것을 명할 수 있다.
2. (A)를 제출해야 하는 사업주는 (A) 수립·시행 명령을 받은 날부터 (B) 이내에 관할 지방고용노동관서의 장에게 해당 계획서를 제출(전자문서로 제출하는 것을 포함한다)해야 한다.

답 A: 안전보건개선계획 B: 60일

002

클러치 맞물림개수 5개, SPM 400인 동력프레스의 양수기동식 안전거리(mm)를 구하시오.

해 양수기동식 안전거리

$D = 1.6 \cdot T_m = 1.6 \cdot 105 = 168mm$

$T_m = (\frac{1}{\text{클러치 수}} + \frac{1}{2}) \cdot \frac{60,000}{\text{분당행정수}} = (\frac{1}{5} + \frac{1}{2}) \cdot \frac{60,000}{400} = 105ms$

D: 안전거리(mm) T_m: 슬라이드가 하사점 도달하는 시간(ms)

답 안전거리: 168mm

003

유해위험 방지를 위한 방호조치를 아니 하고는 양도, 대여, 설치, 진열해서는 안 되는 기계, 기구 종류 3개 쓰시오.

답 예초기/원심기/지게차

004

안전밸브 형식 표시사항이 'SF II 1 – B'이다. 이것을 설명하시오.

답 S: 증기의 분출압력을 요구　F: 전량식　II: 호칭지름이 25mm 초과 50mm 이하
1: 호칭압력이 1MPa 이하　B: 평형형

005

다음 조건으로 강도율을 구하시오.

• 근로자 수: 2,000명	• 주당 30시간씩 연간 50주 근무	• 1년 재해 건수: 30건
• 근로손실일수: 1,100일	• 사망자: 1명	• 결근율: 6%
• 조기출근 및 잔업시간의 합계: 100,000시간		• 조퇴: 5,000시간

해 사망 : 7,500일

$$\text{강도율} = \frac{\text{총요양근로손실일수}}{\text{연근로시간수}} \cdot 10^3 = \frac{7{,}500+1{,}100}{2{,}000 \cdot 30 \cdot 50 \cdot (1-0.06)+100{,}000-5{,}000} \cdot 10^3 = 2.95$$

$$\text{총요양근로손실일수} = \text{장해등급에 따른 근로손실일수} + \text{휴업일수} \cdot \frac{\text{연근로일}}{365}$$

답 강도율: 2.95

006

철골작업 중지해야 하는 기상조건이다. 빈칸을 채우시오.

1. 풍속 (A)m/s 이상	2. 강우량 (B)mm/h 이상	3. 강설량 (C)cm/h 이상

답 A: 10　B: 1　C: 1

007

다음 빈칸을 채우시오.

1. 사업주가 작업중지명령 해제신청서를 제출하는 경우에는 미리 유해·위험요인 개선내용에 대하여 중대재해가 발생한 해당작업 (A)의 의견을 들어야 한다.
2. 지방고용노동관서의 장은 제1항에 따라 작업중지명령 해제를 요청받은 경우에는 (B)으로 하여금 안전·보건을 위하여 필요한 조치를 확인하도록 하고, 천재지변 등 불가피한 경우를 제외하고는 해제요청일 다음 날부터 (C) 이내(토요일과 공휴일을 포함하되, 토요일과 공휴일이 연속하는 경우에는 3일까지만 포함한다)에 법에 따른 작업중지해제 심의위원회(이하 "심의위원회"라 한다)를 개최하여 심의한 후 해당조치가 완료되었다고 판단될 경우에는 즉시 작업중지명령을 해제해야 한다.

답 A: 근로자 B: 근로감독관 C: 4일

008

손쳐내기식 방호장치를 사용하는 기계, 기구 명칭과 분류 기호를 쓰시오.

답 명칭: 프레스 분류 기호: D

009

산업안전보건법상 안전인증 심사 중 형식별 제품심사기간을 60일로 하는 안전인증대상 보호구 5가지 쓰시오.

답 안전화/보호복/안전장갑/방진마스크/방독마스크

010

누전차단기 접속시 준수사항이다. 빈칸을 채우시오.

> 전기기계·기구에 설치되어 있는 누전차단기는 정격감도전류가 (A)밀리암페어 이하이고 작동시간은 (B)초 이내일 것. 다만, 정격전부하전류가 50암페어 이상인 전기기계·기구에 접속되는 누전차단기는 오작동을 방지하기 위하여 정격감도전류 (C)밀리암페어 이하로, 작동시간 (D)초 이내로 할 수 있다.

답 A : 30 B : 0.03 C : 200 D : 0.1

011

산업안전보건법상 사업장에 안전보건관리규정을 작성할 때 포함되어야 할 사항 3개 쓰시오.

답 사고조사/안전보건교육/작업장 안전보건관리

012

공정안전보고서의 내용 중 공정위험성 평가서에서 적용하는 위험성 평가기법에 있어 저장탱크설비, 유틸리티설비 및 제조공정 중 고체 건조 · 분쇄설비 등 간단한 단위공정에 대한 위험성 평가기법 3개 쓰시오.

답 체크리스트기법/작업자실수분석기법/상대 위험순위결정기법

013

안전보건표지의 명칭을 쓰시오.

답 A: 들것 B: 폭발성물질경고 C: 부식성물질경고 D: 물체이동금지

014

보호구 안전인증 고시상 안전모의 성능시험 항목 5개 쓰시오.

답 난연성/내수성/내관통성/내전압성/턱끈풀림

2회 기출문제

001

산업안전보건법령상 중대산업사고 정의와 중대산업사고 예방하기 위해 고용노동부장관에게 제출하는 보고서 명칭을 쓰시오.

답 중대산업사고 : 설비로부터의 위험물질 누출 등으로 인해 사업장 내 근로자에게 즉시 피해를 주거나 인근 지역에 피해 줄 수 있는 사고

보고서 명칭 : 공정안전보고서

002

다음 보기에 답하시오.

1. 안전보건관리규정 작성 시 포함사항 3가지
2. 자동차 제조업에서 안전보건관리규정을 작성해야 하는 상시근로자 수

답 1. 사고조사/안전보건교육/작업장 안전보건관리 2. 100명 이상

003

산업안전보건법상 설치·이전하는 경우 안전인증 받아야 하는 기계 종류 3가지 쓰시오.

답 크레인/리프트/곤돌라

004

건설용 리프트, 곤돌라를 이용하는 작업에서 사업자가 근로자에게 하는 특별안전보건 교육내용 2개 쓰시오.

답 신호방법/기계점검

005

작업장에서 취급하는 물질안전보건자료 대상물질의 물질안전보건자료 내용을 근로자에게 교육해야 하는 경우 3가지 쓰시오.

답 1. 유해위험성 정보 변경 시
2. 새로운 물질안전보건자료 대상물질 도입 시
3. 물질안전보건자료 대상물질을 저장하는 작업에 근로자 배치 시

006

비등액 팽창 증기 폭발(BLEVE)에 영향을 주는 인자 3개 쓰시오.

답 주위 온도/저장용기 재질/저장물질 종류

007

화물운반용이나 고정용에 이용되는 섬유로프의 사용금지 규정 2가지 쓰시오.

답 꼬임 끊어진 것/심하게 부식된 것

008

산업용 로봇의 작동범위 내에서 해당 로봇에 대해 교시 등의 작업을 할 경우에는 해당 로봇의 예기치 못한 작동 또는 오조작에 의한 위험을 방지하기 위하여 관련지침을 정하여 그 지침에 따라 작업을 하도록 하여야 하는데, 관련 지침에 포함되어야 할 사항 4개 쓰시오.

답 로봇 조작방법/이상 발견 시 조치/작업 중 매니퓰레이터 속도/2명 이상 작업 시 신호방법

009

사업주가 제품의 생산 공정과 직접적으로 관련된 건설물·기계·기구 및 설비 등 전부를 설치·이전하거나 그 주요 구조부분을 변경하려는 경우 유해위험방지계획서 제출 시 첨부 서류 3가지 쓰시오.

답 건축물 각 층 평면도/기계·설비 배치도면/기계·설비 개요 나타내는 서류

010

다음은 크레인, 리프트, 곤돌라 안전검사 주기에 관한 사항이다. 빈칸을 채우시오.

> 사업장에 설치가 끝난 날부터 (A) 이내에 최초 안전검사를 실시하되, 그 이후부터 (B)마다 (건설현장에서 사용하는 것은 최초로 설치한 날로부터 (C)마다) 안전검사를 실시한다.

답 A : 3년 B : 2년 C : 6개월

011

산업안전보건법에서 산업안전보건위원회의 회의록 내용(작성사항) 3개 쓰시오.

답 출석위원/심의내용/개최 일시 및 장소

012

산업안전보건법상 다음을 설명하는 양중기 종류를 쓰시오.

1. 동력을 사용하여 중량물을 매달아 상하 및 좌우(수평 또는 선회를 말한다)로 운반하는 것을 목적으로 하는 기계 또는 기계장치
2. 훅이나 그 밖의 달기구 등을 사용하여 화물을 권상 및 횡행 또는 권상동작만을 하여 양중하는 것
3. 원동기를 내장하고 있는 것으로서 불특정 장소에 스스로 이동할 수 있는 크레인으로 동력을 사용하여 중량물을 매달아 상하 및 좌우(수평 또는 선회를 말한다)로 운반하는 설비로서 「건설기계관리법」을 적용 받는 기중기 또는 「자동차관리법」제3조에 따른 화물·특수자동차의 작업부에 탑재하여 화물운반 등에 사용하는 기계 또는 기계장치

답 1. 크레인　2. 호이스트　3. 이동식 크레인

013

절단하중이 43kN인 와이어로프로 1,200kg의 화물을 두줄걸이로 상부 각도 108도로 인양 시 안전률과 그 안전률이 적합한지 판단하시오.

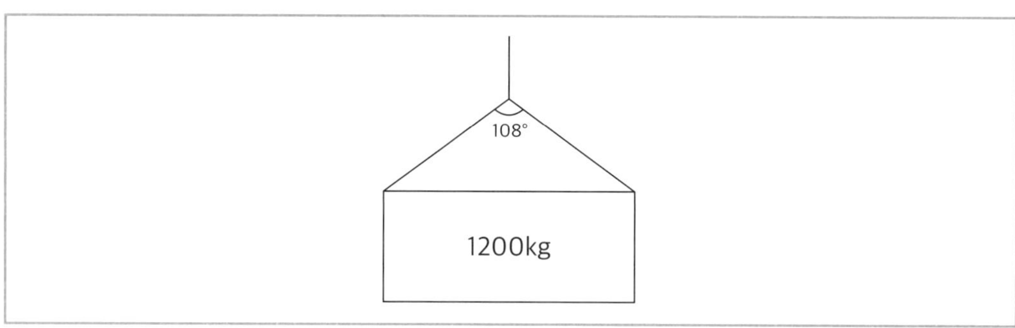

해 $1kg = 9.8N$

$무게 = 1,200 \cdot 9.8 = 11,760N$

$$안전률 = \frac{절단하중}{한\ 와이어로프\ 하중} = \frac{43,000}{10,003.653} = 4.3$$

$$한\ 와이어로프\ 하중 = \frac{화물무게}{2 \cdot COS(\frac{상부각도}{2})} = \frac{11,760}{2 \cdot COS(\frac{108}{2})} = 10,003.653N$$

화물 하중 직접 지지하는 달기와이어로프 경우 안전률 : 5 이상

$\rightarrow$ 4.3 < 5, 부적합

답 안전율: 4.3, 부적합

014

관계자 외 출입금지표지 중 허가대상물질 작업장 표지 하단에 작성하는 내용 2가지 쓰시오.

답 보호구, 보호복 착용/흡연 및 음식물 섭취 금지

3회 기출문제

001

다음 조건으로 사망만인율(‱)을 구하시오.

• 사망자수: 10명	• 임금 근로자수: 21,000명	• 산재보험적용 근로자수: 19,000명

해 $사망만인율 = \frac{사망자수}{산재보험적용근로자수} \cdot 10^4 = \frac{10}{19,000} \cdot 10^4 = 5.26‱$

답 사망만인율: 5.26

002

다음 설명에 해당하는 재해발생 형태를 쓰시오.

1. 폭발과 화재의 2가지 현상이 복합적으로 발생한 경우
2. 재해 당시 바닥면과 신체가 떨어진 상태로 더 낮은 위치로 떨어진 경우
3. 재해 당시 바닥면과 신체가 접해있는 상태에서 더 낮은 위치로 떨어진 경우
4. 재해자가 전도로 인해 기계의 동력 전달부위 등에 끼어 신체부위가 절단된 경우

답 1. 폭발 2. 떨어짐 3. 넘어짐 4. 끼임

003

다음 내용에 빈칸을 쓰시오.

주식회사 중 대통령령으로 정하는 회사의 대표이사는 대통령령으로 정하는 바에 따라 매년 회사의 안전 및 보건에 관한 계획을 수립하여 이사회에 보고하고 승인을 받아야 한다.
"대통령령으로 정하는 회사"란 다음 각 호의 어느 하나에 해당하는 회사를 말한다.
1. 상시근로자 (A) 이상을 사용하는 회사
2. 「건설산업기본법」에 따라 평가하여 공시된 시공능력의 순위 상위 (B) 이내의 건설회사

답 A: 500명 B: 1천(=1,000)위

004

근로자가 반복하여 계속적으로 중량물을 취급하는 작업을 할 때 작업시작 전 점검사항 3개 쓰시오.

답 1. 중량물 취급의 올바른 자세
2. 위험물 날아 흩어짐에 따른 보호구 착용
3. 습기에 의한 위험성 존재하는 중량물 취급방법

005

산업안전보건법상 위험물질 종류에 있어 각 종류에 해당하는 것을 보기에서 찾으시오.

보기

1. 황	2. 리튬	3. 마그네슘 분말	4. 등유	5. 과염소산	6. 아세틸렌

1. 산화성액체/산화성고체 2. 인화성 가스 3. 인화성 액체

답 1. 5 2. 6 3. 4

006

작업자가 고소작업을 하다 추락하였다. 사진 속 추락 방지를 위한 보호구의 이름과 정의 및 구조 2가지를 쓰시오.

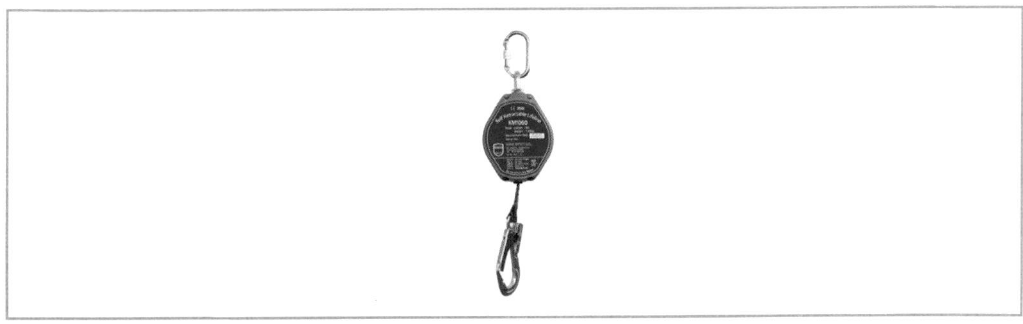

답 이름: 안전블록
정의: 추락 발생 시 자동잠김장치 있고, 죔줄이 자동 수축되는 장치
구조조건: 자동 잠김장치 갖출 것/부식 방지 처리할 것

007

인체에 대전된 정전기에 의한 화재 또는 폭발 위험이 있는 경우에 사업주 조치사항 4가지 쓰시오.

답 제전복 착용/정전기 제전용구 사용/정전기 대전방지용 안전화 착용/작업장 바닥 등에 도전성 갖추도록 함

008

연삭숫돌의 파괴원인 4개 쓰시오.

답 측면 사용 시/자체 균열 있을 시/회전속도 너무 빠를 시/내경 크기 적당치 못할 시

009

다음 빈칸을 채우시오.

- 사업주는 사업장에 대통령령으로 정하는 유해하거나 위험한 설비가 있는 경우 중대산업 사고를 예방하기 위하여 대통령령으로 정하는 바에 따라 (A)를 작성하고 고용노동부장관에게 제출하여 심사를 받아야 한다.
- 사업주는 (A)를 작성할 때 (B)의 심의를 거쳐야 한다. 다만, (B)가 설치되어 있지 아니한 사업장의 경우에는 근로자대표의 의견을 들어야 한다.

답 A: 공정안전보고서 B: 산업안전보건위원회

010

1급 방진마스크 사용장소 3곳 쓰시오.

답 1. 금속흄 발생장소
2. 특급마스크 착용장소 제외한 분진 발생장소
3. 기계적으로 생기는 분진 발생장소(규소 제외)

011

내전압용 절연장갑의 성능기준에 있어 각 등급에 대한 최대사용전압을 쓰시오.

등급	최대사용전압		색상
	교류(V, 실효값)	직류(V)	
00	500	(A)	갈색
0	(B)	1,500	빨간색
1	7,500	11,250	흰색
2	17,000	25,500	노란색
3	26,500	39,750	녹색
4	(C)	(D)	등색

답 A : 750　B : 1,000　C : 36,000　D : 54,000

012

다음 보기 중 산업안전보건기준에 관한 규칙에서 누전에 의한 감전의 위험을 방지하기 위해 접지를 실시하는 코드와 플러그를 접속해 사용하는 전기기계, 기구 종류 2가지 고르시오.

- 사용전압이 대지전압 60볼트를 넘는 것
- 고정형 손전등
- 도전성이 높은 곳에서 사용하는 비접지형 콘센트
- 냉장고

답 도전성이 높은 곳에서 사용하는 비접지형 콘센트/냉장고

013

산업안전보건법상 양중기 종류 5가지 쓰시오.

답 승강기/곤돌라/이동식 크레인/크레인(호이스트 포함)/리프트(이삿짐운반용 리프트 경우 적재하중 0.1톤 이상인 것으로 한정)

014

건설현장에서 사용하는 작업발판 일체형 거푸집 종류 4개 쓰시오.

답 갱 폼/슬립 폼/클라이밍 폼/터널 라이닝 폼

산업안전기사 2012~24년

06

작업 서술형
(기출중복문제 소거 정리)

잠깐! 더 효율적인 공부를 위한 링크들을 적극 이용하세요~!

직8딴 홈페이지

- 출시한 책 확인 및 구매

직8딴 카카오오픈톡방

- 실시간 저자의 질문 답변
(주7일 아침 11시~새벽 2시까지, 전화로도 함)
- 직8딴 구매자전용 복지와 혜택 획득
(최소 달에 40만원씩 기프티콘 지급)
- 구매자들과의 소통 및 EHS 관련 정보 습득

직8딴 네이버카페

- 실시간으로 최신화되는 정오표 확인
(정오표: 책 출시 이후 발견된 오타/오류를 모아놓은 표, 매우 중요)
- 공부에 도움되는 컬러버전 그림 및 사진 습득
- 직8딴 구매자전용 복지와 혜택 획득

직8딴 유튜브

- 저자 직접 강의 시청 가능
- 공부 팁 및 암기법 획득
- 국가기술자격증 관련 정보 획득

작업형 공부관련 팁!

모든 문제는 다 컴퓨터를 통해 영상으로 나옵니다.

문제에는
1. 영상봐야 맞는 문제(위험요소 찾는 것, 해당 부위나 장비명)
2. 영상보지 않아도 되는 문제(보호구 종류나 법령 문제)
3. 영상보면 틀리는 문제(영상은 사고영상이나 법령을 묻는 문제)

이렇게 있으니까 항상 문제를 먼저 읽고 법령인지 잘 파악하세요(사업주가 ~ ~ ~ 이러면 법령문제!)

영상설명글 있는 문제는 가볍게 봐주세요.

그냥 '아 이런 상황에서는 이런 답변이 가능하구나 ~ ~' 이렇게,,,
왜냐면 실제 영상에서는 변수가 많습니다,,, 기출문제는 복원이에요 복원
우리의 기억으로 만든 것들,,, 매우 불완전하죠,,
그러니 영상설명글이 있는 문제는 가볍게 보시고, 그 외 문제들에 공부시간 투자를 더 해주시면 됩니다!

책에는 필수불가결한 사진/그림 만 있어요.

만약 공부에 필요한 사진과 그림을 보고 싶으시다면!
1. 직8딴 강의를 통해 관련 사진을 보시면 됩니다!
2. 직8딴 네이버카페 교육자료 코너에 들어가서 관련 사진을 보시면 됩니다!

컴퓨터로 보는 것이고, 영상 나온다하니 생소하겠지만 불안해하지 마세요.

시험이든 무엇을 하든 간에 항상 자신감이 중요해요!!
즉 우리 심리상태가 매우 중요한 것이죠!!
작업형! 별 것 없습니다!!!!! 그저 컴퓨터로 영상이 나오고 종이에 답을 적는 것뿐!
그러니 너무 불안해 하거나 걱정하지 마세요~!

6 2012~2024년 작업 서술형

기출 중복문제 소거 정리

001

☆☆☆☆☆

프레스 등을 사용하여 작업할 때 작업시작 전 점검사항 3개 쓰시오.

해

1. 프레스 등을 사용하여 작업을 할 때	1. 클러치 및 브레이크의 기능 2. 크랭크축 · 플라이휠 · 슬라이드 · 연결봉 및 연결 나사의 풀림 여부 3. 1행정 1정지기구 · 급정지장치 및 비상정지장치의 기능 4. 슬라이드 또는 칼날에 의한 위험방지 기구의 기능 5. 프레스의 금형 및 고정볼트 상태 6. 방호장치의 기능 7. 전단기(剪斷機)의 칼날 및 테이블의 상태

답 클러치 기능/방호장치 기능/비상정지장치 기능

002

☆☆

공기압축기 가동 시 작업시작 전 점검사항 5개 쓰시오.

해

3. 공기압축기를 가동할 때	1. 공기저장 압력용기의 외관 상태 2. 드레인 밸브(drain valve)의 조작 및 배수 3. 압력방출장치의 기능 4. 언로드 밸브(unloading valve)의 기능 5. 윤활유의 상태 6. 회전부의 덮개 또는 울 7. 그 밖의 연결 부위의 이상 유무

답 윤활유 상태/회전부 덮개/언로드 밸브 기능/드레인 밸브 조작/압력방출장치 기능

003
★☆

이동식 크레인 사용하는 작업할 때 작업시작 전 점검사항 4개 쓰시오.

해

5. 이동식 크레인을 사용하여 작업을 할 때	1. 권과방지장치나 그 밖의 경보장치의 기능 2. 브레이크 · 클러치 및 조정장치의 기능 3. 와이어로프가 통하고 있는 곳 및 작업장소의 지반상태

답 권과방지장치 기능/와이어로프 통하는 곳 상태/클러치 기능/브레이크 기능

004
☆☆☆☆

크레인 사용하는 작업할 때 작업시작 전 점검사항 3개 쓰시오.

해

4. 크레인을 사용하여 작업을 하는 때	1. 권과방지장치 · 브레이크 · 클러치 및 운전장치의 기능 2. 주행로의 상측 및 트롤리(trolley)가 횡행하는 레일의 상태 3. 와이어로프가 통하고 있는 곳의 상태

답 권과방지장치 기능/트롤리가 횡행하는 상태/와이어로프 통하는 곳 상태

005
☆☆☆☆☆☆☆☆☆

지게차 사용 작업 시 작업시작 전 점검사항 4개 쓰시오.

해

9. 지게차를 사용하여 작업을 하는 때	1. 제동장치 및 조종장치 기능의 이상 유무 2. 하역장치 및 유압장치 기능의 이상 유무 3. 바퀴의 이상 유무 4. 전조등 · 후미등 · 방향지시기 및 경보장치 기능의 이상 유무

답 바퀴 이상 유무/전조등 기능 이상 유무/제동장치 기능 이상 유무/하역장치 기능 이상 유무

006

☆☆☆☆☆☆☆☆☆☆

컨베이어 등을 사용하여 작업할 때 작업시작 전 점검사항 3개 쓰시오.

해

13. 컨베이어 등을 사용하여 작업을 할 때	1. 원동기 및 풀리(pulley) 기능의 이상 유무 2. 이탈 등의 방지장치 기능의 이상 유무 3. 비상정지장치 기능의 이상 유무 4. 원동기 · 회전축 · 기어 및 풀리 등의 덮개 또는 울 등의 이상 유무

답 덮개 이상 유무/풀리 기능 이상 유무/이탈방지장치 기능 이상 유무

007

☆☆☆☆☆

리프트 사용해 작업할 때 작업시작 전, 사업주가 관리감독자로 하여금 점검하도록 해야 할 점검사항 2가지 쓰시오.

해

6. 리프트(자동차정비용 리프트를 포함한다)를 사용하여 작업을 할 때	1. 방호장치 · 브레이크 및 클러치의 기능 2. 와이어로프가 통하고 있는 곳의 상태

답 방호장치 기능/와이어로프 통하는 곳 상태

008

☆

비, 눈으로 작업을 중지시킨 후 또는 비계를 조립, 해체하거나 변경한 후 그 비계에서 작업을 하는 경우 작업시작 전 점검사항 4개 쓰시오.

해 사업주는 비, 눈, 그 밖의 기상상태의 악화로 작업을 중지시킨 후 또는 비계를 조립 · 해체하거나 변경한 후에 그 비계에서 작업을 하는 경우에는 해당 작업을 시작하기 전에 다음 각 호의 사항을 점검하고, 이상을 발견하면 즉시 보수하여야 한다.

1. 발판 재료의 손상 여부 및 부착 또는 걸림 상태
2. 해당 비계의 연결부 또는 접속부의 풀림 상태
3. 연결 재료 및 연결 철물의 손상 또는 부식 상태
4. 손잡이의 탈락 여부
5. 기둥의 침하, 변형, 변위(變位) 또는 흔들림 상태
6. 로프의 부착 상태 및 매단 장치의 흔들림 상태

답 기둥 침하 상태/로프 부착 상태/발판재료 부착 상태/손잡이 탈락 여부

009 ☆

크랭크 프레스기에 금형 설치 시 점검사항 4가지 쓰시오.

해 프레스의 금형 설치 점검사항
1. 다이홀더와 펀치의 직각도, 생크홀과 펀치의 직각도
2. 펀치와 다이의 평행도, 펀치와 볼스타면의 평행도
3. 다이와 볼스타의 평행도

답 1. 다이와 볼스타의 평행도
2. 펀치와 볼스타면의 평행도
3. 펀치와 다이의 평행도
4. 펀치와 생크홀의 직각도

010 ☆☆

동력을 사용하는 항타기 또는 항발기에 대하여 무너짐을 방지하기 위한 준수사항이다. 빈칸을 채우시오.

1. 연약한 지반에 설치하는 경우에는 (　A　) 등 지지구조물의 침하를 방지하기 위하여 깔판 · 받침목 등을 사용할 것
2. 궤도 또는 차로 이동하는 항타기 또는 항발기에 대해서는 불시에 이동하는 것을 방지하기 위하여 (　B　) 및 쐐기 등으로 고정시킬 것

해 사업주는 동력을 사용하는 항타기 또는 항발기에 대하여 무너짐을 방지하기 위하여 다음 각 호의 사항을 준수해야 한다.
1. 연약한 지반에 설치하는 경우에는 아웃트리거 · 받침 등 지지구조물의 침하를 방지하기 위하여 깔판 · 받침목 등을 사용할 것
2. 시설 또는 가설물 등에 설치하는 경우에는 그 내력을 확인하고 내력이 부족하면 그 내력을 보강할 것
3. 아웃트리거 · 받침 등 지지구조물이 미끄러질 우려가 있는 경우에는 말뚝 또는 쐐기 등을 사용하여 해당 지지구조물을 고정시킬 것
4. 궤도 또는 차로 이동하는 항타기 또는 항발기에 대해서는 불시에 이동하는 것을 방지하기 위하여 레일 클램프(rail clamp) 및 쐐기 등으로 고정시킬 것
5. 상단 부분은 버팀대 · 버팀줄로 고정하여 안정시키고, 그 하단 부분은 견고한 버팀 · 말뚝 또는 철골 등으로 고정시킬 것

답 A : 아웃트리거 · 받침　B : 레일 클램프

011

☆☆☆☆☆☆

항타기 조립하거나 해체하는 경우 사업주가 점검해야 할 점검사항 4가지 쓰시오.

해 사업주는 항타기 또는 항발기를 조립하거나 해체하는 경우 다음 각 호의 사항을 점검해야 한다.
1. 본체 연결부의 풀림 또는 손상의 유무
2. 권상용 와이어로프 · 드럼 및 도르래의 부착상태의 이상 유무
3. 권상장치의 브레이크 및 쐐기장치 기능의 이상 유무
4. 권상기의 설치상태의 이상 유무
5. 리더(leader)의 버팀 방법 및 고정상태의 이상 유무
6. 본체 · 부속장치 및 부속품의 강도가 적합한지 여부
7. 본체 · 부속장치 및 부속품에 심한 손상 · 마모 · 변형 또는 부식이 있는지 여부

답 1. 본체 강도 적합 여부
2. 본체 연결부 손상 유무
3. 본체에 심한 손상 여부
4. 리더 버팀방법 이상 유무

012

☆☆☆☆☆☆

습윤 장소에서 사용되는 이동전선에 대한 사업주의 사용 전 점검사항 2가지 쓰시오.

해 사업주는 물 등의 도전성이 높은 액체가 있는 습윤한 장소에서 근로자가 작업 중에나 통행하면서 이동전선 및 이에 부속하는 접속기구(이하 이 조와 제315조에서 "이동전선등"이라 한다)에 접촉할 우려가 있는 경우에는 충분한 절연효과가 있는 것을 사용하여야 한다.

답 이동전선 충분한 절연효과 있는지 여부/부속 접속기구 충분한 절연효과 있는지 여부

013

☆☆☆☆☆

흙막이 지보공의 설치 목적과 정기적으로 보수하고 점검해야 할 사항 3가지 쓰시오.

해 사업주는 흙막이 지보공을 설치하였을 때에는 정기적으로 다음 각 호의 사항을 점검하고 이상을 발견하면 즉시 보수하여야 한다.
1. 부재의 손상 · 변형 · 부식 · 변위 및 탈락의 유무와 상태
2. 버팀대의 긴압(緊壓)의 정도
3. 부재의 접속부 · 부착부 및 교차부의 상태
4. 침하의 정도

답 설치목적: 지반 붕괴 방지　점검사항: 부재 손상 유무/부재 접속부 상태/버팀대 긴압 정도

014 ☆

터널 지보공을 수시로 보수하고 점검해야 할 사항 3가지 쓰시오.

해 사업주는 터널 지보공을 설치한 경우에 다음 각 호의 사항을 수시로 점검하여야 하며, 이상을 발견한 경우에는 즉시 보강하거나 보수하여야 한다.

1. 부재의 손상 · 변형 · 부식 · 변위 탈락의 유무 및 상태
2. 부재의 긴압 정도
3. 부재의 접속부 및 교차부의 상태
4. 기둥 침하의 유무 및 상태

답 부재 손상 유무/부재 접속부 상태/부재 긴압 정도

015 ☆☆☆

영상 속 행동에 대한 작업계획서 내용 4가지 쓰시오.

영상 설명

진돌이와 진순이가 롤러기 롤러를 교체하려고 한다. 롤러를 둘이서 들다 너무 무거워서 진순이의 허리가 나가버린다. 그러면서 롤러를 놓쳐 롤러가 진돌이 발에 떨어진다.

해 작업계획서 내용

11. 중량물의 취급 작업	1. 추락위험을 예방할 수 있는 안전대책 2. 낙하위험을 예방할 수 있는 안전대책 3. 전도위험을 예방할 수 있는 안전대책 4. 협착위험을 예방할 수 있는 안전대책 5. 붕괴위험을 예방할 수 있는 안전대책

답 1. 추락위험 예방 안전대책 2. 낙하위험 예방 안전대책 3. 전도위험 예방 안전대책 4. 협착위험 예방 안전대책

016 ★

영상 속 작업의 작업계획서 작성 시 포함사항 4가지 쓰시오.

> 영상 설명
>
> 압쇄기와 대형 브레이커를 이용해 건물을 해체하고 있다. 근처에 있던 진돌이는 감시인 신분으로 지켜보고 있다.

해 작업계획서 내용

10. 건물 등의 해체작업	1. 해체의 방법 및 해체 순서도면 2. 가설설비 · 방호설비 · 환기설비 및 살수 · 방화설비 등의 방법 3. 사업장 내 연락방법 4. 해체물의 처분계획 5. 해체작업용 기계 · 기구 등의 작업계획서 6. 해체작업용 화약류 등의 사용계획서 7. 그 밖에 안전 · 보건에 관련된 사항

답 해체방법/방호설비 방법/해체물 처분계획/사업장 내 연락방법

017 ☆☆☆☆

지게차의 작업계획서 내용 2개 쓰시오.

해 작업계획서 내용

2. 차량계하역운반기계 등을 사용하는 작업	1. 해당 작업에 따른 추락 · 낙하 · 전도 · 협착 및 붕괴 등의 위험 예방대책 2. 차량계 하역운반기계 등의 운행경로 및 작업방법

답 운행경로/추락, 낙하 등의 위험 예방대책

018 ☆

지게차 작업계획서 작성시기 2가지 쓰시오.

해 작업계획서 작성시기는 다음과 같다.

1. 일상작업은 최초 작업개시 전
2. 작업장내 구조, 설비 및 작업방법이 변경되었을 때
3. 작업장소 또는 화물의 상태가 변경되었을 때
4. 지게차 운전자가 변경되었을 때

답 운전자 변경 시/작업방법 변경 시

019 ☆☆☆

밀폐공간에서 근로자에게 작업하도록 하는 경우, 사업주가 수립 시행해야 하는 밀폐공간 작업 프로그램의 내용 3가지를 쓰시오.

해 사업주는 밀폐공간에서 근로자에게 작업을 하도록 하는 경우 다음 각 호의 내용이 포함된 밀폐공간 작업 프로그램을 수립하여 시행하여야 한다.

1. 사업장 내 밀폐공간의 위치 파악 및 관리 방안
2. 밀폐공간 내 질식 · 중독 등을 일으킬 수 있는 유해 · 위험 요인의 파악 및 관리 방안
3. 제2항에 따라 밀폐공간 작업 시 사전 확인이 필요한 사항에 대한 확인 절차
4. 안전보건교육 및 훈련
5. 그 밖에 밀폐공간 작업 근로자의 건강장해 예방에 관한 사항

답 안전보건교육/사업장 내 밀폐공간 위치 파악/밀폐공간 내 질식 유발하는 유해위험요인 파악

020 ☆☆☆

산업안전보건법령상 사업주가 근로자에게 실시해야 하는 안전보건교육 중, 밀폐공간에서의 작업 시의 특별교육 내용을 3가지 쓰시오.(단, 그 밖에 안전·보건관리에 필요한 사항은 제외)

해 특별교육 대상 작업별 교육

34. 밀폐공간에서의 작업	1. 산소농도 측정 및 작업환경에 관한 사항 2. 사고 시의 응급처치 및 비상시 구출에 관한 사항 3. 보호구 착용 및 보호 장비 사용에 관한 사항 4. 작업내용 · 안전작업방법 및 절차에 관한 사항 5. 장비 · 설비 및 시설 등의 안전점검에 관한 사항 6. 그 밖에 안전 · 보건관리에 필요한 사항

답 보호구 착용/비상시 구출/산소농도 측정

021 ☆☆☆☆☆☆☆

밀폐공간 내 질식 방지 안전대책을 4가지만 쓰시오.

해 1. 작업시작 전 산소농도 및 유해가스 농도 등을 측정. 산소농도가 18% 미만일 때에는 환기를 실시
2. 산소농도가 18% 이상인가를 확인하고 작업 중에도 계속 환기
3. 환기 시 급기. 배기를 동시에 하는 것을 원칙
4. 국소배기장치의 전원부에 잠금장치를 하고 감시인을 배치
5. 환기를 실시할 수 없거나 산소결핍 위험 장소에 들어갈 때는 호흡용 보호구를 착용

답 감시인 배치/호흡용 보호구 착용/작업시작 전 산소농도 측정/산소농도 18% 이상인지 항시 확인

022 ☆☆☆

밀폐공간 작업 중에, 유해위험을 방지하기 위한 관리감독자의 직무 3가지를 쓰시오.

해 관리감독자의 밀폐공간 작업 시 유해위험방지
가. 산소가 결핍된 공기나 유해가스에 노출되지 않도록 작업 시작 전에 해당 근로자의 작업을 지휘하는 업무
나. 작업을 하는 장소의 공기가 적절한지를 작업 시작 전에 측정하는 업무
다. 측정장비·환기장치 또는 공기호흡기 또는 송기마스크를 작업 시작 전에 점검하는 업무
라. 근로자에게 공기호흡기 또는 송기마스크의 착용을 지도하고 착용 상황을 점검하는 업무

답 1. 작업 시작 전 송기마스크 점검
2. 근로자에게 송기마스크 착용 지도
3. 작업장소 공기가 적절한지 작업 시작 전에 측정

023

☆☆☆☆☆☆☆

산업안전보건법령상 밀폐공간 관련해서 (　　)에 알맞은 숫자를 쓰시오.

> "적정공기"란 산소농도의 범위가 (　A　) 이상 (　B　) 미만, 이산화탄소의 농도가 (　C　) 미만, 일산화탄소의 농도가 (　D　) 미만, 황화수소의 농도가 (　E　) 미만인 수준의 공기를 말한다.

해 "적정공기"란 산소농도의 범위가 18퍼센트 이상 23.5퍼센트 미만, 이산화탄소의 농도가 1.5퍼센트 미만, 일산화탄소의 농도가 30피피엠 미만, 황화수소의 농도가 10피피엠 미만인 수준의 공기를 말한다.

답 A : 18%　B : 23.5%　C : 1.5%　D : 30ppm　E : 10ppm

024

☆☆☆☆☆

산업안전보건법령상, 정전 작업을 마친 후 전원을 공급할 경우의 준수사항 4가지를 쓰시오.

해 사업주는 작업 중 또는 작업을 마친 후 전원을 공급하는 경우에는 작업에 종사하는 근로자 또는 그 인근에서 작업하거나 정전된 전기기기등(고정 설치된 것으로 한정한다)과 접촉할 우려가 있는 근로자에게 감전의 위험이 없도록 다음 각 호의 사항을 준수하여야 한다.

1. 작업기구, 단락 접지기구 등을 제거하고 전기기기등이 안전하게 통전될 수 있는지를 확인할 것
2. 모든 작업자가 작업이 완료된 전기기기등에서 떨어져 있는지를 확인할 것
3. 잠금장치와 꼬리표는 설치한 근로자가 직접 철거할 것
4. 모든 이상 유무를 확인한 후 전기기기등의 전원을 투입할 것

답
1. 모든 이상유무 확인 후 전원 투입할 것
2. 잠금장치 설치한 근로자가 직접 철거할 것
3. 작업자가 전기기기 등에서 떨어져 있는지 확인할 것
4. 전기기기 등이 안전하게 통전될 수 있는지 확인할 것

025

☆☆

산업안전보건법령상 사업주가 발파작업에 종사하는 근로자에게 해야 할 준수사항 3가지를 쓰시오.

해 사업주는 발파작업에 종사하는 근로자에게 다음 각 호의 사항을 준수하도록 하여야 한다.

1. 얼어붙은 다이나마이트는 화기에 접근시키거나 그 밖의 고열물에 직접 접촉시키는 등 위험한 방법으로 융해되지 않도록 할 것
2. 화약이나 폭약을 장전하는 경우에는 그 부근에서 화기를 사용하거나 흡연을 하지 않도록 할 것
3. 장전구는 마찰·충격·정전기 등에 의한 폭발의 위험이 없는 안전한 것을 사용할 것
4. 발파공 충진재료는 점토·모래 등 발화성 또는 인화성의 위험이 없는 재료를 사용할 것
5. 점화 후 장전된 화약류가 폭발하지 아니한 경우 또는 장전된 화약류의 폭발 여부를 확인하기 곤란한 경우에는 다음 각 목의 사항을 따를 것
   가. 전기뇌관에 의한 경우에는 발파모선을 점화기에서 떼어 그 끝을 단락시켜 놓는 등 재점화되지 않도록 조치하고 그 때부터 5분 이상 경과한 후가 아니면 화약류의 장전장소에 접근시키지 않도록 할 것
   나. 전기뇌관 외의 것에 의한 경우에는 점화한 때부터 15분 이상 경과한 후가 아니면 화약류의 장전장소에 접근시키지 않도록 할 것
6. 전기뇌관에 의한 발파의 경우 점화하기 전에 화약류를 장전한 장소로부터 30미터 이상 떨어진 안전한 장소에서 전선에 대하여 저항측정 및 도통(導通)시험을 할 것

답 1. 화약 장전 시 부근에서 흡연하지 말 것
2. 발파공 충진재료는 모래 등 인화성 위험 없는 재료 사용할 것
3. 장전구는 마찰 등에 의한 폭발 위험 없는 안전한 것을 사용할 것

026

☆☆☆☆

산업안전보건법령상 고소작업대 위에서 작업하는 근로자의 준수사항 3가지 쓰시오.

해 사업주는 고소작업대를 사용하는 경우에는 다음 각 호의 사항을 준수하여야 한다.

1. 작업자가 안전모·안전대 등의 보호구를 착용하도록 할 것
2. 관계자가 아닌 사람이 작업구역에 들어오는 것을 방지하기 위하여 필요한 조치를 할 것
3. 안전한 작업을 위하여 적정수준의 조도를 유지할 것
4. 전로(電路)에 근접하여 작업을 하는 경우에는 작업감시자를 배치하는 등 감전사고를 방지하기 위하여 필요한 조치를 할 것
5. 작업대를 정기적으로 점검하고 붐·작업대 등 각 부위의 이상 유무를 확인할 것
6. 전환스위치는 다른 물체를 이용하여 고정하지 말 것
7. 작업대는 정격하중을 초과하여 물건을 싣거나 탑승하지 말 것
8. 작업대의 붐대를 상승시킨 상태에서 탑승자는 작업대를 벗어나지 말 것. 다만, 작업대에 안전대 부착설비를 설치하고 안전대를 연결하였을 때에는 그러하지 아니하다.

답 안전모 등 보호구 착용할 것/적정수준의 조도 유지할 것/작업대를 정기적으로 점검할 것

027 ☆☆

산업안전보건법령상 고소작업대 이동 시 준수사항 3가지만 쓰시오.

해 사업주는 고소작업대를 이동하는 경우에는 다음 각 호의 사항을 준수해야 한다.

1. 작업대를 가장 낮게 내릴 것
2. 작업자를 태우고 이동하지 말 것. 다만, 이동 중 전도 등의 위험예방을 위하여 유도하는 사람을 배치하고 짧은 구간을 이동하는 경우에는 제1호에 따라 작업대를 가장 낮게 내린 상태에서 작업자를 태우고 이동할 수 있다.
3. 이동통로의 요철상태 또는 장애물의 유무 등을 확인할 것

답 작업대 가장 낮게 내릴 것/작업자 태우고 이동하지 말 것/이동통로 요철상태 등 확인할 것

028 ☆

산업안전보건법령상 고소작업대 설치하는 경우에 대한 내용이다. 빈칸을 채우시오.

> 1. 작업대에 정격하중(안전율 (A))을 표시할 것
> 2. 붐의 (B)을 초과 운전하여 전도되지 않도록 할 것
> 3. 작업대에 끼임 · 충돌 등 재해를 예방하기 위한 가드 또는 (C)를 설치할 것

해 사업주는 고소작업대를 설치하는 경우에는 다음 각 호에 해당하는 것을 설치하여야 한다.

1. 작업대를 와이어로프 또는 체인으로 올리거나 내릴 경우에는 와이어로프 또는 체인이 끊어져 작업대가 떨어지지 아니하는 구조여야 하며, 와이어로프 또는 체인의 안전율은 5 이상일 것
2. 작업대를 유압에 의해 올리거나 내릴 경우에는 작업대를 일정한 위치에 유지할 수 있는 장치를 갖추고 압력의 이상 저하를 방지할 수 있는 구조일 것
3. 권과방지장치를 갖추거나 압력의 이상 상승을 방지할 수 있는 구조일 것
4. 붐의 최대 지면경사각을 초과 운전하여 전도되지 않도록 할 것
5. 작업대에 정격하중(안전율 5 이상)을 표시할 것
6. 작업대에 끼임 · 충돌 등 재해를 예방하기 위한 가드 또는 과상승방지장치를 설치할 것
7. 조작반의 스위치는 눈으로 확인할 수 있도록 명칭 및 방향표시를 유지할 것

답 A : 5 이상　B : 최대 지면경사각　C : 과상승방지장치

029 ☆☆☆

압쇄기 이용한 해체 작업을 할 때 준수사항 3가지 쓰시오.

해 압쇄기는 쇼벨에 설치하며 유압조작에 의해 콘크리트등에 강력한 압축력을 가해 파쇄하는 것으로 다음 각 호의 사항을 준수하여야 한다.

1. 압쇄기의 중량, 작업충격을 사전에 고려하고, 차체 지지력을 초과하는 중량의 압쇄기부착을 금지하여야 한다.
2. 압쇄기 부착과 해체에는 경험이 많은 사람으로서 선임된 자에 한하여 실시한다.
3. 압쇄기 연결구조부는 보수점검을 수시로 하여야 한다.
4. 배관 접속부의 핀, 볼트 등 연결구조의 안전 여부를 점검하여야 한다.
5. 절단날은 마모가 심하기 때문에 적절히 교환하여야 하며 교환대체품목을 항상 비치하여야 한다.

답 1. 사전에 압쇄기 중량 고려
2. 압쇄기 연결구조부는 수시로 보수점검
3. 압쇄기 해체는 경험 많은 사람이 실시

030 ☆☆

크레인으로 하물 인양 시 걸이작업 관련 준수사항 3가지 쓰시오.

해 1. 와이어로프 등은 크레인의 훅 중심에 걸어야 한다.
2. 인양 물체의 안정을 위하여 2줄 걸이 이상을 사용하여야 한다.
3. 밑에 있는 물체를 걸고자 할 때에는 위의 물체를 제거한 후에 행하여야 한다.
4. 매다는 각도는 60도 이내로 하여야 한다.
5. 근로자를 매달린 물체 위에 탑승시키지 않아야 한다.

답 2줄 걸이 이상 사용한다./매다는 각도 60도 이내로 한다./와이어로프 등은 훅 중심에 건다.

031 ☆☆

산업안전보건법령상 가스집합용접장치(이동식 포함)의 배관을 하는 경우 사업주의 준수사항을 2가지 쓰시오.

해 사업주는 가스집합용접장치(이동식을 포함한다)의 배관을 하는 경우에는 다음 각 호의 사항을 준수하여야 한다.

1. 플랜지 · 밸브 · 콕 등의 접합부에는 개스킷을 사용하고 접합면을 상호 밀착시키는 등의 조치를 할 것
2. 주관 및 분기관에는 안전기 설치할 것. 이 경우 하나의 취관에 2개 이상의 안전기를 설치하여야 한다.

답 1. 주관 및 분기관에는 안전기 설치할 것
2. 플랜지 등의 접합부에는 개스킷 사용하고 접합면을 상호 밀착시키는 조치할 것

032

☆☆☆

말비계를 조립하여 사용하는 경우 사업주의 준수사항이다. 빈칸을 채우시오.

1. 지주부재와 수평면의 기울기를 (A) 이하로 하고, 지주부재와 지주부재 사이를 고정시키는 (B)를 설치할 것
2. 말비계의 높이가 2미터를 초과하는 경우에는 작업발판 폭을 (C) 이상으로 할 것

해 사업주는 말비계를 조립하여 사용하는 경우에 다음 각 호의 사항을 준수하여야 한다.

1. 지주부재(支柱部材)의 하단에는 미끄럼 방지장치를 하고, 근로자가 양측 끝부분에 올라서서 작업하지 않도록 할 것
2. 지주부재와 수평면의 기울기를 75도 이하로 하고, 지주부재와 지주부재 사이를 고정시키는 보조부재를 설치할 것
3. 말비계의 높이가 2미터를 초과하는 경우에는 작업발판 폭을 40센티미터 이상으로 할 것

답 A: 75도 B: 보조부재 C: 40cm

033

★☆☆

이동식 비계 조립하여 작업 시 준수사항 4가지 쓰시오.

해 사업주는 이동식 비계를 조립해 작업을 하는 경우 다음 각 호의 사항을 준수하여야 한다.

1. 이동식 비계의 바퀴에는 뜻밖의 갑작스러운 이동 또는 전도를 방지하기 위하여 브레이크 · 쐐기 등으로 바퀴를 고정시킨 다음 비계의 일부를 견고한 시설물에 고정하거나 아웃트리거를 설치하는 등 필요한 조치를 할 것
2. 승강용 사다리는 견고하게 설치할 것
3. 비계의 최상부에서 작업을 하는 경우에는 안전난간을 설치할 것
4. 작업발판은 항상 수평을 유지하고 작업발판 위에서 안전난간을 딛고 작업을 하거나 받침대 또는 사다리를 사용하여 작업하지 않도록 할 것
5. 작업발판의 최대적재하중은 250킬로그램을 초과하지 않도록 할 것

답 1. 작업발판 항상 수평 유지할 것
2. 승강용 사다리 견고하게 설치할 것
3. 비계 최상부에서 작업 시 안전난간 설치할 것
4. 작업발판 최대적재하중 250kg 초과하지 말 것

034 ☆☆

다음은 강관비계에 관한 내용이다. 빈칸을 채우시오.

1. 비계기둥의 간격은 띠장 방향에서는 (A) 이하, 장선(長線) 방향에서는 (B) 이하로 할 것.
2. 비계기둥의 제일 윗부분으로부터 (C)되는 지점 밑부분의 비계기둥은 2개의 강관으로 묶어 세울 것. 다만, 브라켓(bracket, 까치발) 등으로 보강하여 2개의 강관으로 묶을 경우 이상의 강도가 유지되는 경우에는 그러하지 아니하다.
3. 비계기둥 간의 적재하중은 (D)을 초과하지 않도록 할 것

해 1. 비계기둥의 간격은 띠장 방향에서는 1.85미터 이하, 장선(長線) 방향에서는 1.5미터 이하로 할 것. 다만, 다음 각 목의 어느 하나에 해당하는 작업의 경우에는 안전성에 대한 구조검토를 실시하고 조립도를 작성하면 띠장 방향 및 장선 방향으로 각각 2.7미터 이하로 할 수 있다.
   가. 선박 및 보트 건조작업
   나. 그 밖에 장비 반입 · 반출을 위하여 공간 등을 확보할 필요가 있는 등 작업의 성질상 비계기둥 간격에 관한 기준을 준수하기 곤란한 작업
2. 띠장 간격은 2.0미터 이하로 할 것. 다만, 작업의 성질상 이를 준수하기가 곤란하여 쌍기둥틀 등에 의하여 해당 부분을 보강한 경우에는 그러하지 아니하다.
3. 비계기둥의 제일 윗부분으로부터 31미터되는 지점 밑부분의 비계기둥은 2개의 강관으로 묶어 세울 것. 다만, 브라켓(bracket, 까치발) 등으로 보강하여 2개의 강관으로 묶을 경우 이상의 강도가 유지되는 경우에는 그러하지 아니하다.
4. 비계기둥 간의 적재하중은 400킬로그램을 초과하지 않도록 할 것

답 A : 1.85m B : 1.5m C : 31m D : 400kg

035 ☆

안전난간과 관련된 내용이다. 빈칸을 채우시오.

> 상부난간대: 바닥면, 발판 또는 경사로의 표면으로부터 (A)cm 이상 지점에 설치
> 난간대: 지름 (B)cm 이상의 금속제 파이프나 그 이상의 강도가 있는 재료
> 하중: (C)kg 이상의 하중에 견딜 수 있는 튼튼한 구조
> 발끝막이판: 바닥면 등으로부터 (D)cm 이상의 높이 유지

해 사업주는 근로자의 추락 등의 위험을 방지하기 위하여 안전난간을 설치하는 경우 다음 각 호의 기준에 맞는 구조로 설치해야 한다.

1. 상부 난간대, 중간 난간대, 발끝막이판 및 난간기둥으로 구성할 것. 다만, 중간 난간대, 발끝막이판 및 난간기둥은 이와 비슷한 구조와 성능을 가진 것으로 대체할 수 있다.
2. 상부 난간대는 바닥면 · 발판 또는 경사로의 표면(이하 "바닥면등"이라 한다)으로부터 90센티미터 이상 지점에 설치하고, 상부 난간대를 120센티미터 이하에 설치하는 경우에는 중간 난간대는 상부 난간대와 바닥면등의 중간에 설치해야 하며, 120센티미터 이상 지점에 설치하는 경우에는 중간 난간대를 2단 이상으로 균등하게 설치하고 난간의 상하 간격은 60센티미터 이하가 되도록 할 것. 다만, 난간기둥 간의 간격이 25센티미터 이하인 경우에는 중간 난간대를 설치하지 않을 수 있다.
3. 발끝막이판은 바닥면 등으로부터 10센티미터 이상의 높이를 유지할 것. 다만, 물체가 떨어지거나 날아올 위험이 없거나 그 위험을 방지할 수 있는 망을 설치하는 등 필요한 예방 조치를 한 장소는 제외한다.
4. 난간기둥은 상부 난간대와 중간 난간대를 견고하게 떠받칠 수 있도록 적정한 간격을 유지할 것
5. 상부 난간대와 중간 난간대는 난간 길이 전체에 걸쳐 바닥면등과 평행을 유지할 것
6. 난간대는 지름 2.7센티미터 이상의 금속제 파이프나 그 이상의 강도가 있는 재료일 것
7. 안전난간은 구조적으로 가장 취약한 지점에서 가장 취약한 방향으로 작용하는 100킬로그램 이상의 하중에 견딜 수 있는 튼튼한 구조일 것

답 A: 90 B: 2.7 C: 100 D: 10

036 ☆☆

발끝막이판의 설치 기준과 난간대 지름 기준을 쓰시오.

해 윗 해설 참조

답 발끝막이판의 설치 기준: 바닥면 등으로부터 10cm 이상의 높이 유지할 것
난간대 지름 기준: 2.7cm 이상

037 ☆☆

보일러 관련 내용이다. 빈칸을 채우시오.

사업주는 보일러의 안전한 가동을 위하여 보일러 규격에 맞는 압력방출장치를 1개 또는 2개 이상 설치하고 (　A　)(설계압력 또는 최고허용압력을 말한다. 이하 같다) 이하에서 작동되도록 하여야 한다. 다만, 압력방출장치가 2개 이상 설치된 경우에는 (　A　) 이하에서 1개가 작동되고, 다른 압력방출장치는 최고사용압력 (　B　) 이하에서 작동되도록 부착하여야 한다.

해 사업주는 보일러의 안전한 가동을 위하여 보일러 규격에 맞는 압력방출장치를 1개 또는 2개 이상 설치하고 최고사용압력(설계압력 또는 최고허용압력을 말한다. 이하 같다) 이하에서 작동되도록 하여야 한다. 다만, 압력방출장치가 2개 이상 설치된 경우에는 최고사용압력 이하에서 1개가 작동되고, 다른 압력방출장치는 최고사용압력 1.05배 이하에서 작동되도록 부착하여야 한다.

답 A : 최고사용압력　B : 1.05배

038 ☆

각 보일러의 작동 기준 압력을 쓰시오.

보일러
A 압력방출장치(먼저 가동)
B 압력방출장치(A 다음 가동)

해 사업주는 보일러의 안전한 가동을 위하여 보일러 규격에 맞는 압력방출장치를 1개 또는 2개 이상 설치하고 최고사용압력(설계압력 또는 최고허용압력을 말한다. 이하 같다) 이하에서 작동되도록 하여야 한다. 다만, 압력방출장치가 2개 이상 설치된 경우에는 최고사용압력 이하에서 1개가 작동되고, 다른 압력방출장치는 최고사용압력 1.05배 이하에서 작동되도록 부착하여야 한다.

답 A : 최고사용압력 이하　B : 최고사용압력 1.05배 이하

039 ☆

아세틸렌 용접장치에 대한 내용이다, 빈칸을 채우시오.

1. 사업주는 아세틸렌 용접장치를 사용하여 금속의 용접 · 용단 또는 가열작업을 하는 경우에는 게이지 압력이 (A)을 초과하는 압력의 아세틸렌을 발생시켜 사용해서는 아니 된다.
2. 사업주는 아세틸렌 용접장치의 아세틸렌 발생기(이하 "발생기"라 한다)를 설치하는 경우에는 전용의 발생기실에 설치하여야 한다.
   제1항의 발생기실은 건물의 최상층에 위치하여야 하며, 화기를 사용하는 설비로부터 (B)를 초과하는 장소에 설치하여야 한다.
   제1항의 발생기실을 옥외에 설치한 경우에는 그 개구부를 다른 건축물로부터 (C) 이상 떨어지도록 하여야 한다.
3. 사업주는 가스집합용접장치(이동식을 포함한다)의 배관을 하는 경우에는 다음 각 호의 사항을 준수하여야 한다.
   1. 플랜지 · 밸브 · 콕 등의 접합부에는 (D)을 사용하고 접합면을 상호 밀착시키는 등의 조치를 할 것
   2. 주관 및 분기관에는 (E)를 설치할 것. 이 경우 하나의 취관에 2개 이상의 안전기를 설치하여야 한다.
4. 사업주는 용해아세틸렌의 가스집합용접장치의 배관 및 부속기구는 구리나 구리 함유량이 (F) 이상인 합금을 사용해서는 아니 된다.

해 – 사업주는 아세틸렌 용접장치를 사용하여 금속의 용접 · 용단 또는 가열작업을 하는 경우에는 게이지 압력이 127킬로파스칼을 초과하는 압력의 아세틸렌을 발생시켜 사용해선 아니 된다.
– 사업주는 아세틸렌 용접장치의 아세틸렌 발생기(이하 "발생기"라 한다)를 설치하는 경우에는 전용의 발생기실에 설치하여야 한다.
제1항의 발생기실은 건물의 최상층에 위치하여야 하며, 화기를 사용하는 설비로부터 3미터를 초과하는 장소에 설치하여야 한다.
제1항의 발생기실을 옥외에 설치한 경우에는 그 개구부를 다른 건축물로부터 1.5미터 이상 떨어지도록 하여야 한다.
– 사업주는 가스집합용접장치(이동식을 포함한다)의 배관을 하는 경우에는 다음 각 호의 사항을 준수하여야 한다.
1. 플랜지 · 밸브 · 콕 등의 접합부에는 개스킷을 사용하고 접합면을 상호 밀착시키는 등의 조치를 할 것
2. 주관 및 분기관에는 안전기를 설치할 것. 이 경우 하나의 취관에 2개 이상의 안전기를 설치하여야 한다.
– 사업주는 용해아세틸렌의 가스집합용접장치의 배관 및 부속기구는 구리나 구리 함유량이 70퍼센트 이상인 합금을 사용해서는 아니 된다.

답 A : 127kPa B : 3m C : 1.5m D : 개스킷 E : 안전기 F : 70%

040 ☆☆

다음 빈칸을 채우시오.

사업주는 화학설비로서 가솔린이 남아 있는 화학설비(위험물을 저장하는 것으로 한정한다.), 탱크로리, 드럼 등에 등유나 경유를 주입하는 작업을 하는 경우에는 미리 그 내부를 깨끗하게 씻어내고 가솔린 증기를 불활성 가스로 바꾸는 등 안전한 상태로 되어 있는지를 확인한 후에 그 작업을 하여야 한다. 다만, 다음 각 호의 조치를 하는 경우에는 그러하지 아니하다.

1. 등유나 경유를 주입하기 전에 탱크 · 드럼 등과 주입설비 사이에 접속선이나 접지선을 연결하여 (A)를 줄이도록 할 것
2. 등유나 경유를 주입하는 경우에는 그 액표면의 높이가 주입관의 선단의 높이를 넘을 때까지 주입속도를 (B) 이하로 할 것

해 사업주는 화학설비로서 가솔린이 남아 있는 화학설비(위험물을 저장하는 것으로 한정한다.), 탱크로리, 드럼 등에 등유나 경유를 주입하는 작업을 하는 경우에는 미리 그 내부를 깨끗하게 씻어내고 가솔린 증기를 불활성 가스로 바꾸는 등 안전한 상태로 되어 있는지를 확인한 후에 그 작업을 하여야 한다. 다만, 다음 각 호의 조치를 하는 경우에는 그러하지 아니하다.

1. 등유나 경유를 주입하기 전에 탱크 · 드럼 등과 주입설비 사이에 접속선이나 접지선을 연결하여 전위차를 줄이도록 할 것
2. 등유나 경유를 주입하는 경우에는 그 액표면의 높이가 주입관의 선단의 높이를 넘을 때까지 주입속도를 초당 1미터 이하로 할 것

답 A : 전위차 B : 1m/s

041 ☆

산업안전보건법령상 와이어로프 사용금지 기준을 3가지만 쓰시오.

해 다음 각 목의 어느 하나에 해당하는 와이어로프를 달비계에 사용해서는 아니 된다.

가. 이음매가 있는 것
나. 와이어로프의 한 꼬임[(스트랜드(strand)를 말한다. 이하 같다)]에서 끊어진 소선(素線) [필러(pillar)선은 제외한다)]의 수가 10퍼센트 이상(비자전로프의 경우에는 끊어진 소선의 수가 와이어로프 호칭지름의 6배 길이 이내에서 4개 이상이거나 호칭지름 30배 길이 이내에서 8개 이상)인 것
다. 지름의 감소가 공칭지름의 7퍼센트를 초과하는 것
라. 꼬인 것
마. 심하게 변형되거나 부식된 것
바. 열과 전기충격에 의해 손상된 것

답 꼬인 것/이음매 있는 것/심하게 변형된 것

042

☆☆☆☆

가설통로와 관련된 내용이다, 빈칸을 채우시오.

1. 경사는 (A) 이하로 할 것. 다만, 계단을 설치하거나 높이 2미터 미만의 가설통로로서 튼튼한 손잡이를 설치한 경우에는 그러하지 아니하다.
2. 경사가 (B)를 초과하는 경우에는 미끄러지지 아니하는 구조로 할 것
3. 수직갱에 가설된 통로의 길이가 (C) 이상인 경우에는 10미터 이내마다 계단참을 설치할 것
4. 건설공사에 사용하는 높이 8미터 이상인 비계다리에는 (D) 이내마다 계단참을 설치할 것

해 사업주는 가설통로를 설치하는 경우 다음 각 호의 사항을 준수하여야 한다.

1. 견고한 구조로 할 것
2. 경사는 30도 이하로 할 것. 다만, 계단을 설치하거나 높이 2미터 미만의 가설통로로서 튼튼한 손잡이를 설치한 경우에는 그러하지 아니하다.
3. 경사가 15도를 초과하는 경우에는 미끄러지지 아니하는 구조로 할 것
4. 추락할 위험이 있는 장소에는 안전난간을 설치할 것. 다만, 작업상 부득이한 경우에는 필요한 부분만 임시로 해체할 수 있다.
5. 수직갱에 가설된 통로의 길이가 15미터 이상인 경우에는 10미터 이내마다 계단참을 설치할 것
6. 건설공사에 사용하는 높이 8미터 이상 비계다리에는 7미터 이내마다 계단참 설치할 것

답 A : 30도 B : 15도 C : 15m D : 7m

043 ☆

다음은 계단 설치기준이다. 빈칸을 채우시오.

- 사업주는 계단 및 계단참을 설치하는 경우 매제곱미터당 (A) 이상의 하중에 견딜 수 있는 강도를 가진 구조로 설치하여야 하며, 안전율[안전의 정도를 표시하는 것으로서 재료의 파괴응력도(破壞應力度)와 허용응력도(許容應力度)의 비율을 말한다)]은 (B) 이상으로 하여야 한다.
- 사업주는 계단 및 승강구 바닥을 구멍이 있는 재료로 만드는 경우 렌치나 그 밖의 공구 등이 낙하할 위험이 없는 구조로 하여야 한다.
- 사업주는 계단을 설치하는 경우 그 폭을 (C) 이상으로 하여야 한다. 다만, 급유용 · 보수용 · 비상용 계단 및 나선형 계단이거나 높이 (D) 미만의 이동식 계단인 경우에는 그러하지 아니하다.
- 사업주는 계단에 손잡이 외의 다른 물건 등을 설치하거나 쌓아 두어서는 아니 된다.
- 사업주는 높이가 (E)를 초과하는 계단에 높이 3미터 이내마다 진행방향으로 길이 (F) 이상의 계단참을 설치해야 한다.
- 사업주는 높이 (G) 이상인 계단의 개방된 측면에 안전난간을 설치하여야 한다.

해
- 사업주는 계단 및 계단참을 설치하는 경우 매제곱미터당 500킬로그램 이상의 하중에 견딜 수 있는 강도를 가진 구조로 설치하여야 하며, 안전율[안전의 정도를 표시하는 것으로서 재료의 파괴응력도(破壞應力度)와 허용응력도(許容應力度)의 비율을 말한다)]은 4 이상으로 하여야 한다.
- 사업주는 계단 및 승강구 바닥을 구멍이 있는 재료로 만드는 경우 렌치나 그 밖의 공구 등이 낙하할 위험이 없는 구조로 하여야 한다.
- 사업주는 계단을 설치하는 경우 그 폭을 1미터 이상으로 하여야 한다. 다만, 급유용 · 보수용 · 비상용 계단 및 나선형 계단이거나 높이 1미터 미만의 이동식 계단인 경우에는 그러하지 아니하다.
- 사업주는 계단에 손잡이 외의 다른 물건 등을 설치하거나 쌓아 두어서는 아니 된다.
- 사업주는 높이가 3미터를 초과하는 계단에 높이 3미터 이내마다 진행방향으로 길이 1.2미터 이상의 계단참을 설치해야 한다.
- 사업주는 높이 1미터 이상인 계단의 개방된 측면에 안전난간을 설치하여야 한다.

답 A : 500kg　B : 4　C : 1m　D : 1m　E : 3m　F : 1.2m　G : 1m

044

☆☆☆☆☆☆☆

영상 속 방호구 이름과 불안전한 상태 및 행동 2가지를 쓰시오.

> 영상 설명
>
> 진돌이가 성수대교에서 작업을 하고 있다. 바람이 많이 불어 결국 진돌이는 추락한다. 허나 밑에 그물 덕에 살아남는다. 진돌이는 안도한다. 진돌이는 안전대 미착용 상태이며 안전난간이라고는 느슨한 로프 두 줄이 끝이다.

답 방호구 이름 : 추락방호망　불안전한 상태 및 행동 : 안전대 미착용/안전난간 설치 불량

045

☆

추락방호망에 대한 내용이다. 빈칸을 채우시오.

> 1. 추락방호망의 설치위치는 가능하면 작업면으로부터 가까운 지점에 설치하여야 하며, 작업면으로부터 망의 설치지점까지의 수직거리는 (　A　)를 초과하지 아니할 것
> 2. 추락방호망은 (　B　)으로 설치하고, 망 처짐은 짧은 변 길이의 (　C　) 이상이 되도록 할 것
> 3. 건축물 등의 바깥쪽으로 설치하는 경우 추락방호망의 내민 길이는 벽면으로부터 (　D　) 이상 되도록 할 것.

해 사업주는 제1항에 따른 작업발판을 설치하기 곤란한 경우 다음 각 호의 기준에 맞는 추락방호망을 설치해야 한다. 다만, 추락방호망을 설치하기 곤란한 경우에는 근로자에게 안전대를 착용하도록 하는 등 추락위험을 방지하기 위해 필요한 조치를 해야 한다.

1. 추락방호망의 설치위치는 가능하면 작업면으로부터 가까운 지점에 설치하여야 하며, 작업면으로부터 망의 설치지점까지의 수직거리는 10미터를 초과하지 아니할 것
2. 추락방호망은 수평으로 설치하고, 망의 처짐은 짧은 변 길이의 12퍼센트 이상이 되도록 할 것
3. 건축물 등의 바깥쪽으로 설치하는 경우 추락방호망의 내민 길이는 벽면으로부터 3미터 이상 되도록 할 것. 다만, 그물코가 20밀리미터 이하인 추락방호망을 사용한 경우에는 법에 따른 낙하물 방지망을 설치한 것으로 본다.

답 A : 10m　B : 수평　C : 12%　D : 3m

046

☆☆☆☆☆☆

산업안전보건법령상 낙하물 방지망 준수사항이다. 빈칸을 채우시오.

1. 높이 (A) 이내마다 설치하고, 내민 길이는 벽면으로부터 (B) 이상으로 할 것
2. 수평면과의 각도는 (C) 이상 (D) 이하를 유지할 것

해 낙하물 방지망 또는 방호선반을 설치하는 경우에는 다음 각 호의 사항을 준수하여야 한다.

1. 높이 10미터 이내마다 설치하고, 내민 길이는 벽면으로부터 2미터 이상으로 할 것
2. 수평면과의 각도는 20도 이상 30도 이하를 유지할 것

답 A : 10m B : 2m C : 20도 D : 30도

047

☆

다음 물음에 답하시오.

(A). 밀폐된 용기, 배관 등의 내압이 이상 상승하였을 경우 정해진 압력에서 파열되어 본체의 파괴를 막을 수 있도록 제조된 원형의 얇은 금속판의 명칭

B. (A)를 설치해야 하는 경우 2가지

해 사업주는 각 호의 설비가 다음 각 호의 어느 하나에 해당하는 경우에는 파열판을 설치하여야 한다.

1. 반응 폭주 등 급격한 압력 상승 우려가 있는 경우
2. 급성 독성물질의 누출로 인하여 주위의 작업환경을 오염시킬 우려가 있는 경우
3. 운전 중 안전밸브에 이상 물질이 누적되어 안전밸브가 작동되지 아니할 우려 있는 경우

답 1. 파열판

2. 급격한 압력상승 우려 있는 경우/급성 독성물질 누출로 작업환경 오염될 우려 있는 경우

048

☆☆☆☆☆☆

근로자가 노출 충전부에서 작업할 때 감전위험 있을 시 해당 전로를 차단한다. 하지만, 전로를 차단하지 않는 경우가 있는데 그 경우 3가지 쓰시오.

해 사업주는 근로자가 노출된 충전부 또는 그 부근에서 작업함으로써 감전될 우려가 있는 경우에는 작업에 들어가기 전에 해당 전로를 차단하여야 한다. 다만, 다음 각 호의 경우에는 그러하지 아니하다.

1. 생명유지장치, 비상경보설비, 폭발위험장소의 환기설비, 비상조명설비 등의 장치 · 설비의 가동이 중지되어 사고의 위험이 증가되는 경우
2. 기기의 설계상 또는 작동상 제한으로 전로 차단이 불가능한 경우
3. 감전, 아크 등으로 인한 화상, 화재 · 폭발의 위험이 없는 것으로 확인된 경우

답 1. 작동상 제한으로 전로 차단 불가능한 경우
2. 감전으로 인한 화재 위험이 없는 것으로 확인된 경우
3. 비상경보설비 등의 설비 가동이 중지되어 사고 위험이 증가되는 경우

049

☆

국소배기장치(이동식 제외)의 덕트 설치기준을 3가지 쓰시오.

해 사업주는 분진 등을 배출하기 위하여 설치하는 국소배기장치(이동식은 제외한다)의 덕트(duct)가 다음 각 호의 기준에 맞도록 하여야 한다.

1. 가능하면 길이는 짧게 하고 굴곡부의 수는 적게 할 것
2. 접속부의 안쪽은 돌출된 부분이 없도록 할 것
3. 청소 구를 설치하는 등 청소하기 쉬운 구조로 할 것
4. 덕트 내부에 오염물질이 쌓이지 않도록 이송속도를 유지할 것
5. 연결 부위 등은 외부 공기가 들어오지 않도록 할 것

답 가능하면 길이 짧게 할 것/청소하기 쉬운 구조일 것/접속부 안쪽은 돌출 부분 없도록 할 것

050

★☆☆

산업안전보건법령상 사업주가 비계의 높이가 2m 이상인 작업장소에 작업발판을 설치할 경우 설치기준 5가지 쓰시오.

해 사업주는 비계(달비계, 달대비계 및 말비계는 제외한다)의 높이가 2미터 이상인 작업장소에 다음 각 호의 기준에 맞는 작업발판을 설치하여야 한다.

1. 발판재료는 작업할 때의 하중을 견딜 수 있도록 견고한 것으로 할 것
2. 작업발판의 폭은 40센티미터 이상으로 하고, 발판재료 간의 틈은 3센티미터 이하로 할 것. 다만, 외줄비계의 경우에는 고용노동부장관이 별도로 정하는 기준에 따른다.
3. 제2호에도 불구하고 선박 및 보트 건조작업의 경우 선박블록 또는 엔진실 등의 좁은 작업공간에 작업발판을 설치하기 위하여 필요하면 작업발판의 폭을 30센티미터 이상으로 할 수 있고, 걸침비계의 경우 강관기둥 때문에 발판재료 간의 틈을 3센티미터 이하로 유지하기 곤란하면 5센티미터 이하로 할 수 있다. 이 경우 그 틈 사이로 물체 등이 떨어질 우려가 있는 곳에는 출입금지 등의 조치를 하여야 한다.
4. 추락의 위험이 있는 장소에는 안전난간을 설치할 것. 다만, 작업의 성질상 안전난간을 설치하는 것이 곤란한 경우, 작업의 필요상 임시로 안전난간을 해체할 때에 추락방호망을 설치하거나 근로자로 하여금 안전대를 사용하도록 하는 등 추락위험 방지 조치를 한 경우에는 그러하지 아니하다.
5. 작업발판의 지지물은 하중에 의하여 파괴될 우려가 없는 것을 사용할 것
6. 작업발판재료는 뒤집히거나 떨어지지 않도록 둘 이상 지지물에 연결하거나 고정시킬 것
7. 작업발판을 작업에 따라 이동시킬 경우에는 위험 방지에 필요한 조치를 할 것

답
1. 작업발판 폭은 40cm 이상으로 할 것
2. 추락 위험 장소에는 안전난간 설치할 것
3. 작업발판재료는 둘 이상 지지물에 고정시킬 것
4. 작업발판 지지물은 하중으로 파괴될 우려 없을 것
5. 발판재료는 작업할 때 하중 견딜 수 있도록 견고할 것

051

☆☆☆☆☆☆

비계 높이 2m 이상인 작업장소에 설치해야 하는 작업발판 폭과 발판 틈새를 쓰시오.

해 윗 해설 참조

답 폭: 40cm 이상　틈새: 3cm 이하

052 ☆

고정식 사다리 설치 시 준수사항 3개 쓰시오.(치수가 있는 사항 쓸 것)

해 사업주는 사다리식 통로 등을 설치하는 경우 다음 각 호의 사항을 준수하여야 한다.
1. 견고한 구조로 할 것
2. 심한 손상 · 부식 등이 없는 재료를 사용할 것
3. 발판의 간격은 일정하게 할 것
4. 발판과 벽과의 사이는 15센티미터 이상의 간격을 유지할 것
5. 폭은 30센티미터 이상으로 할 것
6. 사다리가 넘어지거나 미끄러지는 것을 방지하기 위한 조치를 할 것
7. 사다리의 상단은 걸쳐놓은 지점으로부터 60센티미터 이상 올라가도록 할 것
8. 사다리식 통로의 길이가 10미터 이상인 경우에는 5미터 이내마다 계단참을 설치할 것
9. 사다리식 통로의 기울기는 75도 이하로 할 것. 다만, 고정식 사다리식 통로의 기울기는 90도 이하로 하고, 그 높이가 7미터 이상인 경우에는 다음 각 목의 구분에 따른 조치를 할 것
   가. 등받이울이 있어도 근로자 이동에 지장이 없는 경우: 바닥으로부터 높이가 2.5미터 되는 지점부터 등받이울을 설치할 것
   나. 등받이울이 있으면 근로자가 이동이 곤란한 경우: 한국산업표준에서 정하는 기준에 적합한 개인용 추락 방지 시스템을 설치하고 근로자로 하여금 한국산업표준에서 정하는 기준에 적합한 전신안전대를 사용하도록 할 것
10. 접이식 사다리 기둥 사용 시 접혀지거나 펼쳐지지 않도록 철물 등을 사용해 견고하게 조치할 것

답 1. 폭 30cm 이상으로 할 것
2. 기울기는 90도 이하로 할 것
3. 발판과 벽 사이는 15cm 이상 간격 유지할 것

053 ☆

가설공사표준안전작업지침상 이동식 사다리 설치해 사용할 때 준수사항 3가지를 쓰시오.

해 사업주는 이동식 사다리를 설치하여 사용함에 있어서 다음 각 호의 사항을 준수해야 한다.
1. 길이가 6미터를 초과해서는 안 된다.
2. 다리의 벌림은 벽 높이의 1/4정도가 적당하다.
3. 벽면 상부로부터 최소한 60센티미터 이상의 연장길이가 있어야 한다.

답 1. 길이 6m 초과하지 말 것
2. 다리 벌림은 벽 높이의 1/4정도로 할 것
3. 벽면 상부로부터 최소 60cm 이상 연장길이 있을 것

054 ☆☆

이동식 크레인 운전자의 준수사항 3가지 쓰시오.

해 – 사업주는 다음 각 호의 작업을 하는 경우 일정한 신호방법을 정하여 신호하도록 하여야 하며, 운전자는 그 신호에 따라야 한다.
– 운전자는 운전 중에 운전위치를 이탈해서는 아니 된다.
– 인양할 하물이 보이지 아니하는 경우에는 어떠한 동작도 하지 아니할 것(신호하는 사람에 의하여 작업을 하는 경우는 제외한다)

답 1. 정해진 신호방법 따를 것
2. 운전 중 운전위치 이탈하지 말 것
3. 인양할 하물이 보이지 않는 경우 어떠한 동작도 하지 말 것

055 ☆☆☆☆

산업안전보건법령상 크레인을 사용해 작업하는 경우 근로자에게 준수하도록 해야 할 조치사항 3가지를 쓰시오.

해 사업주는 크레인을 사용하여 작업을 하는 경우 다음 각 호의 조치를 준수하고, 그 작업에 종사하는 관계 근로자가 그 조치를 준수하도록 하여야 한다.
1. 인양할 하물(荷物)을 바닥에서 끌어당기거나 밀어내는 작업을 하지 아니할 것
2. 유류드럼이나 가스통 등 운반 도중에 떨어져 폭발하거나 누출될 가능성이 있는 위험물 용기는 보관함(또는 보관고)에 담아 안전하게 매달아 운반할 것
3. 고정된 물체를 직접 분리 · 제거하는 작업을 하지 아니할 것
4. 미리 근로자의 출입을 통제하여 인양 중인 하물이 작업자의 머리 위로 통과하지 않도록 할 것
5. 인양할 하물이 보이지 아니하는 경우에는 어떠한 동작도 하지 아니할 것(신호하는 사람에 의하여 작업을 하는 경우는 제외한다)

답 1. 고정된 물체를 직접 분리하는 작업하지 말 것
2. 인양할 하물을 바닥에서 밀어내는 작업하지 말 것
3. 인양할 하물이 보이지 않는 경우 어떠한 동작도 하지 말 것

056 ☆

철근을 인력으로 운반할 때 준수사항을 3가지만 쓰시오.

해 인력으로 철근을 운반할 때에는 다음 각목의 사항을 준수하여야 한다.
가. 1인당 무게는 25킬로그램 정도가 적절하며, 무리한 운반을 삼가하여야 한다.
나. 2인 이상이 1조가 되어 어깨메기로 하여 운반하는 등 안전을 도모하여야 한다.
다. 긴 철근을 부득이 한 사람이 운반할 때에는 한쪽을 어깨에 메고 한쪽 끝을 끌면서 운반하여야 한다.
라. 운반할 때에는 양끝을 묶어 운반하여야 한다.
마. 내려놓을 때는 천천히 내려놓고 던지지 않아야 한다.
바. 공동 작업을 할 때에는 신호에 따라 작업을 하여야 한다.

답 1. 운반 시 양 끝을 묶어 운반한다.
2. 내려놓을 시 천천히 내려놓는다.
3. 공동 작업 시 신호에 따라 작업한다.

057 ☆☆☆☆

지게차 부속장치 장착작업을 할 때 작업지휘자의 준수사항 2가지 쓰시오.

해 사업주는 차량계 하역운반기계등의 수리 또는 부속장치의 장착 및 해체작업을 하는 경우 해당 작업의 지휘자를 지정하여 다음 각 호의 사항을 준수하도록 하여야 한다.
1. 작업순서를 결정하고 작업을 지휘할 것
2. 안전지지대 또는 안전블록 등의 사용 상황 등을 점검할 것

답 작업순서 결정하고 작업 지휘할 것/안전블록 등의 사용 상황 점검할 것

058 ☆

사업주가 공장을 지을 때 가스 장치실을 설치하려 한다. 가스 장치실 설계 시 고려해야 하는 구조 (= 준수사항) 3개 쓰시오.

해 사업주는 가스 장치실을 설치하는 경우에 다음 각 호의 구조로 설치하여야 한다.
1. 가스가 누출된 경우에는 그 가스가 정체되지 않도록 할 것
2. 지붕과 천장에는 가벼운 불연성 재료를 사용할 것
3. 벽에는 불연성 재료를 사용할 것

답 1. 벽에는 불연성 재료 사용할 것
2. 천장에는 가벼운 불연성 재료 사용할 것
3. 가스 누출 시 가스가 정체되지 않도록 할 것

059 ☆

산업안전보건법령상 용융고열물을 취급하는 설비를 내부에 설치한 건축물에 대하여 수증기 폭발을 방지하기 위하여 사업주가 해야 할 조치사항 2가지 쓰시오.

해 사업주는 용융고열물을 취급하는 설비를 내부에 설치한 건축물에 대하여 수증기 폭발을 방지하기 위하여 다음 각 호의 조치를 하여야 한다.
1. 바닥은 물이 고이지 아니하는 구조로 할 것
2. 지붕 · 벽 · 창 등은 빗물이 새어들지 아니하는 구조로 할 것

답 바닥은 물 고이지 않는 구조로 할 것/창 등은 빗물 새어들지 않는 구조로 할 것

060 ☆☆

영상 속 작업에서 사업주의 조치사항 2가지를 쓰시오.

영상 설명
철광 용광로에서 진돌이가 작업을 하다가 쇳물이 발에 튀어 놀란다.

해 사업주는 용융(鎔融)한 고열의 광물(이하 "용융고열물"이라 한다)을 취급하는 피트(고열의 금속찌꺼기를 물로 처리하는 것은 제외한다)에 대하여 수증기 폭발을 방지하기 위하여 다음 각 호의 조치를 하여야 한다.
1. 지하수가 내부로 새어드는 것을 방지할 수 있는 구조로 할 것. 다만, 내부에 고인 지하수를 배출할 수 있는 설비를 설치한 경우에는 그러하지 아니하다.
2. 작업용수 또는 빗물 등이 내부로 새어드는 것을 방지할 수 있는 격벽 등의 설비를 주위에 설치할 것

답 1. 지하수가 내부로 새어드는 것을 방지할 수 있는 구조로 할 것
2. 빗물이 내부로 새어드는 걸 방지할 수 있는 격벽을 주위에 설치할 것

061 ☆☆☆☆

터널에서 낙반 등에 의해 근로자에게 위험을 미칠 우려가 있을 때 위험을 방지하기 위하여 필요한 조치사항 2가지 쓰시오.

해 사업주는 터널 등의 건설작업을 하는 경우에 낙반 등에 의하여 근로자가 위험해질 우려가 있는 경우에 터널 지보공 및 록볼트의 설치, 부석(浮石)의 제거 등 위험을 방지하기 위하여 필요한 조치를 하여야 한다.

답 부석 제거/록볼트 설치

062

☆☆☆☆☆☆☆☆☆

근로자가 충전전로에서 작업하는 경우 사업주의 조치사항 내용이다. 빈칸을 채우시오.

1. 충전전로를 취급하는 근로자에게 그 작업에 적합한 (A)를 착용시킬 것
2. 충전전로에 근접한 장소에서 전기작업을 하는 경우에는 해당 전압에 적합한 (B)를 설치 할 것. 다만, 저압인 경우에는 해당 전기작업자가 (A)를 착용하되, 충전전로에 접촉할 우려가 없는 경우에는 절연용 방호구를 설치하지 아니할 수 있다.
3. 근로자가 (B)의 설치 · 해체작업을 하는 경우에는 (A)를 착용하거나 활선작업용 기구 및 장치를 사용하도록 할 것
4. 유자격자가 아닌 근로자가 충전전로 인근의 높은 곳에서 작업할 때에 근로자의 몸 또는 긴 도전성 물체가 방호되지 않은 충전전로에서 대지전압이 (C) 이하인 경우에는 (D) 이내로, 대지전압이 (C)를 넘는 경우에는 10킬로볼트당 10센티미터씩 더한 거리 이내로 각각 접근할 수 없도록 할 것

해 사업주는 근로자가 충전전로를 취급하거나 그 인근에서 작업하는 경우에는 다음 각 호의 조치를 하여야 한다.

1. 충전전로를 정전시키는 경우에는 법에 따른 조치를 할 것
2. 충전전로를 방호, 차폐하거나 절연 등의 조치를 하는 경우에는 근로자의 신체가 전로와 직접 접촉하거나 도전재료, 공구 또는 기기를 통하여 간접 접촉되지 않도록 할 것
3. 충전전로를 취급하는 근로자에게 그 작업에 적합한 절연용 보호구를 착용시킬 것
4. 충전전로에 근접한 장소에서 전기작업을 하는 경우에는 해당 전압에 적합한 절연용 방호구를 설치할 것. 다만, 저압인 경우에는 해당 전기작업자가 절연용 보호구를 착용하되, 충전전로에 접촉할 우려가 없는 경우에는 절연용 방호구를 설치하지 아니할 수 있다.
5. 고압 및 특별고압의 전로에서 전기작업을 하는 근로자에게 활선작업용 기구 및 장치를 사용하도록 할 것
6. 근로자가 절연용 방호구의 설치 · 해체작업을 하는 경우에는 절연용 보호구를 착용하거나 활선작업용 기구 및 장치를 사용하도록 할 것
7. 유자격자가 아닌 근로자가 충전전로 인근의 높은 곳에서 작업할 때에 근로자의 몸 또는 긴 도전성 물체가 방호되지 않은 충전전로에서 대지전압이 50킬로볼트 이하인 경우에는 300센티미터 이내로, 대지전압이 50킬로볼트를 넘는 경우에는 10킬로볼트당 10센티미터씩 더한 거리 이내로 각각 접근할 수 없도록 할 것
8. 유자격자가 충전전로 인근에서 작업하는 경우에는 다음 각 목의 경우를 제외하고는 노출 충전부에 규정된 접근한계거리 이내로 접근하거나 절연 손잡이가 없는 도전체에 접근할 수 없도록 할 것
   가. 근로자가 노출 충전부로부터 절연된 경우 또는 해당 전압에 적합한 절연장갑을 착용한 경우
   나. 노출 충전부가 다른 전위를 갖는 도전체 또는 근로자와 절연된 경우
   다. 근로자가 다른 전위를 갖는 모든 도전체로부터 절연된 경우

답 A : 절연용 보호구 B : 절연용 방호구 C : 50kV D : 300cm

063 ☆

근로자가 맨홀 내부에서 가스공급배관 해체하는 작업을 하는 경우, 사업주가 해야 하는 조치사항 3가지 쓰시오.

해 사업주는 근로자가 지하실이나 맨홀의 내부 또는 그 밖에 통풍이 불충분한 장소에서 가스를 공급하는 배관을 해체하거나 부착하는 작업을 하는 경우 다음 각 호의 조치를 하여야 한다.

1. 배관을 해체하거나 부착하는 작업장소에 해당 가스가 들어오지 않도록 차단할 것
2. 해당 작업을 하는 장소는 적정공기 상태가 유지되도록 환기를 하거나 근로자에게 공기호흡기 또는 송기마스크를 지급하여 착용하도록 할 것

답 적정공기상태 되도록 환기/송기마스크 지급해 착용시킴/가스가 들어오지 않도록 차단할 것

064 ☆☆

산업안전보건법령상 반복적인 동작, 부적절한 작업자세, 무리한 힘의 사용, 날카로운 면과의 신체접촉, 진동 및 온도 등의 요인에 의하여 발생하는 건강장해로서 목, 어깨, 허리, 팔 · 다리의 신경 · 근육 및 그 주변 신체조직 등에 나타나는 질환 명칭과 근로자가 컴퓨터 단말기의 조작업무를 하는 경우에 사업주의 조치사항을 4가지 쓰시오.

해 – "근골격계질환"이란 반복적인 동작, 부적절한 작업자세, 무리한 힘의 사용, 날카로운 면과의 신체접촉, 진동 및 온도 등의 요인에 의하여 발생하는 건강장해로서 목, 어깨, 허리, 팔 · 다리의 신경 · 근육 및 그 주변 신체조직 등에 나타나는 질환을 말한다.

– 사업주는 근로자가 컴퓨터 단말기의 조작업무를 하는 경우에 다음 각 호의 조치를 하여야 한다.

1. 실내는 명암의 차이가 심하지 않도록 하고 직사광선이 들어오지 않는 구조로 할 것
2. 저휘도형 조명기구를 사용하고 창 · 벽면 등은 반사되지 않는 재질을 사용할 것
3. 컴퓨터 단말기와 키보드를 설치하는 책상과 의자는 작업에 종사하는 근로자에 따라 그 높낮이를 조절할 수 있는 구조로 할 것
4. 연속적으로 컴퓨터 단말기 작업에 종사하는 근로자에 대하여 작업시간 중에 적절한 휴식시간을 부여할 것

답 질환 명칭 : 근골격계질환

조치사항

1. 적절한 휴식시간 부여할 것
2. 저휘도형 조명기구 사용할 것
3. 실내는 직사광선 들어오지 않는 구조로 할 것
4. 책상과 의자는 높낮이 조절할 수 있는 구조로 할 것

065 ☆

작업으로 인해 물체가 떨어지거나 날아올 위험이 있는 경우 사업주의 조치사항 3가지를 쓰시오.

해 사업주는 작업으로 인하여 물체가 떨어지거나 날아올 위험이 있는 경우 낙하물 방지망, 수직보호망 또는 방호선반의 설치, 출입금지구역의 설정, 보호구의 착용 등 위험을 방지하기 위하여 필요한 조치를 하여야 한다.

답 보호구 착용/출입금지구역 설정/낙하물 방지망 설치

066 ☆☆☆☆☆

작업자가 무릎정도 물이 차 있는 작업장에서 펌프 작동과 동시에 감전되었다. 작업자가 감전 사고를 당한 원인을 피부저항과 관련해 말하시오.

답 피부저항은 물에 젖어 있을 경우 $\frac{1}{25}$ 로 저항이 감소하므로 그만큼 통전전류가 커져 감전의 위험이 높아진다.

067 ☆☆☆☆☆☆☆☆

폭발성물질 저장소에 들어가는 작업자가 신발에 물을 묻히는 이유와 화재 시 적합한 소화방법을 쓰시오.

해 – 신발에 물을 묻히는 이유
대부분의 물체는 습도가 증가하면 전기 저항치가 감소하고 이에 따라 대전성이 저하된다. 작업자가 신발에 물을 묻히게 되면 도전성이 증가하고 이에 따라 작업화 표면의 대전성이 저하되므로 정전기에 의한 화재 폭발을 방지할 수 있다.
– 화재 시 적합한 소화방법: 다량 주수에 의한 냉각소화

답 - 신발에 물을 묻히는 이유: 작업화 표면의 대전성이 저하되므로 정전기에 의한 화재 폭발을 방지할 수 있다.
- 화재 시 적합한 소화방법: 다량 주수에 의한 냉각소화

068 ★

영상 속 작업의 조치사항 4가지와 폭발 종류와 그 정의, 발화원 형태와 종류 3가지, 가연물질명을 쓰시오.

> 영상 설명
>
> 진돌이가 화기주의, 인화성 물질이라 써 있는 드럼통이 보관된 창고에서 인화성 물질이 든 캔을 운반하고 있다. 진돌이가 캔에 있는 내용물을 드럼통에 넣고 있는 중간 너무 더워서 옷을 벗었다. 그 순간! 폭발이 발생했다.

해 사업주는 인체에 대전된 정전기에 의한 화재 또는 폭발 위험이 있는 경우에는 정전기 대전방지용 안전화 착용, 제전복(除電服) 착용, 정전기 제전용구 사용 등의 조치를 하거나 작업장 바닥 등에 도전성을 갖추도록 하는 등 필요한 조치를 하여야 한다.

정전기 발생현상 종류

마찰대전	두 물체의 마찰이나 마찰에 의한 접촉 위치 이동으로 전하 분리 및 재배열이 일어나서 정전기 발생하는 현상
박리대전	서로 밀착되어 있는 물체가 떨어질 때 전하 분리가 일어나 정전기 발생하는 현상 예 옷 벗을 때
유동대전	액체류가 파이프 등 내부에서 유동할 때 액체와 관 벽 사이에서 정전기가 발생되는 현상이며 파이프 속에 저항이 높은 액체가 흐를 때 발생
분출대전	분체류, 액체류, 기체류가 단면적이 작은 분출구를 통해 공기 중으로 분출될 때 분출하는 물질과 분출구의 마찰로 인해 정전기가 발생되는 현상
충돌대전	분체류와 같은 입자 상호간이나 입자와 고체와의 충돌에 의해 빠른 접촉 또는 분리가 행하여짐으로써 정전기가 발생되는 현상
파괴대전	고체나 분체류 같은 물체가 파괴되었을 시 전하분리가 일어나면서 생기는 현상
교반대전	탱크로리나 탱크 내 액체가 서로 교반 될 때 발생하는 현상

답 조치사항

1. 제전복 착용
2. 정전기 제전용구 사용
3. 바닥에 도전성 갖추도록 함
4. 정전기 대전방지용 안전화 착용

폭발 종류: 증기운 폭발
정의: 가연성 가스가 유출돼 발생한 증기가 공기와 혼합해 점화원 있으면 폭발하는 현상
발화원 형태: 정전기
종류: 마찰대전/박리대전/파괴대전
가연물질: 인화성 물질 증기

069

☆☆☆☆☆☆

영상 속 불안전한 행동 1가지와 재해발생 형태, 발화원 형태를 쓰시오.

> 영상 설명
>
> 진돌이가 주유소에서 주유를 하기 위해 지게차에서 내린다. 주유 중에 주유소 직원인 진순이와 담배를 피며 이야기를 한다. 그 순간! 폭발이 발생한다.

답 불안전한 행동: 주유 중 흡연　재해발생형태: 폭발　발화원 형태: 나화(裸火, Naked Light)

070

☆☆☆☆☆☆

유리병을 H_2SO_4(황산)에 세척 시 발생할 수 있는 재해발생 형태 및 정의를 쓰시오.

답 재해발생형태: 유해위험물질 노출, 접촉
정의: 유해위험물질에 노출, 접촉 또는 흡입하였거나 독성동물에 쏘이거나 물린 경우

071

☆☆☆☆☆☆

영상 속 재해발생형태와 가해물, 기인물을 쓰시오.

> 영상 설명
>
> 진돌이가 작업발판 위에서 한 다리를 작업대에 걸쳐 나무토막을 톱으로 자르고 있었다. 힘의 균형을 잃어 몸이 흔들려 넘어지고 바닥에 머리를 부딪힌다.

답 재해발생형태: 넘어짐　가해물: 바닥　기인물: 작업발판

072 ☆☆

영상 속 재해발생 형태와 불안전한 요소 3가지를 쓰시오.

> 영상 설명
>
> 진돌이가 삐걱거리는 좀 높은 의자에 올라서서 배전반을 점검하는 도중 차단기를 직접 맨손으로 만지다가 감전되어버려 떨어져 머리를 바닥에 부딪힌다. 차단기를 완전히 다 꺼놓은 상태가 아니다.

답 재해발생형태: 떨어짐 불안전한 요소: 전원 미차단/절연장갑 미착용/의자 상태 불안전

073 ☆☆☆☆☆☆

영상 속 재해원인 1가지와 재해발생 형태와 그 정의를 쓰시오.

> 영상 설명
>
> 진돌이가 2층에서 화물을 안전난간에 기대어 내리다가 갑자기 떨어져서 아래에 있는 지나가던 진순이가 화물에 맞는다.

해 "맞음(날아오거나 떨어진 물체에 맞음)"라 함은 구조물, 기계 등에 고정되어 있던 물체가 중력, 원심력, 관성력 등에 의하여 고정부에서 이탈하거나 또는 설비 등으로부터 물질이 분출되어 사람을 가해하는 경우를 말한다.

답 재해원인: 작업구역 미설정
재해발생형태: 맞음
정의: 물체가 중력에 의하여 고정부에서 이탈되어 사람을 가해하는 경우

074 ☆☆☆☆☆

영상 속 재해발생형태, 가해물, 감전사고를 방지할 수 있는 안전모의 종류 2가지를 영어 기호로 쓰시오.

> 영상 설명
>
> 크레인으로 전주(전봇대)를 운반하는 도중 전주가 회전하여 신호수인 진돌이가 머리에 맞는다.

답 재해발생형태: 맞음 가해물: 전주(전봇대) 안전모 종류: AE종, ABE종

075

★☆

영상 속 재해발생 형태 이름과 정의, 재해발생 원인 2가지 쓰시오.

> 영상 설명
>
> 진돌이가 공작기계(=방전가공기) 전원을 켜고 작업을 시작한다. 작업 도중 재료에서 물이 나와 맨손으로 물을 닦다가 눈이 뒤집히며 부들부들 떤다. 나중에 보니 공작기계 접지 미조치상태다.

해 "감전"이라 함은 전기설비의 충전부 등에 신체의 일부가 직접 접촉하거나 유도전류의 통전으로 근육의 수축, 호흡곤란, 심실세동 등이 발생한 경우 또는 특별고압 등에 접근함에 따라 발생한 섬락 접촉, 합선·혼촉 등으로 인하여 발생한 아아크에 접촉된 경우를 말한다.

답 재해발생 형태: 감전
정의: 신체 일부가 직접 접촉해 심실세동 등이 발생한 경우
재해발생 원인: 전원 미차단/접지 미조치

076

★☆☆☆

영상 속 재해발생 형태 종류와 재해발생 원인을 2가지 쓰시오.

> 영상 설명
>
> 회전체에 코일 감는 전동권선기가 갑자기 멈춰서 진돌이가 작동 중인 기계를 열어 맨손으로 만지는 순간 눈이 뒤집히고, 몸을 파르르 떤다.

답 재해발생 형태: 감전 **재해발생 원인**: 전원 미차단/절연장갑 미착용

077

☆

영상 속 재해발생 형태와 재해원인 2가지 쓰시오.

> 영상 설명
>
> 진돌이가 배전반을 점검하고 있다. 점검을 다 마친 후, 진돌이는 배전반 옆에 있는 투광기를 만지는 순간 감전된다. 진돌이는 면장갑 착용상태이며 누전차단기는 작동 상태이다.

답 재해발생형태: 감전 **재해원인**: 누전차단기 불량/절연장갑 미착용

078

☆☆☆☆☆

영상 속 재해발생 형태와 가해물을 쓰시오.

영상 설명
배전반 뒤로 진돌이가 배전반을 만지고 있고, 앞에는 진순이가 시험기를 들고 배전반 이곳 저곳 대고 있다. 갑자기 뒤에서 소리가 나서 진순이가 뒤로 가보니 진돌이가 몸을 떨고 있다.

답 재해발생형태: 감전　가해물: 배전반

079

★☆

영상 속 위험 요인 3가지와 재해발생 형태를 쓰시오.

영상 설명
진돌이가 고열 배관 플랜지를 점검하려고 한다. 플랜지의 볼트를 푸는데 고온 증기가 분출되어 진돌이의 얼굴을 타격했다. 진돌이는 보안경 미착용상태이며 맨손이다.

해 "이상온도 노출 · 접촉"이라 함은 고·저온 환경 또는 물체에 노출 · 접촉된 경우를 말한다.

답 위험요인: 보안경 미착용/방열장갑 미착용/작업 전 배관 내 내용물 미제거
재해발생 형태: 이상온도 노출 · 접촉

080

☆☆☆☆☆☆☆☆

롤러기 작업 시 위험점의 이름과 정의, 해당 위험점이 형성되는 조건을 쓰시오.

답 위험점: 물림점
정의: 서로 반대방향으로 회전하는 두 개의 회전체가 맞닿아서 생기는 위험점
발생가능 조건: 두 개의 회전체가 서로 반대 방향으로 맞물려 회전

081

★☆

영상 속 기계의 운동 형태에서 발생할 수 있는 위험점 명칭과 정의, 그리고 위험요인 3가지를 쓰시오.

> 영상 설명
>
> 진돌이가 면장갑을 착용하고 선반 작업을 하던 중, 회전축에 샌드페이퍼를 손으로 감아 가공물을 만들고 있다. 그 순간! 장갑이 말려들어 간다. 진돌이는 보안경 미착용 상태다.

답 위험점: 회전말림점
정의: 회전하는 물체의 길이 등이 불규칙한 부위와 돌기 회전부 위에 옷, 장갑 등이 말려드는 위험점
위험요인: 장갑 착용/보안경 미착용/손으로 샌드페이퍼 감음

082

☆☆☆☆☆☆

영상 속 기계 운동 형태에서 발생할 수 있는 위험점 및 정의, 재해발생 원인 2가지 그리고, 기인물과 가해물을 쓰시오.

> 영상 설명
>
> 진돌이가 김치공장에서 슬라이스 기계에 배추를 넣어 써는 작업을 하고 있다.
> 기계가 멈추자 전원 미차단하고, 슬라이스 기계를 점검하던 중 갑자기 기계가 작동하여 진돌이는 칼날에 손이 잘린다.

답 위험점: 절단점
정의: 회전하는 운동부 자체 위험에서 형성되는 위험점
재해발생원인: 전원 미차단/수공구 미사용
기인물: 슬라이스 기계
가해물: 칼날

083

☆☆☆☆

영상 속 위험점과 정의를 적으시오.

영상 설명
진돌이가 장갑을 착용한 손으로 시동을 안 끈 채로 타이밍 벨트를 육안점검을 하고 있다. 진돌이가 실수로 타이밍 벨트와 구동축 사이를 만지자 장갑이 끼었다. 타이밍 벨트에는 덮개 미설치 상태이다.

답 위험점: 접선물림점
정의: 회전하는 부분의 접선방향으로 물려들어갈 위험이 존재하는 위험점

084

☆☆☆☆☆☆

산업안전보건법령상 내부 이상상태를 조기에 파악하기 위하여 특수화학설비에 설치해야 하는 계측장치 3가지를 쓰시오.

해 사업주는 위험물을 같은 표에서 정한 기준량 이상으로 제조하거나 취급하는 다음 각 호의 어느 하나에 해당하는 화학설비(이하 "특수화학설비"라 한다)를 설치하는 경우에는 내부의 이상 상태를 조기에 파악하기 위하여 필요한 온도계 · 유량계 · 압력계 등의 계측장치를 설치하여야 한다.

1. 발열반응이 일어나는 반응장치
2. 증류 · 정류 · 증발 · 추출 등 분리를 하는 장치
3. 가열시켜 주는 물질의 온도가 가열되는 위험물질의 분해온도 또는 발화점보다 높은 상태에서 운전되는 설비
4. 반응폭주 등 이상 화학반응에 의하여 위험물질이 발생할 우려가 있는 설비
5. 온도가 섭씨 350도 이상이거나 게이지 압력이 980킬로파스칼 이상인 상태에서 운전되는 설비
6. 가열로 또는 가열기

답 온도계/유량계/압력계

085 ☆

산업안전보건법령상 특수화학설비 내부 이상상태를 조기에 파악하기 위하여 설치해야 할 장치 2가지를 쓰시오.

해 윗 해설 참조
사업주는 특수화학설비를 설치하는 경우에는 그 내부의 이상 상태를 조기에 파악하기 위하여 필요한 자동경보장치를 설치하여야 한다. 다만, 자동경보장치를 설치하는 것이 곤란한 경우에는 감시인을 두고 그 특수화학설비의 운전 중 설비를 감시하도록 하는 등의 조치를 하여야 한다.

답 계측장치/자동경보장치

086 ☆

산업안전보건법령상, 특수 화학설비 내부의 이상상태를 조기에 파악하기 위하여 설치해야 할 장치나 조치를 2가지 쓰시오 (단, 계측장비는 제외)

해 윗 해설 참조

답 자동경보장치/감시인 배치

087 ☆☆☆☆

산업안전보건법령상 특수화학설비를 설치하는 경우, 그 내부의 이상 상태를 조기에 파악 및 이상 상태의 발생에 따른 폭발·화재 또는 위험물의 누출을 방지하기 위해서 사업주가 설치해야 하는 장치를 2가지만 쓰시오.(단, 온도계·유량계·압력계 등 계측장치는 제외)

해 윗 해설 참조
사업주는 특수화학설비를 설치하는 경우에는 이상 상태의 발생에 따른 폭발 · 화재 또는 위험물의 누출을 방지하기 위하여 원재료 공급의 긴급차단, 제품 등의 방출, 불활성가스의 주입이나 냉각용수 등의 공급을 위하여 필요한 장치 등을 설치하여야 한다.

답 자동경보장치/제품 방출장치

088 ☆

사업주가 작업장 분진 배출을 위하여 설치하여야 하는 것 2가지를 쓰시오.

해 사업주는 분진등을 배출하기 위하여 국소배기장치나 전체환기장치를 설치한 경우 그 분진등에 관한 작업을 하는 동안 국소배기장치나 전체환기장치를 가동하여야 한다.

답 국소배기장치/전체환기장치

089 ☆☆☆☆☆☆

밀폐공간에서 실행해야 할 퍼지작업 종류 4가지를 쓰시오.

해 1. 사이폰 퍼지(Siphon Purging)
   보호 장치로부터 배수되는 액체를 불활성 가스로 대체하기 위하여, 액체를 채운 후 배수함으로서 그 공간에 불활성 가스가 공급되도록 하는 방법
2. 진공 퍼지(Vacuum Purging)
   저장용기나 반응기 등에 일반적으로 많이 사용되는 방법으로서, 먼저 보호하려는 장치의 압력을 감소시킨 상태에서 불활성 가스의 주입으로 진공을 파괴하여 퍼지시키는 방법
3. 압력 퍼지(Pressure Purging)
   역으로 불활성 가스를 가압하에서 장치 내로 주입하고 불활성 가스가 공간에 채워진 후에 압력을 대기로 방출함으로서 정상 압력으로 환원하는 방법
4. 일소 퍼지(Sweep – Through Purging)(= 스위프 퍼지)
   한쪽 개구부를 통하여 퍼지가스를 장치 안으로 주입하고 다른 쪽 개구부를 통하여 가스를 배출함으로서 잔여 증기를 일소하는 방법

답 일소 퍼지/진공 퍼지/압력 퍼지/사이폰 퍼지

090 ☆☆

다음 물질별 퍼지의 목적을 쓰시오.

1. 가연성 가스 및 지연성 가스 2. 독성 가스 3. 불활성 가스

답 1. 화재폭발 및 산소결핍에 의한 질식사고 방지
2. 중독사고 방지
3. 산소결핍에 의한 질식사고 방지

091

☆

전주 변압기가 활선인지 확인할 수 있는 방법 3가지를 쓰시오.

답 단로기 이용/검전기 이용/테스터기 이용

092

☆☆☆☆☆☆

발파에 의한 터널 굴착공사 중에 사용되는 계측 방법의 종류 3가지를 쓰시오.

해 계측관리 시 다음 각 호의 사항을 측정하여 그 결과에 따른 보강대책을 마련하고, 이상이 발견되면 즉시 작업을 중지하고 장비 및 인력의 대피 조치를 하여야 한다.
1. 내공변위 2. 천단침하 3. 지중, 지표침하 4. 록볼트 축력측정 5. 숏크리트 응력

답 내공변위/천단침하/지중, 지표침하

093

★

영상 속 근로자를 비상시에 피난시키거나 구출하기 위하여 갖추어 두어야 할 기구 및 보호구 3가지를 쓰시오.

영상 설명
진돌이가 선박 밸러스트 탱크 내부 슬러지를 제거하는 도중에 눈이 뒤집히며 의식을 잃었다. 진돌이는 아무런 보호구를 착용하지 않고 있었다.

해 사업주는 근로자가 밀폐공간에서 작업을 하는 경우에 공기호흡기 또는 송기마스크, 사다리 및 섬유로프 등 비상시에 근로자를 피난시키거나 구출하기 위하여 필요한 기구를 갖추어 두어야 한다.

답 사다리/섬유로프/송기마스크

094

☆☆☆☆

연마작업 시 착용해야 하는 보호구를 4가지 쓰시오.

답 안전모/보안경/귀마개/방진마스크

095 ☆☆

영상 속 작업에서 착용이 필요한 보호구 3가지를 쓰시오.

> 영상 설명
>
> 진돌이가 분전함 전원을 올리고 내부가 너무 더러워서 입으로 먼지를 없애다가 먼지가 눈에 들어가 굉장히 아파한다. 진돌이는 절연장갑만 착용상태이다.

답 보안경/안전화/방진마스크

096 ☆☆☆☆

용접 작업 중 사고를 예방하기 위해 착용해야 할 보호구 4가지와 작업 시 발생 유해광선 1가지를 쓰시오.

답 보호구 : 용접용 장갑/용접용 보안면/용접용 안전화/용접용 앞치마 유해광선 : 자외선

097 ☆☆

영상 속 근로자가 착용해야 할 보호구를 4가지 쓰시오.

> 영상 설명
>
> 진돌이가 해머를 이용해 보도블럭을 부수고 있다. 작업구역 미설정 상태이며 감시인도 없다.
> 진돌이는 면장갑만 착용한 상태이며 주변이 너무 시끄럽다.

답 안전모/안전화/보안경/귀마개

098

☆☆☆☆☆☆☆☆☆

섬유공장에서 기계가 작동 중일 때, 작업자가 착용하여야 할 적절한 보호구 3가지와 위험요인 2가지 쓰시오.

영상 설명
섬유공장에서 진돌이가 가동 중인 섬유직조기계를 만지며 손으로 먼지를 털고 있다. 이때 진돌이는 비니만 착용 상태이다.

답 보호구 : 안전모/보안경/방진마스크 위험요인 : 전원 미차단/먼지 털 때 수공구 미사용

099

☆☆☆

활선 작업 시 근로자가 착용해야 하는 절연용 보호구를 3가지 쓰시오.

답 절연화/절연장갑/안전모(AE, ABE종)

100

☆☆☆☆☆

산업안전보건법령상 피부자극성 및 부식성 관리대상 유해물질 취급 시 비치하여야 할 보호장구 3가지를 쓰시오.

해 사업주는 근로자가 피부 자극성 또는 부식성 관리대상 유해물질을 취급하는 경우에 불침투성 보호복 · 보호장갑 · 보호장화 및 피부보호용 바르는 약품을 갖추어 두고, 이를 사용하도록 하여야 한다.

답 불침투성 보호복/불침투성 보호장갑/불침투성 보호장화

101

★☆

영상 속 작업 시 신체 부위(눈/손/피부)를 보호할 수 있는 보호구와 위험요인 2가지 쓰시오.

> 영상 설명
>
> 담배를 피며 진돌이가 변압기에 연결된 선을 유기화합물이 담겨진 통에 넣다 뺐다 하고 있다. 그 후, 변압기를 건조시키기 위해 건조기에다 넣었다. 냄새가 많이 나는 지 진돌이는 얼굴을 계속 찡그리고 있다. 진돌이는 안전화만 신었고, 그 외 보호구를 착용하지 않았다.

해 윗 해설 참조
사업주는 근로자가 관리대상 유해물질이 흩날리는 업무를 하는 경우에 보안경을 지급하고 착용하도록 하여야 한다.

답 눈: 보안경 손: 불침투성 보호장갑 피부: 불침투성 보호복
위험 요인: 작업 중 흡연/방독마스크 미착용

102

★☆

영상 속 작업에서 착용해야 하는 보호구를 4가지와 행동목표 2가지를 쓰시오.

> 영상 설명
>
> 진돌이가 흡연을 하며 브레이크 라이닝을 화학약품을 이용해 세척하고 있다. 세정제가 바닥에 흥건히 있고, 진돌이는 슬리퍼, 면장갑을 착용하고 있다.

답 보호구: 보안경/불침투성 보호복/불침투성 보호장갑/불침투성 보호장화
행동목표: 작업 중에는 흡연하지 말자!/불침투성 보호구를 입자!

103

☆☆☆

영상 속 작업에서 착용해야 하는 보호구를 3가지 쓰시오.

> 영상 설명
>
> 진돌이가 실험실에서 실험가운만 입고 황산이 담긴 삼각플라스크를 만진다.
> 그 순간! 비커가 깨져 진돌이가 화상을 입는다.

답 불침투성 보호복/불침투성 보호장갑/불침투성 보호장화

104

☆☆☆☆☆☆

화면 속 작업에서 착용해야 하는 호흡용 보호구 2가지를 쓰시오.

영상 설명

진돌이가 힘든 표정으로 폐수처리장 밖에 서 있다. 그러고 다시 진돌이는 슬러지를 치우기 위해 폐수처리조 탱크 안에 들어가자마자 의식 잃고 쓰러진다. 별도 가스 누출은 없어 보이며 진돌이는 안전모와 면장갑 착용상태이다.

답 송기마스크/공기호흡기

105

☆☆

산업안전보건법령상, 고열의 정의와 다량의 고열 물체를 취급하거나 매우 더운 장소에서 작업하는 근로자에게 사업주가 지급하고 착용하도록 하여야 하는 보호구 2가지를 쓰시오.

해 – "고열"이란 열에 의하여 근로자에게 열경련 · 열탈진 또는 열사병 등의 건강장해를 유발할 수 있는 더운 온도를 말한다.
– 사업주는 다음 각 호의 어느 하나에서 정하는 바에 따라 근로자에게 적절한 보호구를 지급하고, 이를 착용하도록 하여야 한다.
1. 다량의 고열물체를 취급하거나 매우 더운 장소에서 작업하는 근로자: 방열장갑, 방열복
2. 다량의 저온 물체를 취급하거나 현저히 추운 장소에서 작업하는 근로자: 방한모, 방한화, 방한장갑 및 방한복

답 정의 : 열에 의하여 근로자에게 열사병 등의 건강장해를 유발할 수 있는 더운 온도
보호구 : 방열복/방열장갑

106

☆

동영상 작업 시 작업자를 보호할 수 있는 신체 부위별(상체/하체/손/머리) 보호복 4가지를 쓰시오.

영상 설명

진돌이가 아연 용융도금 작업장에서 뜨거운 아연 표면에 굳은 찌꺼기를 슬래그 제거용 전용도구로 긁어내고 있다. 진돌이는 안전모. 면장갑 착용 중이다.

답 상체 : 방열상의 하체 : 방열하의 손 : 방열장갑 머리 : 방열두건

107

☆☆☆☆☆

영상 속 재해의 기인물과 가해물, 봉강 연마 작업 시 파편이나 칩의 비래에 의한 위험에 대비하기 위해 설치해야 하는 방호장치명을 쓰시오.

> 영상 설명
>
> 진돌이가 맨손으로 탁상용 연삭기로 봉강 연마 작업을 하고 있다. 진돌이가 작업을 하는 중 봉강이 흔들흔들 거리다가 진돌이 복부 쪽으로 날아간다.

답 기인물: 탁상용 연삭기　가해물: 봉강　방호장치명: 칩비산 방지판

108

☆

영상 속 작업에서 재해형태와 기인물을 쓰시오.

> 영상 설명
>
> 진돌이가 사출성형기를 이용해 작업을 하는 도중 이물질이 생겨서 그것을 빼려다가 실수로 버튼을 눌러 손이 눌린다.

답 재해형태: 끼임　기인물: 사출성형기

109

☆☆

영상 속 재해발생 원인 1가지와 방호장치 2가지를 쓰시오.

> 영상 설명
>
> 진돌이가 둥근 톱을 이용해 나무토막을 자르고 있던중 진순이가 같이 담배 하나 피자며 말을 건다.
> 그 순간! 진돌이는 진순이를 바라보며 작업에 미집중하여 손가락이 잘린다.
> 진순이는 놀라며 119에 전화한다. 진돌이는 면장갑 착용 중이며 둥근 톱에는 날접촉예방장치(=덮개)와 반발예방장치(=분할날) 미설치 상태이다.

답 재해발생 원인: 덮개 미설치　방호장치: 반발예방장치(=분할날)/톱날접촉예방장치(=덮개)

110

☆☆

기계 작동 부분이 정상조건이 아닌 경우 기계가 가동되지 않는 사고를 방지하는 방호장치는 무엇인지 쓰시오.

답 인터록

111

☆

동력식 수동대패기의 방호장치 1가지 쓰시오.

해 동력식 수동대패기는 대패날에 손이 닿지 않도록 날접촉예방장치를 설치하여야 하며, 날접촉예방장치는 휨, 비틀림 등 변형이 발생하지 않을 만큼 충분한 강도 갖는 것이어야 한다.

대패기계 덮개 종류

종류	용도
<u>**가동식 덮개**</u>	대패날 부위를 가공재료의 크기에 따라 움직이며, 인체가 날에 접촉하는 것을 방지해 주는 형식
<u>**고정식 덮개**</u>	대패날 부위를 필요에 따라 수동 조정하도록 하는 형식

답 날접촉예방장치(고정식, 가동식)

112

☆☆☆☆☆☆☆☆

해당 기계명과 방호장치 이름과 설치각도를 쓰시오.

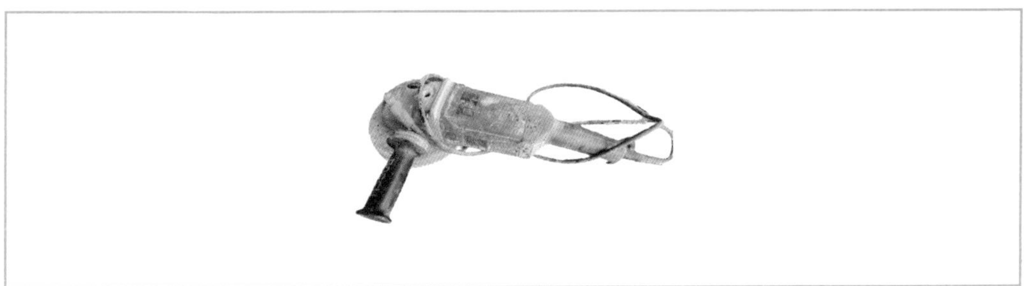

해 연삭기 덮개 각도 및 덮개 노출각도(= 연삭숫돌)

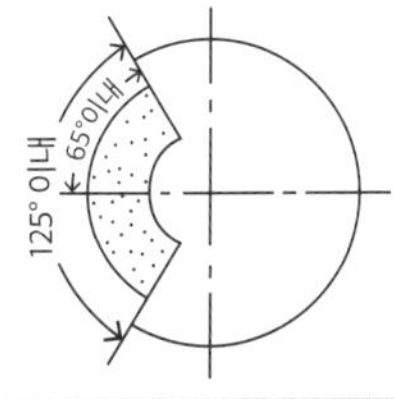 125° 이내 65°이내	60°이상 60°이상	80°이내 65°이내
1. 일반연삭작업 등에 사용하는 것을 목적으로 하는 탁상용 연삭기 숫돌 노출 각도	2. 연삭숫돌의 상부를 사용하는 것을 목적으로 하는 탁상용 연삭기 덮개 각도	3. 1/2 이외의 탁상용 연삭기, 그 밖에 이와 유사한 연삭기 숫돌 노출 각도
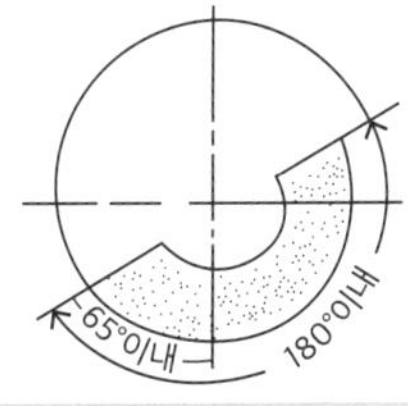 65°이내 180°이내	180°이내	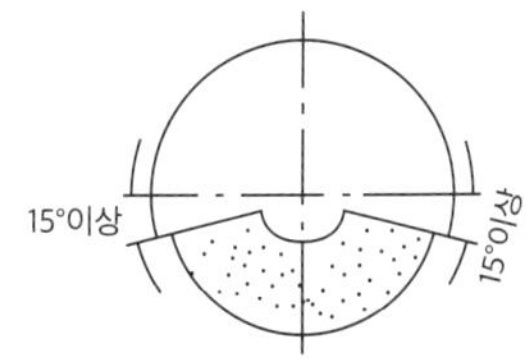 15°이상 15°이상
4. 원통연삭기, 센터리스연삭기, 공구연삭기, 만능연삭기, 그 밖에 이와 비슷한 연삭기 숫돌 노출 각도	5. 휴대용 연삭기, 스윙연삭기, 스라브연삭기, 그 밖에 이와 비슷한 연삭기 숫돌 노출 각도	6. 평면연삭기, 절단연삭기, 그 밖에 이와 비슷한 연삭기 덮개 각도

답 기계명 : 휴대용 연삭기　방호장치 이름 : 덮개　설치각도 : 180° 이상

113

☆☆☆

산업안전보건법령상 습윤한 장소에서 사용하는 교류아크용접기에 부착해야 하는 안전장치명과 용접홀더 구비조건 1가지를 쓰시오.

해 사업주는 다음 각 호의 어느 하나에 해당하는 장소에서 교류아크용접기(자동으로 작동되는 것은 제외한다)를 사용하는 경우에는 교류아크용접기에 자동전격방지기를 설치하여야 한다.

1. 선박의 이중 선체 내부, 밸러스트 탱크(ballast tank, 평형수 탱크), 보일러 내부 등 도전체에 둘러싸인 장소
2. 추락할 위험이 있는 높이 2미터 이상의 장소로 철골 등 도전성이 높은 물체에 근로자가 접촉할 우려가 있는 장소
3. 근로자가 물 · 땀 등으로 인하여 도전성이 높은 습윤 상태에서 작업하는 장소

사업주는 아크용접 등(자동용접은 제외한다)의 작업에 사용하는 용접봉의 홀더에 대하여 한국산업표준에 적합하거나 그 이상의 절연내력 및 내열성을 갖춘 것을 사용하여야 한다.

답 안전장치명: 자동전격방지기　용접홀더 구비조건: 한국산업표준에 적합한 내열성 갖출 것

114

★☆

영상 속 현장에서 사업주가 설치해야 하는 것 3가지와 위험 요인 3가지를 쓰시오.

> 영상 설명
>
> 공사 중인 승강기 피트 안에서 진돌이가 벽에 붙은 타이핀을 떼어내기 위해 작업발판을 설치한다. 설치를 다 하고 타이핀을 장도리로 떼고 있는데 얼굴에 콘크리트 부스러기와 타이핀이 튄다. 진돌이는 안전모와 안전화를 착용하였고, 안전대는 미착용했으며 방호장치는 아무것도 없다.

해 사업주는 작업발판 및 통로의 끝이나 개구부로서 근로자가 추락할 위험이 있는 장소에는 안전난간, 울타리, 수직형 추락방망 또는 덮개 등(이하 이 조에서 "난간등"이라 한다)의 방호 조치를 충분한 강도를 가진 구조로 튼튼하게 설치하여야 하며, 덮개를 설치하는 경우에는 뒤집히거나 떨어지지 않도록 설치하여야 한다. 이 경우 어두운 장소에서도 알아볼 수 있도록 개구부임을 표시해야 하며, 수직형 추락방망은 한국산업표준에서 정하는 성능기준에 적합한 것을 사용해야 한다.

답 설치해야 하는 것: 덮개/안전난간/수직형 추락방망
위험 요인: 안전난간 미설치/추락방호망 미설치/안전대 미착용

115 ☆

영상 속 현장에서 작업장 조치사항 3가지 쓰시오.(안전대 관련 내용 제외)

> 영상 설명
>
> 진돌이와 진순이가 피트 개구부 주변에 앉아 돌조각을 줍고 있다. 돌을 거의 줍고 진돌이가 잠시 일어나 걸어가는데 돌을 담은 종이 포대에 발이 걸려 피트 속으로 추락한다.
> 진돌이와 진순이는 안전모와 장갑을 착용했고, 피트 주변에는 안전난간, 추락방호망, 수직형 추락방망 미설치 상태이다.

해 윗 해설 참조

답 안전난간 설치/추락방호망 설치/수직형 추락방망 설치

116 ☆☆

슬라이드가 갑자기 작동함으로써 근로자에게 발생할 위험을 방지하기 위한 방호장치 이름과 그 장치가 가져야 할 구조조건 2가지 쓰시오.

해 기계프레스는 안전블럭을 설치하여야 한다.

1. 슬라이드 및 상부금형 등의 무게를 지탱할 수 있는 강도를 가진 것일 것
2. 안전블럭 사용 중 슬라이드가 작동될 수 없도록 인터로크 기구를 가진 것일 것

답 이름: 안전블록
구조조건: 인터록 기구 가질 것/슬라이드 무게 지탱할 수 있는 강도 가질 것

117 ☆☆☆☆☆☆

작업자가 고소작업을 하다 추락하였다. 사진 속 추락 방지를 위한 보호구의 이름과 정의 및 구조 2가지를 쓰시오.

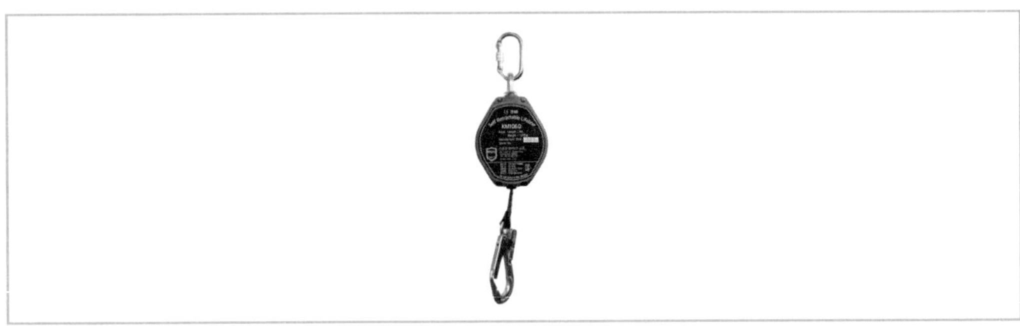

해 "안전블록"이란 안전그네와 연결하여 추락 발생 시 추락을 억제할 수 있는 자동잠김장치가 갖추어져 있고 죔줄이 자동적으로 수축되는 장치를 말한다.

부품 구조 및 치수

안전블록	가. 자동 잠김장치를 갖출 것 나. 안전블록의 부품은 부식 방지 처리를 할 것

답 이름 : 안전블록
정의 : 추락 발생 시 자동잠김장치 있고, 죔줄이 자동 수축되는 장치
구조조건 : 자동 잠김장치 갖출 것/부식 방지 처리할 것

118 ☆☆☆

안전블록이 부착된 안전대 구조를 3가지 쓰시오.

해 안전블록이 부착된 안전대의 구조는 다음 세목과 같이 한다.

1. 안전블록을 부착하여 사용하는 안전대는 신체지지의 방법으로 안전그네만을 사용할 것
2. 안전블록은 정격사용 길이가 명시될 것
3. 안전블록의 줄은 합성섬유로프, 웨빙(webbing), 와이어로프이어야 하며 와이어로프인 경우 최소지름이 4mm 이상일 것

답
1. 정격사용 길이 명시될 것
2. 신체지지 방법으로 안전그네만 사용할 것
3. 줄은 와이어로프 등이어야 하며, 최소지름 4mm 이상일 것

119 ☆

산업안전보건법령상 컨베이어 시스템의 설치 등으로 높이 1.8m 이상의 울타리를 설치할 수 없는 일부 구간에 대해서 설치해야 하는 방호장치를 2가지만 쓰시오.

해 사업주는 로봇의 운전으로 인하여 근로자에게 발생할 수 있는 부상 등의 위험을 방지하기 위하여 높이 1.8미터 이상의 울타리를 설치해야 하며, 컨베이어 시스템의 설치 등으로 울타리를 설치할 수 없는 일부 구간에 대해서는 안전매트 또는 광전자식 방호장치 등 감응형(感應形) 방호장치를 설치해야 한다.

답 안전매트/감응형 방호장치

120 ☆☆☆

산업안전보건법령상 차량계 건설기계 붐을 올리고 그 밑에서 수리·점검작업 등을 하는 경우 붐이 갑자기 내려옴으로써 발생하는 위험을 방지하기 위하여, 사업주가 해당 작업에 종사하는 근로자에게 사용하도록 해야 하는 방호장치 2가지를 쓰시오.

해 사업주는 차량계 건설기계의 붐 · 암 등을 올리고 그 밑에서 수리 · 점검작업 등을 하는 경우 붐 · 암 등이 갑자기 내려옴으로써 발생하는 위험을 방지하기 위하여 해당 작업에 종사하는 근로자에게 안전지지대 또는 안전블록 등을 사용하도록 하여야 한다.

답 안전블록/안전지지대

121

☆☆☆

전단기 및 프레스의 방호장치 종류 4개 쓰시오.

해

종류	분류	기능
광전자식	A - 1	프레스 또는 전단기에서 일반적으로 많이 활용하고 있는 형태로서 투광부, 수광부, 컨트롤 부분으로 구성된 것으로서 신체의 일부가 광선을 차단하면 기계를 급정지시키는 방호장치
	A - 2	급정지 기능이 없는 프레스의 클러치 개조를 통해 광선 차단 시 급정지시킬 수 있도록 한 방호장치
양수 조작식	B - 1 (유 공압 밸브식)	1행정 1정지식 프레스에 사용되는 것으로서 양손으로 동시에 조작하지 않으면 기계가 동작하지 않으며, 한손이라도 떼어내면 기계를 정지시키는 방호장치
	B - 1 (전기버튼식)	
가드식	C	가드가 열려 있는 상태에서는 기계의 위험부분이 동작되지 않고 기계가 위험한 상태일 때에는 가드를 열 수 없도록 한 방호장치
손쳐내기식	D	슬라이드의 작동에 연동시켜 위험상태로 되기 전에 손을 위험 영역에서 밀어내거나 쳐내는 방호장치로서 프레스용으로 확동식 클러치형프레스에 한해서 사용됨(다만, 광전자식 또는 양수조작식과 이중으로 설치 시에는 급정지 가능프레스에 사용 가능)
수인식	E	슬라이드와 작업자 손을 끈으로 연결하여 슬라이드 하강 시 작업자 손을 당겨 위험영역에서 빼낼 수 있도록 한 방호장치로서 프레스용으로 확동식 클러치형 프레스에 한해서 사용됨 (다만, 광전자식 또는 양수조작식과 이중으로 설치 시에는 급정지가능 프레스에 사용 가능)

답 가드식/수인식/광전자식/양수조작식

122

☆☆☆

이 장치의 분류는 A – 1이다. 이 장치의 명칭과 기능을 쓰시오.

해 윗 해설 참조

답 명칭 : 광전자식 방호장치　기능 : 신체 일부가 광선을 차단하면 기계를 급정지시킴

123

☆☆☆☆☆

급정지기구 설치되어 있지 않은 프레스에 사용 가능한 방호장치 종류를 4가지 쓰시오.

해 급정지기구 부착되어야 하는 장치: 양수조작식/감응형(광전자식)
급정지기구 부착되어 있지 않아도 되는 장치: 가드식/수인식/양수기동식/손쳐내기식

답 가드식/수인식/양수기동식/손쳐내기식

124

☆☆

산업안전보건법령상 컨베이어 방호장치를 4가지 쓰시오.

해
- 사업주는 컨베이어, 이송용 롤러 등(이하 "컨베이어등"이라 한다)을 사용하는 경우에는 정전 · 전압강하 등에 따른 화물 또는 운반구의 이탈 및 역주행을 방지하는 장치를 갖추어야 한다.
- 사업주는 컨베이어등에 해당 근로자의 신체의 일부가 말려드는 등 근로자가 위험해질 우려가 있는 경우 및 비상시에는 즉시 컨베이어등의 운전을 정지시킬 수 있는 장치를 설치하여야 한다.
- 사업주는 컨베이어등으로부터 화물이 떨어져 근로자가 위험해질 우려가 있는 경우에는 해당 컨베이어등에 덮개 또는 울을 설치하는 등 낙하 방지를 위한 조치를 하여야 한다.
- 사업주는 운전 중인 컨베이어등의 위로 근로자를 넘어가도록 하는 경우에는 위험을 방지하기 위하여 건널다리를 설치하는 등 필요한 조치를 하여야 한다.
- 사업주는 동일선상에 구간별 설치된 컨베이어에 중량물을 운반하는 경우에는 중량물 충돌에 대비한 스토퍼를 설치하거나 작업자 출입을 금지하여야 한다.

답 덮개/건널다리/비상정지장치/이탈방지장치

125

☆

해당 기계의 명칭을 쓰고, 이 기계 위로 근로자를 넘어가도록 하는 경우에는 위험을 방지하기 위해 설치하는 것의 명칭을 쓰시오.

해 윗 해설 참조

답 기계의 명칭: 컨베이어　설치하는 것의 명칭: 건널다리

126

☆☆☆☆

크레인의 방호장치에 대한 내용이다. 빈칸을 채우시오.

1. 권과를 방지하기 위하여 인양용 와이어로프가 일정한계 이상 감기게 되면 자동적으로 동력을 차단하고 작동을 정지시키는 장치 : (A)
2. 훅에서 와이어로프가 이탈하는 것을 방지하는 장치 : (B)
3. 전도 사고를 방지하기 위하여 장비의 측면에 부착하여 전도 모멘트에 대하여 효과적으로 지탱할 수 있도록 한 장치 : (C)

답 A : 권과방지장치 B : 훅 해지장치 C : 아웃트리거

127

☆☆

건설용 리프트 방호장치를 4가지만 쓰시오.

답 제동장치/권과방지장치/비상정지장치/과부하방지장치

128

☆

해당 장비명과 방호장치 4가지만 쓰시오.

해 지게차: 헤드 가드, 백레스트(backrest), 전조등, 후미등, 안전벨트

답 장비명 : 지게차 방호장치 : 후미등/전조등/백레스트/헤드 가드

129

☆

지게차에 대한 내용이다. 물음에 답하시오.

1. 지게차를 이용한 작업 중에 마스트를 뒤로 기울일 때 화물이 마스트 방향으로 떨어지는 것을 방지하기 위해 설치하는 짐받이 틀의 명칭
2. 지게차 헤드가드가 갖추어야 할 사항 2가지

해 – 헤드가드(Head guard)라 함은 지게차를 이용한 작업 중에 위쪽으로부터 떨어지는 물건에 의한 위험을 방지하기 위하여 운전자의 머리 위쪽에 설치하는 덮개를 말한다.
– 백레스트(Backrest)라 함은 지게차를 이용한 작업 중에 마스트를 뒤로 기울일 때 화물이 마스트 방향으로 떨어지는 것을 방지하기 위해 설치하는 짐받이 틀을 말한다
– 사업주는 다음 각 호에 따른 적합한 헤드가드(head guard)를 갖추지 아니한 지게차를 사용해서는 안 된다. 다만, 화물의 낙하에 의하여 지게차의 운전자에게 위험을 미칠 우려가 없는 경우에는 그렇지 않다.

1. 강도는 지게차의 최대하중의 2배 값(4톤을 넘는 값에 대해서는 4톤으로 한다)의 등분포정하중(等分布靜荷重)에 견딜 수 있을 것
2. 상부 틀의 각 개구의 폭 또는 길이가 16센티미터 미만일 것
3. 운전자가 앉아서 조작하거나 서서 조작하는 지게차의 헤드가드는 한국산업표준(좌승식: 좌석 기준점으로부터 0.903m 이상, 입승식: 조종사가 서 있는 플랫폼으로부터 1.905m 이상)에서 정하는 높이 기준 이상일 것

답 1. 백레스트
2. -상부 틀의 각 개구 폭 16cm 미만일 것
-강도는 지게차 최대하중 2배 값(4톤 넘는 값은 4톤으로)의 등분포정하중에 견딜 것

130

☆☆☆

각 기계, 기구에 적절한 방호장치를 1가지씩 쓰시오.

1. 컨베이어 벨트 2. 선반 3. 휴대용 연삭기

답 1. 덮개 2. 덮개 3. 덮개

131

☆☆☆

건설용 리프트의 장치들이다. 각 장치 이름을 쓰시오.

1. 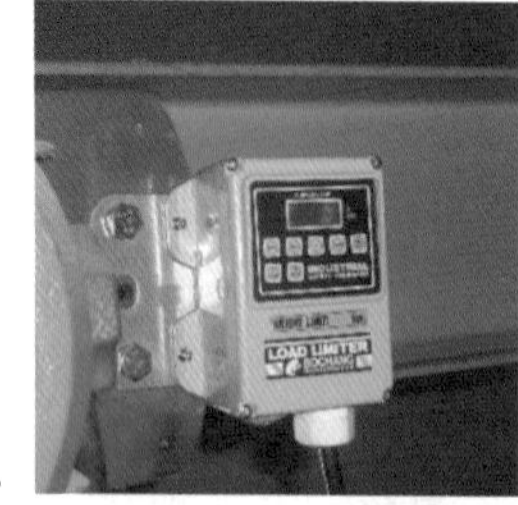

2. 

3. 

4. 

5. 

6. 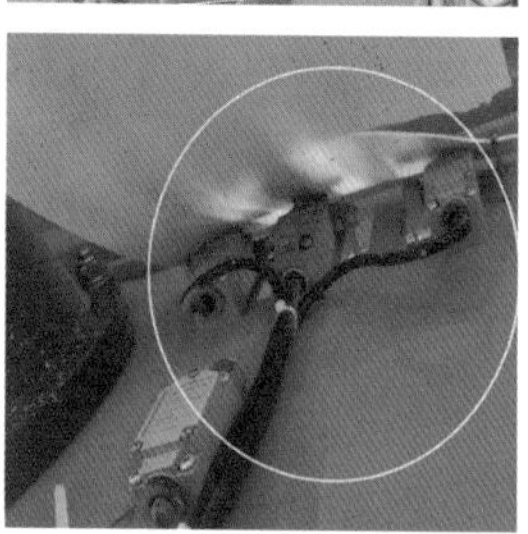

해 **과부하방지장치**: 양중기에 정격하중 이상 하중이 부과되었을 경우 자동적으로 감아올리는 동작을 정지하는 장치
완충 스프링: 운반부가 멈추지 않고 계속 하강 시 충격 완화시켜주는 장치
비상정지장치: 비상상태 발생 시 운전자가 작동 중지시키는 장치
출입문 연동장치: 출입문 열리면 작동 안 되게 하는 장치
방호울 출입문 연동장치: 방호울 열리면 작동 안 되게 하는 장치
3상 전원차단장치: 리프트 수리 등 비상 시에 사용하기 위해 전원 차단하는 장치

답 1. 과부하방지장치　2. 완충 스프링　3. 비상정지장치
4. 출입문 연동장치　5. 방호울 출입문 연동장치　6. 3상 전원차단장치

132 ☆☆☆☆☆☆

영상 속 작업으로 올 수 있는 장해와 자세 개선점 3가지씩 쓰시오.

영상 설명

진돌이가 사무실에서 컴퓨터로 기술사 자격증 원고를 쓰고 있다. 의자 높이가 안 맞아 다리를 구부리고 있고, 허리도 모양이 이상하다. 또한, 키보드 높이가 너무 높아 불편해 보인다.

해 영상표시단말기 취급근로자는 다음 각 호의 요령에 따라 의자의 높이를 조절하고 화면·키보드·서류받침대 등의 위치를 조정하도록 한다.

1. 영상표시단말기 취급근로자의 시선은 화면상단과 눈높이가 일치할 정도로 하고 작업 화면상의 시야는 수평선상으로부터 아래로 10도 이상 15도 이하에 오도록 하며 화면과 근로자의 눈과의 거리(시거리: Eye – Screen Distance)는 40센티미터 이상을 확보할 것
   작업자의 시선은 수평선상으로부터 아래로 10 ~ 15° 이내일 것
   눈으로부터 화면까지의 시거리는 40cm 이상을 유지할 것
2. 윗팔(Upper Arm)은 자연스럽게 늘어뜨리고, 작업자의 어깨가 들리지 않아야 하며, 팔꿈치의 내각은 90도 이상이 되어야 하고, 아래팔(Forearm)은 손등과 수평을 유지하여 키보드를 조작할 것
   아래팔은 손등과 일직선을 유지하여 손목이 꺾이지 않도록 한다.
3. 연속적인 자료의 입력 작업 시에는 서류받침대(Document Holder)를 사용하도록 하고, 서류받침대는 높이·거리·각도 등을 조절해 화면과 동일한 높이, 거리에 두어 작업할 것
4. 의자에 앉을 때는 의자 깊숙히 앉아 의자등받이에 등이 충분히 지지되도록 할 것
5. 영상표시단말기 취급근로자의 발바닥 전면이 바닥면에 닿는 자세를 기본으로 하되, 그러하지 못할 때에는 발 받침대(Foot Rest)를 조건에 맞는 높이와 각도로 설치할 것
6. 무릎의 내각(Knee Angle)은 90도 전후가 되도록 하되, 의자의 앉는 면의 앞부분과 영상표시단말기 취급근로자의 종아리 사이에는 손가락을 밀어 넣을 정도의 틈새가 있도록 하여 종아리와 대퇴부에 무리한 압력이 가해지지 않도록 할 것
7. 키보드를 조작하여 자료를 입력할 때 양 손목을 바깥으로 꺾은 자세가 오래 지속되지 않도록 주의할 것

답 장해: 요통/시력 저하/어깨 결림

개선점

1. 무릎 내각은 90도 전후가 되도록 할 것
2. 의자에 앉을 때는 의자 깊숙이 앉도록 할 것
3. 아래팔은 손등과 수평 유지해 키보드 조작할 것

133

★☆☆☆☆

영상 속 작업이 직업성 질병이 생길 가능성이 높은 이유를 적고, 석면에 장기간 노출 시 발생할 가능성이 있는 직업성 질병 3가지 쓰시오.

영상 설명
진돌이가 석면을 용기에 담고 있고, 진순이는 바닥에 있는 석면가루를 쓸고 있다. 작업장에는 국소배기장치가 없고 밀폐된 공간이다. 진돌이와 진순이는 면장갑, 코로나를 위한 보건마스크를 착용하고 있다.

답 이유: 환기를 위한 국소배기장치 미설치
직업성 질병: 폐암/석면폐증/악성 중피종

134

☆☆☆

방진마스크의 등급 3종류, 산소농도가 몇 % 이상인 장소에서 사용해야 하는지 쓰시오.

해

등급	특급	1급	2급
사용장소	1. 베릴륨등과 같이 독성이 강한 물질들을 함유한 분진 등 발생장소 2. 석면 취급장소	1. 특급마스크 착용장소를 제외한 분진 등 발생장소 2. 금속흄 등과 같이 열적으로 생기는 분진 등 발생장소 3. 기계적으로 생기는 분진 등 발생장소(규소등과 같이 2급 방진마스크를 착용하여도 무방한 경우는 제외한다)	1. 특급 및 1급 마스크 착용장소를 제외한 분진 등 발생장소
	배기밸브가 없는 안면부 여과식 마스크는 특급 및 1급 장소에 사용해서는 안 된다.		

사용조건: 산소농도 18% 이상인 장소에서 사용하여야 한다.

답 등급 : 특급/1급/2급　산소농도: 18

135 ☆☆☆

분리식 방진마스크의 포집효율을 쓰시오.

형태 및 등급		염화나트륨 및 파라핀 오일 시험(%)
분리식	특급	(A)
	1급	(B)
	2급	(C)

해

	형태 및 등급		염화나트륨(NaCl) 및 파라핀 오일(Paraffin oil) 시험(%)
여과재 분진 등 포집효율	분리식	특급	99.95 이상
		1급	94.0 이상
		2급	80.0 이상
	안면부 여과식	특급	99.0 이상
		1급	94.0 이상
		2급	80.0 이상

답 A : 99.95% 이상　B : 94% 이상　C : 80% 이상

136 ☆

보호구 안전인증 고시의 방진마스크 일반구조의 각 세목에 명시된 일반적인 구조조건 3가지 쓰시오.

해 방진마스크의 일반구조는 다음 각 세목과 같이 한다.

1. 착용 시 이상한 압박감이나 고통을 주지 않을 것
2. 전면형은 호흡 시에 투시부가 흐려지지 않을 것
3. 분리식 마스크에 있어서는 여과재, 흡기밸브, 배기밸브 및 머리끈을 쉽게 교환할 수 있고 착용자 자신이 안면과 분리식 마스크의 안면부와의 밀착성 여부를 수시로 확인할 수 있어야 할 것
4. 안면부여과식 마스크는 여과재로 된 안면부가 사용기간 중 심하게 변형되지 않을 것
5. 안면부여과식 마스크는 여과재를 안면에 밀착시킬 수 있어야 할 것

답 1. 착용 시 고통 주지 말 것
2. 호흡 시 투시부 흐려지지 않을 것
3. 여과재를 안면에 밀착시킬 수 있을 것

137 ☆☆

방독마스크의 성능기준 항목 3가지를 쓰시오.

해 종류/등급 및 형태분류/일반구조/재료/안면부 흡기저항/정화통 제독능력/안면부 배기저항/안면부 누설률/배기밸브 작동/시야/강도, 신장률 및 영구변형률/불연성/음성전달판/투시부 내충격성/여과재 질량(여과재가 있는 경우 포함)/정화통 호흡저항/안면부 내부 이산화탄소 농도/추가표시

답 재료/시야/불연성

138 ☆☆☆☆☆☆☆☆☆

정화통이 녹색인 방독마스크에 대한 물음에 답하시오.

1. 종류 2. 형식 3. 시험가스 종류 4. 정화통 흡수제 1가지 5. 직결식 전면형일 경우 누설률(%)
6. 시험가스 농도 0.5%일 때 파과시간

해 – 정화통 외부 측면의 표시 색

종류	표시색
유기화합물용 정화통	갈색
할로겐용 정화통	회색
황화수소용 정화통	
시안화수소용 정화통	
아황산용 정화통	노랑색
암모니아용 정화통	녹색
복합용 및 겸용의 정화통	복합용의 경우 : 해당가스 모두 표시(2층 분리) 겸용의 경우 : 백색과 해당가스 모두 표시(2층 분리)

– 방독마스크 형태(형식)

격리식 전면형	격리식 반면형	반면형	직결식 전면형(1안식)	직결식 전면형(2안식)

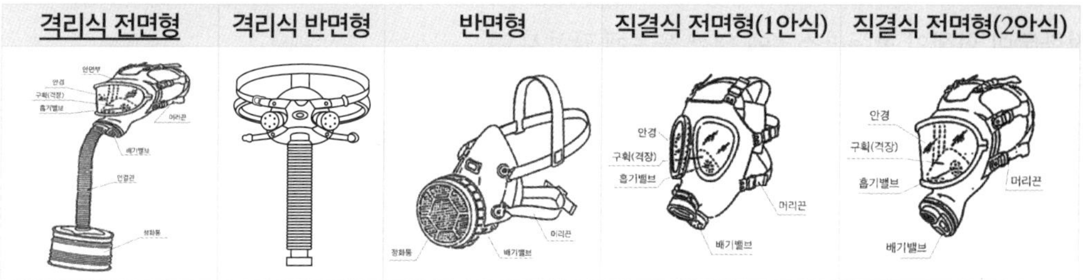

– 안면부 누설률

형태		누설률(%)
격리식 및 직결식	전면형	0.05 이하
	반면형	5 이하

– 시험가스 조건 및 파과농도, 파과시간

종류 및 등급		시험가스의 조건		파과농도 (ppm, ±20%)	파과시간 (분)	분진 포집효율(%)
		시험가스	농도(%) (±10%)			
유기화합물용	고농도	시클로헥산	0.8	10.0	65 이상	
	중농도	〃	0.5		35 이상	
	저농도	〃	0.1		70 이상	
	최저농도	〃	0.1		20 이상	
		디메틸에테르	0.05	5.0	50 이상	
		이소부탄	0.25			
할로겐용	고농도	염소가스	1.0	0.5	30 이상	
	중농도	〃	0.5		20 이상	
	저농도	〃	0.1		20 이상	**
황화수소용	고농도	황화수소가스	1.0	10.0	60 이상	특급 : 99.95
	중농도	〃	0.5		40 이상	
	저농도	〃	0.1		40 이상	1급 : 94.0
시안화수소용	고농도	시안화 수소가스	1.0	10.0*	35 이상	2급 : 80.0
	중농도	〃	0.5		25 이상	
	저농도	〃	0.1		25 이상	
아황산용	고농도	아황산가스	1.0	5.0	30 이상	
	중농도	〃	0.5		20 이상	
	저농도	〃	0.1		20 이상	
암모니아용	고농도	암모니아가스	1.0	25.0	60 이상	
	중농도	〃	0.5		40 이상	
	저농도	〃	0.1		50 이상	

* 시안화수소가스에 의한 제독능력시험 시 시아노겐(C_2N_2)은 시험가스에 포함될 수 있다. (C_2N_2 + HCN)를 포함한 파과농도는 10ppm을 초과할 수 없다

** 겸용의 경우 정화통과 여과재가 장착된 상태에서 분진포집효율시험을 하였을 때 등급에 따른 기준치 이상일 것

답 1. 암모니아용 방독마스크 2. 격리식 전면형 3. 암모니아 가스 4. 큐프라마이트 5. 0.05% 이하 6. 40분 이상

139

☆☆☆☆

정화통이 회색인 방독마스크에 대한 물음에 답하시오.

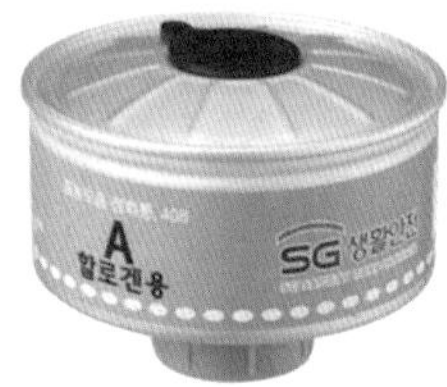

1. 종류　2. 정화통 흡수제 2가지　3. 시험가스 종류

해 윗 해설 참조

답 1. 할로겐용 방독마스크　2. 소다라임, 활성탄　3. 염소 가스

140

☆☆☆☆☆

페인트 작업자가 착용해야 하는 방독마스크에 사용되는 흡수제 종류를 3가지 쓰시오.

답 활성탄/소다라임/실리카겔

141

☆☆

방독마스크에 안전인증 표시 외 추가표시사항 4가지를 쓰시오.

해 안전인증 방독마스크에는 규칙 안전인증의 표시에 따른 표시 외에 다음 각 목의 내용을 추가로 표시해야 한다.
가. 파과곡선도
나. 사용시간 기록카드
다. 정화통의 외부측면의 표시 색
라. 사용상의 주의사항
"파과"란 대응하는 가스에 대하여 정화통 내부의 흡착제가 포화상태가 되어 흡착능력을 상실한 상태

답 파과곡선도/사용상 주의사항/사용시간 기록카드/정화통 외부 측면 표시 색

142 ☆

산업용 로봇 안전매트 관련하여 작동원리와 안전인증의 표시 외에 추가로 표시할 사항 2가지를 쓰시오.

해 – "안전매트"란 유효감지영역 내의 임의의 위치에 일정한 정도 이상의 압력이 주어졌을 때 이를 감지하여 신호를 발생시키는 장치이다.
– 안전매트에는 규칙 제114조(안전인증의 표시)에 따른 표시 외에 다음 각 목의 사항을 추가로 표시하여야 한다.
가. 작동하중　나. 감응시간　다. 복귀신호의 자동 또는 수동여부　라. 대소인공용 여부

답 작동원리 : 유효감지영역 내 일정 이상의 압력 주어졌을 때 이를 감지해 신호 발생시킴
안전인증 표시 외 추가 표시사항 : 작동하중/감응시간

143 ☆

근골격계부담 작업 시 유해요인 조사 항목 2가지와 신설 사업장 경우에는 신설일부터 (A) 이내에 최초의 유해요인 조사를 하여야 하는지 쓰시오.

해 사업주는 근로자가 근골격계부담작업을 하는 경우에 3년마다 다음 각 호의 사항에 대한 유해요인조사를 하여야 한다. 다만, 신설되는 사업장의 경우에는 신설일부터 1년 이내에 최초의 유해요인 조사를 하여야 한다.
1. 설비 · 작업공정 · 작업량 · 작업속도 등 작업장 상황
2. 작업시간 · 작업자세 · 작업방법 등 작업조건
3. 작업과 관련된 근골격계질환 징후와 증상 유무 등

답 유해요인 조사 항목 : 설비 등 작업장 상황/작업시간 등 작업조건　A : 1년

144 ☆

중량물 취급 시 작업 조건 내용이다. 빈칸을 채우시오.

> 사업주는 근로자가 취급하는 물품의(A)·(B)·(C)·(D) 등 인체에 부담을 주는 작업의 조건에 따라 작업시간과 휴식시간 등을 적정하게 배분하여야 한다.

해 사업주는 근로자가 중량물을 인력으로 들어올리거나 운반하는 작업을 하는 경우에 근로자가 취급하는 물품의 중량 · 취급빈도 · 운반거리 · 운반속도 등 인체에 부담을 주는 작업의 조건에 따라 작업시간과 휴식시간 등을 적정하게 배분해야 한다.

답 A : 중량　B : 취급빈도　C : 운반거리　D : 운반속도

145

☆☆☆☆☆

방호장치 자율안전기준 고시상, 롤러기 급정지장치 조작부의 설치위치를 쓰시오.
(단, 위치는 급정지장치 조작부의 중심점을 기준으로 한다.)

답

종류	설치 위치
손조작식	밑면에서 1.8m 이내
복부조작식	밑면에서 0.8m 이상 1.1m 이내
무릎조작식	밑면에서 0.6m 이내

146

☆

날접촉예방장치의 설치방법 1가지 쓰시오.

해 1. 날접촉예방장치의 덮개는 가공재를 절삭하고 있는 부분이외의 날부분을 완전히 덮을 수 있어야 한다.
2. 날접촉예방장치를 고정시키는 볼트 및 핀 등은 견고하게 부착되도록 하여야 한다.
3. 다수의 가공재를 절삭폭이 일정하게 절삭하는 경우외에 사용하는 날접촉예방장치는 가동식이어야 한다.

답 날접촉예방장치 고정시키는 볼트는 견고하게 부착한다.

147

☆☆☆

교류아크용접기 자동전격방지기 종류를 4가지 쓰시오.

해 전격방지기 종류

구분	내용
종류	전격방지기의 종류는 외장형과 내장형, 저저항시동형(L형) 및 고저항시동형(H형)으로 구분한다.

답 외장형/내장형/저저항시동형(L형)/고저항시동형(H형)

148

☆☆☆☆☆☆

다음 물음에 빈칸을 채우시오.

1. 유해위험물질이 인체로 유입되는 경로 3가지
2. 사업주는 근로자가 특별관리물질을 취급하는 경우에는 그 물질이 특별관리물질이라는 사실과 법에 따른 (A), (B), (C) 등 중 어느 것에 해당하는지에 관한 내용을 게시판 등을 통하여 근로자에게 알려야 한다.

해 사업주는 근로자가 별표에 따른 특별관리물질을 취급하는 경우에는 그 물질이 특별관리물질이라는 사실과 「산업안전보건법 시행규칙」에 따른 발암성 물질, 생식세포 변이원성 물질 또는 생식독성 물질 등 중 어느 것에 해당하는지에 관한 내용을 게시판 등을 통하여 근로자에게 알려야 한다.

답 1. 피부/호흡기/소화기 2. A : 발암성물질 B : 생식세포 변이원성물질 C : 생식독성물질

149

☆

다음 물음에 빈칸을 채우시오.

1. 직업성 질병에 노출되는 경로 3가지 ( )
2. 화학물질에 관한 유해성 및 물리적 위험성 등의 화학물질 정보를 담은 자료 명칭 ( )

해 "물질안전보건자료(material safety data sheet, MSDS)"란 화학물질에 관한 구성성분의 명칭 및 함유량, 안전·보건상의 취급주의사항, 건강 및 환경에 대한 유해성 및 물리적 위험성 등의 화학물질 정보를 담은 자료를 말한다.

답 1. 피부/호흡기/소화기 2. 물질안전보건자료

150

☆☆

플레어 시스템의 설치 목적과 영상 속 설비 명칭을 쓰시오.

영상 설명

굴뚝같이 생긴 곳에 불이 나며 연기가 나고 있다.

해 – "플레어시스템(Flare system)"이라 함은 안전밸브 등에서 배출되는 물질을 모아 플레어 스택에서 소각시켜 대기 중으로 방출하는데 필요한 일체의 설비를 말하며 플레어헤더, 녹아웃드럼, 액체 밀봉드럼 및 플레어 스택 등과 같은 설비를 포함한다.

– "플레어 스택 (Flare stack)"이라 함은 플레어시스템 중 스택형식의 소각탑으로서 스택지지대, 플레어팁, 파이롯버너 및 점화장치 등으로 구성된 설비 일체를 말한다.

답 설치 목적 : 안전밸브 등에서 배출되는 위험물질을 안전하게 연소 처리하기 위해서

설비 명칭 : 플레어 스택

151

☆

피뢰기의 구비조건을 3가지만 쓰시오.

해 피뢰기 구비조건

1. 반복동작이 가능할 것
2. 구조가 견고하며 특성이 변하지 않을 것
3. 점검, 보수가 간단할 것
4. 충격방전 개시전압과 제한전압이 낮을 것
5. 뇌전류의 방전능력이 크고 속류의 차단이 확실하게 될 것

답 점검 간단할 것/제한전압 낮을 것/반복동작 가능할 것

152

☆☆☆☆☆☆

산업안전보건법령상 누전에 의한 감전위험을 방지하기 위하여 해당 전로의 정격에 적합하고 감도가 양호하며 확실하게 작동하는 감전방지용 누전차단기를 설치하는 조건을 4가지만 쓰시오.

해 사업주는 다음 각 호의 전기 기계 · 기구에 대하여 누전에 의한 감전위험을 방지하기 위하여 해당 전로의 정격에 적합하고 감도(전류 등에 반응하는 정도)가 양호하며 확실하게 작동하는 감전방지용 누전차단기를 설치해야 한다.

1. 대지전압이 150볼트를 초과하는 이동형 또는 휴대형 전기기계 · 기구
2. 물 등 도전성이 높은 액체가 있는 습윤장소에서 사용하는 저압(1.5천볼트 이하 직류전압이나 1천볼트 이하의 교류전압을 말한다)용 전기기계 · 기구
3. 철판 · 철골 위 등 도전성이 높은 장소에서 사용하는 이동형 또는 휴대형 전기기계 · 기구
4. 임시배선의 전로가 설치되는 장소에서 사용하는 이동형 또는 휴대형 전기기계 · 기구

답 1. 대지전압 150V 초과하는 휴대형 전기기계
2. 철골 위 등 도전성 높은 장소에서 사용하는 휴대형 전기기계
3. 임시배선 전로가 설치되는 장소에서 사용하는 휴대형 전기기계
4. 물 등 도전성 높은 액체가 있는 습윤장소에서 사용하는 저압용 전기기계

153

☆

해당 크레인 종류와 작업장 바닥에 고정된 레일을 따라 주행하는 크레인의 새들 돌출부와 주변 구조물 사이의 안전공간은 얼마 이상이어야 하는지 쓰시오.

해 사업주는 갠트리 크레인 등과 같이 작업장 바닥에 고정된 레일을 따라 주행하는 크레인의 새들(saddle) 돌출부와 주변 구조물 사이의 안전공간이 40센티미터 이상 되도록 바닥에 표시를 하는 등 안전공간을 확보하여야 한다.

답 명칭: 갠트리 크레인(Gantry Crane) 간격: 40cm

154 ☆

다음 물음에 답하시오.

1. 규격화 · 부품화된 수직재, 수평재 및 가새재 등의 부재를 현장에서 조립하여 거푸집을 지지하는 지주 형식의 동바리 이름
2. 동바리 최상단과 최하단의 수직재와 받침철물은 서로 밀착되도록 설치하고 수직재와 받침철물의 연결부의 겹침길이는 받침철물 전체길이의 (A) 이상 되도록 할 것

해 시스템 동바리(규격화 · 부품화된 수직재, 수평재 및 가새재 등의 부재를 현장에서 조립하여 거푸집을 지지하는 지주 형식의 동바리를 말한다)의 경우

가. 수평재는 수직재와 직각으로 설치해야 하며, 흔들리지 않도록 견고하게 설치할 것
나. 연결철물을 사용하여 수직재를 견고하게 연결하고, 연결부위가 탈락 또는 꺾어지지 않도록 할 것
다. 수직 및 수평하중에 대해 동바리의 구조적 안정성이 확보되도록 조립도에 따라 수직재 및 수평재에는 가새재를 견고하게 설치할 것
라. 동바리 최상단과 최하단의 수직재와 받침철물은 서로 밀착되도록 설치하고 수직재와 받침철물의 연결부의 겹침길이는 받침철물 전체길이의 3분의 1 이상 되도록 할 것

답 1. 시스템 동바리 A : 3분의 1

155 ☆☆☆☆☆☆☆☆

방호장치가 없는 둥근 톱 기계에 고정식 날접촉 예방장치를 설치하고자 한다. 이때 덮개 하단과 가공재 사이의 간격과 덮개 하단과 테이블 사이의 높이를 쓰시오.

해 고정식 덮개

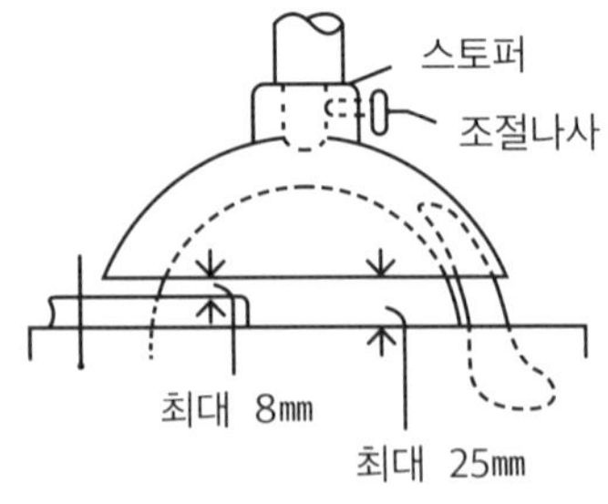

답 덮개 하단과 가공재 사이 간격 : 8mm 이하 덮개 하단과 테이블 사이 높이 : 25mm 이하

156 ☆☆

프레스와 관련된 내용이며 물음에 답하시오.

1. 프레스기에 발로 작동하는 조작장치에 설치해야 하는 방호장치 이름
2. 울이 불필요한 상사점 위치에 있어서 펀치와 다이, 이동 스트리퍼와 다이, 펀치와 스트리퍼 사이 및 고정 스트리퍼와 다이 등의 간격

해 상사점 위치에 있어서 펀치와 다이, 이동 스트리퍼와 다이, 펀치와 스트리퍼 사이 및 고정 스트리퍼와 다이 등의 간격이 8mm 이하이면 울은 불필요하다.
상사점 위치에 있어서 고정 스트리퍼와 다이의 간격이 8mm 이하이더라도 펀치와 고정 스트리퍼 사이가 8mm 이상이면 울을 설치하여야 한다.

답 1. U자형 페달 덮개　2. 8mm 이하

157 ☆☆☆

타워크레인의 작업 중지에 관한 내용이다. 빈칸을 채우시오.

1. 타워크레인의 설치 · 수리 · 점검 또는 해체 작업을 중지하는 순간풍속 : (A)
2. 타워크레인의 운전작업을 중지하는 순간풍속 : (B)

해 사업주는 순간풍속이 초당 10미터를 초과하는 경우 타워크레인의 설치 · 수리 · 점검 또는 해체 작업을 중지하여야 하며, 순간풍속이 초당 15미터를 초과하는 경우에는 타워크레인의 운전작업을 중지하여야 한다.

답 A : 10m/s 초과　B : 15m/s 초과

158 ☆

철골작업 중지해야 하는 기상조건 3가지 쓰시오.

해 사업주는 다음 각 호의 어느 하나에 해당하는 경우에 철골작업을 중지하여야 한다.
1. 풍속이 초당 10미터 이상인 경우
2. 강우량이 시간당 1밀리미터 이상인 경우
3. 강설량이 시간당 1센티미터 이상인 경우

답 1. 풍속 10m/s 이상　2. 강우량 1mm/h 이상　3. 강설량 1cm/h 이상

159

☆☆☆☆☆☆☆

LPG저장소 가스누설감지경보기의 적절한 설치 위치와 경보설정 값을 쓰시오.

해 가연성 가스누출감지경보기는 감지대상 가스의 폭발하한계 25퍼센트 이하, 독성가스 누출감지경보기는 해당 독성가스의 허용농도 이하에서 경보가 울리도록 설정하여야 한다.

답 적절한 설치 위치: 바닥에 인접한 낮은 곳에 설치한다.(LPG가 공기보다 무거워서)
경보설정 값: 폭발하한계의 25% 이하

160

☆

콘크리트 양생 시 사용되는 열풍기 사용 시 안전수칙 3가지 쓰시오.

답 산소농도 측정/송기마스크 착용/작업장 환기조치

161

☆

콘크리트 타설작업 시 안전수칙(= 준수사항) 3가지 쓰시오.

해 사업주는 콘크리트 타설작업을 하는 경우에는 다음 각 호의 사항을 준수해야 한다.

1. 당일의 작업을 시작하기 전에 해당 작업에 관한 거푸집 및 동바리의 변형 · 변위 및 지반의 침하 유무 등을 점검하고 이상이 있으면 보수할 것
2. 작업 중에는 감시자를 배치하는 등의 방법으로 거푸집 및 동바리의 변형 · 변위 및 침하 유무 등을 확인해야 하며, 이상이 있으면 작업을 중지하고 근로자를 대피시킬 것
3. 콘크리트 타설작업 시 거푸집 붕괴의 위험이 발생할 우려가 있으면 충분한 보강조치를 할 것
4. 설계도서상의 콘크리트 양생기간을 준수하여 거푸집 및 동바리를 해체할 것
5. 콘크리트를 타설하는 경우에는 편심이 발생하지 않도록 골고루 분산하여 타설할 것

답 1. 편심 발생하지 않도록 골고루 분산해 타설할 것
2. 콘크리트 양생기간 준수해 거푸집 및 동바리 해체할 것
3. 거푸집 붕괴 위험 발생 우려 시 충분한 보강조치할 것

162

☆☆☆☆☆☆☆

화학물질 취급 시 일반적인 주의사항 4가지 쓰시오.

답 환경 정돈과 청소/유해물질 사전 조사/유해물 발생원인 봉쇄/실내 환기와 점화원 제거

163

☆

지게차의 안정도 관련 내용이다. 빈칸을 채우시오.

- 지게차는 다음 각 호에 해당하는 지면에서 중심선이 지면의 기울어진 방향과 평행할 경우 앞이나 뒤로 넘어지지 아니하여야 한다.
  1. 지게차의 최대하중상태에서 쇠스랑을 가장 높이 올린 경우 기울기가 (A)(지게차의 최대하중이 5톤 이상인 경우에는 (B))인 지면
  2. 지게차의 기준부하상태에서 주행할 경우 기울기가 (C)인 지면
- 지게차는 다음 각 호에 해당하는 지면에서 중심선이 지면의 기울어진 방향과 직각으로 교차할 경우 옆으로 넘어지지 아니하여야 한다.
  1. 지게차의 최대하중상태에서 쇠스랑을 가장 높이 올리고 마스트를 가장 뒤로 기울인 경우 기울기가(D)인 지면
  2. 지게차의 기준무부하상태에서 주행할 경우 구배가 지게차의 최고주행속도에 1.1을 곱한 후 15를 더한 값인 지면. 다만, 규격이 5,000킬로그램 미만인 경우에는 최대 기울기가 (E), 5,000킬로그램 이상인 경우에는 최대 기울기가 (F)인 지면을 말한다.

해 – 지게차는 다음 각 호에 해당하는 지면에서 중심선이 지면의 기울어진 방향과 평행할 경우 앞이나 뒤로 넘어지지 아니하여야 한다.
  1. 지게차의 최대하중상태에서 쇠스랑을 가장 높이 올린 경우 기울기가 100분의 4(지게차의 최대하중이 5톤 이상인 경우에는 100분의 3.5)인 지면
  2. 지게차의 기준부하상태에서 주행할 경우 기울기가 100분의 18인 지면

– 지게차는 다음 각 호에 해당하는 지면에서 중심선이 지면의 기울어진 방향과 직각으로 교차할 경우 옆으로 넘어지지 아니하여야 한다.
  1. 지게차의 최대하중상태에서 쇠스랑을 가장 높이 올리고 마스트를 가장 뒤로 기울인 경우 기울기가 100분의 6인 지면
  2. 지게차의 기준무부하상태에서 주행할 경우 구배가 지게차의 최고주행속도에 1.1을 곱한 후 15를 더한 값인 지면. 다만, 규격이 5,000킬로그램 미만인 경우에는 최대 기울기가 100분의 50, 5,000킬로그램 이상인 경우에는 최대 기울기가 100분의 40인 지면을 말한다.

답 A: 4% (100분의 4)　B: 3.5% (100분의 3.5)　C: 18% (100분의 18)
D: 6% (100분의 6)　E: 50% (100분의 50)　F: 40% (100분의 40)

164

☆☆

지게차 안정도를 쓰시오.

1. 하역 작업 시의 전후안정도(5톤 미만)	2. 하역 작업 시의 좌우안정도
3. 주행 시 전후안정도	4. 하역 작업 시의 전후안정도(5톤 이상)

해

안정도	하역 작업 시의 전후안정도 : 4% 이내(5톤 이상 : 3.5% 이내) (최대 하중상태에서 포크를 가장 높이 올린 경우)
	주행 시의 전후안정도 : 18% 이내(기준부하상태)
	하역 작업 시의 좌우안정도 : 6% 이내(최대 하중상태에서 포크를 가장 높이 올리고 마스트를 가장 뒤로 기울인 경우)
	주행 시의 좌우안정도 (15+1.1V)% 이내 (V : 구내최고속도km/h) (기준무부하상태)

답 1. 4% 이내 2. 6% 이내 3. 18% 이내 4. 3.5% 이내

165

☆☆☆☆☆

방열복에 쓰이는 내열원단 시험성능기준 항목 3가지 쓰시오.

해 방열복 내열원단 시험성능기준

구분	항목	시험성능기준
내열원단	난연성	잔염 및 잔진시간이 2초 미만이고 녹거나 떨어지지 말아야 하며, 탄화길이가 102mm 이내일 것
	절연저항	표면과 이면의 절연저항이 1MΩ 이상일 것
	인장강도	인장강도는 가로, 세로방향으로 각각 25kgf 이상일 것
	내열성	균열 또는 부풀음이 없을 것
	내한성	피복이 벗겨져 떨어지지 않을 것

답 난연성/내열성/내한성

166

☆☆☆

방열복 내열원단의 시험성능기준에 관한 내용이다. 빈칸을 채우시오.

1. 난연성 : 잔염 및 잔진시간이 (A)초 미만이고, 녹거나 떨어지지 말아야 하며, 탄화길이가 (B)mm 이내일 것
2. 절연저항 : 표면과 이면의 절연저항이 (C)MΩ 이상일 것

해 윗 해설 참조

답 A : 2 B : 102 C : 1

167

☆☆

방열복 제작 시 규정이다. 다음 빈칸을 채우시오.

	상의	하의	일체복	장갑	두건
최대 질량(kg)	(A)	(B)	(C)	(D)	(E)

해

종류	상의	하의	일체복	장갑	두건
최대 질량(kg)	3	2	4.3	0.5	2

답 A : 3 B : 2 C : 4.3 D : 0.5 E : 2

168

☆☆☆☆☆☆

항타기, 항발기에 도르래나 도르래 뭉치를 부착하는 것과 관련된 내용이다. 빈칸을 채우시오.

1. 사업주는 항타기 또는 항발기의 권상장치의 드럼축과 권상장치로부터 첫 번째 도르래의 축간의 거리를 권상장치 드럼 폭의 (A) 이상으로 하여야 한다.
2. 도르래는 권상장치의 드럼 (B)을 지나야 하며 축과 (C)에 있어야 한다.

해
- 사업주는 항타기나 항발기에 도르래나 도르래 뭉치를 부착하는 경우에는 부착부가 받는 하중에 의하여 파괴될 우려가 없는 브라켓 · 샤클 및 와이어로프 등으로 견고하게 부착하여야 한다.
- 사업주는 항타기 또는 항발기의 권상장치의 드럼축과 권상장치로부터 첫 번째 도르래의 축간의 거리를 권상장치 드럼 폭의 15배 이상으로 하여야 한다.
- 제2항의 도르래는 권상장치의 드럼 중심을 지나야 하며 축과 수직면상에 있어야 한다.
- 항타기나 항발기의 구조상 권상용 와이어로프가 꼬일 우려가 없는 경우에는 제2항과 제3항을 적용하지 아니한다.

답 A: 15배 B: 중심 C: 수직면상

169

☆☆☆

안전검사 대상기계등의 안전검사 주기에 대한 내용이다. 빈칸을 채우시오.

크레인(이동식 크레인은 제외한다), 리프트(이삿짐운반용 리프트는 제외한다) 및 곤돌라 :
사업장에 설치가 끝난 날부터 (A) 이내에 최초 안전검사를 실시하되, 그 이후부터 (B)마다
(건설현장에서 사용하는 것은 최초로 설치한 날부터 (C)마다)

해 안전검사대상기계등의 안전검사 주기는 다음 각 호와 같다.

1. 크레인(이동식 크레인은 제외한다), 리프트(이삿짐운반용 리프트는 제외한다) 및 곤돌라: 사업장에 설치가 끝난 날부터 3년 이내에 최초 안전검사를 실시하되, 그 이후부터 2년마다(건설현장에서 사용하는 것은 최초로 설치한 날부터 6개월마다)
2. 이동식 크레인, 이삿짐운반용 리프트 및 고소작업대: 「자동차관리법」 제8조에 따른 신규등록 이후 3년 이내에 최초 안전검사를 실시하되, 그 이후부터 2년마다
3. 프레스, 전단기, 압력용기, 국소 배기장치, 원심기, 롤러기, 사출성형기, 컨베이어, 산업용 로봇, 혼합기, 파쇄기 또는 분쇄기: 사업장에 설치가 끝난 날부터 3년 이내에 최초 안전검사를 실시하되, 그 이후부터 2년마다(공정안전보고서를 제출하여 확인을 받은 압력용기는 4년마다)

답 A: 3년 B: 2년 C: 6개월

170 ☆☆☆

작업자가 착용하고 있는 안전대의 종류와 사용구분을 쓰시오.

해

종류	사용구분
벨트식	1개 걸이용
	U자 걸이용
안전그네식	추락방지대
	안전블록

답 종류: 벨트식　사용구분: U자 걸이용

171 ☆

안전대의 명칭과 동그라미 친 부분의 명칭과 오른쪽의 명칭을 쓰시오.

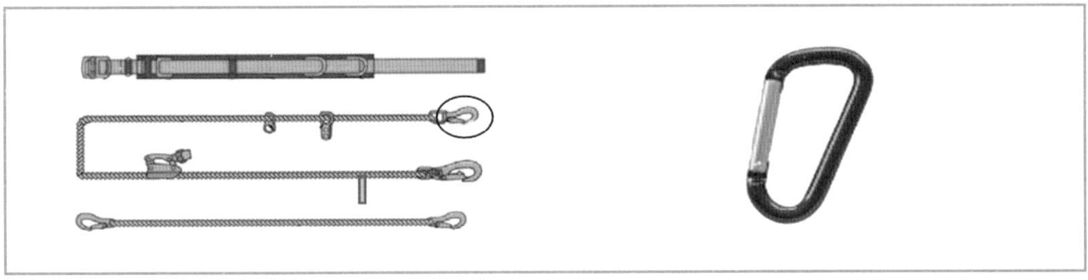

답 안전대 명칭: U자 걸이용 안전대　동그라미 친 부분 명칭: 훅　오른쪽 명칭: 카라비너

172 ☆☆

보호구 안전인증고시상, 안전대 충격방지장치 중 벨트의 제원이다. 빈칸을 채우시오.
(단, U자걸이로 사용할 수 있는 안전대는 제외)

벨트 구조 및 치수, 정하중
• 너비 : (A)mm 이상 • 두께 : (B)mm 이상 • 정하중 : (C)kN 이상

해

벨트	1. 강인한 실로 짠 직물로 비틀어짐, 흠, 기타 결함이 없을 것 2. 벨트의 너비는 50mm 이상(U자걸이로 사용할 수 있는 안전대는 40mm) 길이는 버클포함 1,100mm 이상, 두께는 2mm 이상일 것 3. 정하중 15kN 이상

답 A : 50 B : 2 C : 15

173 ☆☆☆☆☆

고무제 안전화의 사용장소에 따른 분류 2가지를 쓰시오.

답

구분	사용장소
일반용	일반작업장
내유용	탄화수소류의 윤활유 등을 취급하는 작업장

174 ☆☆☆

용접용 보안면의 등급을 나누는 기준과 투과율의 종류를 쓰시오.

해 용접용 보안면의 등급은 차광도 번호로 표시할 수 있고, 자외선 투과율, 적외선 투과율, 시감투과율 기준에 적합해야 한다.

답 등급 기준 : 차광도 번호
투과율의 종류 : 시감 투과율/자외선 투과율/적외선 투과율

175 ☆

보안면의 채색 투시부 차광도 투과율을 쓰시오.

밝음	(A)
중간밝기	(B)
어두움	(C)

해 보안면 시험성능기준

구분		투과율(%)
투명투시부		85 이상
채색투시부	밝음	50 ± 7
	중간밝기	23 ± 4
	어두움	14 ± 4

답 A: 50±7% B: 23±4% C: 14±4%

176 ☆

귀덮개(EM) 주파수에 따른 방음치수를 쓰시오.

중심주파수 Hz	차음치 (dB)
1,000	(A)
2,000	(B)
4,000	(C)

해

	중심주파수(Hz)	차음치(dB)		
		EP-1	EP-2	EM
차음성능	125	10 이상	10 미만	5 이상
	250	15 이상	10 미만	10 이상
	500	15 이상	10 미만	20 이상
	1,000	20 이상	20 미만	25 이상
	2,000	25 이상	20 이상	30 이상
	4,000	25 이상	25 이상	35 이상
	8,000	20 이상	20 이상	20 이상

답 A: 25 이상 B: 30 이상 C: 35 이상

177 ☆

귀마개와 귀덮개의 등급에 따른 기호와 각각의 성능을 쓰시오.

해

종류	등급	기호	성능	비고
귀마개	1종	EP-1	저음부터 고음까지 차음하는 것	귀마개의 경우 재사용 여부를 제조특성으로 표기
	2종	EP-2	주로 고음을 차음하고, 저음(회화음영역)은 차음하지 않는 것	
귀덮개	-	EM	-	-

답

종류	등급	기호	성능
귀마개	1종	EP-1	저음부터 고음까지 차음하는 것
	2종	EP-2	주로 고음을 차음하고, 저음(회화음영역)은 차음하지 않는 것
귀덮개	-	EM	-

178 ☆☆☆

가죽제 안전화의 뒷굽 높이를 제외한 몸통 높이에 따른 구분을 쓰시오.

해

몸통 높이(h)		
단화	중단화	장화
113mm 미만	113mm 이상	178mm 이상

답 단화 : 113mm 미만 **중단화** : 113mm 이상 **장화** : 178mm 이상

179 ☆☆☆

가죽제 안전화 시험 항목 4가지를 쓰시오.

해 은면결렬시험/인열강도시험/내부식성시험/인장강도시험 및 신장률/내유성시험/내압박성시험/내충격성시험/박리저항시험/내답발성시험

답 내유성시험/내부식성시험/내압박성시험/내충격성시험

180 ☆☆

보호구 안전인증 고시상, 안전모 관련 내용이다. 빈칸을 채우시오.

1. AE종, ABE종 안전모 관통거리 : (A)mm 이하
2. AB종 안전모 관통거리 : (B)mm 이하
3. 충격흡수성 : 최고전달충격력이 (C)N을 초과해서는 안 된다.

해

항목	시험성능기준
내관통성	AE, ABE종 안전모는 관통거리가 9.5mm 이하이고, AB종 안전모는 관통거리가 11.1mm 이하이어야 한다.
충격흡수성	최고전달충격력이 4,450N을 초과해서는 안되며, 모체와 착장체의 기능이 상실되지 않아야 한다.
내전압성	AE, ABE종 안전모는 교류 20㎸에서 1분간 절연파괴 없이 견뎌야 하고, 이때 누설되는 충전전류는 10㎃ 이하이어야 한다.
내수성	AE, ABE종 안전모는 질량증가율이 1% 미만이어야 한다.
난연성	모체가 불꽃을 내며 5초 이상 연소되지 않아야 한다.
턱끈풀림	150N 이상 250N 이하에서 턱끈이 풀려야 한다.

답 A : 9.5 B : 11.1 C : 4,450

181 ☆

다음 물음에 답하시오.

1. 물체의 낙하 또는 비래에 의한 위험을 방지 또는 경감하고, 머리부위 감전에 의한 위험을 방지하기 위한 안전모의 기호를 쓰시오.
2. 내전압성이란 몇V 이하의 전압에 견디는 것을 말하는지 쓰시오.

해

종류(기호)	사용구분	비고
AB	물체의 낙하 또는 비래 및 추락에 의한 위험을 방지 또는 경감시키기 위한 것	
AE	물체의 낙하 또는 비래에 의한 위험을 방지 또는 경감하고, 머리부위 감전에 의한 위험을 방지하기 위한 것	내전압성 (주1)
ABE	물체의 낙하 또는 비래 및 추락에 의한 위험을 방지 또는 경감하고, 머리부위 감전에 의한 위험을 방지하기 위한 것	내전압성 (주1)

(주1) 내전압성이란 7,000V 이하의 전압에 견디는 것을 말한다.

답 1. AE 2. 7,000

182

☆☆☆

안전모 각 부의 명칭을 쓰시오.

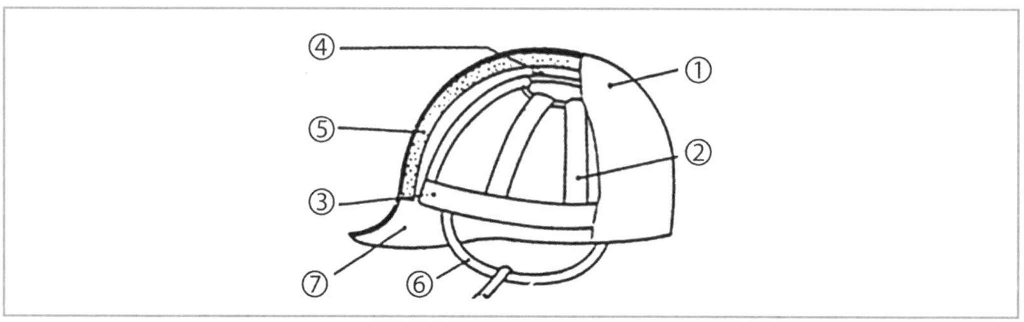

답 1. 모체　2. 머리받침끈　3. 머리고정대　4. 머리받침고리　5. 충격흡수재　6. 턱끈　7. 챙

183

☆☆

작업자가 실험실에서 황산을 비커에 따르고 있다. 작업자는 맨손이며 마스크를 미착용하고 있다. 유해물질이 인체로 흡수될 수 있는 경로 3가지 쓰시오.

답 피부/호흡기/소화기

184

☆☆☆

건물해체 중 작업자는 해체장비로부터 최소 몇m 이상 떨어져야 적절한지 쓰고, 해체장비와 해체물(높이: 10m) 사이 이격거리 구하시오.

답 해체장비로부터 최소 4m 이상 떨어져야 적절하다.
해체장비와 해체물 사이 이격거리 = 해체물 높이*0.5 = 10*0.5 = 5m 이상

185 ☆

영상 속 작업자의 불안전한 행동 2가지를 쓰시오.

> 영상 설명
>
> 진돌이가 폐기물처리장에서 작업 중이다. 위에 크레인에 달린 집게가 폐기물을 든 채로 진돌이 머리 위를 통과하며 폐기물을 떨어뜨리고 있다. 결국 진돌이 머리 위로 폐기물이 떨어져 크게 다친다. 진돌이는 안전모 미착용 상태이며 장갑을 착용하고 있다.

답 안전모 미착용/낙하물 위험구간에서 작업

186 ☆

영상 속 작업 시 위험요인 3가지 쓰시오.

> 영상 설명
>
> 진돌이와 진순이가 이동식 크레인 위에서 전선 정리작업 중인데 전선이 매우 얽혀있다.
> 붐대는 전주와 매우 가깝게 배치되어 있다. 붐대 밑으로 일반인들이 지나가고 있고, 진돌이와 진순이는 맨손이며 안전모(AB종) 이 외의 그 어떤 보호구도 미착용상태이다.

답 절연장갑 미착용/작업구역 미설정/붐대 이격거리 미준수

187 ☆☆☆☆☆☆☆

영상 속 작업자의 위험 요인 4가지 쓰시오.

> 영상 설명
>
> 진돌이가 마그넷 크레인을 이용해 금형을 운반하고 있다. 오른손으로 금형을 잡고, 왼손으로는 조작장치를 조작하고 있다. 조작장치 피복은 벗겨져 있다. 진돌이가 작업에 미집중하다가 넘어지면서 ON/OFF 버튼을 눌러 금형이 발등으로 떨어진다. 진돌이는 슬리퍼를 신었고, 면장갑을 착용했다. 또한, 주변에 신호수는 없고, 금형에 유도로프가 미설치되어있다. 또한 크레인에는 훅 해지장치가 없다.

답 작업 미집중/안전화 미착용/신호수 미배치/유도로프 미설치

188 ☆

영상 속 위험 요인 2가지 쓰시오.

영상 설명
진돌이가 큰 배관을 인양하기 위해 신호수 역할 중이다. 걸이는 1줄 걸이로 하고 있고, 슬링벨트가 되게 낡아 보인다. 인양 시 진순이가 유도로프가 없어서 손으로 직접 배관을 제어하고 있다가 정강이에 배관이 부딪힌다.

답 1줄 걸이 작업/슬링벨트 상태 불량

189 ☆

영상 속 위험 요인 2가지 쓰시오.(안전보건교육/유도원/정리정돈 관련 답안 불가)

영상 설명
진돌이가 천장크레인을 이용하고 있다. 오른손은 조작스위치, 왼손은 인양중인 배관을 잡고 있다. 그 순간! 배관이 기울어져 떨어지고, 진돌이는 놀라 뒤에 있던 자재물에 걸려 넘어진다, 진돌이는 안전모와 안전화를 착용중이며 줄걸이 상태는 양호하다.

답 유도로프 미사용/낙하물 위험 구간에서 작업

190 ☆

영상 속 위험요인 3가지 쓰시오.

영상 설명

백호 버킷에 로프를 걸고 원형 거푸집을 인양하고 있다. 2줄걸이 작업중이며 진돌이와 진순이가 서로 대화를 하고, 웃으면서 거푸집을 손으로 잡으면서 위치를 조절하고 있다.
작업자인 진돌이가 백호 운전원에게 올리라고 수신호를 했으나 이를 보지 못하고, 거푸집을 내렸고, 바닥이 평평하지않고 경사로라서 거푸집이 기울어진다. 그러고 진순이가 깔린다. 와이어로프 소선이 삐죽 나와있고, 신호수는 없다.

해 – 사업주는 다음 각 호의 사항을 모두 갖춘 굴착기의 경우에는 굴착기를 사용하여 화물 인양 작업을 할 수 있다.

1. 굴착기의 퀵커플러 또는 작업장치에 달기구(훅, 걸쇠 등을 말한다)가 부착되어 있는 등 인양작업이 가능하도록 제작된 기계일 것
2. 굴착기 제조사에서 정한 정격하중이 확인되는 굴착기를 사용할 것
3. 달기구에 해지장치가 사용되는 등 작업 중 인양물의 낙하 우려가 없을 것

– 사업주는 굴착기를 사용하여 인양작업하는 경우에는 다음 각 호의 사항을 준수해야 한다.

1. 굴착기 제조사에서 정한 작업설명서에 따라 인양할 것
2. 사람을 지정하여 인양작업을 신호하게 할 것
3. 인양물과 근로자가 접촉할 우려가 있는 장소에 근로자의 출입을 금지시킬 것
4. 지반의 침하 우려가 없고 평평한 장소에서 작업할 것
5. 인양 대상 화물의 무게는 정격하중을 넘지 않을 것

답 신호수 미 배치/평평한 장소에서 미작업/근로자 출입금지 미조치

191 ☆

영상 속 위험요인 3가지 쓰시오.

영상 설명

백호 버킷에 로프를 걸고 화물을 인양하고 있다. 신호수인 진돌이가 운전원인 진순이에게 지시하지만, 무전기로 소통을 안 해서 진순이는 못 알아듣는다. 결국 진순이는 반대쪽으로 운전하여 지나가는 일반인들이 화물에 머리를 다친다. 주변에는 작업구역 미설정 상태이다.

답 작업구역 미설정/백호 용도 외 사용/신호수와 운전원간 소통불량

192

☆☆☆☆☆

화면에서 보이는 재해의 직접적인 원인 2가지를 쓰시오.

> 영상 설명
>
> 전주를 구멍에 넣으려다가 구멍에 돌덩이가 있어 진돌이가 구멍으로 가 돌덩이를 빼낸다. 이후 이동식 크레인에 1줄걸이로 전주를 세로로 체결한 후 구멍으로 이동한다. 전주가 많이 흔들려 진순이와 진돌이는 전주를 손으로 잡는다. 하지만, 주변 활선에 닿으면서 감전을 당하게 된다. 둘 다 절연용 보호구 미착용 상태이다.

답 절연용 보호구 미착용/충전전로로부터 이격 미준수

193

☆☆☆

영상 속 불안전한 행동 3가지를 쓰시오.

> 영상 설명
>
> 진돌이가 지게차 포크 위에 올라 전원을 차단하지 않고, 전구를 교체하려 한다. 교체를 다 하고 내려가려는데 지게차 운전원인 진순이가 지게차를 움직여서 진돌이가 떨어졌다.
> 진돌이와 진순이는 안전모와 절연장갑 미착용 상태이다.

답 전원 미차단/지게차를 용도 외 목적으로 사용/절연장갑 및 안전모 미착용

194

★☆

영상 속 운행의 문제점 2가지와 안전수칙 2가지를 쓰시오.

> 영상 설명
>
> 지게차가 화물을 높게 적재한 채 운행하고 있다. 화물을 체결하지 않아 매우 흔들리고. 시야가 안보여 결국 지나가던 작업자를 치게 된다. 주변에는 유도원이 없다.

답 문제점: 유도원 미배치/운전자 시야 가릴 만큼 화물 적재
안전수칙: 유도원 배치/운전자 시야 가리지 않게 화물 적재

195 ☆

영상 속 재해 예방대책을 2가지만 쓰시오.

> 영상 설명
>
> 실내 작업장에서 진돌이가 천장크레인을 조종하다가 후진하는 지게차랑 부딪힌다. 지게차 유도원은 없었다.

답 유도원 배치/작업구역 설정

196 ☆☆☆☆☆☆

영상 속 작업에서 내재되어 있는 핵심 위험요인 3가지 쓰시오.

> 영상 설명
>
> 충전전로와 매우 가깝게 배치된 고소작업대에 탑승한 진돌이가 충전전로에 애자 커버를 설치하려 한다. 진돌이는 안전모(ABE종)와 절연장갑 착용상태이며 안전대는 미착용상태이다. 작업대 밑에 면장갑 착용한 진순이가 애자 커버를 1줄걸이로 달줄로 매달아 올려보낸다. 고소작업대는 아웃트리거를 미설치하여 위에 있는 진돌이가 움직일 때마다 흔들거린다.

답 1줄걸이 작업/아웃트리거 미설치/충전전로와 이격거리 미준수

197 ☆☆☆☆☆☆☆☆

영상 속 재해의 가해물과 재해원인 3가지, 예방대책 3가지 쓰시오.

> 영상 설명
>
> 어두운 작업장에서 면장갑을 착용한 진돌이가 왼손에는 손전등을 오른손은 스패너를 들고, 작동 중인 컨베이어를 점검하다가 스패너가 컨베이어 안으로 떨어진다. 진돌이는 아무 생각없이 스패너를 주우려다 컨베이어 벨트에 손이 끼어 아파한다. 컨베이어 벨트에는 덮개 미설치 상태이다.

답 가해물: 컨베이어 벨트
재해원인: 덮개 미설치/면장갑 착용/전원 미차단 후 작업
예방대책: 덮개 설치/면장갑 착용 안한다/전원 차단 후 작업

198

☆☆☆

영상 속 작업의 위험요인 2가지 쓰시오.

> 영상 설명
>
> 터널 내부 잔재물을 컨베이어로 운반하고 있다. 진돌이와 진순이도 터널 안에서 작업 중이지만, 방진마스크 미착용상태라 콜록대며 작업하고 있다. 컨베이어에는 덮개 미설치상태이다. 공기가 매우 탁하다.

답 환기 미조치/방진마스크 미착용

199

☆☆☆☆☆☆☆

영상 속 위험요인 1가지와 사고 시 즉시 조치사항을 1개씩 쓰시오

> 영상 설명
>
> 진돌이가 경사진 컨베이어 벨트 위에서 포대를 올리고 있다. 진돌이가 너무 열중한 나머지 포대를 빠른 속도로 올리다가 포대가 발을 건드려 진돌이가 넘어지면 풀리 밑으로 팔이 들어간다. 같이 일을 하던 진순이는 놀란다. 주변에는 건널다리나 작업발판이 없다.

답 위험요인: 건널다리 미설치　사고 시 즉시 조치사항: 기계 작동 중지

200

☆☆☆☆☆☆☆

영상 속 작업 시 위험 요인 3가지와 방호장치 5가지를 쓰시오.

> 영상 설명
>
> 진돌이는 프레스로 철판에 구멍을 뚫다가 이물질을 발견한다. 없애려고 몸 기울이다가 페달을 밟아 프레스에 손이 찍힌다. 진돌이는 면장갑 착용했고, 보안경 미착용 상태이다. 프레스 페달에는 덮개가 없다.

답 위험요인: 전원 미차단/페달 덮개 미설치/이물질 제거 시 수공구 미이용
방호장치: 가드식/수인식/광전자식/양수조작식/손쳐내기식

201

☆

영상 속 사용가능한 방호장치 3가지와 작업자가 기능을 없앤 방호장치를 쓰시오.

영상 설명

진돌이는 프레스로 철판에 구멍을 뚫다가 이물질을 발견한다. 슬라이드 앞에는 광선들이 여러개 보이며 그 광선들을 없앤다. 그 후 이물질을 제거하려고 손을 넣다가 끼인다.

답 방호장치 : 가드식/수인식/광전자식　기능을 없앤 방호장치 : 광전자식

202

☆☆☆☆☆☆

영상 속 작업 중 안전수칙 4가지를 쓰시오.

영상 설명

진돌이가 셔틀버스를 정비하기 위해 차량용 리프트로 버스를 들어 올린 후, 버스 밑으로 들어가 샤프트를 점검한다. 이때 진순이가 버스에 올라 아무 말 없이 시동을 건다. 그 순간! 샤프트가 회전하여 진돌이의 손이 말려 들어간다. 주변에는 감시인이 없고, 진돌이는 장갑을 착용하였다.

답 감시인 배치/'정비중' 표지판 설치/관계자 외 출입 금지조치/시동장치에 잠금장치 설치

203

★☆☆☆☆☆☆☆

영상 속 작업의 안전대책 3가지를 쓰시오.

영상 설명

박공지붕 위에서 진돌이와 진순이가 안전모와 안전화를 착용한 상태로 작업을 하다 휴식 중이다. 그 순간! 위에 지붕 설치물이 굴러 진돌이의 등을 쳐 진돌이가 굴러떨어진다. 박공지붕에는 안전난간 및 추락방호망, 낙하물 방지망이 미설치 상태이다. 또한 진돌이와 진순이는 안전대 미착용 상태이다.

답 - 사업주는 근로자가 지붕 위에서 작업을 할 때에 추락하거나 넘어질 위험이 있는 경우에는 다음 각 호의 조치를 해야 한다.

1. 지붕의 가장자리에 안전난간을 설치할 것
2. 채광창(skylight)에는 견고한 구조의 덮개를 설치할 것
3. 슬레이트 등 강도가 약한 재료로 덮은 지붕에는 폭 30cm 이상의 발판을 설치할 것

– 사업주는 경사면에서 드럼통 등의 중량물을 취급하는 경우에 다음 각 호의 사항을 준수하여야 한다.

1. 구름멈춤대, 쐐기 등을 이용하여 중량물의 동요나 이동을 조절할 것
2. 중량물이 구르는 방향인 경사면 아래로는 근로자의 출입을 제한할 것

답 안전대 착용할 것/안전난간 설치할 것/중량물 구르는 방향 아래로는 작업자 출입 제한할 것

204

☆

영상 속 작업에서 안전작업수칙 2가지 쓰시오.

영상 설명

진돌이가 작업발판 미설치된 곳에서 강관 비계에 발을 올리고 플라이어와 케이블 타이로 그물을 묶고 있다. 그 순간! 균형을 잃고 진돌이가 떨어진다. 진돌이는 안전모를 착용했지만, 안전대를 미착용했다.

답 안전대 착용/작업발판 설치

205

★☆☆☆

영상 속 작업자의 추락사고 원인 2가지 쓰시오.

영상 설명

진돌이와 진순이가 건물 베란다 밖 창틀에서 작업을 하고 있다. 진돌이가 진순이에게 드라이버를 건네주다가 균형을 잃고 떨어진다. 둘 다 안전대를 미착용했고, 추락방호망 미설치상태이다. 주변에 신호수는 있고, 작업구역은 미설정하였다.

답 안전대 미착용/추락방호망 미설치

206

★☆

영상 속 추락 요인 2가지 쓰시오.

영상 설명

진돌이는 안전대를 착용하고 전주를 타고 올랐으나 체결하지 않았다. 진돌이는 전주에 박혀있는 볼트를 밟고, 작업을 하다가 균형을 잃고 추락한다. 진돌이는 절연장갑 미착용상태이다.

답 안전대 미체결/작업발판 불안전

207

☆☆

다음 동영상의 작업에서 위험 요인 4가지를 쓰시오.

영상 설명

진돌이와 진순이가 이동식 비계를 이용해 작업하고 있다. 진돌이는 위에 있고, 진순이는 밑에 있다, 해당구역 작업이 끝나 진돌이는 진순이 보고 옆으로 밀라고 한다. 진순이는 진돌이가 위에 있는 채로 비계를 밀다가 바닥 상태 때문에 비계가 걸려 넘어진다.
진돌이와 진순이 둘 다 안전모와 면장갑 착용, 안전대 미착용했으며 비계에는 아웃트리거와 안전난간이 미설치되어 있다.

답 안전대 미착용/안전난간 미설치/아웃트리거 미설치/작업자 탑승한 채로 이동

208

☆

다음 동영상의 작업에서 위험 요인 3가지를 쓰시오.

영상 설명

진돌이가 이동식 비계 위에 있다. 진돌이는 안전모와 장갑과 안전대를 착용했고, 안전난간에 체결했다. 허나, 체결 위치가 너무 낮아 안전대의 역할을 못할 것 같다. 이동식 비계 바퀴가 미고정되어 있고, 아웃트리거는 미설치되어 있다. 진순이는 손으로 이동식 비계를 지탱하고 있다.

답 바퀴 미고정/아웃트리거 미설치/안전대 너무 낮게 체결

209

☆

영상 속 중량물 인양 시 위험 요인을 4가지 쓰시오.

영상 설명

진돌이가 이동식 비계 최상부에서 1줄 걸이로 철근을 로프로 대충 감아서 손으로 인양하다가 무거워서 놓치게 된다. 그 순간! 밑에 있던 진순이가 머리를 다치고, 이동식 비계에는 안전난간과 아웃트리거가 없다. 또한, 진돌이는 안전대 미착용 상태이다.

답 안전대 미착용/1줄 길이 작업/안전난간 미설치/아웃트리거 미설치

210

☆☆☆

영상 속 추락 재해예방 대책과 낙하 재해예방 대책을 각각 2가지씩 쓰시오.

영상 설명

진돌이가 나무 위에서 나뭇가지를 자르다가 톱을 떨어뜨린다. 진돌이는 안전대 미착용 상태다.

답 추락 재해예방 대책: 안전대 착용/추락방호망 설치
낙하 재해예방 대책: 방호선반 설치/낙하물 방지망 설치

211

☆☆☆☆

휴대장비 등을 사용하는 작업에서 감전사고 예방을 위한 안전대책 3가지 쓰시오.

영상 설명

진돌이가 작업물에 물을 뿌려 열을 식히며 대리석 연마작업을 하고 있는 도중 갑자기 푸른색 스파크가 작업자 손 주변에서 발생한다. 진돌이는 절연장갑을 착용했고. 바닥에는 물이 흥건하며 물웅덩이에 전선들이 놓여있다.

해 사업주는 이동 중에나 휴대장비 등을 사용하는 작업에서 다음 각 호의 조치를 하여야 한다.

1. 근로자가 착용하거나 취급하고 있는 도전성 공구·장비 등이 노출 충전부에 닿지 않도록 할 것
2. 근로자가 사다리를 노출 충전부가 있는 곳에서 사용하는 경우에는 도전성 재질의 사다리를 사용하지 않도록 할 것
3. 근로자가 젖은 손으로 전기기계·기구의 플러그를 꽂거나 제거하지 않도록 할 것
4. 근로자가 전기회로를 개방, 변환 또는 투입하는 경우에는 전기 차단용으로 특별히 설계된 스위치, 차단기 등을 사용하도록 할 것
5. 차단기 등의 과전류 차단장치에 의하여 자동 차단된 후에는 전기회로 또는 전기기계·기구가 안전하다는 것이 증명되기 전까지는 과전류 차단장치를 재투입하지 않도록 할 것

답 1. 도전성 공구가 노출 충전부에 닿지 않게 할 것
2. 젖은 손으로 전기기계 플러그를 제거하지 말 것
3. 전기회로 개방하는 경우 전기 차단용으로 특별히 설계된 스위치 사용하도록 할 것

212

☆☆☆☆☆☆☆☆☆☆

영상 속 작업의 안전대책 2가지 쓰시오.

영상 설명

맨손인 진돌이가 변압기 2차 전압을 측정하기 위해 벽 너머 진순이에게 전원 투입하라고 소리 지른다. 진돌이는 측정을 다 하고, 진순이에게 전원을 차단하라고 하지만 진순이는 못 들었다. 전원이 차단된 줄 안 진돌이는 기기를 만지다가 감전이 된다.

해 전로 차단은 다음 각 호의 절차에 따라 시행하여야 한다.
1. 전기기기등에 공급되는 모든 전원을 관련 도면, 배선도 등으로 확인할 것
2. 전원을 차단한 후 각 단로기 등을 개방하고 확인할 것
3. 차단장치나 단로기 등에 잠금장치 및 꼬리표를 부착할 것
4. 개로된 전로에서 유도전압 또는 전기에너지가 축적되어 근로자에게 전기위험을 끼칠 수 있는 전기기기등은 접촉하기 전에 잔류전하를 완전히 방전시킬 것
5. 검전기를 이용하여 작업 대상 기기가 충전되었는지를 확인할 것
6. 전기기기등이 다른 노출 충전부와의 접촉, 유도 또는 예비동력원의 역송전 등으로 전압이 발생할 우려가 있는 경우는 충분한 용량을 가진 단락 접지기구를 이용해 접지할 것

답 1. 전원 차단 후 단로기 개방하고 확인할 것
2. 검전기 이용해 작업 대상 기기 충전되었는지 확인할 것

213

☆☆☆☆☆☆☆☆☆☆

영상 속 작업에서 감전 관련, 연마작업 관련 위험 요인 각 2가지씩 쓰시오.

영상 설명

진돌이가 분전반(내부에 콘센트랑 누전차단기(ELB) 있음)에 휴대용 연삭기를 연결하여 철물을 연마하고 있다. 작업을 다 하고 진돌이는 진순이에게 콘센트를 뽑으라고 한다. 맨손인 진순이는 분전반을 만지며 코드를 뽑는 순간 감전되어 버린다. 진돌이는 면장갑 착용, 보안경 미착용 상태이며 진순이는 안전모만 착용했다. 또한 연삭기에는 덮개가 미설치되어있다.

답 감전 관련: 절연장갑 미착용/누전차단기 불량
연마작업 관련: 보안경 미착용/연삭기 덮개 미설치

214

☆☆☆☆☆☆☆☆

사출성형기 노즐 속 이물질 제거 작업 중에서 감전 사고가 발생한다. 동종 재해방지대책 4가지 적으시오.

답 전원 차단 후 작업/절연장갑 착용/사출성형기 접지조치/수공구 이용해 이물질 제거

215

☆☆☆

영상 속 재해 예방대책 3가지 쓰시오.

영상 설명
단무지 공장에서 무릎 정도 물이 차 있는 상태에서 수중 펌프를 작동했더니 작업자가 감전되었다.

답 감전방지용 누전차단기 설치/충분히 절연효과 있는 이동전선 이용/충분히 피복한 접속기구 사용

216

☆☆☆☆☆☆☆☆☆

영상 속 작업 시 안전대책을 4가지 쓰시오.

영상 설명

크레인을 이용해 전주(전봇대)를 세우고 있다. 안전모를 착용한 진돌이가 맨손으로 전주를 만지며 한 손으로 크레인 운전원에게 올리라고 신호를 준다. 운전원은 전주를 올리다가 위에 전선에 전주가 닿아 스파크가 발생한다. 진돌이는 신호수가 아니며 주변에 감시인이 없다.

해 사업주는 충전전로 인근에서 차량, 기계장치 등(이하 이 조에서 "차량등"이라 한다)의 작업이 있는 경우에는 차량등을 충전전로의 충전부로부터 300센티미터 이상 이격시켜 유지시키되, 대지전압이 50킬로볼트를 넘는 경우 이격시켜 유지하여야 하는 거리(이하 이 조에서 "이격거리"라 한다)는 10킬로볼트 증가할 때마다 10센티미터씩 증가시켜야 한다. 다만, 차량등의 높이를 낮춘 상태에서 이동하는 경우에는 이격거리를 120센티미터 이상(대지전압이 50킬로볼트를 넘는 경우에는 10킬로볼트 증가할 때마다 이격거리를 10센티미터씩 증가)으로 할 수 있다.

제1항에도 불구하고 충전전로의 전압에 적합한 절연용 방호구 등을 설치한 경우에는 이격거리를 절연용 방호구 앞면까지로 할 수 있으며, 차량등의 가공 붐대의 버킷이나 끝부분 등이 충전전로의 전압에 적합하게 절연되어 있고 유자격자가 작업을 수행하는 경우에는 붐대의 절연되지 않은 부분과 충전전로 간의 이격거리는 접근 한계거리까지로 할 수 있다.

사업주는 다음 각 호의 경우를 제외하고는 근로자가 차량등의 그 어느 부분과도 접촉하지 않도록 울타리를 설치하거나 감시인 배치 등의 조치를 하여야 한다.

1. 근로자가 해당 전압에 적합한 제323조제1항의 절연용 보호구등을 착용하거나 사용하는 경우
2. 차량등의 절연되지 않은 부분이 접근 한계거리 이내로 접근하지 않도록 하는 경우

사업주는 충전전로 인근에서 접지된 차량등이 충전전로와 접촉할 우려가 있을 경우에는 지상의 근로자가 접지점에 접촉하지 않도록 조치하여야 한다.

사업주는 다음 각 호의 작업에 사용하는 절연용 보호구, 절연용 방호구, 활선작업용 기구, 활선작업용 장치(이하 이 조에서 "절연용 보호구등"이라 한다)에 대하여 각각의 사용목적에 적합한 종별 · 재질 및 치수의 것을 사용해야 한다.

1. 밀폐공간에서의 전기작업
2. 이동 및 휴대장비 등을 사용하는 전기작업
3. 정전전로 또는 그 인근에서의 전기작업
4. 충전전로에서의 전기작업
5. 충전전로 인근에서의 차량 · 기계장치 등의 작업

답 1. 감시인 배치
2. 절연장갑 착용
3. 절연용 방호구(절연덮개/절연매트 등) 설치
4. 지상 근로자가 접지점에 접촉하지 않도록 조치

217

☆☆☆☆☆☆☆☆☆

영상 속 위험요인과 안전대책 3가지 쓰시오.

영상 설명

항타기로 전주를 세우는 작업을 하고 있다. 전주가 움직여 근처 활선전로에 닿아 스파크가 발생한다. 주변에 감시인이 없고, 절연용 방호구 미설치 상태이다.

해 윗 해설 참조

답 위험요인 : 감시인 미배치/절연용 방호구 미설치/충전전로의 충전부로부터 이격거리 미확보
안전대책 : 감시인 배치/절연용 방호구 설치/충전전로의 충전부로부터 이격거리 확보

218

☆☆

활선전로 근처에서 전주 설치작업 시 관리적 대책을 3가지 쓰시오.

해 윗 해설 참조

답 감시인 배치/절연용 방호구 설치/지상 근로자가 접지점에 접촉하지 않도록 조치

219

☆☆☆☆

영상 속 용접작업 시 위험 요인 3가지 쓰시오.

영상 설명

용접용 보호구를 풀 세트로 다 착용한 진돌이가 용접하고 있다. 바닥에는 여러 전선과 공구들이 놓여 있고, 뒤에 인화성 물질이 담겨있는 드럼통이 보이며 불티가 계속 드럼통에 튄다. 주변에 화재감시자도 소화기도 없다.

답 소화기 미배치/화재감시자 미배치/주변 인화성물질 존재

220

☆☆☆☆☆☆☆☆

영상 속 작업장의 불안전한 요소 4가지를 쓰시오.(단, 작업자의 불안전한 행동 제외)

영상 설명

진돌이가 용접하고 있고, 주변에 불티들이 막 튀고 있다. 주변은 여러 자재와 인화성 물질들이 바닥 곳곳에 놓여있다. 산소통은 아예 바닥에 눕혀져 있고, 주변에 소화기와 화재감시자도 없다. 또한 진돌이는 아무 용접용 보호구를 착용하지 않았고, 용접하면서 산소통 줄을 심하게 당기다가 호스가 뽑힌다. 정말 총체적 난국이다...

답 소화기 미배치/산소통 눕혀있음/화재감시자 미배치/주변 인화성물질 존재

221

☆☆☆☆☆☆☆☆☆

영상 속 재해발생 원인 2가지와 재해발생형태, 착용 안전모 종류를 쓰시오.

영상 설명

진돌이가 전봇대에 올라가다가 안전모가 표지판에 부딪혀 추락한다.
진돌이는 안전대 미착용상태이다.

답 재해발생 원인: 안전대 미착용/올라가면서 시야 미확보
재해발생형태: 떨어짐
착용 안전모 종류: ABE종

222

☆☆☆☆

영상 속 화약 장전 시 불안전한 행동을 1가지 적으시오.

영상 설명

진돌이가 장전구 안에 화약을 장전하려고 근처 땅에 있는 철근을 주워 그것으로 밀어 넣고 있다. 진돌이는 젖은 상태의 장갑을 착용 중이다.

해 장전구(裝塡具)는 마찰 · 충격 · 정전기 등에 의한 폭발의 위험이 없는 안전한 것을 사용할 것

답 철근으로 화약을 장전하고 있다.

223

☆☆☆

영상 속 재해를 막기 위한 안전대책 2가지를 쓰시오.

영상 설명

진돌이와 진순이가 작업복, 안전모, 안전화를 착용하고, 피트에서 양동이로 오수를 퍼내고 있다. 진순이가 너무 힘이 들어 중간에 지쳐 넘어질 뻔하다가 진돌이가 잡아준다.

답 양동이에 달줄 설치/인력이 아닌 양수기(=펌프) 이용

224

☆

영상 속 작업에서의 안전대책 2가지 쓰시오.

영상 설명

진돌이와 진순이가 기찻길에서 궤도 점검작업 중이다. 기찻길 가운데에 기름통이 놓여있고, 진돌이와 진순이는 안전모도 안 쓴 채로 담배를 피며 잡담하고 있다. 잠시 후, 기차가 오지만, 진순이는 그 사실을 알지 못한 채 기름통을 가지러 기찻길로 다가간다.

해
- 사업주는 열차 운행에 의한 충돌사고가 발생할 우려가 있는 궤도를 보수 · 점검하는 경우에 열차운행감시인을 배치하여야 한다. 다만, 선로순회 등 선로를 이동하면서 하는 단순점검의 경우에는 그러하지 아니하다.
- 사업주는 열차운행감시인을 배치한 경우에 위험을 즉시 알릴 수 있도록 확성기 · 경보기 · 무선통신기 등 그 작업에 적합한 신호장비를 지급하고, 열차운행 감시 중에는 감시 외의 업무에 종사하게 해서는 아니 된다.
- 사업주는 열차가 운행하는 궤도(인접궤도를 포함한다)상에서 궤도와 그 밖의 관련 설비의 보수 · 점검작업 등을 하는 중 위험이 발생할 때에 작업자들이 안전하게 대피할 수 있도록 열차통행의 시간간격을 충분히 하고, 작업자들이 안전하게 대피할 수 있는 공간이 확보된 것을 확인한 후에 작업에 종사하도록 하여야 한다.

답 열차운행감시인 배치/작업자들이 안전하게 대피할 수 있게 열차통행 시간간격 충분히 한다.

225

☆☆☆☆☆

영상 속 위험 원인 3가지 쓰시오.

영상 설명
진돌이와 진순이가 양수기(펌프) V벨트를 점검하려 한다. 둘 다 맨손이며 서로 담배를 피며 잡담하다가 모르고 가동 중인 V벨트에 손을 넣어 다친다. V벨트에는 덮개 미설치 되어 있다.

답 전원 미차단/덮개 미설치/작업 미집중

226

☆

영상 속 작업 시 불안전한 행동 2가지를 쓰시오.

영상 설명
진돌이가 둥근 톱을 이용해 물을 뿌리며 대리석을 자르고 있다. 반대쪽 둥근 톱이 고장이 나서 진돌이는 반대쪽 둥근 톱을 만져본다. 진돌이는 면장갑을 착용하고 있고, 둥근 톱들 전원은 미차단한 상태이며 날접촉예방장치가 미설치되어 있다.

답 전원 미차단/톱날을 손으로 만짐

227

☆☆☆

영상 속 작업에서 복장과 행동에서 위험요인 각 1가지씩 쓰시오.

영상 설명
진돌이가 띠톱으로 작업하다가 이물질이 있어서 면장갑 낀 손으로 제거하려다가 손이 잘린다. 띠톱은 가동상태이며 진돌이는 보안경 미착용 상태이다.

답 복장: 면장갑 착용　행동: 전원 미차단

228 ☆

영상 속 작업에서 작업자와 작업방법 측면서의 위험요인 각 2가지씩 쓰시오.

영상 설명

진돌이가 탁상용 드릴을 하는 도중 비트에 이물질이 생겼다. 진돌이는 전원을 미차단하고 장갑을 착용한 손으로 이물질을 제거하려다가 말려들어가서 손가락이 부러진다.
진돌이는 보안경 미착용 상태이다.

답 작업자: 장갑 착용/보안경 미착용
작업방법: 이물질 제거 시 전원 미차단/이물질 제거 시 수공구 미이용

229 ★

영상 속 위험 요인 2가지를 쓰시오.

영상 설명

진돌이가 임팩 드릴로 통나무를 한 손으로 움켜쥐며 구멍을 뚫고 있다. 통나무를 고정하지 않아 작업하면서 흔들린다. 작업장에는 나무 가루가 많이 날린다.
진돌이는 면장갑과 보안경은 착용했고, 방진마스크 미착용했다.

답 통나무 미고정/방진마스크 미착용

230 ☆

영상 속 내재된 위험 요인 3가지 쓰시오.

영상 설명

진돌이가 선반으로 길이가 긴 공작물을 작업하고 있다. 선반에는 칩 브레이커와 덮개가 없고, '비산주의'라는 경고문이 부착되어 있다. 진돌이는 보안경과 방진마스크 미착용 상태이며 장갑을 끼고 있다.

답 장갑 착용/덮개 미설치/방진마스크 미착용

231 ★☆☆

영상 속 롤러기 상태 문제점 1가지와 작업자 행동의 문제점 및 안전대책을 각각 2가지씩 쓰시오.

영상 설명
진돌이는 롤러기 전원을 끄고 내부 수리를 한다. 수리를 다 하고 롤러기를 가동시켰고, 나가려는 순간 이물질이 롤러기 내부에 보여서 장갑을 낀 손으로 이물질을 제거하려 한다. 그때 손이 롤러기에 말려 들어간다. 롤러기에는 덮개가 있으나 인터록 장치가 없다.

답 롤러기 상태 문제점: 인터록 미설치
작업자 행동 문제점: 전원 미차단/수공구 미이용
안전대책: 전원 차단 후 작업/수공구 이용하여 이물질 제거

232 ☆

다이메틸포름아미드(DMF, Dimethylformamide)가 담긴 드럼통에 부착할 수 있는 경고표지 2가지 쓰시오.

답 인화성물질경고/급성독성물질경고/발암성·변이원성·생식독성·전신독성·호흡기과민성물질경고

산업안전기사 2022년

07

작업형 기출문제

잠깐! 더 효율적인 공부를 위한 링크들을 적극 이용하세요~!

직8딴 홈페이지

- 출시한 책 확인 및 구매

직8딴 카카오오픈톡방

- 실시간 저자의 질문 답변
(주7일 아침 11시~새벽 2시까지, 전화로도 함)
- 직8딴 구매자전용 복지와 혜택 획득
(최소 달에 40만원씩 기프티콘 지급)
- 구매자들과의 소통 및 EHS 관련 정보 습득

직8딴 네이버카페

- 실시간으로 최신화되는 정오표 확인
(정오표: 책 출시 이후 발견된 오타/오류를 모아놓은 표, 매우 중요)
- 공부에 도움되는 컬러버전 그림 및 사진 습득
- 직8딴 구매자전용 복지와 혜택 획득

직8딴 유튜브

- 저자 직접 강의 시청 가능
- 공부 팁 및 암기법 획득
- 국가기술자격증 관련 정보 획득

7 2022년 작업형 기출문제

기출 중복문제 소거 정리

1-1회 기출문제

001

근로자가 충전전로에서 작업하는 경우 사업주의 조치사항 내용이다. 빈칸을 채우시오.

1. 충전전로를 취급하는 근로자에게 그 작업에 적합한 (A)를 착용시킬 것
2. 충전전로에 근접한 장소에서 전기작업을 하는 경우에는 해당 전압에 적합한 (B)를 설치할 것. 다만, 저압인 경우에는 해당 전기작업자가 (A)를 착용하되, 충전전로에 접촉할 우려가 없는 경우에는 절연용 방호구를 설치하지 아니할 수 있다.

답 A : 절연용 보호구 B : 절연용 방호구

002

지게차 사용 작업 시 작업시작 전 점검사항 4개 쓰시오.

답 바퀴 이상 유무/전조등 기능 이상 유무/제동장치 기능 이상 유무/하역장치 기능 이상 유무

003

영상 속 재해원인 1가지와 재해발생 형태와 그 정의를 쓰시오.

영상 설명

진돌이가 2층에서 화물을 안전난간에 기대어 내리다가 갑자기 떨어져서 아래에 있는 지나가던 진순이가 화물에 맞는다.

답 재해원인 : 작업구역 미설정

재해발생형태 : 맞음

정의 : 물체가 중력에 의하여 고정부에서 이탈되어 사람을 가해하는 경우

004

영상 속 롤러기 상태 문제점 1가지와 작업자 행동의 문제점 및 안전대책을 각각 2가지씩 쓰시오.

> 영상 설명
>
> 진돌이는 롤러기 전원을 끄고 내부 수리를 한다. 수리를 다 하고 롤러기를 가동시켰고, 나가려는 순간 이물질이 롤러기 내부에 보여서 장갑을 낀 손으로 이물질을 제거하려 한다. 그때 손이 롤러기에 말려 들어간다. 롤러기에는 덮개가 있으나 인터록 장치가 없다.

답 롤러기 상태 문제점: 인터록 미설치
작업자 행동 문제점: 전원 미차단/수공구 미이용
안전대책: 전원 차단 후 작업/수공구 이용하여 이물질 제거

005

산업안전보건법령상 사업주가 근로자에게 실시해야 하는 안전보건교육 중, 밀폐공간에서의 작업 시의 특별교육 내용을 3가지 쓰시오.(단, 그 밖에 안전·보건관리에 필요한 사항은 제외)

답 보호구 착용/비상시 구출/산소농도 측정

006

영상 속 재해 예방대책 3가지 쓰시오.

> 영상 설명
>
> 단무지 공장에서 무릎 정도 물이 차 있는 상태에서 수중 펌프를 작동했더니 작업자가 감전되었다.

답 감전방지용 누전차단기 설치/충분히 절연효과 있는 이동전선 이용/충분히 피복한 접속기구 사용

007

영상 속 작업의 위험요인 2가지 쓰시오.

> 영상 설명
>
> 터널 내부 잔재물을 컨베이어로 운반하고 있다. 진돌이와 진순이도 터널 안에서 작업 중이지만, 방진마스크 미착용상태라 콜록대며 작업하고 있다. 컨베이어에는 덮개 미설치상태이다. 공기가 매우 탁하다.

답 환기 미조치/방진마스크 미착용

008

다음은 낙하물방지망 또는 방호선반을 설치하는 경우이다. 빈칸을 채우시오.

> 1. 높이 (A)m 이내마다 설치하고 내민 길이는 벽면으로부터 (B)m 이상으로 할 것
> 2. 수평면과의 각도는 (C)도 이상 (D)도 이하를 유지할 것

답 A: 10 B: 2 C: 20 D: 30

009

영상 속 재해를 막기 위한 안전대책 2가지를 쓰시오.

> 영상 설명
>
> 진돌이와 진순이가 작업복, 안전모, 안전화를 착용하고, 피트에서 양동이로 오수를 퍼내고 있다. 진순이가 너무 힘이 들어 중간에 지쳐 넘어질 뻔하다가 진돌이가 잡아준다.

답 양동이에 달줄 설치/인력이 아닌 양수기(=펌프) 이용

1-2회 기출문제

001

영상 속 운행의 문제점 2가지 쓰시오.

> 영상 설명
>
> 지게차가 화물을 높게 적재한 채 운행하고 있다. 화물을 체결하지 않아 매우 흔들리고. 시야가 안보여 결국 지나가던 작업자를 치게 된다. 주변에는 유도원이 없다.

답 유도원 미배치/운전자 시야 가릴 만큼 화물 적재

002

방호장치가 없는 둥근 톱 기계에 고정식 날접촉 예방장치를 설치하고자 한다. 이때 덮개 하단과 가공재 사이의 간격과 덮개 하단과 테이블 사이의 높이를 쓰시오.

답 덮개 하단과 가공재 사이 간격: 8mm 이하 덮개 하단과 테이블 사이 높이: 25mm 이하

003

영상 속 기계 운동 형태에서 발생할 수 있는 위험점 및 정의, 재해발생 원인 2가지 그리고, 기인물과 가해물을 쓰시오.

> 영상 설명
>
> 진돌이가 김치공장에서 슬라이스 기계에 배추를 넣어 써는 작업을 하고 있다.
> 기계가 멈추자 전원 미차단하고, 슬라이스 기계를 점검하던 중 갑자기 기계가 작동하여 진돌이는 칼날에 손이 잘린다.

답 위험점: 절단점
정의: 회전하는 운동부 자체 위험에서 형성되는 위험점
재해발생원인: 전원 미차단/수공구 미사용
기인물: 슬라이스 기계
가해물: 칼날

004

리프트 사용해 작업할 때 작업시작 전, 사업주가 관리감독자로 하여금 점검하도록 해야 할 점검 사항 2가지 쓰시오.

답 방호장치 기능/와이어로프 통하는 곳 상태

005

휴대장비 등을 사용하는 작업에서 감전사고 예방을 위한 안전대책 3가지 쓰시오.

영상 설명

진돌이가 작업물에 물을 뿌려 열을 식히며 대리석 연마작업을 하고 있는 도중 갑자기 푸른색 스파크가 작업자 손 주변에서 발생한다. 진돌이는 절연장갑을 착용했고, 바닥에는 물이 흥건하며 물웅덩이에 전선들이 놓여있다.

답 1. 도전성 공구가 노출 충전부에 닿지 않게 할 것
2. 젖은 손으로 전기기계 플러그를 제거하지 말 것
3. 전기회로 개방하는 경우 전기 차단용으로 특별히 설계된 스위치 사용하도록 할 것

006

항타기나 항발기에 도르래나 도르래 뭉치를 부착하는 것과 관련된 내용이다. 빈칸을 채우시오.

1. 사업주는 항타기 또는 항발기의 권상장치의 드럼축과 권상장치로부터 첫 번째 도르래의 축간의 거리를 권상장치 드럼 폭의 (A) 이상으로 하여야 한다.
2. 도르래는 권상장치의 드럼 (B)을 지나야 하며 축과 (C)에 있어야 한다.

답 A: 15배 B: 중심 C: 수직면상

007

영상 속 작업의 작업계획서 작성 시 포함사항 4가지 쓰시오.

> 영상 설명
>
> 압쇄기와 대형 브레이커를 이용해 건물을 해체하고 있다. 근처에 있던 진돌이는 감시인 신분으로 지켜보고 있다.

답 해체방법/방호설비 방법/해체물 처분계획/사업장 내 연락방법

008

산업안전보건법령상 사업주가 비계의 높이가 2m 이상인 작업장소에 작업발판을 설치할 경우 설치기준 5가지 쓰시오.

답 1. 작업발판 폭은 40cm 이상으로 할 것
2. 추락 위험 장소에는 안전난간 설치할 것
3. 작업발판재료는 둘 이상 지지물에 고정시킬 것
4. 작업발판 지지물은 하중으로 파괴될 우려 없을 것
5. 발판재료는 작업할 때 하중 견딜 수 있도록 견고할 것

009

영상 속 재해원인 1가지와 재해발생 형태와 그 정의를 쓰시오.

> 영상 설명
>
> 진돌이가 2층에서 화물을 안전난간에 기대어 내리다가 갑자기 떨어져서 아래에 있는 지나가던 진순이가 화물에 맞는다.

답 재해원인: 작업구역 미설정
재해발생형태: 맞음
정의: 물체가 중력에 의하여 고정부에서 이탈되어 사람을 가해하는 경우

1-3회 기출문제

001

감전방지용 누전차단기를 설치해야 하는 전기기계, 기구 종류 4가지 쓰시오.

답 1. 대지전압 150V 초과하는 휴대형 전기기계
2. 철골 위 등 도전성 높은 장소에서 사용하는 휴대형 전기기계
3. 임시배선 전로가 설치되는 장소에서 사용하는 휴대형 전기기계
4. 물 등 도전성 높은 액체가 있는 습윤장소에서 사용하는 저압용 전기기계

002

영상 속 기계의 운동 형태에서 발생할 수 있는 위험점 명칭과 정의, 그리고 위험요인 3가지를 쓰시오.

영상 설명
진돌이가 면장갑을 착용하고 선반 작업을 하던 중, 회전축에 샌드페이퍼를 손으로 감아 가공물을 만들고 있다. 그 순간! 장갑이 말려들어 간다. 진돌이는 보안경 미착용 상태다.

답 위험점: 회전말림점
정의: 회전하는 물체의 길이 등이 불규칙한 부위와 돌기 회전부 위에 옷, 장갑 등이 말려드는 위험점
위험요인: 장갑 착용/보안경 미착용/손으로 샌드페이퍼 감음

003

방열복 내열원단의 시험성능기준에 관한 내용이다. 빈칸을 채우시오.

1. 난연성: 잔염 및 잔진시간이 (A)초 미만이고, 녹거나 떨어지지 말아야 하며, 탄화길이가 (B)mm 이내일 것 2. 절연저항: 표면과 이면의 절연저항이 (C)MΩ 이상일 것

답 A: 2 B: 102 C: 1

004

흙막이 지보공 설치 시 정기적으로 보수하고 점검해야 할 사항 3개 쓰시오.

답 부재 손상 유무/부재 접속부 상태/버팀대 긴압 정도

005

영상 속 재해 예방대책 3가지 쓰시오.

영상 설명

단무지 공장에서 무릎 정도 물이 차 있는 상태에서 수중 펌프를 작동했더니 작업자가 감전되었다.

답 감전방지용 누전차단기 설치/충분히 절연효과 있는 이동전선 이용/충분히 피복한 접속기구 사용

006

산업안전보건법령상 고소작업대 이동 시 준수사항 3가지만 쓰시오.

답 작업대 가장 낮게 내릴 것/작업자 태우고 이동하지 말 것/이동통로 요철상태 등 확인할 것

007

영상 속 작업에서 내재되어 있는 핵심 위험요인 3가지 쓰시오.

영상 설명

충전전로와 매우 가깝게 배치된 고소작업대에 탑승한 진돌이가 충전전로에 애자 커버를 설치하려 한다.
진돌이는 안전모(ABE종)와 절연장갑 착용상태이며 안전대는 미착용상태이다.
작업대 밑에 면장갑 착용한 진순이가 애자 커버를 1줄걸이로 달줄로 매달아 올려보낸다.
고소작업대는 아웃트리거를 미설치하여 위에 있는 진돌이가 움직일 때마다 흔들거린다.

답 1줄걸이 작업/아웃트리거 미설치/충전전로와 이격거리 미준수

008

영상 속 작업자의 위험 요인 4가지 쓰시오.

영상 설명

진돌이가 마그넷 크레인을 이용해 금형을 운반하고 있다. 오른손으로 금형을 잡고, 왼손으로는 조작장치를 조작하고 있다. 조작장치 피복은 벗겨져 있다. 진돌이가 작업에 미집중하다가 넘어지면서 ON/OFF 버튼을 눌러 금형이 발등으로 떨어진다. 진돌이는 슬리퍼를 신었고, 면장갑을 착용했다. 또한, 주변에 신호수는 없고, 금형에 유도로프가 미설치되어있다. 또한 크레인에는 훅 해지장치가 없다.

답 작업 미집중/안전화 미착용/신호수 미배치/유도로프 미설치

009

다음 동영상의 작업에서 위험 요인 4가지를 쓰시오.

영상 설명

진돌이와 진순이가 이동식 비계를 이용해 작업하고 있다. 진돌이는 위에 있고, 진순이는 밑에 있다, 해당구역 작업이 끝나 진돌이는 진순이 보고 옆으로 밀라고 한다. 진순이는 진돌이가 위에 있는 채로 비계를 밀다가 바닥 상태 때문에 비계가 걸려 넘어진다.
진돌이와 진순이 둘 다 안전모와 면장갑 착용, 안전대 미착용했으며 비계에는 아웃트리거와 안전난간이 미설치되어 있다.

답 안전대 미착용/안전난간 미설치/아웃트리거 미설치/작업자 탑승한 채로 이동

1-4회 기출문제

001

영상 속 위험 요인 2가지 쓰시오.

영상 설명
진돌이가 큰 배관을 인양하기 위해 신호수 역할 중이다. 걸이는 1줄 걸이로 하고 있고, 슬링벨트가 되게 낡아 보인다. 인양 시 진순이가 유도로프가 없어서 손으로 직접 배관을 제어하고 있다가 정강이에 배관이 부딪힌다.

답 1줄 걸이 작업/슬링벨트 상태 불량

002

영상 속 작업 시 위험요인 3가지와 방호장치 3가지를 쓰시오.

영상 설명
진돌이는 프레스로 철판에 구멍을 뚫다가 이물질을 발견한다. 없애려고 몸 기울이다가 페달을 밟아 프레스에 손이 찍힌다. 진돌이는 면장갑 착용했고, 보안경 미착용 상태이다. 프레스 페달에는 덮개가 없다.

답 위험요인 : 전원 미차단/덮개 미설치/이물질 제거 시 수공구 미이용
방호장치 : 가드식/수인식/광전자식

003

영상 속 재해발생 형태 종류와 재해발생 원인을 2가지 쓰시오.

영상 설명
회전체에 코일 감는 전동권선기가 갑자기 멈춰서 진돌이가 작동 중인 기계를 열어 맨손으로 만지는 순간 눈이 뒤집히고, 몸을 파르르 떤다.

답 재해발생 형태 : 감전　재해발생 원인 : 전원 미차단/절연장갑 미착용

004

영상 속 추락 재해예방 대책과 낙하 재해예방 대책을 각각 2가지씩 쓰시오.

> 영상 설명
>
> 진돌이가 나무 위에서 나뭇가지를 자르다가 톱을 떨어뜨린다. 진돌이는 안전대 미착용 상태다.

답 추락 재해예방 대책: 안전대 착용/추락방호망 설치
낙하 재해예방 대책: 방호선반 설치/낙하물 방지망 설치

005

영상 속 작업에서 착용해야 하는 보호구를 4가지와 행동목표 2가지를 쓰시오.

> 영상 설명
>
> 진돌이가 흡연을 하며 브레이크 라이닝을 화학약품을 이용해 세척하고 있다. 세정제가 바닥에 흥건히 있고, 진돌이는 슬리퍼, 면장갑을 착용하고 있다.

답 보호구: 보안경/불침투성 보호복/불침투성 보호장갑/불침투성 보호장화
행동목표: 작업 중에는 흡연하지 말자!/불침투성 보호구를 입자!

006

방호장치 자율안전기준 고시상, 롤러기 급정지장치 조작부의 설치위치를 쓰시오.
(단, 위치는 급정지장치 조작부의 중심점을 기준으로 한다.)

답

종류	설치 위치
손조작식	밑면에서 1.8m 이내
복부조작식	밑면에서 0.8m 이상 1.1m 이내
무릎조작식	밑면에서 0.6m 이내

007

차량계 하역운반기계의 작업계획서 내용 2개 쓰시오.

답 운행경로/추락, 낙하 등의 위험 예방대책

008

영상 속 위험점과 정의를 적으시오.

영상 설명
진돌이가 장갑을 착용한 손으로 시동을 안 끈 채로 타이밍 벨트를 육안점검을 하고 있다. 진돌이가 실수로 타이밍 벨트와 구동축 사이를 만지자 장갑이 끼었다. 타이밍 벨트에는 덮개 미설치 상태이다.

답 위험점 : 접선물림점
정의 : 회전하는 부분의 접선방향으로 물려들어갈 위험이 존재하는 위험점

009

컨베이어 등을 사용하여 작업할 때 작업시작 전 점검사항 4개 쓰시오.

답 1. 덮개 이상 유무
2. 풀리 기능 이상 유무
3. 이탈방지장치 기능 이상 유무
4. 비상정지장치 기능 이상 유무

2-1회 기출문제

001

영상 속 재해 예방대책을 2가지만 쓰시오.

영상 설명

실내 작업장에서 진돌이가 천장크레인을 조종하다가 후진하는 지게차랑 부딪힌다. 지게차 유도원은 없었다.

답 유도원 배치/작업구역 설정

002

영상 속 기계 운동 형태에서 발생할 수 있는 위험점 및 정의, 재해발생 원인 2가지 그리고, 기인물과 가해물을 쓰시오.

영상 설명

진돌이가 김치공장에서 슬라이스 기계에 배추를 넣어 써는 작업을 하고 있다.
기계가 멈추자 전원 미차단하고, 슬라이스 기계를 점검하던 중 갑자기 기계가 작동하여 진돌이는 칼날에 손이 잘린다.

답 위험점: 절단점
정의: 회전하는 운동부 자체 위험에서 형성되는 위험점
재해발생원인: 전원 미차단/수공구 미사용
기인물: 슬라이스 기계
가해물: 칼날

003

해당 기계명과 방호장치 이름과 설치각도를 쓰시오.

답 기계명: 휴대용 연삭기 방호장치 이름: 덮개 설치각도: 180° 이상

004

폭발성물질 저장소에 들어가는 작업자가 신발에 물을 묻히는 이유와 화재 시 적합한 소화방법을 쓰시오.

답 -신발에 물을 묻히는 이유: 작업화 표면의 대전성이 저하되므로 정전기에 의한 화재 폭발을 방지할 수 있다.
-화재 시 적합한 소화방법: 다량 주수에 의한 냉각소화

005

다음 동영상의 작업에서 위험 요인 4가지를 쓰시오.

영상 설명

진돌이와 진순이가 이동식 비계를 이용해 작업하고 있다. 진돌이는 위에 있고, 진순이는 밑에 있다, 해당구역 작업이 끝나 진돌이는 진순이 보고 옆으로 밀라고 한다. 진순이는 진돌이가 위에 있는 채로 비계를 밀다가 바닥 상태 때문에 비계가 걸려 넘어진다.
진돌이와 진순이 둘 다 안전모와 면장갑 착용, 안전대 미착용했으며 비계에는 아웃트리거와 안전난간이 미설치되어 있다.

답 안전대 미착용/안전난간 미설치/아웃트리거 미설치/작업자 탑승한 채로 이동

006

영상 속 위험 요인 2가지를 쓰시오.

영상 설명
진돌이가 임팩 드릴로 통나무를 한 손으로 움켜쥐며 구멍을 뚫고 있다. 통나무를 고정하지 않아 작업하면서 흔들린다. 작업장에는 나무 가루가 많이 날린다. 진돌이는 면장갑과 보안경은 착용했고, 방진마스크 미착용했다.

답 통나무 미고정/방진마스크 미착용

007

영상 속 위험 원인 3가지 쓰시오.

영상 설명
진돌이와 진순이가 양수기(펌프) V벨트를 점검하려 한다. 둘 다 맨손이며 서로 담배를 피며 잡담하다가 모르고 가동 중인 V벨트에 손을 넣어 다친다. V벨트에는 덮개 미설치 되어 있다.

답 전원 미차단/덮개 미설치/작업 미집중

008

산업안전보건법령상 습윤한 장소에서 사용하는 교류아크용접기에 부착해야 하는 안전장치를 쓰시오.

답 자동전격방지기

009

영상 속 작업의 조치사항 4가지와 폭발 종류와 그 정의를 쓰시오.

영상 설명

진돌이가 화기주의, 인화성 물질이라 써 있는 드럼통이 보관된 창고에서 인화성 물질이 든 캔을 운반하고 있다. 진돌이가 캔에 있는 내용물을 드럼통에 넣고 있는 중간 너무 더워서 옷을 벗었다. 그 순간! 폭발이 발생했다.

답 조치사항

1. 제전복 착용
2. 정전기 제전용구 사용
3. 바닥에 도전성 갖추도록 함
4. 정전기 대전방지용 안전화 착용

폭발 종류 : 증기운 폭발

정의 : 가연성 가스가 유출돼 발생한 증기가 공기와 혼합해 점화원 있으면 폭발하는 현상

2-2회 기출문제

001

산업안전보건법령상 가스집합용접장치(이동식 포함)의 배관을 하는 경우 사업주의 준수사항을 2가지 쓰시오.

답 1. 주관 및 분기관에는 안전기 설치할 것
2. 플랜지 등의 접합부에는 개스킷 사용하고 접합면을 상호 밀착시키는 조치할 것

002

이동식 비계 조립하여 작업 시 준수사항 4가지 쓰시오.

답 1. 작업발판 항상 수평 유지할 것
2. 승강용 사다리 견고하게 설치할 것
3. 비계 최상부에서 작업 시 안전난간 설치할 것
4. 작업발판 최대적재하중 250kg 초과하지 말 것

003

산업안전보건법령상 반복적인 동작, 부적절한 작업자세, 무리한 힘의 사용, 날카로운 면과의 신체접촉, 진동 및 온도 등의 요인에 의하여 발생하는 건강장해로서 목, 어깨, 허리, 팔·다리의 신경·근육 및 그 주변 신체조직 등에 나타나는 질환 명칭과 근로자가 컴퓨터 단말기의 조작업무를 하는 경우에 사업주의 조치사항을 4가지 쓰시오.

답 질환 명칭: 근골격계질환

조치사항
1. 적절한 휴식시간 부여할 것
2. 저휘도형 조명기구 사용할 것
3. 실내는 직사광선 들어오지 않는 구조로 할 것
4. 책상과 의자는 높낮이 조절할 수 있는 구조로 할 것

004

영상 속 재해발생형태, 가해물, 감전사고를 방지할 수 있는 안전모의 종류 2가지를 영어 기호로 쓰시오.

> 영상 설명
>
> 크레인으로 전주(전봇대)를 운반하는 도중 전주가 회전하여 신호수인 진돌이가 머리에 맞는다.

답 재해발생형태 : 맞음 가해물 : 전주(전봇대) 안전모 종류 : AE종, ABE종

005

산업안전보건법령상 컨베이어 시스템의 설치 등으로 높이 1.8m 이상의 울타리를 설치할 수 없는 일부 구간에 대해서 설치해야 하는 방호장치를 2가지만 쓰시오.

답 안전매트/감응형 방호장치

006

산업안전보건법령상 컨베이어 방호장치를 4가지 쓰시오.

답 덮개/건널다리/비상정지장치/이탈방지장치

007

프레스와 관련된 내용이며 물음에 답하시오.

> 1. 프레스기에 발로 작동하는 조작장치에 설치해야 하는 방호장치 이름
> 2. 울이 불필요한 상사점 위치에 있어서 펀치와 다이, 이동 스트리퍼와 다이, 펀치와 스트리퍼 사이 및 고정 스트리퍼와 다이 등의 간격

답 1. U자형 페달 덮개 2. 8mm 이하

008

타워크레인의 작업 중지에 관한 내용이다. 빈칸을 채우시오.

1. 타워크레인의 설치 · 수리 · 점검 또는 해체 작업을 중지하는 순간풍속 : (A)
2. 타워크레인의 운전작업을 중지하는 순간풍속 : (B)

답 A : 10m/s 초과 B : 15m/s 초과

009

영상 속 운행의 문제점 2가지 쓰시오.

영상 설명

지게차가 화물을 높게 적재한 채 운행하고 있다. 화물을 체결하지 않아 매우 흔들리고, 시야가 안보여 결국 지나가던 작업자를 치게 된다. 주변에는 유도원이 없다.

답 유도원 미배치/운전자 시야 가릴 만큼 화물 적재

2-3회 기출문제

001

보일러 관련 내용이다. 빈칸을 채우시오.

사업주는 보일러의 안전한 가동을 위하여 보일러 규격에 맞는 압력방출장치를 1개 또는 2개 이상 설치하고 (　A　)(설계압력 또는 최고허용압력을 말한다. 이하 같다) 이하에서 작동되도록 하여야 한다. 다만, 압력방출장치가 2개 이상 설치된 경우에는 (　A　) 이하에서 1개가 작동되고, 다른 압력방출장치는 최고사용압력 (　B　) 이하에서 작동되도록 부착하여야 한다.

답 A: 최고사용압력　B: 1.05배

002

비계 높이 2m 이상인 작업장소에 설치해야 하는 작업발판 폭과 발판 틈새를 쓰시오.

답 폭: 40cm 이상　**틈새**: 3cm 이하

003

영상 속 재해발생 형태 이름과 정의, 재해발생 원인 2가지 쓰시오.

영상 설명

진돌이가 공작기계 전원을 켜고 작업을 시작한다. 작업 도중 재료에서 물이 나와 맨손으로 물을 닦다가 눈이 뒤집히며 부들부들 떤다. 나중에 보니 공작기계 접지 미조치상태다.

답 재해발생 형태: 감전
정의: 신체 일부가 직접 접촉해 심실세동 등이 발생한 경우
재해발생 원인: 전원 미차단/접지 미조치

004

롤러기 작업 시 위험점의 이름과 정의, 해당 위험점이 형성되는 조건을 쓰시오.

답 위험점: 물림점
정의: 서로 반대방향으로 회전하는 두 개의 회전체가 맞닿아서 생기는 위험점
발생가능 조건: 두 개의 회전체가 서로 반대 방향으로 맞물려 회전

005

산업안전보건법령상, 특수화학설비를 설치하는 경우, 그 내부의 이상 상태를 조기에 파악 및 이상 상태의 발생에 따른 폭발·화재 또는 위험물의 누출을 방지하기 위해서 사업주가 설치해야 하는 장치를 2가지만 쓰시오.(단, 온도계·유량계·압력계 등의 계측장치는 제외)

답 자동경보장치/제품 방출장치

006

영상 속 작업에서 착용해야 하는 보호구를 3가지 쓰시오.

영상 설명
진돌이가 실험실에서 실험가운만 입고 황산이 담긴 삼각플라스크를 만진다. 그 순간! 비커가 깨져 진돌이가 화상을 입는다.

답 불침투성 보호복/불침투성 보호장갑/불침투성 보호장화

007

영상 속 위험 요인 2가지 쓰시오.

> 영상 설명
>
> 진돌이가 큰 배관을 인양하기 위해 신호수 역할 중이다. 걸이는 1줄 걸이로 하고 있고, 슬링벨트가 되게 낡아 보인다. 인양 시 진순이가 유도로프가 없어서 손으로 직접 배관을 제어하고 있다가 정강이에 배관이 부딪힌다.

답 1줄 걸이 작업/슬링벨트 상태 불량

008

영상 속 중량물 인양 시 위험 요인을 4가지 쓰시오.

> 영상 설명
>
> 진돌이가 비계 최상부에서 1줄 걸이로 철근을 로프로 대충 감아서 손으로 인양하다가 무거워서 놓치게 된다. 그 순간! 밑에 있던 진순이가 머리를 다치고, 비계에는 안전난간과 아웃트리거가 없다. 또한, 진돌이는 안전대 미착용 상태이다.

답 안전대 미착용/1줄 걸이 작업/안전난간 미설치/아웃트리거 미설치

009

영상 속 재해발생 원인 1가지와 방호장치 2가지를 쓰시오.

> 영상 설명
>
> 진돌이가 둥근 톱을 이용해 나무토막을 자르고 있던중 진순이가 같이 담배 하나 피자며 말을 건다.
> 그 순간! 진돌이는 진순이를 바라보며 작업에 미집중하여 손가락이 잘린다.
> 진순이는 놀라며 119에 전화한다. 진돌이는 면장갑 착용 중이며 둥근 톱에는 날접촉예방장치(=덮개)와 반발예방장치(=분할날) 미설치 상태이다.

답 재해발생 원인: 덮개 미설치 방호장치: 반발예방장치(=분할날)/톱날접촉예방장치(=덮개)

3-1회 기출문제

001

산업안전보건법령상 밀폐공간 관련해서 알맞은 것을 쓰시오.

"적정공기"란 산소농도의 범위가 (A) 이상 (B) 미만, 이산화탄소의 농도가 (C) 미만, 일산화탄소의 농도가 (D) 미만, 황화수소의 농도가 (E) 미만인 수준의 공기를 말한다.

답 A : 18% B : 23.5% C : 1.5% D : 30ppm E : 10ppm

002

영상 속 작업의 조치사항 4가지와 폭발 종류를 쓰시오.

영상 설명

진돌이가 화기주의, 인화성 물질이라 써 있는 드럼통이 보관된 창고에서 인화성 물질이 든 캔을 운반하고 있다. 진돌이가 캔에 있는 내용물을 드럼통에 넣고 있는 중간 너무 더워서 옷을 벗었다. 그 순간! 폭발이 발생했다.

답 조치사항

1. 제전복 착용
2. 정전기 제전용구 사용
3. 바닥에 도전성 갖추도록 함
4. 정전기 대전방지용 안전화 착용

폭발 종류 : 증기운 폭발

003

영상 속 재해발생 형태 종류와 재해발생 원인을 2가지 쓰시오.

> 영상 설명
>
> 회전체에 코일 감는 전동권선기가 갑자기 멈춰서 진돌이가 작동 중인 기계를 열어 맨손으로 만지는 순간 눈이 뒤집히고, 몸을 파르르 떤다.

답 재해발생 형태 : 감전 재해발생 원인 : 전원 미차단/절연장갑 미착용

004

영상 속 위험 요인 3가지와 재해발생 형태를 쓰시오.

> 영상 설명
>
> 진돌이가 고열 배관 플랜지를 점검하려고 한다. 플랜지의 볼트를 푸는데 고온 증기가 분출되어 진돌이의 얼굴을 타격했다. 진돌이는 보안경 미착용상태이며 맨손이다.

답 위험요인 : 보안경 미착용/방열장갑 미착용/작업 전 배관 내 내용물 미제거
재해발생 형태 : 이상온도 노출 · 접촉

005

용접 작업 중 사고를 예방하기 위해 착용해야 할 보호구 4가지와 작업 시 발생 유해광선 1가지를 쓰시오.

답 보호구 : 용접용 장갑/용접용 보안면/용접용 안전화/용접용 앞치마 유해광선 : 자외선

006

크레인의 방호장치에 대한 내용이다. 빈칸을 채우시오.

1. 권과를 방지하기 위하여 인양용 와이어로프가 일정한계 이상 감기게 되면 자동적으로 동력을 차단하고 작동을 정지시키는 장치 : (A)
2. 훅에서 와이어로프가 이탈하는 것을 방지하는 장치 : (B)
3. 전도 사고를 방지하기 위하여 장비의 측면에 부착하여 전도 모멘트에 대하여 효과적으로 지탱할 수 있도록 한 장치 : (C)

답 A : 권과방지장치 B : 훅 해지장치 C : 아웃트리거

007

다음 물음과 빈칸을 채우시오.

1. 유해위험물질이 인체로 유입되는 경로 3가지
2. 사업주는 근로자가 특별관리물질을 취급하는 경우에는 그 물질이 특별관리물질이라는 사실과 법에 따른 (A), (B), (C) 등 중 어느 것에 해당하는지에 관한 내용을 게시판 등을 통하여 근로자에게 알려야 한다.

답 1. 피부/호흡기/소화기 2. A : 발암성물질 B : 생식세포 변이원성물질 C : 생식독성물질

008

영상 속 위험요인 3가지 쓰시오.

영상 설명

백호 버킷에 로프를 걸고 화물을 인양하고 있다. 신호수인 진돌이가 운전원인 진순이에게 지시하지만, 무전기로 소통을 안 해서 진순이는 못 알아듣는다. 결국 진순이는 반대쪽으로 운전하여 지나가는 일반인들이 화물에 머리를 다친다. 주변에는 작업구역 미설정 상태이다.

답 작업구역 미설정/백호 용도 외 사용/신호수와 운전원간 소통불량

009

영상 속 위험 요인 2가지를 쓰시오.

영상 설명

백호 버킷에 로프를 걸고 화물을 인양하고 있다. 신호수인 진돌이가 운전원인 진순이에게 지시하지만, 무전기로 소통을 안 해서 진순이는 못 알아듣는다. 결국 진순이는 반대쪽으로 운전하여 지나가는 일반인들이 화물에 머리를 다친다. 주변에는 작업구역 미설정 상태이다.

답 통나무 미고정/방진마스크 미착용

3-2회 기출문제

001

이동식 크레인 사용하는 작업할 때 작업시작 전 점검사항 4개 쓰시오.

답 권과방지장치 기능/와이어로프 통하는 곳 상태/클러치 기능/브레이크 기능

002

지게차 작업계획서 작성시기 2가지 쓰시오.

답 운전자 변경 시/작업방법 변경 시

003

밀폐공간에서 근로자에게 작업하도록 하는 경우, 사업주가 수립 시행해야 하는 밀폐공간 작업 프로그램의 내용 3가지를 쓰시오.

답 안전보건교육/사업장 내 밀폐공간 위치 파악/밀폐공간 내 질식 유발하는 유해위험요인 파악

004

가설통로와 관련된 내용이다, 빈칸을 채우시오.

1. 경사는 (　A　) 이하로 할 것. 다만, 계단을 설치하거나 높이 2미터 미만의 가설통로로서 튼튼한 손잡이를 설치한 경우에는 그러하지 아니하다.
2. 경사가 (　B　)를 초과하는 경우에는 미끄러지지 아니하는 구조로 할 것
3. 수직갱에 가설된 통로의 길이가 (　C　) 이상인 경우에는 10미터 이내마다 계단참을 설치 할 것
4. 건설공사에 사용하는 높이 8미터 이상인 비계다리에는 (　D　) 이내마다 계단참 설치할 것

답 A: 30도　B: 15도　C: 15m　D: 7m

005

활선작업 시 근로자가 착용해야 하는 절연용 보호구를 3가지 쓰시오.

답 절연화/절연장갑/안전모(AE, ABE종)

006

중량물 취급 시 작업 조건 내용이다. 빈칸을 채우시오.

사업주는 근로자가 취급하는 물품의 (A)·(B)·(C)·(D) 등 인체에 부담을 주는 작업의 조건에 따라 작업시간과 휴식시간 등을 적정하게 배분하여야 한다.

답 A: 중량 B: 취급빈도 C: 운반거리 D: 운반속도

007

LPG저장소 가스누설감지경보기의 적절한 설치 위치와 경보설정 값을 쓰시오.

답 적절한 설치 위치: 바닥에 인접한 낮은 곳에 설치한다.(LPG가 공기보다 무거워서)
경보설정 값: 폭발하한계의 25% 이하

008

콘크리트 양생 시 사용되는 열풍기 사용 시 안전수칙 3가지 쓰시오.

답 산소농도 측정/송기마스크 착용/작업장 환기조치

009

영상 속 작업자의 위험 요인 4가지 쓰시오.

> 영상 설명
>
> 진돌이가 마그넷 크레인을 이용해 금형을 운반하고 있다. 오른손으로 금형을 잡고, 왼손으로는 조작장치를 조작하고 있다. 조작장치 피복은 벗겨져 있다. 진돌이가 작업에 미집중하다가 넘어지면서 ON/OFF 버튼을 눌러 금형이 발등으로 떨어진다. 진돌이는 슬리퍼를 신었고, 면장갑을 착용했다. 또한, 주변에 신호수는 없고, 금형에 유도로프가 미설치되어있다. 또한 크레인에는 훅 해지장치가 없다.

답 작업 미집중/안전화 미착용/신호수 미배치/유도로프 미설치

3-3회 기출문제

001

다음은 강관비계에 관한 내용이다. 빈칸을 채우시오.

1. 비계기둥의 간격은 띠장 방향에서는 (　A　) 이하, 장선(長線) 방향에서는 (　B　) 이하로 할 것. 다만, 선박 및 보트 건조작업의 경우 안전성에 대한 구조검토를 실시하고 조립도를 작성하면 띠장 방향 및 장선 방향으로 각각 2.7미터 이하로 할 수 있다.
2. 띠장 간격은 2.0미터 이하로 할 것. 다만, 작업의 성질상 이를 준수하기가 곤란하여 쌍기둥틀 등에 의하여 해당 부분을 보강한 경우에는 그러하지 아니하다.
3. 비계기둥의 제일 윗부분으로부터 (　C　)되는 지점 밑부분의 비계기둥은 2개의 강관으로 묶어 세울 것. 다만, 브라켓(bracket, 까치발) 등으로 보강하여 2개의 강관으로 묶을 경우 이상의 강도가 유지되는 경우에는 그러하지 아니하다.
4. 비계기둥 간의 적재하중은 (　D　)을 초과하지 않도록 할 것

답 A : 1.85m　B : 1.5m　C : 31m　D : 400kg

002

산업안전보건법령상 차량계 건설기계 붐을 올리고 그 밑에서 수리·점검작업 등을 하는 경우 붐이 갑자기 내려옴으로써 발생하는 위험을 방지하기 위하여, 사업주가 해당 작업에 종사하는 근로자에게 사용하도록 해야 하는 방호장치 2가지를 쓰시오.

답 안전블록/안전지지대

003

건설용 리프트 방호장치를 4가지만 쓰시오.

답 제동장치/권과방지장치/비상정지장치/과부하방지장치

004

보호구 안전인증고시상, 안전대 충격방지장치 중 벨트의 제원이다. 빈칸을 채우시오.
(단, U자걸이로 사용할 수 있는 안전대는 제외)

> 벨트 구조 및 치수, 정하중
> • 너비 : (A)mm 이상 • 두께 : (B)mm 이상 • 정하중 : (C)kN 이상

답 A : 50 B : 2 C : 15

005

지게차의 안정도 관련 내용이다. 빈칸을 채우시오.

> -지게차는 다음 각 호에 해당하는 지면에서 중심선이 지면의 기울어진 방향과 평행할 경우앞이나 뒤로 넘어지지 아니하여야 한다.
> 1. 지게차의 최대하중상태에서 쇠스랑을 가장 높이 올린 경우 기울기가 (A)(지게차의 최대하중이 5톤 이상인 경우에는 (B))인 지면
> 2. 지게차의 기준부하상태에서 주행할 경우 기울기가 (C)인 지면
>
> -지게차는 다음 각 호에 해당하는 지면에서 중심선이 지면의 기울어진 방향과 직각으로 교차할 경우 옆으로 넘어지지 아니하여야 한다.
> 1. 지게차의 최대하중상태에서 쇠스랑을 가장 높이 올리고 마스트를 가장 뒤로 기울인 경우 기울기가 (D)인 지면
> 2. 지게차의 기준무부하상태에서 주행할 경우 구배가 지게차의 최고주행속도에 1.1을 곱한 후 15를 더한 값인 지면. 다만, 규격이 5,000킬로그램 미만인 경우에는 최대 기울기가 (E), 5,000킬로그램 이상인 경우에는 최대 기울기가 (F)인 지면을 말한다.

답 A : 4% (100분의 4) B : 3.5% (100분의 3.5) C : 18% (100분의 18)
D: 6% (100분의 6) E: 50% (100분의 50) F: 40% (100분의 40)

006

영상 속 용접작업 시 위험 요인 3가지 쓰시오.

> 영상 설명
>
> 용접용 보호구를 풀 세트로 다 착용한 진돌이가 용접하고 있다. 바닥에는 여러 전선과 공구들이 놓여 있고, 뒤에 인화성 물질이 담겨있는 드럼통이 보이며 불티가 계속 드럼통에 튄다. 주변에 화재감시자도 소화기도 없다.

답 소화기 미배치/화재감시자 미배치/주변 인화성물질 존재

007

근로자가 충전전로에서 작업하는 경우 사업주의 조치사항 내용이다. 빈칸을 채우시오.

> 1. 충전전로를 취급하는 근로자에게 그 작업에 적합한 (A)를 착용시킬 것
> 2. 충전전로에 근접한 장소에서 전기작업을 하는 경우에는 해당 전압에 적합한 (B)를 설치할 것. 다만, 저압인 경우에는 해당 전기작업자가 (A)를 착용하되, 충전전로에 접촉할 우려가 없는 경우에는 절연용 방호구를 설치하지 아니할 수 있다.
> 3. 근로자가 (B)의 설치 · 해체작업을 하는 경우에는 (A)를 착용하거나 활선작업용 기구 및 장치를 사용하도록 할 것

답 A: 절연용 보호구 B: 절연용 방호구

008

말비계를 조립하여 사용하는 경우 사업주의 준수사항이다. 빈칸을 채우시오.

> 1. 지주부재와 수평면의 기울기를 (A) 이하로 하고, 지주부재와 지주부재 사이를 고정시키는 (B)를 설치할 것
> 2. 말비계의 높이가 2미터를 초과하는 경우에는 작업발판 폭을 (C) 이상으로 할 것

답 A: 75도 B: 보조부재 C: 40cm

009

영상 속 작업 시 신체 부위(눈/손/피부)를 보호할 수 있는 보호구와 위험요인 2가지 쓰시오.

영상 설명

담배를 피며 진돌이가 변압기에 연결된 선을 유기화합물이 담겨진 통에 넣다 뺐다 하고 있다. 그 후, 변압기를 건조시키기 위해 건조기에다 넣었다. 냄새가 많이 나는 지 진돌이는 얼굴을 계속 찡그리고 있다. 진돌이는 안전화만 신었고, 그 외 보호구를 착용하지 않았다.

답 눈: 보안경 손: 불침투성 보호장갑 피부: 불침투성 보호복
위험 요인: 작업 중 흡연/방독마스크 미착용

산업안전기사 2023년

08

작업형 기출문제

잠깐! 더 효율적인 공부를 위한 링크들을 적극 이용하세요~!

직8딴 홈페이지

- 출시한 책 확인 및 구매

직8딴 카카오오픈톡방

- 실시간 저자의 질문 답변
(주7일 아침 11시~새벽 2시까지, 전화로도 함)
- 직8딴 구매자전용 복지와 혜택 획득
(최소 달에 40만원씩 기프티콘 지급)
- 구매자들과의 소통 및 EHS 관련 정보 습득

직8딴 네이버카페

- 실시간으로 최신화되는 정오표 확인
(정오표: 책 출시 이후 발견된 오타/오류를 모아놓은 표, 매우 중요)
- 공부에 도움되는 컬러버전 그림 및 사진 습득
- 직8딴 구매자전용 복지와 혜택 획득

직8딴 유튜브

- 저자 직접 강의 시청 가능
- 공부 팁 및 암기법 획득
- 국가기술자격증 관련 정보 획득

8 2023년 작업형 기출문제

기출 중복문제 소거 정리

1-1회 기출문제

001

프레스 등을 사용하여 작업할 때 작업시작 전 점검사항 3개 쓰시오.

답 클러치 기능/방호장치 기능/비상정지장치 기능

002

영상 속 작업의 안전대책 3가지를 쓰시오.

영상 설명
박공지붕 위에서 진돌이와 진순이가 안전모와 안전화를 착용한 상태로 작업을 하다 휴식 중이다. 그 순간! 위에 지붕 설치물이 굴러 진돌이의 등을 쳐 진돌이가 굴러떨어진다. 박공지붕에는 안전난간 및 추락방호망, 낙하물 방지망이 미설치 상태이다. 또한 진돌이와 진순이는 안전대 미착용 상태이다.

답 안전대 착용할 것/안전난간 설치할 것/중량물 구르는 방향 아래로는 작업자 출입 제한할 것

003

국소배기장치(이동식 제외)의 덕트 설치기준을 3가지 쓰시오.

답 가능하면 길이 짧게 할 것/청소하기 쉬운 구조일 것/접속부 안쪽은 돌출 부분 없도록 할 것

004

영상 속 근로자가 착용해야 할 보호구를 4가지 쓰시오.

> 영상 설명
>
> 진돌이가 해머를 이용해 보도블럭을 부수고 있다. 작업구역 미설정 상태이며 감시인도 없다. 진돌이는 면장갑만 착용한 상태이며 주변이 너무 시끄럽다.

답 안전모/안전화/보안경/귀마개

005

다음 빈칸을 채우시오.

> 사업주는 화학설비로서 가솔린이 남아 있는 화학설비(위험물을 저장하는 것으로 한정한다.), 탱크로리, 드럼 등에 등유나 경유를 주입하는 작업을 하는 경우에는 미리 그 내부를 깨끗하게 씻어내고 가솔린 증기를 불활성 가스로 바꾸는 등 안전한 상태로 되어 있는지를 확인한 후에 그 작업을 하여야 한다. 다만, 다음 각 호의 조치를 하는 경우에는 그러하지 아니하다.
> 1. 등유나 경유를 주입하기 전에 탱크 · 드럼 등과 주입설비 사이에 접속선이나 접지선을 연결하여 (A)를 줄이도록 할 것
> 2. 등유나 경유를 주입하는 경우에는 그 액표면의 높이가 주입관의 선단의 높이를 넘을 때까지 주입속도를 (B) 이하로 할 것

답 A: 전위차 B: 1m/s

006

영상 속 작업에서 내재되어 있는 핵심 위험요인 3가지 쓰시오.

> 영상 설명
>
> 충전전로와 매우 가깝게 배치된 고소작업대에 탑승한 진돌이가 충전전로에 애자 커버를 설치하려 한다. 진돌이는 안전모(ABE종)와 절연장갑 착용상태이며 안전대는 미착용상태이다.
> 작업대 밑에 면장갑 착용한 진순이가 애자 커버를 1줄걸이로 달줄로 매달아 올려보낸다.
> 고소작업대는 아웃트리거를 미설치하여 위에 있는 진돌이가 움직일 때마다 흔들거린다.

답 1줄걸이 작업/아웃트리거 미설치/충전전로와 이격거리 미준수

007

흙막이 지보공의 설치 목적과 정기적으로 보수하고 점검해야 할 사항 3가지 쓰시오.

답 설치목적 : 지반 붕괴 방지 점검사항 : 부재 손상 유무/부재 접속부 상태/버팀대 긴압 정도

008

지게차 작업계획서 작성시기 2가지 쓰시오.

답 운전자 변경 시/작업방법 변경 시

1-2회 기출문제

001

영상 속 내재된 위험 요인 3가지 쓰시오.

영상 설명

진돌이가 선반으로 길이가 긴 공작물을 작업하고 있다. 선반에는 칩 브레이커와 덮개가 없고, '비산주의'라는 경고문이 부착되어 있다. 진돌이는 보안경과 방진마스크 미착용 상태이며 장갑을 끼고 있다.

답 장갑 착용/덮개 미설치/방진마스크 미착용

002

아세틸렌 용접장치에 대한 내용이다, 빈칸을 채우시오.

1. 사업주는 아세틸렌 용접장치를 사용하여 금속의 용접 · 용단 또는 가열작업을 하는 경우에는 게이지 압력이 (　A　)을 초과하는 압력의 아세틸렌을 발생시켜 사용해서는 아니 된다.
2. 사업주는 아세틸렌 용접장치의 아세틸렌 발생기(이하 "발생기"라 한다)를 설치하는 경우에는 전용의 발생기실에 설치하여야 한다.
   제1항의 발생기실은 건물의 최상층에 위치하여야 하며, 화기를 사용하는 설비로부터 (　B　)를 초과하는 장소에 설치하여야 한다.
   제1항의 발생기실을 옥외에 설치한 경우에는 그 개구부를 다른 건축물로부터 (　C　) 이상 떨어지도록 하여야 한다.
3. 사업주는 가스집합용접장치(이동식을 포함한다)의 배관을 하는 경우에는 다음 각 호의 사항을 준수하여야 한다.
   1. 플랜지 · 밸브 · 콕 등의 접합부에는 (　D　)을 사용하고 접합면을 상호 밀착시키는 등의 조치를 할 것
   2. 주관 및 분기관에는 (　E　)를 설치할 것. 이 경우 하나의 취관에 2개 이상의 안전기를 설치하여야 한다.
4. 사업주는 용해아세틸렌의 가스집합용접장치의 배관 및 부속기구는 구리나 구리 함유량이 (　F　) 이상인 합금을 사용해서는 아니 된다.

답 A: 127kPa　B: 3m　C: 1.5m　D: 개스킷　E: 안전기　F: 70%

003

롤러기 작업 시 위험점의 이름과 정의, 해당 위험점이 형성되는 조건을 쓰시오.

답 위험점: 물림점
정의: 서로 반대방향으로 회전하는 두 개의 회전체가 맞닿아서 생기는 위험점
발생가능 조건: 두 개의 회전체가 서로 반대 방향으로 맞물려 회전

004

영상 속 작업에서 감전 관련, 연마작업 관련 위험 요인 각 2가지씩 쓰시오.

영상 설명

진돌이가 분전반(내부에 콘센트랑 누전차단기(ELB) 있음)에 휴대용 연삭기를 연결하여 철물을 연마하고 있다. 작업을 다 하고 진돌이는 진순이에게 콘센트를 뽑으라고 한다. 맨손인 진순이는 분전반을 만지며 코드를 뽑는 순간 감전되어 버린다. 진돌이는 면장갑 착용, 보안경 미착용 상태이며 진순이는 안전모만 착용했다. 또한 연삭기에는 덮개가 미설치되어있다.

답 감전 관련: 절연장갑 미착용/누전차단기 불량
연마작업 관련: 보안경 미착용/연삭기 덮개 미설치

005

압쇄기 이용한 해체 작업을 할 때 준수사항 3가지 쓰시오.

답 1. 사전에 압쇄기 중량 고려
2. 압쇄기 연결구조부는 수시로 보수점검
3. 압쇄기 해체는 경험 많은 사람이 실시

006

영상 속 작업에서 안전작업수칙 2가지 쓰시오.

영상 설명

진돌이가 작업발판 미설치된 곳에서 강관 비계에 발을 올리고 플라이어와 케이블 타이로 그물을 묶고 있다. 그 순간! 균형을 잃고 진돌이가 떨어진다. 진돌이는 안전모를 착용했지만, 안전대를 미착용했다.

답 안전대 착용/작업발판 설치

007

플레어 시스템의 설치 목적과 영상 속 설비 명칭을 쓰시오.

영상 설명

굴뚝같이 생긴 곳에 불이 나며 연기가 나고 있다.

답 설치 목적 : 안전밸브 등에서 배출되는 위험물질을 안전하게 연소 처리하기 위해서
설비 명칭 : 플레어 스택

008

유리병을 H_2SO_4(황산)에 세척 시 발생할 수 있는 재해발생 형태 및 정의를 쓰시오.

답 재해발생형태: 유해위험물질 노출, 접촉
정의: 유해위험물질에 노출, 접촉 또는 흡입하였거나 독성동물에 쏘이거나 물린 경우

009

지게차의 안정도 관련 내용이다. 빈칸을 채우시오.

- 지게차는 다음 각 호에 해당하는 지면에서 중심선이 지면의 기울어진 방향과 평행할 경우앞이나 뒤로 넘어지지 아니하여야 한다.
  1. 지게차의 최대하중상태에서 쇠스랑을 가장 높이 올린 경우 기울기가 (A)(지게차의 최대하중이 5톤 이상인 경우에는 (B))인 지면
  2. 지게차의 기준부하상태에서 주행할 경우 기울기가 (C)인 지면
- 지게차는 다음 각 호에 해당하는 지면에서 중심선이 지면의 기울어진 방향과 직각으로 교차할 경우 옆으로 넘어지지 아니하여야 한다.
  1. 지게차의 최대하중상태에서 쇠스랑을 가장 높이 올리고 마스트를 가장 뒤로 기울인 경우 기울기가 (D)인 지면
  2. 지게차의 기준무부하상태에서 주행할 경우 구배가 지게차의 최고주행속도에 1.1을 곱한 후 15를 더한 값인 지면. 다만, 규격이 5,000킬로그램 미만인 경우에는 최대 기울기가 (E), 5,000킬로그램 이상인 경우에는 최대 기울기가 (F)인 지면을 말한다.

답 A: 4% (100분의 4) B: 3.5% (100분의 3.5) C: 18% (100분의 18)
D: 6% (100분의 6) E: 50% (100분의 50) F: 40% (100분의 40)

1-3회 기출문제

001

다음 물음에 답하시오.

1. (A): 밀폐된 용기, 배관 등의 내압이 이상 상승하였을 경우 정해진 압력에서 파열되어 본체의 파괴를 막을 수 있도록 제조된 원형의 얇은 금속판
2. A 를 설치해야 하는 경우 2가지

답 1. 파열판
2. 급격한 압력상승 우려 있는 경우 /급성독성물질 누출로 작업환경 오염될 우려 있는 경우

002

다음은 계단 설치기준이다. 빈칸을 채우시오.

- 사업주는 계단 및 계단참을 설치하는 경우 매제곱미터당 (A) 이상의 하중에 견딜 수 있는 강도를 가진 구조로 설치하여야 하며, 안전율[안전의 정도를 표시하는 것으로서 재료의 파괴응력도(破壞應力度)와 허용응력도(許容應力度)의 비율을 말한다)]은 (B) 이상으로 하여야 한다.
- 사업주는 계단 및 승강구 바닥을 구멍이 있는 재료로 만드는 경우 렌치나 그 밖의 공구 등이 낙하할 위험이 없는 구조로 하여야 한다.
- 사업주는 계단을 설치하는 경우 그 폭을 (C) 이상으로 하여야 한다. 다만, 급유용 · 보수용 · 비상용 계단 및 나선형 계단이거나 높이 (D) 미만의 이동식 계단인 경우에는 그러하지 아니하다.

답 A: 500kg B: 4 C: 1m D: 1m

003

화면에서 보이는 재해의 직접적인 원인 2가지를 쓰시오.

영상 설명

전주를 구멍에 넣으려다가 구멍에 돌덩이가 있어 진돌이가 구멍으로 가 돌덩이를 빼낸다. 이후 이동식 크레인에 1줄걸이로 전주를 세로로 체결한 후 구멍으로 이동한다. 전주가 많이 흔들려 진순이와 진돌이는 전주를 손으로 잡는다. 하지만, 주변 활선에 닿으면서 감전을 당하게 된다. 둘 다 절연용 보호구 미착용 상태이다.

답 절연용 보호구 미착용/충전전로로부터 이격 미준수

004

영상 속 작업에서 착용해야 하는 보호구를 4가지와 행동목표 2가지를 쓰시오.

영상 설명

진돌이가 흡연을 하며 브레이크 라이닝을 화학약품을 이용해 세척하고 있다. 세정제가 바닥에 흥건히 있고, 진돌이는 슬리퍼, 면장갑을 착용하고 있다.

답 보호구: 보안경/불침투성 보호복/불침투성 보호장갑/불침투성 보호장화
행동목표: 작업 중에는 흡연하지 말자!/불침투성 보호구를 입자!

005

크레인의 방호장치에 대한 내용이다. 빈칸을 채우시오.

1. 권과를 방지하기 위하여 인양용 와이어로프가 일정한계 이상 감기게 되면 자동적으로 동력을 차단하고 작동을 정지시키는 장치: (A)
2. 훅에서 와이어로프가 이탈하는 것을 방지하는 장치: (B)
3. 전도 사고를 방지하기 위하여 장비의 측면에 부착하여 전도 모멘트에 대하여 효과적으로 지탱할 수 있도록 한 장치: (C)

답 A: 권과방지장치 B: 훅 해지장치 C: 아웃트리거

006

영상 속 재해의 기인물과 가해물, 봉강 연마 작업 시 파편이나 칩의 비래에 의한 위험에 대비하기 위해 설치해야 하는 방호장치명을 쓰시오.

영상 설명
진돌이가 맨손으로 탁상용 연삭기로 봉강 연마 작업을 하고 있다. 진돌이가 작업을 하는 중 봉강이 흔들흔들 거리다가 진돌이 복부 쪽으로 날아간다.

답 기인물: 탁상용 연삭기 가해물: 봉강 방호장치명: 칩비산 방지판

007

산업안전보건법령상, 정전 작업을 마친 후 전원을 공급할 경우의 준수사항 4가지를 쓰시오.

답 1. 모든 이상유무 확인 후 전원 투입할 것
2. 잠금장치 설치한 근로자가 직접 철거할 것
3. 작업자가 전기기기 등에서 떨어져 있는지 확인할 것
4. 전기기기 등이 안전하게 통전될 수 있는지 확인할 것

008

건설용 리프트의 장치들이다. 각 장치 이름을 쓰시오.

1. 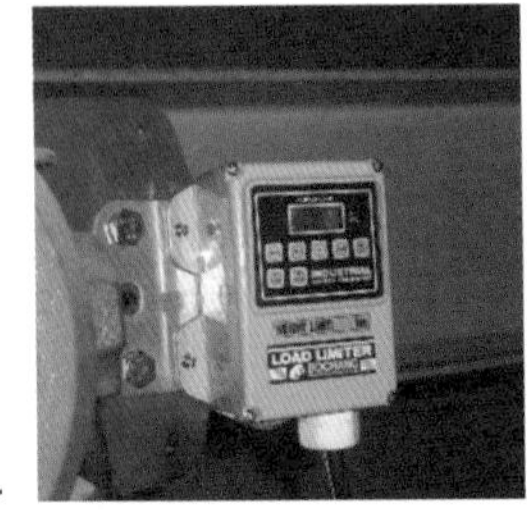

2. 

3. 

4. 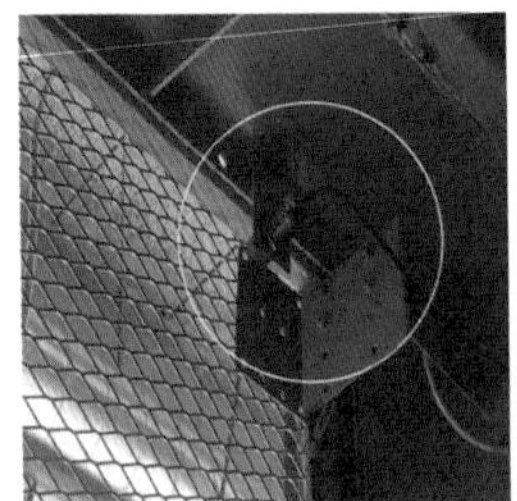

5. 

6. 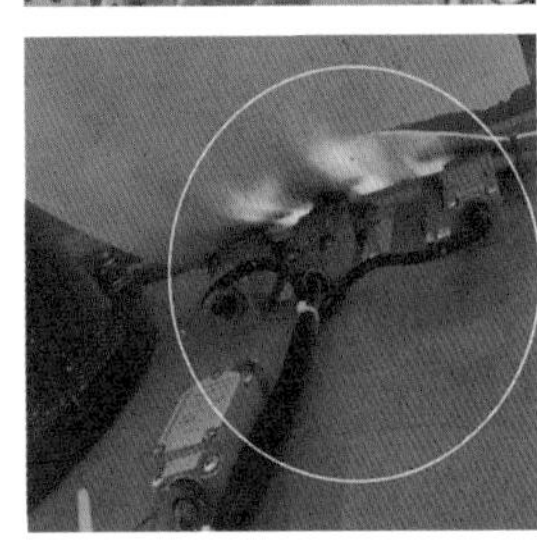

답 1. 과부하방지장치　2. 완충 스프링　3. 비상정지장치
4. 출입문 연동장치　5. 방호울 출입문 연동장치　6. 3상 전원차단장치

009

급정지기구 설치되어 있지 않은 프레스에 사용 가능한 방호장치 종류를 4가지 쓰시오.

답 가드식/수인식/양수기동식/손쳐내기식

1-4회 기출문제

001

영상 속 작업장의 불안전한 요소 4가지를 쓰시오.(단, 작업자의 불안전한 행동 제외)

> 영상 설명
>
> 진돌이가 용접하고 있고, 주변에 불티들이 막 튀고 있다. 주변은 여러 자재와 인화성 물질들이 바닥 곳곳에 놓여있다. 산소통은 아예 바닥에 눕혀져 있고, 주변에 소화기와 화재감시자도 없다. 또한 진돌이는 아무 용접용 보호구를 착용하지 않았고, 용접하면서 산소통 줄을 심하게 당기다가 호스가 뽑힌다. 정말 총체적 난국이다...

답 소화기 미배치/산소통 눕혀있음/화재감시자 미배치/주변 인화성물질 존재

002

다음은 강관비계에 관한 내용이다. 빈칸을 채우시오.

> 1. 비계기둥의 간격은 띠장 방향에서는 (A) 이하, 장선(長線) 방향에서는 (B) 이하로 할 것 다만, 선박 및 보트 건조작업의 경우 안전성에 대한 구조검토를 실시하고 조립도를 작성하면 띠장 방향 및 장선 방향으로 각각 2.7미터 이하로 할 수 있다.
> 2. 띠장 간격은 2.0미터 이하로 할 것. 다만, 작업의 성질상 이를 준수하기가 곤란하여 쌍기둥틀 등에 의하여 해당 부분을 보강한 경우에는 그러하지 아니하다.

답 A: 1.85m B: 1.5m

003

영상 속 작업에서 사업주의 조치사항 1가지를 쓰시오.

> 영상 설명
>
> 철광 용광로에서 진돌이가 작업을 하다가 쇳물이 발에 튀어 놀란다.

답 1. 지하수가 내부로 새어드는 것을 방지할 수 있는 구조로 할 것

004

영상 속 작업이 직업성 질병이 생길 가능성이 높은 이유를 적고, 석면에 장기간 노출 시 발생할 가능성이 있는 직업성 질병 3가지 쓰시오.

> 영상 설명
>
> 진돌이가 석면을 용기에 담고 있고, 진순이는 바닥에 있는 석면가루를 쓸고 있다.
> 작업장에는 국소배기장치가 없고 밀폐된 공간이다. 진돌이와 진순이는 면장갑, 코로나를 위한 보건마스크를 착용하고 있다.

답 이유: 환기를 위한 국소배기장치 미설치
직업성 질병: 폐암/석면폐증/악성 중피종

005

다음 물음에 답하시오.

> 1. 규격화 · 부품화된 수직재, 수평재 및 가새재 등의 부재를 현장에서 조립하여 거푸집을 지지하는 지주 형식의 동바리 이름
> 2. 동바리 최상단과 최하단의 수직재와 받침철물은 서로 밀착되도록 설치하고 수직재와 받침철물의 연결부의 겹침길이는 받침철물 전체길이의 (A) 이상 되도록 할 것

답 1. 시스템 동바리　A: 3분의 1

006

근로자가 노출 충전부에서 작업할 때 감전위험 있을 시 해당 전로를 차단한다. 하지만, 전로를 차단하지 않는 경우가 있는데 그 경우 3가지 쓰시오.

답 1. 작동상 제한으로 전로 차단 불가능한 경우
2. 감전으로 인한 화재 위험이 없는 것으로 확인된 경우
3. 비상경보설비 등의 설비 가동이 중지되어 사고 위험이 증가되는 경우

007

산업안전보건법령상, 고열의 정의와 다량의 고열 물체를 취급하거나 매우 더운 장소에서 작업하는 근로자에게 사업주가 지급하고 착용하도록 해야 하는 보호구 2가지를 쓰시오.

답 정의 : 열에 의하여 근로자에게 열사병 등의 건강장해를 유발할 수 있는 더운 온도
보호구 : 방열복/방열장갑

008

영상 속 추락 재해예방 대책과 낙하 재해예방 대책을 각각 2가지씩 쓰시오.

영상 설명
진돌이가 나무 위에서 나뭇가지를 자르다가 톱을 떨어뜨린다. 진돌이는 안전대 미착용 상태다.

답 추락 재해예방 대책 : 안전대 착용/추락방호망 설치
낙하 재해예방 대책 : 방호선반 설치/낙하물 방지망 설치

009

영상 속 작업 중 안전수칙 4가지를 쓰시오.

영상 설명
진돌이가 셔틀버스를 정비하기 위해 차량용 리프트로 버스를 들어 올린 후, 버스 밑으로 들어가 샤프트를 점검한다. 이때 진순이가 버스에 올라 아무 말 없이 시동을 건다. 그 순간! 샤프트가 회전하여 진돌이의 손이 말려 들어간다. 주변에는 감시인이 없고, 진돌이는 장갑을 착용하였다.

답 감시인 배치/'정비중' 표지판 설치/관계자 외 출입 금지조치/시동장치에 잠금장치 설치

2-1회 기출문제

001

산업용 로봇 안전매트 관련하여 작동원리와 안전인증의 표시 외에 추가로 표시할 사항 2가지를 쓰시오.

답 작동원리 : 유효감지영역 내 일정 이상의 압력 주어졌을 때 이를 감지해 신호 발생시킴
안전인증 표시 외 추가 표시사항 : 작동하중/감응시간

002

페인트 작업자가 착용해야 하는 방독마스크에 사용되는 흡수제 종류를 3가지 쓰시오.

답 활성탄/소다라임/실리카겔

003

다음은 낙하물방지망 또는 방호선반을 설치하는 경우이다. 빈칸을 채우시오.

1. 높이 (A)m 이내마다 설치하고 내민 길이는 벽면으로부터 (B)m 이상으로 할 것
2. 수평면과의 각도는 (C)도 이상 (D)도 이하를 유지할 것

답 A : 10 B : 2 C : 20 D : 30

004

급정지기구 설치되어 있지 않은 프레스에 사용 가능한 방호장치 종류를 4가지 쓰시오.

답 가드식/수인식/양수기동식/손쳐내기식

005

LPG저장소 가스누설감지경보기의 적절한 설치 위치와 경보설정 값을 쓰시오.

답 적절한 설치 위치: 바닥에 인접한 낮은 곳에 설치한다. (LPG가 공기보다 무거워서)
경보설정 값: 폭발하한계의 25% 이하

006

산업안전보건법령상 사업주가 비계의 높이가 2m 이상인 작업장소에 작업발판을 설치할 경우 설치기준 5가지 쓰시오.

답 1. 작업발판 폭은 40cm 이상으로 할 것
2. 추락 위험 장소에는 안전난간 설치할 것
3. 작업발판재료는 둘 이상 지지물에 고정시킬 것
4. 작업발판 지지물은 하중으로 파괴될 우려 없을 것
5. 발판재료는 작업할 때 하중 견딜 수 있도록 견고할 것

007

지게차 사용 작업 시 작업시작 전 점검사항 4개 쓰시오.

답 바퀴 이상 유무/전조등 기능 이상 유무/제동장치 기능 이상 유무/하역장치 기능 이상 유무

008

산업안전보건법령상 내부 이상상태를 조기에 파악하기 위하여 특수화학설비에 설치해야 하는 계측장치 3가지를 쓰시오.

답 온도계/유량계/압력계

009

피뢰기의 구비조건을 3가지만 쓰시오.

답 점검 간단할 것/제한전압 낮을 것/반복동작 가능할 것

2-2회 기출문제

001

프레스와 관련된 내용이며 물음에 답하시오.

1. 프레스기에 발로 작동하는 조작장치에 설치해야 하는 방호장치 이름
2. 울이 불필요한 상사점 위치에 있어서 펀치와 다이, 이동 스트리퍼와 다이, 펀치와 스트리퍼 사이 및 고정 스트리퍼와 다이 등의 간격

답 1. U자형 페달 덮개 2. 8mm 이하

002

타워크레인 작업 중지에 대한 내용이다. 빈칸을 채우시오.

1. 운전 작업을 중지해야 하는 순간풍속 : (A)m/s 초과
2. 설치, 수리, 점검 또는 해체 작업을 중지해야 하는 순간풍속 : (B)m/s 초과

답 A : 15 B : 10

003

산업안전보건법령상 컨베이어 시스템의 설치 등으로 높이 1.8m 이상의 울타리를 설치할 수 없는 일부 구간에 대해서 설치해야 하는 방호장치를 2가지만 쓰시오.

답 안전매트/감응형 방호장치

004

이동식 비계 조립작업 경우의 준수사항 4개 쓰시오.

답 1. 작업발판 항상 수평 유지"
2. 승강용 사다리 견고하게 설치할 것
3. 비계 최상부 작업 시 안전난간 설치할 것
4. 작업발판 최대적재하중 250kg 초과하지 말 것

005

영상 속 운행의 문제점 2가지 쓰시오.

영상 설명

지게차가 화물을 높게 적재한 채 운행하고 있다. 화물을 체결하지 않아 매우 흔들리고. 시야가 안보여 결국 지나가던 작업자를 치게 된다. 주변에는 유도원이 없다.

답 유도원 미배치/운전자 시야 가릴 만큼 화물 적재

006

산업안전보건법령상 반복적인 동작, 부적절한 작업자세, 무리한 힘의 사용, 날카로운 면과의 신체접촉, 진동 및 온도 등의 요인에 의하여 발생하는 건강장해로서 목, 어깨, 허리, 팔·다리의 신경·근육 및 그 주변 신체조직 등에 나타나는 질환 명칭과 근로자가 컴퓨터 단말기의 조작업무를 하는 경우에 사업주의 조치사항을 4가지 쓰시오.

답 질환 명칭: 근골격계질환

조치사항
1. 적절한 휴식시간 부여할 것
2. 저휘도형 조명기구 사용할 것
3. 실내는 직사광선 들어오지 않는 구조로 할 것
4. 책상과 의자는 높낮이 조절할 수 있는 구조로 할 것

007

산업안전보건법령상 가스집합용접장치(이동식 포함)의 배관을 하는 경우 사업주의 준수사항을 2가지 쓰시오.

답 1. 주관 및 분기관에는 안전기 설치할 것
2. 플랜지 등의 접합부에는 개스킷 사용하고 접합면을 상호 밀착시키는 조치할 것

008

영상 속 재해발생형태, 가해물, 감전사고를 방지할 수 있는 안전모의 종류 2가지를 영어 기호로 쓰시오.

영상 설명
크레인으로 전주(전봇대)를 운반하는 도중 전주가 회전하여 신호수인 진돌이가 머리에 맞는다.

답 재해발생형태: 맞음 가해물: 전주(전봇대) 안전모 종류: AE종, ABE종

009

산업안전보건법령상 컨베이어 방호장치를 4가지 쓰시오.

답 덮개/건널다리/비상정지장치/이탈방지장치

2-3회 기출문제

001

영상 속 기계의 운동 형태에서 발생할 수 있는 위험점 명칭과 정의, 그리고 위험요인 3가지를 쓰시오.

영상 설명
진돌이가 면장갑을 착용하고 선반 작업을 하던 중, 회전축에 샌드페이퍼를 손으로 감아 가공물을 만들고 있다. 그 순간! 장갑이 말려들어 간다. 진돌이는 보안경 미착용 상태다.

답 위험점: 회전말림점
정의: 회전하는 물체의 길이 등이 불규칙한 부위와 돌기 회전부 위에 옷, 장갑 등이 말려드는 위험점
위험요인: 장갑 착용/보안경 미착용/손으로 샌드페이퍼 감음

002

크레인으로 하물 인양 시 걸이작업 관련 준수사항 3가지 쓰시오.

답 2줄 걸이 이상 사용한다./매다는 각도 60도 이내로 한다./와이어로프 등은 훅 중심에 건다.

003

공기압축기 가동 시 작업시작 전 점검사항 5개 쓰시오.

답 윤활유 상태/회전부 덮개/언로드 밸브 기능/드레인 밸브 조작/압력방출장치 기능

004

영상 속 작업 시 신체 부위(눈/손/피부)를 보호할 수 있는 보호구와 위험요인 2가지 쓰시오.

영상 설명

담배를 피며 진돌이가 변압기에 연결된 선을 유기화합물이 담겨진 통에 넣다 뺐다 하고 있다. 그 후, 변압기를 건조시키기 위해 건조기에다 넣었다. 냄새가 많이 나는 지 진돌이는 얼굴을 계속 찡그리고 있다. 진돌이는 안전화만 신었고, 그 외 보호구를 착용하지 않았다.

답 눈: 보안경　손: 불침투성 보호장갑　피부: 불침투성 보호복
위험 요인: 작업 중 흡연/방독마스크 미착용

005

근골격계부담 작업 시 유해요인 조사 항목 2가지와 신설 사업장 경우에는 신설일부터 (　A　) 이내에 최초의 유해요인 조사를 하여야 하는지 쓰시오.

답 유해요인 조사 항목: 설비 등 작업장 상황/작업시간 등 작업조건　A: 1년

006

해당 크레인 종류와 작업장 바닥에 고정된 레일을 따라 주행하는 크레인의 새들 돌출부와 주변 구조물 사이의 안전공간은 얼마 이상이어야 하는지 쓰시오.

답 명칭: 갠트리 크레인(Gantry Crane)　안전공간: 40cm

007

방호장치가 없는 둥근 톱 기계에 고정식 날접촉 예방장치를 설치하고자 한다. 이때 덮개 하단과 가공재 사이의 간격과 덮개 하단과 테이블 사이의 높이를 쓰시오.

답 덮개 하단과 가공재 사이 간격: 8mm 이하　덮개 하단과 테이블 사이 높이: 25mm 이하

008

작업자가 무릎정도 물이 차 있는 작업장에서 펌프 작동과 동시에 감전되었다. 작업자가 감전 사고를 당한 원인을 피부저항과 관련해 말하시오.

답 피부저항은 물에 젖어 있을 경우 $\frac{1}{25}$ 로 저항이 감소하므로 그만큼 통전전류가 커져 감전의 위험이 높아진다.

009

연마작업 시 착용해야 하는 보호구를 4가지 쓰시오.

답 안전모/보안경/귀마개/방진마스크

3-1회 기출문제

001

추락방호망에 대한 내용이다. 빈칸을 채우시오.

1. 추락방호망의 설치위치는 가능하면 작업면으로부터 가까운 지점에 설치하여야 하며, 작업면으로부터 망의 설치지점까지의 수직거리는 (　A　)를 초과하지 아니할 것
2. 추락방호망은 (　B　)으로 설치하고, 망 처짐은 짧은 변 길이의 (　C　) 이상이 되도록 할 것

답 A : 10m　B : 수평　C : 12%

002

영상 속 현장에서 작업장 조치사항 3가지 쓰시오.(안전대 관련 내용 제외)

영상 설명

진돌이와 진순이가 피트 개구부 주변에 앉아 돌조각을 줍고 있다. 돌을 거의 줍고 진돌이가 잠시 일어나 걸어가는데 돌을 담은 종이 포대에 발이 걸려 피트 속으로 추락한다.
진돌이와 진순이는 안전모와 장갑을 착용했고, 피트 주변에는 안전난간, 추락방호망, 수직형 추락방망 미설치 상태이다.

답 덮개 설치/안전난간 설치/수직형 추락방망 설치

003

화면 속 작업에서 착용해야 하는 호흡용 보호구 2가지를 쓰시오.

영상 설명

진돌이가 힘든 표정으로 폐수처리장 밖에 서 있다. 그러고 다시 진돌이는 슬러지를 치우기 위해 폐수처리조 탱크 안에 들어가자마자 의식 잃고 쓰러진다. 별도 가스 누출은 없어 보이며 진돌이는 안전모와 면장갑 착용상태이다.

답 송기마스크/공기호흡기

004

영상 속 재해발생형태와 가해물, 기인물을 쓰시오.

> 영상 설명
>
> 진돌이가 작업발판 위에서 한 다리를 작업대에 걸쳐 나무토막을 톱으로 자르고 있었다. 힘의 균형을 잃어 몸이 흔들려 넘어지고 바닥에 머리를 부딪힌다.

답 재해발생형태: 넘어짐　가해물: 바닥　기인물: 작업발판

005

산업안전보건법령상 누전에 의한 감전위험을 방지하기 위하여 해당 전로의 정격에 적합하고 감도가 양호하며 확실하게 작동하는 감전방지용 누전차단기를 설치하는 조건을 4가지만 쓰시오.

답 1. 대지전압 150V 초과하는 휴대형 전기기계
2. 철골 위 등 도전성 높은 장소에서 사용하는 휴대형 전기기계
3. 임시배선 전로가 설치되는 장소에서 사용하는 휴대형 전기기계
4. 물 등 도전성 높은 액체가 있는 습윤장소에서 사용하는 저압용 전기기계

006

동력식 수동대패기의 방호장치 1가지 쓰시오.

답 날접촉예방장치

007

해당 장비명과 방호장치 4가지만 쓰시오.

답 장비명: 지게차 방호장치: 후미등/전조등/백레스트/헤드 가드

008

작업자가 실험실에서 황산을 비커에 따르고 있다. 작업자는 맨손이며 마스크를 미착용하고 있다. 유해물질이 인체로 흡수될 수 있는 경로 3가지 쓰시오.

답 피부/호흡기/소화기

009

항타기 조립하거나 해체하는 경우 사업주가 점검해야 할 점검사항 4가지 쓰시오.

답 1. 본체 강도 적합 여부
2. 본체 연결부 손상 유무
3. 본체에 심한 손상 여부
4. 리더 버팀방법 이상 유무

3-2회 기출문제

001

안전난간과 관련된 내용이다. 빈칸을 채우시오.

상부난간대 : 바닥면, 발판 또는 경사로의 표면으로부터 (A)cm 이상 지점에 설치
난간대 : 지름 (B)cm 이상의 금속제 파이프나 그 이상의 강도가 있는 재료
발끝막이판 : 바닥면 등으로부터 (C)cm 이상의 높이 유지

답 A : 90 B : 2.7 C : 10

002

산업안전보건법령상 사업주가 비계의 높이가 2m 이상인 작업장소에 작업발판을 설치 시 구조기준 3가지 쓰시오.(폭과 틈새관련 제외)

답 1. 추락 위험 장소에는 안전난간 설치할 것
2. 작업발판재료는 둘 이상 지지물에 고정시킬 것
3. 작업발판 지지물은 하중으로 파괴될 우려 없을 것

003

해당 기계명과 방호장치 이름과 설치각도를 쓰시오.

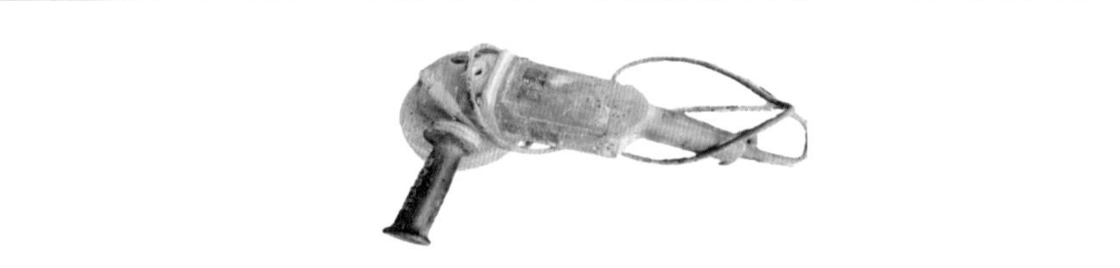

답 기계명 : 휴대용 연삭기 방호장치 이름 : 덮개 설치각도 : 180° 이상

004

산업안전보건법령상 습윤한 장소에서 사용하는 교류아크용접기에 부착해야 하는 안전장치명과 용접홀더 구비조건 1가지를 쓰시오.

답 안전장치명: 자동전격방지기
용접홀더 구비조건: 한국산업표준에 적합한 내열성 갖출 것

005

방호장치 자율안전기준 고시상, 롤러기 급정지장치 조작부의 설치위치를 쓰시오.
(단, 위치는 급정지장치 조작부의 중심점을 기준으로 한다.)

답

종류	설치 위치
손조작식	밑면에서 1.8m 이내
복부조작식	밑면에서 0.8m 이상 1.1m 이내
무릎조작식	밑면에서 0.6m 이내

006

산업안전보건법령상, 특수화학설비를 설치하는 경우, 그 내부의 이상 상태를 조기에 파악 및 이상 상태의 발생에 따른 폭발·화재 또는 위험물의 누출을 방지하기 위해서 사업주가 설치해야 하는 장치를 2가지만 쓰시오.(단, 온도계·유량계·압력계 등의 계측장치는 제외)

답 자동경보장치/제품 방출장치

007

말비계를 조립하여 사용하는 경우 사업주의 준수사항이다. 빈칸을 채우시오.

1. 지주부재와 수평면의 기울기를 (A) 이하로 하고, 지주부재와 지주부재 사이를 고정시키는 보조부재를 설치할 것
2. 말비계의 높이가 2미터를 초과하는 경우에는 작업발판 폭을 (B) 이상으로 할 것

답 A: 75도 B: 40cm

008

영상 속 불안전한 행동 3가지를 쓰시오.

영상 설명

진돌이가 지게차 포크 위에 올라 전원을 차단하지 않고, 전구를 교체하려 한다. 교체를 다 하고 내려가려는데 지게차 운전원인 진순이가 지게차를 움직여서 진돌이가 떨어졌다.
진돌이와 진순이는 안전모와 절연장갑 미착용 상태이다.

답 전원 미차단/지게차를 용도 외 목적으로 사용/절연장갑 및 안전모 미착용

009

밀폐공간 작업 시 질식 방지 안전대책을 3가지만 쓰시오.(감시인 배치 제외)

답 호흡용 보호구 착용/작업시작 전 산소농도 측정/산소농도 18% 이상인지 항시 확인

3-3회 기출문제

001

산업안전보건법령상 낙하물 방지망 준수사항이다. 빈칸을 채우시오.

1. 높이 (A) 이내마다 설치하고, 내민 길이는 벽면으로부터 (B) 이상으로 할 것

답 A : 10m B : 2m

002

영상 속 작업에서 재해형태와 기인물을 쓰시오.

영상 설명

진돌이가 사출성형기를 이용해 작업을 하는 도중 이물질이 생겨서 그것을 빼려다가 실수로 버튼을 눌러 손이 눌린다.

답 재해형태 : 끼임 기인물 : 사출성형기

003

산업안전보건법령상 사업주가 근로자에게 실시해야 하는 안전보건교육 중, 밀폐공간에서의 작업 시의 특별교육 내용을 3가지 쓰시오.(단, 그 밖에 안전·보건관리에 필요한 사항은 제외)

답 보호구 착용/비상시 구출/산소농도 측정

004

고정식 사다리 설치 시 준수사항 3개 쓰시오.(치수가 있는 사항 쓸 것)

답 1. 폭 30cm 이상으로 할 것
2. 기울기는 90도 이하로 할 것
3. 발판과 벽 사이는 15cm 이상 간격 유지할 것

005

다음 동영상의 작업에서 위험 요인 3가지를 쓰시오.

영상 설명

진돌이가 이동식 비계 위에 있다. 진돌이는 안전모와 장갑과 안전대를 착용했고, 안전난간에 체결했다. 허나, 체결 위치가 너무 낮아 안전대의 역할을 못할 것 같다. 이동식 비계 바퀴가 미고정되어 있고, 아웃트리거는 미설치되어 있다. 진순이는 손으로 이동식 비계를 지탱하고 있다.

답 바퀴 미고정/아웃트리거 미설치/안전대 너무 낮게 체결

006

영상 속 작업의 폭발 종류와 그 정의를 쓰시오.

영상 설명

진돌이가 화기주의, 인화성 물질이라 써 있는 드럼통이 보관된 창고에서 인화성 물질이 든 캔을 운반하고 있다. 진돌이가 캔에 있는 내용물을 드럼통에 넣고 있는 중간 너무 더워서 옷을 벗었다. 그 순간! 폭발이 발생했다.

답 폭발 종류: 증기운 폭발
정의: 가연성 가스가 유출돼 발생한 증기가 공기와 혼합해 점화원 있으면 폭발하는 현상

007

교류아크용접기 자동전격방지기 종류를 4가지 쓰시오.

답 외장형/내장형/저저항시동형(L형)/고저항시동형(H형)

008

영상 속 재해발생 형태 종류와 재해발생 원인 1가지 쓰시오.

> 영상 설명
>
> 회전체에 코일 감는 전동권선기가 갑자기 멈춰서 진돌이가 작동 중인 기계를 열어 맨손으로 만지는 순간 눈이 뒤집히고, 몸을 파르르 떤다.

답 재해발생 형태: 감전　재해발생 원인: 전원 미차단

009

영상 속 작업에서 작업자와 작업방법 측면서의 위험요인 각 2가지씩 쓰시오.

> 영상 설명
>
> 진돌이가 탁상용 드릴을 하는 도중 비트에 이물질이 생겼다. 진돌이는 전원을 미차단하고 장갑을 착용한 손으로 이물질을 제거하려다가 말려들어가서 손가락이 부러진다.
> 진돌이는 보안경 미착용 상태이다.

답 작업자: 장갑 착용/보안경 미착용
작업방법: 이물질 제거 시 전원 미차단/이물질 제거 시 수공구 미이용

MEMO

산업안전기사 2024년

09

작업형 기출문제

잠깐! 더 효율적인 공부를 위한 링크들을 적극 이용하세요~!

직8딴 홈페이지
- 출시한 책 확인 및 구매

직8딴 카카오오픈톡방
- 실시간 저자의 질문 답변
(주7일 아침 11시~새벽 2시까지, 전화로도 함)
- 직8딴 구매자전용 복지와 혜택 획득
(최소 달에 40만원씩 기프티콘 지급)
- 구매자들과의 소통 및 EHS 관련 정보 습득

직8딴 네이버카페
- 실시간으로 최신화되는 정오표 확인
(정오표: 책 출시 이후 발견된 오타/오류를 모아놓은 표, 매우 중요)
- 공부에 도움되는 컬러버전 그림 및 사진 습득
- 직8딴 구매자전용 복지와 혜택 획득

직8딴 유튜브
- 저자 직접 강의 시청 가능
- 공부 팁 및 암기법 획득
- 국가기술자격증 관련 정보 획득

9 2024년 작업형 기출문제

기출 중복문제 소거 정리

1-1회 기출문제

001

지게차에 대한 내용이다. 물음에 답하시오.

1. 지게차를 이용한 작업 중에 마스트를 뒤로 기울일 때 화물이 마스트 방향으로 떨어지는 것을 방지하기 위해 설치하는 짐받이 틀의 명칭
2. 지게차 헤드가드가 갖추어야 할 사항 2가지

답 1. 백레스트
2. -상부 틀의 각 개구 폭 16cm 미만일 것
-강도는 지게차 최대하중 2배 값(4톤 넘는 값은 4톤으로)의 등분포정하중에 견딜 것

002

영상 속 재해발생 형태 이름과 재해발생 원인 2가지 쓰시오.

영상 설명

진돌이가 공작기계(=방전가공기) 전원을 켜고 작업을 시작한다. 작업 도중 재료에서 물이 나와 맨손으로 물을 닦다가 눈이 뒤집히며 부들부들 떤다. 나중에 보니 공작기계 접지 미조치상태다.

답 재해발생 형태: 감전
재해발생 원인: 전원 미차단/접지 미조치

003

영상 속 근로자를 비상시에 피난시키거나 구출하기 위하여 갖추어 두어야 할 기구 및 보호구 3가지를 쓰시오.

> 영상 설명
>
> 진돌이가 선박 밸러스트 탱크 내부 슬러지를 제거하는 도중에 눈이 뒤집히며 의식을 잃었다. 진돌이는 아무런 보호구를 착용하지 않고 있었다.

답 사다리/섬유로프/송기마스크

004

이동식 크레인 사용하는 작업할 때 작업시작 전 점검사항 4개 쓰시오.

답 권과방지장치 기능/와이어로프 통하는 곳 상태/클러치 기능/브레이크 기능

005

영상 속 불안전한 행동 1가지와 재해발생 형태를 쓰시오.

> 영상 설명
>
> 진돌이가 주유소에서 주유를 하기 위해 지게차에서 내린다. 주유 중에 주유소 직원인 진순이와 담배를 피며 이야기를 한다. 그 순간! 폭발이 발생한다.

답 불안전한 행동 : 주유 중 흡연　재해발생형태 : 폭발

006

사업주가 공장을 지을 때 가스 장치실을 설치하려 한다. 가스 장치실 설계 시 고려해야 하는 구조 3개 쓰시오.

답 1. 벽에는 불연성 재료 사용할 것
2. 천장에는 가벼운 불연성 재료 사용할 것
3. 가스 누출 시 가스가 정체되지 않도록 할 것

007

발끝막이판의 설치 기준을 쓰시오.

답 바닥면 등으로부터 10cm 이상의 높이 유지할 것

008

인체에 해로운 분진, 흄, 미스트, 증기 또는 가스 상태의 물질을 배출하기 위해 설치하는 국소배기 장치의 후드 설치 시 준수사항 3가지 쓰시오.

답 1. 가능하면 부스식 후드 설치할 것
2. 유해물질 발생하는 곳마다 설치할 것
3. 리시버식 후드는 분진 발산원에 가장 가까운 위치에 설치할 것

009

영상 속 작업 시 안전대책을 4가지 쓰시오.

영상 설명

크레인을 이용해 전주(전봇대)를 세우고 있다. 안전모를 착용한 진돌이가 맨손으로 전주를 만지며 한 손으로 크레인 운전원에게 올리라고 신호를 준다. 운전원은 전주를 올리다가 위에 전선에 전주가 닿아 스파크가 발생한다. 진돌이는 신호수가 아니며 주변에 감시인이 없다.

답 1. 감시인 배치
2. 절연장갑 착용
3. 절연용 방호구(절연덮개/절연매트 등) 설치
4. 지상 근로자가 접지점에 접촉하지 않도록 조치

1-2회 기출문제

001

건설용 리프트 방호장치를 4가지만 쓰시오.

답 제동장치/권과방지장치/비상정지장치/과부하방지장치

002

영상 속 재해발생 원인 1가지와 방호장치 2가지를 쓰시오.

영상 설명

진돌이가 둥근 톱을 이용해 나무토막을 자르고 있던중 진순이가 같이 담배 하나 피자며 말을 건다.
그 순간! 진돌이는 진순이를 바라보며 작업에 미집중하여 손가락이 잘린다.
진순이는 놀라며 119에 전화한다. 진돌이는 면장갑 착용 중이며 둥근 톱에는 날접촉예방장치(=덮개)와 반발예방장치(=분할날) 미설치 상태이다.

답 재해발생 원인: 덮개 미설치　방호장치: 반발예방장치(=분할날)/톱날접촉예방장치(=덮개)

003

방열복 내열원단의 시험성능기준에 관한 내용이다. 빈칸을 채우시오.

1. 난연성: 잔염 및 잔진시간이 (A)초 미만이고, 녹거나 떨어지지 말아야 하며, 탄화길이가 (B)mm 이내일 것
2. 절연저항: 표면과 이면의 절연저항이 (C)MΩ 이상일 것

답 A: 2　B: 102　C: 1

004

산업안전보건법령상 내부 이상상태를 조기에 파악하기 위하여 특수화학설비에 설치해야 하는 계측장치 3가지를 쓰시오.

답 온도계/유량계/압력계

005

해당 기계의 명칭을 쓰고, 이 기계 위로 근로자를 넘어가도록 하는 경우에는 위험을 방지하기 위해 설치하는 것의 명칭을 쓰시오.

답 기계의 명칭 : 컨베이어　설치하는 것의 명칭 : 건널다리

006

영상 속 방호구 이름과 불안전한 상태 및 행동 2가지를 쓰시오.

영상 설명

진돌이가 성수대교에서 작업을 하고 있다. 바람이 많이 불어 결국 진돌이는 추락한다.
허나 밑에 그물 덕에 살아남는다. 진돌이는 안도한다. 진돌이는 안전대 미착용 상태이며 안전난간이라고는 느슨한 로프 두 줄이 끝이다.

답 방호구 이름 : 추락방호망　불안전한 상태 및 행동 : 안전대 미착용/안전난간 설치 불량

007

이 장치의 분류는 A – 1이다. 이 장치의 명칭과 기능을 쓰시오.

답 명칭: 광전자식 방호장치 기능: 신체 일부가 광선을 차단하면 기계를 급정지시킴

008

산업안전보건법령상 낙하물 방지망 준수사항이다. 빈칸을 채우시오.

수평면과의 각도는 (A) 이상 (B) 이하를 유지할 것

답 A: 20도 B: 30도

009

산업안전보건법령상 근로자가 컴퓨터 단말기의 조작업무를 하는 경우에 사업주의 조치사항 3가지 쓰시오.

답 1. 적절한 휴식시간 부여할 것}
2. 저휘도형 조명기구 사용할 것
3. 실내는 직사광선 들어오지 않는 구조로 할 것

1-3회 기출문제

001

영상 속 운행의 안전수칙 2가지를 쓰시오.

영상 설명
지게차가 화물을 높게 적재한 채 운행하고 있다. 화물을 체결하지 않아 매우 흔들리고. 시야가 안보여 결국 지나가던 작업자를 치게 된다. 주변에는 유도원이 없다.

답 유도원 배치/운전자 시야 가리지 않게 화물 적재

002

영상 속 작업의 안전대책 2가지 쓰시오.

영상 설명
진돌이는 롤러기 전원을 끄고 내부 수리를 한다. 수리를 다 하고 롤러기를 가동시켰고, 나가려는 순간 이물질이 롤러기 내부에 보여서 장갑을 낀 손으로 이물질을 제거하려 한다. 그때 손이 롤러기에 말려 들어간다. 롤러기에는 덮개가 있으나 인터록 장치가 없다.

답 안전대책: 전원 차단 후 작업/수공구 이용하여 이물질 제거

003

보호구 안전인증고시상, 안전대 충격방지장치 중 벨트의 제원이다. 빈칸을 채우시오.

(단, U자걸이로 사용할 수 있는 안전대는 제외)

벨트 구조 및 치수, 정하중		
• 너비: (A)mm 이상	• 두께: (B)mm 이상	• 정하중: (C)kN 이상

답 A: 50 B: 2 C: 15

004

컨베이어 등을 사용하여 작업할 때 작업시작 전 점검사항 3개 쓰시오.

답 덮개 이상 유무/풀리 기능 이상 유무/이탈방지장치 기능 이상 유무

005

동력을 사용하는 항타기 또는 항발기에 대하여 무너짐을 방지하기 위한 준수사항이다. 빈칸을 채우시오.

1. 연약한 지반에 설치하는 경우에는 (A) 등 지지구조물의 침하를 방지하기 위하여 깔판 · 받침목 등을 사용할 것
2. 궤도 또는 차로 이동하는 항타기 또는 항발기에 대해서는 불시에 이동하는 것을 방지하기 위하여 (B)(rail clamp) 및 쐐기 등으로 고정시킬 것

답 A: 아웃트리거 · 받침 B: 레일 클램프

006

영상 속 사용가능한 방호장치 3가지와 작업자가 기능을 없앤 방호장치를 쓰시오.

영상 설명

진돌이는 프레스로 철판에 구멍을 뚫다가 이물질을 발견한다. 슬라이드 앞에는 광선들이 여러개 보이며 그 광선들을 없앤다. 그 후 이물질을 제거하려고 손을 넣다가 끼인다.

답 방호장치: 가드식/수인식/광전자식 기능을 없앤 방호장치: 광전자식

007

영상 속 재해발생 형태 종류와 재해발생 원인을 2가지 쓰시오.

영상 설명
회전체에 코일 감는 전동권선기가 갑자기 멈춰서 진돌이가 작동 중인 기계를 열어 맨손으로 만지는 순간 눈이 뒤집히고, 몸을 파르르 떤다.

답 재해발생 형태 : 감전　재해발생 원인 : 전원 미차단/절연장갑 미착용

008

산업안전보건법령상 고소작업대 위에서 작업하는 근로자의 준수사항 3가지 쓰시오.

답 안전모 등 보호구 착용할 것/적정수준의 조도 유지할 것/작업대를 정기적으로 점검할 것

009

안전검사 대상기계등의 안전검사 주기에 대한 내용이다. 빈칸을 채우시오.

크레인(이동식 크레인은 제외한다), 리프트(이삿짐운반용 리프트는 제외한다) 및 곤돌라 : 사업장에 설치가 끝난 날부터 (A) 이내에 최초 안전검사를 실시하되, 그 이후부터 (B)마다 (건설현장에서 사용하는 것은 최초로 설치한 날부터 (C) 마다)

답 A : 3년　B : 2년　C : 6개월

1-4회 기출문제

001

영상 속 위험 요인 2가지를 쓰시오.

영상 설명
진돌이가 임팩 드릴로 통나무를 한 손으로 움켜쥐며 구멍을 뚫고 있다. 통나무를 고정하지 않아 작업하면서 흔들린다. 작업장에는 나무 가루가 많이 날린다. 진돌이는 면장갑과 보안경은 착용했고, 방진마스크 미착용했다.

답 통나무 미고정/방진마스크 미착용

002

영상 속 위험요인 3가지를 쓰시오.

영상 설명
진돌이가 면장갑을 착용하고 선반 작업을 하던 중, 회전축에 샌드페이퍼를 손으로 감아 가공물을 만들고 있다. 그 순간! 장갑이 말려들어 간다. 진돌이는 보안경 미착용 상태다.

답 위험요인 : 장갑 착용/보안경 미착용/손으로 샌드페이퍼 감음

003

영상 속 재해발생 형태를 쓰시오.

영상 설명
진돌이가 고열 배관 플랜지를 점검하려고 한다. 플랜지의 볼트를 푸는데 고온 증기가 분출되어 진돌이의 얼굴을 타격했다. 진돌이는 보안경 미착용상태이며 맨손이다.

답 이상온도 노출 · 접촉

004

각 보일러의 작동 기준 압력을 쓰시오.

보일러
(A) 압력방출장치(먼저 가동)
(B) 압력방출장치(A 다음 가동)

답 A: 최고사용압력 이하　B: 최고사용압력 1.05배 이하

005

슬라이드가 갑자기 작동함으로써 근로자에게 발생할 위험을 방지하기 위한 방호장치 이름과 그 장치가 가져야 할 구조조건 2가지 쓰시오.

답 이름: 안전블록
구조조건: 인터록 기구 가질 것/슬라이드 무게 지탱할 수 있는 강도 가질 것

006

지게차 사용 작업 시 작업시작 전 점검사항 3가지 쓰시오.

답 바퀴 이상 유무/전조등 기능 이상 유무/제동장치 기능 이상 유무

007

영상 속 재해발생 원인 2가지를 쓰시오.

영상 설명
진돌이가 전봇대에 올라가다가 안전모가 표지판에 부딪혀 추락한다. 진돌이는 안전대 미착용상태이다.

답 안전대 미착용/올라가면서 시야 미확보

008

각 기계, 기구에 적절한 방호장치를 1가지씩 쓰시오.

1. 컨베이어 벨트　2. 선반　3. 휴대용 연삭기

답 1. 덮개　2. 덮개　3. 덮개

009

밀폐공간에서 근로자에게 작업하도록 하는 경우, 사업주가 수립 시행해야 하는 밀폐공간 작업 프로그램의 내용 3가지를 쓰시오.

답 안전보건교육/사업장 내 밀폐공간 위치 파악/밀폐공간 내 질식 유발하는 유해위험요인 파악

2-1회 기출문제

001

방호장치가 없는 둥근 톱 기계에 고정식 날접촉 예방장치를 설치하고자 한다. 이때 덮개 하단과 가공재 사이의 간격과 덮개 하단과 테이블 사이의 높이를 쓰시오.

답 덮개 하단과 가공재 사이 간격: 8mm 이하 덮개 하단과 테이블 사이 높이: 25mm 이하

002

활선 작업 시 근로자가 착용해야 하는 절연용 보호구를 3가지 쓰시오.

답 절연화/절연장갑/안전모(AE, ABE종)

003

작업자가 실험실에서 황산을 비커에 따르고 있다. 작업자는 맨손이며 마스크를 미착용하고 있다. 유해물질이 인체로 흡수될 수 있는 경로 3가지 쓰시오.

답 피부/호흡기/소화기

004

지게차 사용 작업 시 작업시작 전 점검사항 3가지 쓰시오.

답 바퀴 이상 유무/전조등 기능 이상 유무/제동장치 기능 이상 유무

005

다음 물음에 답하시오.

1. 규격화 · 부품화된 수직재, 수평재 및 가새재 등의 부재를 현장에서 조립하여 거푸집을 지지하는 지주 형식의 동바리 이름
2. 동바리 최상단과 최하단의 수직재와 받침철물은 서로 밀착되도록 설치하고 수직재와 받침철물의 연결부의 겹침길이는 받침철물 전체길이의 (　A　) 이상 되도록 할 것

답 1. 시스템 동바리　A : 3분의 1

006

영상 속 근로자를 비상시에 피난시키거나 구출하기 위하여 갖추어 두어야 할 기구 및 보호구 3가지를 쓰시오.

영상 설명

진돌이가 선박 밸러스트 탱크 내부 슬러지를 제거하는 도중에 눈이 뒤집히며 의식을 잃었다.
진돌이는 아무런 보호구를 착용하지 않고 있었다.

답 사다리/섬유로프/송기마스크

007

휴대장비 등을 사용하는 작업에서 감전사고 예방을 위한 안전대책 2가지 쓰시오.

영상 설명

진돌이가 작업물에 물을 뿌려 열을 식히며 대리석 연마작업을 하고 있는 도중 갑자기 푸른색 스파크가 작업자 손 주변에서 발생한다. 진돌이는 절연장갑을 착용했고. 바닥에는 물이 흥건하며 물웅덩이에 전선들이 놓여있다.

답 1. 도전성 공구가 노출 충전부에 닿지 않게 할 것
2. 젖은 손으로 전기기계 플러그를 제거하지 말 것

008

발끝막이판의 설치 기준과 난간대 지름 기준을 쓰시오.

답 설치 기준: 바닥면 등으로부터 10cm 이상의 높이 유지할 것 지름 기준: 2.7cm 이상

009

다음 빈칸을 채우시오.

사업주는 화학설비로서 가솔린이 남아 있는 화학설비, 탱크로리, 드럼 등에 등유나 경유를 주입하는 작업을 하는 경우에는 미리 그 내부를 깨끗하게 씻어내고 가솔린 증기를 불활성 가스로 바꾸는 등 안전한 상태로 되어 있는지를 확인한 후에 그 작업을 하여야 한다. 다만, 다음 각 호의 조치를 하는 경우에는 그러하지 아니하다.

1. 등유나 경유를 주입하기 전에 탱크 · 드럼 등과 주입설비 사이에 접속선이나 접지선을 연결하여 (A)를 줄이도록 할 것
2. 등유나 경유를 주입하는 경우에는 그 액표면의 높이가 주입관의 선단의 높이를 넘을 때까지 주입속도를 (B) 이하로 할 것

답 A: 전위차 B: 1m/s

2-2회 기출문제

001

영상 속 재해발생형태, 착용 안전모 종류를 쓰시오.

영상 설명
진돌이가 전봇대에 올라가다가 안전모가 표지판에 부딪혀 추락한다. 진돌이는 안전대 미착용상태이다.

답 재해발생형태: 떨어짐
착용 안전모 종류: ABE종

002

터널에서 낙반 등에 의해 근로자에게 위험을 미칠 우려가 있을 때 위험을 방지하기 위하여 필요한 조치사항 2가지 쓰시오.

답 부석 제거/록볼트 설치

003

프레스 등을 사용하여 작업할 때 작업시작 전 점검사항 3개 쓰시오.

답 클러치 기능/방호장치 기능/비상정지장치 기능

004

흙막이 지보공의 설치 목적과 정기적으로 보수하고 점검해야 할 사항 3가지 쓰시오.

답 설치목적: 지반 붕괴 방지 점검사항: 부재 손상 유무/부재 접속부 상태/버팀대 긴압 정도

005

영상 속 작업장의 불안전한 요소 4가지를 쓰시오.(단, 작업자의 불안전한 행동 제외)

> 영상 설명
>
> 진돌이가 용접하고 있고, 주변에 불티들이 막 튀고 있다. 주변은 여러 자재와 인화성 물질들이 바닥 곳곳에 놓여있다. 산소통은 아예 바닥에 눕혀져 있고, 주변에 소화기와 화재감시자도 없다. 또한 진돌이는 아무 용접용 보호구를 착용하지 않았고, 용접하면서 산소통 줄을 심하게 당기다가 호스가 뽑힌다. 정말 총체적 난국이다...

답 소화기 미배치/산소통 눕혀있음/화재감시자 미배치/주변 인화성물질 존재

006

영상 속 재해발생형태와 가해물, 기인물을 쓰시오.

> 영상 설명
>
> 진돌이가 작업발판 위에서 한 다리를 작업대에 걸쳐 나무토막을 톱으로 자르고 있었다. 힘의 균형을 잃어 몸이 흔들려 넘어지고 바닥에 머리를 부딪힌다.

답 재해발생형태: 넘어짐 가해물: 바닥 기인물: 작업발판

007

말비계를 조립하여 사용하는 경우 사업주의 준수사항이다. 빈칸을 채우시오.

> 1. 지주부재와 수평면의 기울기를 (A) 이하로 하고, 지주부재와 지주부재 사이를 고정시키는 (B)를 설치할 것
> 2. 말비계의 높이가 2미터를 초과하는 경우에는 작업발판 폭을 (C) 이상으로 할 것

답 A: 75도 B: 보조부재 C: 40cm

008

해당 기계명과 방호장치 이름과 설치각도를 쓰시오.

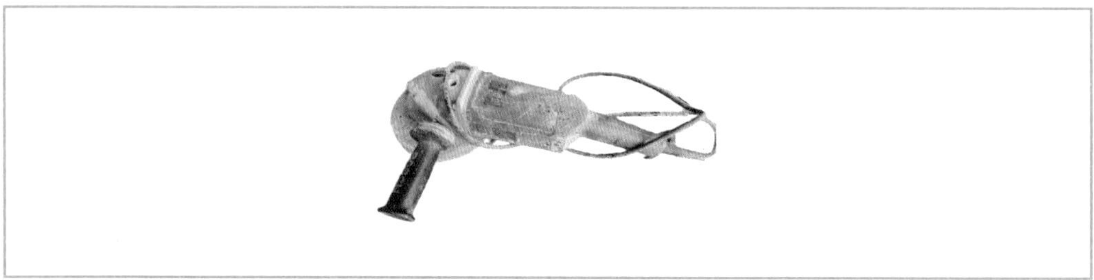

답 기계명: 휴대용 연삭기　방호장치 이름: 덮개　설치각도: 180° 이상

009

영상 속 위험요인 3가지 쓰시오.

영상 설명

백호 버킷에 로프를 걸고 원형 거푸집을 인양하고 있다. 2줄걸이 작업중이며 진돌이와 진순이가 서로 대화를 하고, 웃으면서 거푸집을 손으로 잡으면서 위치를 조절하고 있다.
작업자인 진돌이가 백호 운전원에게 올리라고 수신호를 했으나 이를 보지 못하고, 거푸집을 내렸고, 바닥이 평평하지않고 경사로라서 거푸집이 기울어진다. 그러고 진순이가 깔린다. 와이어로프 소선이 삐죽 나와있고, 신호수는 없다.

답 신호수 미 배치/평평한 장소에서 미작업/근로자 출입금지 미조치

2-3회 기출문제

001

영상 속 용접작업 시 위험 요인 3가지 쓰시오.

영상 설명

용접용 보호구를 풀 세트로 다 착용한 진돌이가 용접하고 있다. 바닥에는 여러 전선과 공구들이 놓여있고, 뒤에 인화성 물질이 담겨있는 드럼통이 보이며 불티가 계속 드럼통에 튄다. 주변에 화재감시자도 소화기도 없다.

답 소화기 미배치/화재감시자 미배치/주변 인화성물질 존재

002

폭발성물질 저장소에 들어가는 작업자가 신발에 물을 묻히는 이유와 화재 시 적합한 소화방법을 쓰시오.

답 -신발에 물을 묻히는 이유: 작업화 표면의 대전성이 저하되므로 정전기에 의한 화재 폭발을 방지할 수 있다.
-화재 시 적합한 소화방법: 다량 주수에 의한 냉각소화

003

영상 속 재해원인 1가지와 재해발생 형태와 그 정의를 쓰시오.

영상 설명

진돌이가 2층에서 화물을 안전난간에 기대어 내리다가 갑자기 떨어져서 아래에 있는 지나가던 진순이가 화물에 맞는다.

답 재해원인: 작업구역 미설정
재해발생형태: 맞음
정의: 물체가 중력에 의하여 고정부에서 이탈되어 사람을 가해하는 경우

004

산업안전보건법령상 고열의 정의와 다량의 고열 물체를 취급하거나 매우 더운 장소에서 작업하는 근로자에게 사업주가 지급하고 착용하도록 해야 하는 보호구 2가지를 쓰시오.

답 정의: 열에 의하여 근로자에게 열사병 등의 건강장해를 유발할 수 있는 더운 온도
보호구: 방열복/방열장갑

005

산업안전보건법령상 고소작업대 설치하는 경우에 대한 내용이다. 빈칸을 채우시오.

1. 작업대에 정격하중(안전율 (A))을 표시할 것
2. 붐의 (B)을 초과 운전하여 전도되지 않도록 할 것
3. 작업대에 끼임 · 충돌 등 재해를 예방하기 위한 가드 또는 (C)를 설치할 것

답 A: 5 이상 B: 최대 지면경사각 C: 과상승방지장치

006

해당 기계명과 방호장치 이름과 설치각도를 쓰시오.

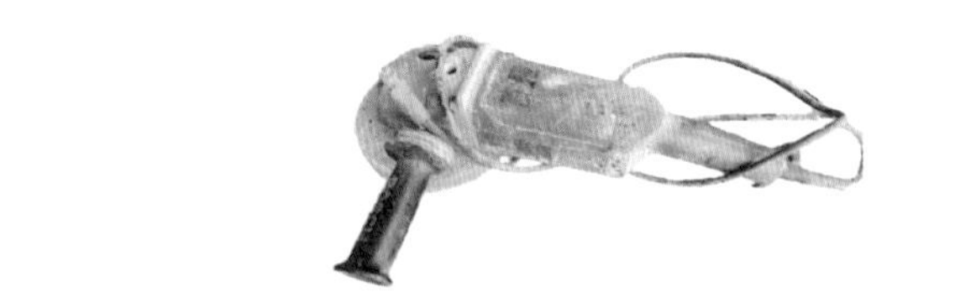

답 기계명: 휴대용 연삭기 방호장치 이름: 덮개 설치각도: 180° 이상

007

다음 물음에 빈칸을 채우시오.

1. 직업성 질병에 노출되는 경로 3가지	(　　　)
2. 화학물질에 관한 유해성 및 물리적 위험성 등의 화학물질 정보를 담은 자료 명칭	(　　　)

답 1. 피부/호흡기/소화기　2. 물질안전보건자료

008

영상 속 작업의 조치사항 4가지 쓰시오.

영상 설명

진돌이가 화기주의, 인화성 물질이라 써 있는 드럼통이 보관된 창고에서 인화성 물질이 든 캔을 운반하고 있다. 진돌이가 캔에 있는 내용물을 드럼통에 넣고 있는 중간 너무 더워서 옷을 벗었다. 그 순간! 폭발이 발생했다.

답 1. 제전복 착용
2. 정전기 제전용구 사용
3. 바닥에 도전성 갖추도록 함
4. 정전기 대전방지용 안전화 착용

009

크레인의 방호장치에 대한 내용이다. 빈칸을 채우시오.

1. 권과를 방지하기 위하여 인양용 와이어로프가 일정한계 이상 감기게 되면 자동적으로 동력을 차단하고 작동을 정지시키는 장치 : (A)
2. 훅에서 와이어로프가 이탈하는 것을 방지하는 장치 : (B)
3. 전도 사고를 방지하기 위하여 장비의 측면에 부착하여 전도 모멘트에 대하여 효과적으로 지탱할 수 있도록 한 장치 : (C)

답 A : 권과방지장치　B : 훅 해지장치　C : 아웃트리거

3-1회 기출문제

001

이동식 크레인 사용하는 작업할 때 작업시작 전 점검사항 4개 쓰시오.

답 권과방지장치 기능/와이어로프 통하는 곳 상태/클러치 기능/브레이크 기능

002

영상 속 행동에 대한 작업계획서 내용 4가지 쓰시오.

영상 설명
진돌이와 진순이가 롤러기 롤러를 교체하려고 한다. 롤러를 둘이서 들다 너무 무거워서 진순이의 허리가 나가버린다. 그러면서 롤러를 놓쳐 롤러가 진돌이 발에 떨어진다.

답 1. 추락위험 예방 안전대책 2. 낙하위험 예방 안전대책 3. 전도위험 예방 안전대책
4. 협착위험 예방 안전대책

003

압쇄기 이용한 해체 작업을 할 때 준수사항 3가지 쓰시오.

답 1. 사전에 압쇄기 중량 고려
2. 압쇄기 연결구조부는 수시로 보수점검
3. 압쇄기 해체는 경험 많은 사람이 실시

004

보일러 관련 내용이다. 빈칸을 채우시오.

사업주는 보일러의 안전한 가동을 위하여 보일러 규격에 맞는 압력방출장치를 1개 또는 2개 이상 설치하고 (A)(설계압력 또는 최고허용압력을 말한다. 이하 같다) 이하에서 작동되도록 하여야 한다. 다만, 압력방출장치가 2개 이상 설치된 경우에는 (A) 이하에서 1개가 작동되고, 다른 압력방출장치는 최고사용압력 (B) 이하에서 작동되도록 부착하여야 한다.

답 A: 최고사용압력 B: 1.05배

005

근로자가 충전전로에서 작업하는 경우 사업주의 조치사항 내용이다. 빈칸을 채우시오

1. 충전전로를 취급하는 근로자에게 그 작업에 적합한 (A)를 착용시킬 것
2. 충전전로에 근접한 장소에서 전기작업을 하는 경우에는 해당 전압에 적합한 (B)를 설치할 것. 다만, 저압인 경우에는 해당 전기작업자가 (A)를 착용하되, 충전전로에 접촉할 우려가 없는 경우에는 절연용 방호구를 설치하지 아니할 수 있다.
3. 근로자가 (B)의 설치 · 해체작업을 하는 경우에는 (A)를 착용하거나 활선작업용 기구 및 장치를 사용하도록 할 것

답 A: 절연용 보호구 B: 절연용 방호구

006

유리병을 H_2SO_4(황산)에 세척 시 발생할 수 있는 재해발생 형태 및 정의를 쓰시오.

답 재해발생형태: 유해위험물질 노출, 접촉
정의: 유해위험물질에 노출, 접촉 또는 흡입하였거나 독성동물에 쏘이거나 물린 경우

007

영상 속 위험 요인 3가지 쓰시오.

영상 설명
진돌이가 고열 배관 플랜지를 점검하려고 한다. 플랜지의 볼트를 푸는데 고온 증기가 분출되어 진돌이의 얼굴을 타격했다. 진돌이는 보안경 미착용상태이며 맨손이다.

답 위험요인 : 보안경 미착용/방열장갑 미착용/작업 전 배관 내 내용물 미제거

008

급정지기구 설치되어 있지 않은 프레스에 사용 가능한 방호장치 종류를 4가지 쓰시오.

답 가드식/수인식/양수기동식/손쳐내기식

009

영상 속 위험 원인 3가지 쓰시오.

영상 설명
진돌이와 진순이가 양수기(펌프) V벨트를 점검하려 한다. 둘 다 맨손이며 서로 담배를 피며 잡담하다가 모르고 가동 중인 V벨트에 손을 넣어 다친다. V벨트에는 덮개 미설치 되어 있다.

답 전원 미차단/덮개 미설치/작업 미집중

3-2회 기출문제

001

산업안전보건법령상 밀폐공간 관련해서 ( ) 에 알맞은 숫자를 쓰시오.

"적정공기"란 산소농도의 범위가 (A) 이상 (B) 미만, 이산화탄소의 농도가 (C) 미만, 일산화탄소의 농도가 (D) 미만, 황화수소의 농도가 (E) 미만인 수준의 공기를 말한다.

답 A : 18% B : 23.5% C : 1.5% D : 30ppm E : 10ppm

002

영상 속 불안전한 상태 및 행동 2가지를 쓰시오.

영상 설명

진돌이가 성수대교에서 작업을 하고 있다. 바람이 많이 불어 결국 진돌이는 추락한다.
허나 밑에 그물 덕에 살아남는다. 진돌이는 안도한다. 진돌이는 안전대 미착용 상태이며 안전난간이라고는 느슨한 로프 두 줄이 끝이다.

답 불안전한 상태 및 행동 : 안전대 미착용/안전난간 설치 불량

003

근로자가 노출 충전부에서 작업할 때 감전위험 있을 시 해당 전로를 차단한다. 하지만, 전로를 차단하지 않는 경우가 있는데 그 경우 3가지 쓰시오.

답 1. 작동상 제한으로 전로 차단 불가능한 경우
2. 감전으로 인한 화재 위험이 없는 것으로 확인된 경우
3. 비상경보설비 등의 설비 가동이 중지되어 사고 위험이 증가되는 경우

004

급정지기구 설치되어 있지 않은 프레스에 사용 가능한 방호장치 종류를 4가지 쓰시오.

답 가드식/수인식/양수기동식/손쳐내기식

005

방독마스크의 성능기준 항목 3가지를 쓰시오.

답 재료/시야/불연성

006

플레어 시스템의 설치 목적과 영상 속 설비 명칭을 쓰시오.

영상 설명

굴뚝같이 생긴 곳에 불이 나며 연기가 나고 있다.

답 설치 목적 : 안전밸브 등에서 배출되는 위험물질을 안전하게 연소 치리하기 위해서
설비 명칭 : 플레어 스택

007

영상 속 운행의 안전수칙 2가지를 쓰시오.

영상 설명
지게차가 화물을 높게 적재한 채 운행하고 있다. 화물을 체결하지 않아 매우 흔들리고. 시야가 안보여 결국 지나가던 작업자를 치게 된다. 주변에는 유도원이 없다.

답 안전수칙 : 유도원 배치/운전자 시야 가리지 않게 화물 적재

008

영상 속 위험요인 3가지 쓰시오.

영상 설명
항타기로 전주를 세우는 작업을 하고 있다. 전주가 움직여 근처 활선전로에 닿아 스파크가 발생한다. 주변에 감시인이 없고, 절연용 방호구 미설치 상태이다.

답 위험요인 : 감시인 미배치/절연용 방호구 미설치/충전전로의 충전부로부터 이격거리 미확보

009

영상 속 작업장의 불안전한 요소 4가지를 쓰시오.(단, 작업자의 불안전한 행동 제외)

영상 설명
진돌이가 용접하고 있고, 주변에 불티들이 막 튀고 있다. 주변은 여러 자재와 인화성 물질들이 바닥 곳곳에 놓여있다. 산소통은 아예 바닥에 눕혀져 있고, 주변에 소화기와 화재감시자도 없다. 또한 진돌이는 아무 용접용 보호구를 착용하지 않았고, 용접하면서 산소통 줄을 심하게 당기다가 호스가 뽑힌다. 정말 총체적 난국이다...

답 소화기 미배치/산소통 눕혀있음/화재감시자 미배치/주변 인화성물질 존재

3-3회 기출문제

001

동력을 사용하는 항타기 또는 항발기에 대하여 무너짐을 방지하기 위한 준수사항이다.
빈칸을 채우시오.

1. 연약한 지반에 설치하는 경우에는 (A) 등 지지구조물의 침하를 방지하기 위하여 깔판 · 받침목 등을 사용할 것
2. 궤도 또는 차로 이동하는 항타기 또는 항발기에 대해서는 불시에 이동하는 것을 방지하기 위하여 (B) 및 쐐기 등으로 고정시킬 것

답 A: 아웃트리거 · 받침 B: 레일 클램프

002

영상 속 작업에서 사업주의 조치사항 1가지를 쓰시오.

영상 설명

철광 용광로에서 진돌이가 작업을 하다가 쇳물이 발에 튀어 놀란다.

답 지하수가 내부로 새어드는 것을 방지할 수 있는 구조로 할 것

003

근로자가 충전전로에서 작업하는 경우 사업주의 조치사항 내용이다. 빈칸을 채우시오.

1. 충전전로를 취급하는 근로자에게 그 작업에 적합한 (A)를 착용시킬 것
2. 충전전로에 근접한 장소에서 전기작업을 하는 경우에는 해당 전압에 적합한 (B)를 설치할 것. 다만, 저압인 경우에는 해당 전기작업자가 (A)를 착용하되, 충전전로에 접촉할 우려가 없는 경우에는 절연용 방호구를 설치하지 아니할 수 있다.
3. 근로자가 (B)의 설치 · 해체작업을 하는 경우에는 (A)를 착용하거나 활선작업용 기구 및 장치를 사용하도록 할 것
4. 유자격자가 아닌 근로자가 충전전로 인근의 높은 곳에서 작업할 때에 근로자의 몸 또는 긴 도전성 물체가 방호되지 않은 충전전로에서 대지전압이 (C) 이하인 경우에는 (D) 이내로, 대지전압이 (C)를 넘는 경우에는 10킬로볼트당 10센티미터씩 더한 거리 이내로 각각 접근할 수 없도록 할 것

답 A: 절연용 보호구　B: 절연용 방호구　C: 50kV　D: 300cm

004

영상 속 재해발생형태와 가해물을 쓰시오.

영상 설명

진돌이가 작업발판 위에서 한 다리를 작업대에 걸쳐 나무토막을 톱으로 자르고 있었다. 힘의 균형을 잃어 몸이 흔들려 넘어지고 바닥에 머리를 부딪힌다.

답 재해발생형태: 넘어짐　가해물: 바닥

005

영상 속 재해발생 형태와 재해원인 2가지 쓰시오.

영상 설명
진돌이가 배전반을 점검하고 있다. 점검을 다 마친 후, 진돌이는 배전반 옆에 있는 투광기를 만지는 순간 감전된다. 진돌이는 면장갑 착용상태이며 누전차단기는 작동 상태이다.

답 재해발생형태 : 감전　재해원인 : 누전차단기 불량/절연장갑 미착용

006

전단기의 방호장치 종류 3가지 쓰시오.

답 가드식/수인식/광전자식

007

영상 속 위험 요인 2가지 쓰시오.(안전보건교육/유도원/정리정돈 관련 답안 불가)

영상 설명
진돌이가 천장크레인을 이용하고 있다. 오른손은 조작스위치, 왼손은 인양중인 배관을 잡고 있다. 그 순간! 배관이 기울어져 떨어지고, 진돌이는 놀라 뒤에 있던 자재물에 걸려 넘어진다, 진돌이는 안전모와 안전화를 착용중이며 줄걸이 상태는 양호하다.

답 유도로프 미사용/낙하물 위험 구간에서 작업

008

영상 속 작업 중 안전수칙 3가지를 쓰시오.

영상 설명

영상 설명

진돌이가 셔틀버스를 정비하기 위해 차량용 리프트로 버스를 들어 올린 후, 버스 밑으로 들어가 샤프트를 점검한다. 이때 진순이가 버스에 올라 아무 말 없이 시동을 건다.
그 순간! 샤프트가 회전하여 진돌이의 손이 말려 들어간다. 주변에는 감시인이 없고, 진돌이는 장갑을 착용하였다.

답 감시인 배치/'정비중' 표지판 설치/관계자 외 출입 금지조치

009

다이메틸포름아미드(DMF, Dimethylformamide)**가 담긴 드럼통에 부착할 수 있는 경고 표지 2가지 쓰시오.**

답 인화성물질경고/급성독성물질경고

MEMO

산업안전기사

10

미출시 필답형·작업형 문제

(신출 대비)

잠깐! 더 효율적인 공부를 위한 링크들을 적극 이용하세요~!

직8딴 홈페이지

- 출시한 책 확인 및 구매

직8딴 카카오오픈톡방

- 실시간 저자의 질문 답변
(주7일 아침 11시~새벽 2시까지, 전화로도 함)
- 직8딴 구매자전용 복지와 혜택 획득
(최소 달에 40만원씩 기프티콘 지급)
- 구매자들과의 소통 및 EHS 관련 정보 습득

직8딴 네이버카페

- 실시간으로 최신화되는 정오표 확인
(정오표: 책 출시 이후 발견된 오타/오류를 모아놓은 표, 매우 중요)
- 공부에 도움되는 컬러버전 그림 및 사진 습득
- 직8딴 구매자전용 복지와 혜택 획득

직8딴 유튜브

- 저자 직접 강의 시청 가능
- 공부 팁 및 암기법 획득
- 국가기술자격증 관련 정보 획득

10 미출시 필답형·작업형 문제

신출 대비

001

사업주는 옥내작업장에 비상시 근로자에게 신속하게 알리기 위한 경보용 설비 또는 기구를 설치해야 하는 경우 2가지 쓰시오.

해 사업주는 연면적이 400제곱미터 이상이거나 상시 50명 이상의 근로자가 작업하는 옥내작업장에는 비상시에 근로자에게 신속하게 알리기 위한 경보용 설비 또는 기구를 설치하여야 한다.

답 연면적 $400m^2$ 이상/상시근로자 50명 이상

002

운전자가 운전위치를 이탈해선 안되는 기계 종류 3가지 쓰시오.

해 사업주는 다음 각 호의 기계를 운전하는 경우 운전자가 운전위치를 이탈하게 해서는 아니 된다.

1. 양중기
2. 항타기 또는 항발기(권상장치에 하중을 건 상태)
3. 양화장치(화물을 적재한 상태)

답 양중기/양화장치(화물 적재상태)/항타기(권상장치에 하중 건 상태)

003

달비계에 이용되는 작업용 섬유로프나 안전대 섬유벨트의 사용금지기준 3가지 쓰시오.

답 달비계에 다음 각 목의 작업용 섬유로프 또는 안전대의 섬유벨트를 사용하지 않을 것

가. 꼬임이 끊어진 것
나. 심하게 손상되거나 부식된 것
다. 2개 이상의 작업용 섬유로프 또는 섬유벨트를 연결한 것
라. 작업높이보다 길이가 짧은 것

답 꼬임 끊어진 것/심하게 부식된 것/작업높이보다 길이 짧은 것

007

영상 속 재해발생 형태 종류와 재해발생 원인을 2가지 쓰시오.

영상 설명
회전체에 코일 감는 전동권선기가 갑자기 멈춰서 진돌이가 작동 중인 기계를 열어 맨손으로 만지는 순간 눈이 뒤집히고, 몸을 파르르 떤다.

답 재해발생 형태 : 감전　재해발생 원인 : 전원 미차단/절연장갑 미착용

008

산업안전보건법령상 고소작업대 위에서 작업하는 근로자의 준수사항 3가지 쓰시오.

답 안전모 등 보호구 착용할 것/적정수준의 조도 유지할 것/작업대를 정기적으로 점검할 것

009

안전검사 대상기계등의 안전검사 주기에 대한 내용이다. 빈칸을 채우시오.

크레인(이동식 크레인은 제외한다), 리프트(이삿짐운반용 리프트는 제외한다) 및 곤돌라 :
사업장에 설치가 끝난 날부터 (　A　) 이내에 최초 안전검사를 실시하되, 그 이후부터 (　B　)마다
(건설현장에서 사용하는 것은 최초로 설치한 날부터 (　C　) 마다)

답 A : 3년　B : 2년　C : 6개월

1-4회 기출문제

001

영상 속 위험 요인 2가지를 쓰시오.

영상 설명
진돌이가 임팩 드릴로 통나무를 한 손으로 움켜쥐며 구멍을 뚫고 있다. 통나무를 고정하지 않아 작업하면서 흔들린다. 작업장에는 나무 가루가 많이 날린다. 진돌이는 면장갑과 보안경은 착용했고, 방진마스크 미착용했다.

답 통나무 미고정/방진마스크 미착용

002

영상 속 위험요인 3가지를 쓰시오.

영상 설명
진돌이가 면장갑을 착용하고 선반 작업을 하던 중, 회전축에 샌드페이퍼를 손으로 감아 가공물을 만들고 있다. 그 순간! 장갑이 말려들어 간다. 진돌이는 보안경 미착용 상태다.

답 위험요인: 장갑 착용/보안경 미착용/손으로 샌드페이퍼 감음

003

영상 속 재해발생 형태를 쓰시오.

영상 설명
진돌이가 고열 배관 플랜지를 점검하려고 한다. 플랜지의 볼트를 푸는데 고온 증기가 분출되어 진돌이의 얼굴을 타격했다. 진돌이는 보안경 미착용상태이며 맨손이다.

답 이상온도 노출 · 접촉

004

추락 방지에 대한 내용이다. 빈칸을 쓰시오.

1. 수상 또는 선박건조 작업에 종사하는 근로자가 물에 빠지는 등 위험의 우려가 있는 경우 그 작업을 하는 장소에 구명을 위한 배 또는 (A)의 비치 등 구명을 위하여 필요한 조치를 하여야 한다.
2. 근로자에게 작업 중 또는 통행 시 굴러 떨어짐으로 인하여 근로자가 화상 · 질식 등의 위험에 처할 우려가 있는 케틀(kettle, 가열 용기), 호퍼(hopper, 깔때기 모양의 출입구가 있는 큰 통), 피트(pit, 구덩이) 등이 있는 경우에 그 위험을 방지하기 위하여 필요한 장소에 높이 (B)의 (C)를 설치하여야 한다.
3. 근로자가 높이 (D)에서 작업을 하는 경우 그 작업을 안전하게 하는 데에 필요한 조명을 유지하여야 한다.

해 사업주는 수상 또는 선박건조 작업에 종사하는 근로자가 물에 빠지는 등 위험의 우려가 있는 경우 그 작업을 하는 장소에 구명을 위한 배 또는 구명장구(救命裝具)의 비치 등 구명을 위하여 필요한 조치를 하여야 한다.
사업주는 근로자에게 작업 중 또는 통행 시 굴러 떨어짐으로 인하여 근로자가 화상 · 질식 등의 위험에 처할 우려가 있는 케틀(kettle, 가열 용기), 호퍼(hopper, 깔때기 모양의 출입구가 있는 큰 통), 피트(pit, 구덩이) 등이 있는 경우에 그 위험을 방지하기 위하여 필요한 장소에 높이 90센티미터 이상의 울타리를 설치하여야 한다.
사업주는 근로자가 높이 2미터 이상에서 작업을 하는 경우 그 작업을 안전하게 하는 데에 필요한 조명을 유지하여야 한다.

답 A : 구명장구 B : 90cm 이상 C : 울타리 D : 2m 이상

005

근로자가 접근하기 쉬운 장소에 세면·목욕시설, 탈의 및 세탁시설을 설치하고 필요한 용품과 용구를 갖추어 두어야 하는 업무 2가지 쓰시오.

해 사업주는 근로자로 하여금 다음 각 호의 어느 하나에 해당하는 업무에 상시적으로 종사하도록 하는 경우 근로자가 접근하기 쉬운 장소에 세면 · 목욕시설, 탈의 및 세탁시설을 설치하고 필요한 용품과 용구를 갖추어 두어야 한다.
1. 환경미화 업무
2. 음식물쓰레기 · 분뇨 등 오물의 수거 · 처리 업무
3. 폐기물 · 재활용품의 선별 · 처리 업무
4. 그 밖에 미생물로 인하여 신체 또는 피복이 오염될 우려가 있는 업무

답 환경미화/오물 처리

006

부상자 응급처치에 필요한 구급용구 3가지 쓰시오.

해 사업주는 부상자의 응급처치에 필요한 다음 각 호의 구급용구를 갖추어 두고, 그 장소와 사용방법을 근로자에게 알려야 한다.

1. 붕대재료 · 탈지면 · 핀셋 및 반창고
2. 외상(外傷)용 소독약
3. 지혈대 · 부목 및 들것
4. 화상약(고열물체를 취급하는 작업장이나 그 밖에 화상의 우려가 있는 작업장에만 해당한다)

답 들것/반창고/외상용 소독약

007

다음은 가스노출 실내작업장에 대한 공기 부피와 환기에 대한 내용이다. 빈칸을 쓰시오.

1. 바닥으로부터 4미터 이상 높이의 공간을 제외한 나머지 공간의 공기의 부피는 근로자 1명당 (　A　)이 되도록 할 것
2. 직접 외부를 향하여 개방할 수 있는 창을 설치하고 면적은 바닥면적의 (　B　)으로 할 것
3. 기온이 섭씨 10도 이하인 상태에서 환기를 하는 경우에는 근로자가 (　C　)의 기류에 닿지 않도록 할 것

해 사업주는 근로자가 가스등에 노출되는 작업을 수행하는 실내작업장에 대하여 공기의 부피와 환기를 다음 각 호의 기준에 맞도록 하여야 한다.

1. 바닥으로부터 4미터 이상 높이의 공간을 제외한 나머지 공간의 공기의 부피는 근로자 1명당 10세제곱미터 이상이 되도록 할 것
2. 직접 외부를 향하여 개방할 수 있는 창을 설치하고 그 면적은 바닥면적의 20분의 1 이상으로 할 것(근로자의 보건을 위하여 충분한 환기를 할 수 있는 설비를 설치한 경우는 제외한다)
3. 기온이 섭씨 10도 이하인 상태에서 환기를 하는 경우에는 근로자가 매초 1미터 이상의 기류에 닿지 않도록 할 것

답 A : $10m^3$ 이상　B : $\frac{1}{20}$ 이상　C : 매 1m/s 이상

008

레버풀러 또는 체인블록 사용 시 준수사항 3가지 쓰시오.

해 사업주는 레버풀러(lever puller) 또는 체인블록(chain block)을 사용하는 경우 다음 각 호의 사항을 준수하여야 한다.

1. 정격하중을 초과하여 사용하지 말 것
2. 레버풀러 작업 중 훅이 빠져 튕길 우려가 있을 경우에는 훅을 대상물에 직접 걸지 말고 피벗클램프(pivot clamp)나 러그(lug)를 연결하여 사용할 것
3. 레버풀러의 레버에 파이프 등을 끼워서 사용하지 말 것
4. 체인블록의 상부 훅(top hook)은 인양하중에 충분히 견디는 강도를 갖고, 정확히 지탱될 수 있는 곳에 걸어서 사용할 것
5. 훅의 입구(hook mouth) 간격이 제조자가 제공하는 제품사양서 기준으로 10퍼센트 이상 벌어진 것은 폐기할 것
6. 체인블록은 체인의 꼬임과 헝클어지지 않도록 할 것
7. 체인과 훅은 변형, 파손, 부식, 마모(磨耗)되거나 균열된 것을 사용하지 않도록 조치할 것

답 체인 꼬이지 말 것/정격하중 초과하지 말 것/레버에 파이프를 끼워 사용하지 말 것

009

산업단지 산재예방시설 개선사업 보조금 지급대상 품목 2가지 쓰시오.

해 산업단지 산재예방시설 개선사업 보조금 지급대상 품목은 다음 각 호의 어느 하나에 해당하는 것으로 한다.

1. 안전보건 정보 및 자료제공을 위한 자료실 및 상담실
2. 안전보건교육 시설
3. 건강증진을 위한 체력증진시설
4. 목욕 및 세탁시설
5. 그 밖에 산업재해예방 및 건강증진을 위해 필요한 공동 이용시설

답 세탁시설/안전보건교육 시설

010

굴착기 관련 내용이다. 빈칸을 채우시오.

1. 굴착기로 작업을 하기 전에 (A)과 (B) 등의 부착상태와 작동 여부를 확인해야 한다.
2. 굴착기를 운전하는 사람은 (C)를 착용해야 한다.

해 – 사업주는 굴착기로 작업을 하기 전에 후사경과 후방영상표시장치 등의 부착상태와 작동 여부를 확인해야 한다.
– 굴착기를 운전하는 사람은 좌석안전띠를 착용해야 한다.

답 A: 후사경 B: 후방영상표시장치 C: 좌석안전띠

011

지게차에 사용되는 팔레트의 사용기준 2가지 쓰시오.

해 사업주는 지게차에 의한 하역운반작업에 사용하는 팔레트(pallet) 또는 스키드(skid)는 다음 각 호에 해당하는 것을 사용하여야 한다.
1. 적재하는 화물의 중량에 따른 충분한 강도를 가질 것
2. 심한 손상 · 변형 또는 부식이 없을 것

답 심한 부식없을 것/적재 화물 중량에 따른 충분한 강도 가질 것

012

일반구조용 압연강판(SS275)으로 구조물을 설계할 때 허용응력을 10kg/mm²으로 정하였다. 이때 적용된 안전율을 구하시오.(단, 안전율을 정수로 쓰시오.)

해 $SS275\text{인장강도} = 275N/mm^2$

$$\text{안전률} = \frac{\text{인장강도}}{\text{허용응력}} = \frac{275N \cdot mm^2 \cdot 1kg}{mm^2 \cdot 10kg \cdot 9.8N} = 2.81 \fallingdotseq 3$$

$1kg = 9.8N$

답 안전율: 3

013

산업안전보건법상과 중대재해처벌등에 관한 법률상의 중대재해 경우를 2가지씩 비교하시오.

해 산업안전보건법 시행규칙에 따른 중대재해 경우

1. 사망자가 1명 이상 발생한 재해
2. 3개월 이상의 요양이 필요한 부상자가 동시에 2명 이상 발생한 재해
3. 부상자 또는 직업성 질병자가 동시에 10명 이상 발생한 재해

중대재해 처벌 등에 관한 법률에 따른 중대재해 경우

1. “중대재해”란 “중대산업재해”와 “중대시민재해”를 말한다.
2. “중대산업재해”란 「산업안전보건법」 제2조제1호에 따른 산업재해 중 다음 각 목의 어느 하나에 해당하는 결과를 야기한 재해를 말한다.
   가. 사망자가 1명 이상 발생
   나. 동일한 사고로 6개월 이상 치료가 필요한 부상자가 2명 이상 발생
   다. 동일한 유해요인으로 급성중독 등 대통령령으로 정하는 직업성 질병자가 1년 이내에 3명 이상 발생
3. “중대시민재해”란 특정 원료 또는 제조물, 공중이용시설 또는 공중교통수단의 설계, 제조, 설치, 관리상의 결함을 원인으로 하여 발생한 재해로서 다음 각 목의 어느 하나에 해당하는 결과를 야기한 재해를 말한다. 다만, 중대산업재해에 해당하는 재해는 제외.
   가. 사망자가 1명 이상 발생
   나. 동일한 사고로 2개월 이상 치료가 필요한 부상자가 10명 이상 발생
   다. 동일한 원인으로 3개월 이상 치료가 필요한 질병자가 10명 이상 발생

답 산업안전보건법상 : 사망자 1명 이상 발생/부상자 동시 10명 이상 발생

중대재해처벌등에 관한 법률상

중대재해	중대산업재해	사망자 1명 이상 발생
		동일 사고로 6개월 이상 치료 필요한 부상자 2명 이상 발생
	중대시민재해	사망자 1명 이상 발생
		동일 사고로 2개월 이상 치료 필요한 부상자 10명 이상 발생

014

프로판가스 1m³를 완전연소시키는데 필요한 이론 공기량은 몇 m³인가? (단, 공기 중의 산소농도는 20vol%이다.)

해 $C_3H_8 + \quad 5O_2 \quad \rightarrow 3CO_2 + 4H_2O$

$22.4 \; : 5 \cdot 22.4$

$1 \; : \; O_2$

$O_2 = \dfrac{5 \cdot 22.4}{22.4} = 5 \qquad 공기량 = \dfrac{O_2}{0.2} = \dfrac{5}{0.2} = 25m^3$

답 이론 공기량: $25m^3$

015

다음 안전보건표지의 명칭을 쓰시오.

답 A: 녹십자표지 B: 방사성물질경고 C: 산화성물질경고 D: 인화성물질경고

016

영상 속 작업에서 위험요인 4가지를 쓰시오.

영상 설명

진돌이가 말비계에 올라서서 드릴을 이용하여 천장에 구멍을 뚫고 있다.
진돌이는 안전모/보안경 미착용상태이며 면장갑과 보건마스크를 착용하고 있다.
또한, 드릴에는 보조손잡이가 미설치된 상태이며 주변에는 아무도 없다.

답 안전모 미착용/면장갑 착용/보안경 미착용/방진마스크 미착용/드릴 보조손잡이 미설치/2인1조 작업 미실시

017

베릴륨의 제조·사용 작업에 근로자를 종사하도록 하는 경우 근로자에게 알려야하는 작업수칙사항 4가지 쓰시오.

해 사업주는 베릴륨의 제조 · 사용 작업에 근로자를 종사하도록 하는 경우에 베릴륨 분진의 발산과 근로자의 오염을 방지하기 위하여 다음 각 호의 사항에 관한 작업수칙을 정하고 이를 해당 작업근로자에게 알려야 한다.

1. 용기에 베릴륨을 넣거나 꺼내는 작업
2. 베릴륨을 담은 용기의 운반
3. 베릴륨을 공기로 수송하는 장치의 점검
4. 여과집진방식(濾過集塵方式) 집진장치의 여과재(濾過材) 교환
5. 시료의 채취 및 그 작업에 사용된 용기 등의 처리
6. 이상사태가 발생한 경우의 응급조치
7. 보호구의 사용 · 점검 · 보관 및 청소
8. 그 밖에 베릴륨 분진의 발산을 방지하기 위하여 필요한 조치

답 보호구 점검/베릴륨 담은 용기 운반/여과집진기 여과재 교환/용기에 베릴륨 넣는 작업

018

송기마스크 종류 3가지와 등급을 각각 2가지씩 쓰시오.

해

종류	등급		구분
호스 마스크	폐력흡인형		안면부
	송풍기형	전동	안면부, 페이스실드, 후드
		수동	안면부
에어라인마스크	일정유량형		안면부, 페이스실드, 후드
	디맨드형		안면부
	압력디맨드형		안면부
복합식 에어라인마스크	디맨드형		안면부
	압력디맨드형		안면부

답 1. 호스마스크(폐력흡인형/송풍기형)
2. 에어라인마스크(디맨드형/압력디맨드형)
3. 복합식에어라인마스크(디맨드형/압력디맨드형)

019

영상 속 위험요인 1가지를 쓰시오.

영상 설명

4층 높이에서 진돌이가 위에 있는 진수에게 비계기둥을 전달해 주고 있다.
진돌이는 진수에게 비계기둥을 받으라 하는데 못 듣는다. 그 순간! 진돌이는 중심을 잃어 추락한다.
둘다 비계 띠장을 밟고 있으며 안전대는 착용했으나 체결하진 않았다.

답 안전대 미체결

020

영상 속 작업에서의 실질적 위험요인 3가지를 쓰시오.

영상 설명

진돌이가 천장에 페인트 뿜칠작업을 하고 있다.
진돌이는 안전대/안전모/불침투성 보호복 미착용상태이며 방진마스크 착용상태이다.
주변에 진순이가 밥을 먹기위해 진돌이 작업 주변을 지나다가 실수로 사다리를 건드려 진돌이가 추락하여 바닥에 머리를 부딪혀 진돌이는 사망한다.
A형 사다리에는 아웃트리거가 없다.

답 안전모 미착용/작업구역 미설정/아웃트리거 미설치

021

안전인증 귀마개 또는 귀덮개에 안전인증 표시 외에 추가로 표시해야 되는 사항 2가지 쓰시오.

해 안전인증 귀마개 또는 귀덮개에는 안전인증 표시에 따른 표시 외에 다음 각 목의 내용을 추가로 표시해야 한다.
가. 일회용 또는 재사용 여부
나. 세척 및 소독방법등 사용상의 주의사항(다만, 재사용 귀마개에 한함.)

답 재사용 여부/사용상 주의사항(재사용 귀마개일 경우)

022

영상 속 작업에서 위험요인 3가지를 쓰시오.

영상 설명

진돌이와 진순이가 30층 되는 건물 밖에서 작업을 하고 있다.
둘 다 안전모/안전대/안전화/불침투성 보호복 미착용상태이다.
진돌이는 크레인 운반구에 있는 페인트통을 가지러가다 발을 헛디뎌 추락한다.

답 안전모 미착용/안전대 미착용/불침투성 보호복 미착용/안전난간 미설치

023

영상표시단말기 작업을 주목적으로 하는 작업실 안의 온도/습도 조건을 쓰시오.

해 사업주는 영상표시단말기 작업을 주목적으로 하는 작업실 안의 온도를 18도 이상 24도 이하, 습도는 40퍼센트 이상 70퍼센트 이하를 유지하여야 한다.

답 온도: 18℃ 이상 24℃ 이하　습도: 40% 이상 70% 이하

024

산업안전보건법령상 작업발판 및 추락방호망을 설치하기 곤란한 경우에는 근로자로 하여금 3개 이상의 버팀대를 가지고 지면으로부터 안정적으로 세울 수 있는 구조를 갖춘 이동식 사다리를 사용하여 작업을 하게 할 수 있는데 이 경우 사업주의 조치사항 4가지를 쓰시오.

해 사업주는 제1항 및 제2항에도 불구하고 작업발판 및 추락방호망을 설치하기 곤란한 경우에는 근로자로 하여금 3개 이상의 버팀대를 가지고 지면으로부터 안정적으로 세울 수 있는 구조를 갖춘 이동식 사다리를 사용하여 작업을 하게 할 수 있다. 이 경우 사업주는 근로자가 다음 각 호의 사항을 준수하도록 조치해야 한다.

1. 평탄하고 견고하며 미끄럽지 않은 바닥에 이동식 사다리를 설치할 것
2. 이동식 사다리의 넘어짐을 방지하기 위해 다음 각 목의 어느 하나 이상에 해당하는 조치를 할 것
   가. 이동식 사다리를 견고한 시설물에 연결하여 고정할 것
   나. 아웃트리거(outrigger, 전도방지용 지지대)를 설치하거나 아웃트리거가 붙어있는 이동식 사다리를 설치할 것
   다. 이동식 사다리를 다른 근로자가 지지하여 넘어지지 않도록 할 것
3. 이동식 사다리의 제조사가 정하여 표시한 이동식 사다리의 최대사용하중을 초과하지 않는 범위 내에서만 사용할 것
4. 이동식 사다리를 설치한 바닥면에서 높이 3.5미터 이하의 장소에서만 작업할 것
5. 이동식 사다리의 최상부 발판 및 그 하단 디딤대에 올라서서 작업하지 않을 것. 다만, 높이 1미터 이하의 사다리는 제외한다.
6. 안전모 착용하되, 작업 높이 2미터 이상인 경우에는 안전모와 안전대를 함께 착용할 것
7. 이동식 사다리 사용 전 변형 및 이상 유무 등을 점검하여 이상이 발견되면 즉시 수리하거나 그 밖에 필요한 조치를 할 것

답 1. 평탄하고 미끄럽지 않은 바닥에 설치할 것
2. 바닥면에서 높이 3.5m 이하 장소에서만 작업할 것
3. 최상부 발판 및 그 하단 디딤대에 올라서서 작업하지 않을 것
4. 사용 전 이상 유무 등을 점검해 이상 발견 시 즉시 수리할 것

025

산업안전보건법령상 이동식 사다리의 넘어짐 방지를 위한 조치사항 3가지를 쓰시오.

해 이동식 사다리의 넘어짐을 방지하기 위해 다음 각 목의 어느 하나 이상에 해당하는 조치를 할 것

가. 이동식 사다리를 견고한 시설물에 연결하여 고정할 것

나. 아웃트리거(outrigger, 전도방지용 지지대)를 설치하거나 아웃트리거가 붙어있는 이동식 사다리를 설치할 것

다. 이동식 사다리를 다른 근로자가 지지하여 넘어지지 않도록 할 것

답 1. 견고한 시설물에 연결해 고정할 것

2. 아웃트리거 붙어있는 이동식 사다리 설치할 것

3. 이동식 사다리를 다른 근로자가 지지해 넘어지지 않도록 할 것